U0920676

汉译世界学术名著丛书

近代心理学历史导引

上册

〔美〕G.墨菲 J.柯瓦奇 著

林方 王景和 译

2017年·北京

Gardner Murphy
Joseph K. Kovach
HISTORICAL INTRODUCTION
TO MODERN PSYCHOLOGY
Third Edition, 1972
Harcourt Brace Jovanovich, Inc.
New York, 1972
据纽约哈考特·布雷斯·乔瓦诺维奇公司1972 年第三版译出

汉译世界学术名著丛书
（120 年纪念版 • 珍藏本）
出 版 说 明

2017 年 2 月 11 日，商务印书馆迎来 120 岁的生日。120 年前，商务印书馆前贤怀揣文化救国的理想，抱持“昌明教育，开启民智”的使命，立足本土，放眼寰宇，以出版为津梁，沟通中西，为中国、为世界提供最富智慧的思想文化成果。无论世事白云苍狗，潮流左右激荡，甚至战火硝烟弥漫，始终践行学术报国之志，无改初心。

迻译世界各国学术名著，即其一端。早在 20 世纪初年便出版《原富》《天演论》等影响至今的代表性著作，1950 年代后更致力于外国哲学和社会科学经典的译介，及至 1980 年代，辑为“汉译世界学术名著丛书”，汇涓为流，蔚为大观。丛书自 1981 年开始出版，历时三十余年，迄今已推出七百种，是我国现代出版史上规模最大、最为重要的学术翻译工程。

丛书所选之书，立场观点不囿于一派，学科领域不限于一门，皆为文明开启以来，各时代、各国家、各民族的思想与文化精粹，代表着人类已经到达过的精神境界。丛书系统译介世界学术经典，引领时代思想，为本土原创学术的发展提供丰富的文化滋养，为推动中国现代学术和现代化进程做出了突出的贡献。

为纪念商务印书馆成立120周年，我们整体推出“汉译世界学术名著丛书”120年纪念版的珍藏本，寄望既利于文化积累，又便于研读查考，同时向长期支持丛书出版的译者、编者和读者致以敬意。

两甲子后的今天，商务印书馆又站在了一个新的历史时间节点上。我们不仅要铭记先辈的身影和足迹，更须让我们的步伐充满新的时代精神。这是商务人代代相传的事业，更是与国家和民族的命运始终紧密相连的事业。我们责无旁贷，必须做好我们这代人的传承与创造，让我们的努力和成果不仅凝聚成民族文化的记忆，还能成为后来人可以接续的事业。唯此，才能不负前贤，无愧来者。

商务印书馆编辑部

2017年10月

中译本前言

《近代心理学历史导引》这部著作自 1929 年初版以来，在美国一直是心理学史的标准著作之一，在国际上也是一部很有声誉的心理学史书；在我国心理学界也早已是知名之作。它初版以后，曾于 1949 年和 1972 年经过两次较大的修订。1972 年新版是原作者 G. 墨菲和新合作者 J. K. 柯瓦奇修订的。它保存着原来的总体结构，增添了大量的当代材料。我国多年来很少翻译出版西方新作。墨菲和柯瓦奇这部《导引》修订版译本的出版，对于我们进一步研究西方心理学的历史发展是很有参考价值的。

本书的主要作者 G. 墨菲生于 1895 年，于 1922 年取得博士学位，开始在哥伦比亚大学执教。1940 年他在纽约大学创办心理学系并任系主任。由于他善于启发学生的研究精神，据统计，他这个系培养出来的学生同美国各大学心理系比较是取得心理学博士学位最多的一个系。他除《导引》外，还出版过《异常心理学大纲》、《实验社会心理学》、《个性：就起源及构造方面进行的生物社会探讨》、《人类本性与持久和平》、《亚细亚心理学》等。其中，论述社会、个性和东方心理学的几本著作也是受到称道的。他是目前美国少数几位享有盛誉的老一辈心理学家之一，曾任美国心理学会主席，东方心理学会主席，社会问题心理学研究会主席等。作为新合作者的柯瓦奇是一位生物心理学者，着重于进化思想、比较心理学、实验心理学等方面的研究。

墨菲和柯瓦奇这本新版的心理学史有许多优点。首先，它是以哲学和自然科学为背景来论述近代心理学历史发展的，对于近代心理学的产生过程论述较详，对于心理学中唯物、唯心及二元论等各哲学流派的观点均有所介绍，脉络也是比较清晰的。另一个突出的优点是，论述的范围比较广泛，取材相当丰富，既有历史深度，又能着重反映当代概貌。作者也比较重视东方思想，中国古代著作中的心理学思想，也有所涉及，至于这些看法是否恰当，是可以讨论的。在论及今后发展趋向时也着重提出了“东方与西方的结合”问题。当然，在篇幅比重的安排上，本书重点在于近代、现代，“时间越接近当代，所占篇幅也越大”。从第三版的情况看，二十世纪以来的材料要占全书篇幅的一半以上，其中第四编的各章都是以前两版所没有的新材料，这也是符合时代要求的。此外，还应提及，新版第四编中论述苏联心理学的一章，比较系统地反映了西方对苏联心理学的看法，第二编中改写和充实了论述进化思想发展的一章，这些也是本书的特色。

心理学是一门后起的科学，也是一门比较不成熟的科学。尽管各国有千万学者进行了长期研究，取得了大量新成果，但这种不成熟的迹象仍显然可见。这是什么原因呢？心理学研究对象的高度复杂固然可以认为是一个客观原因，但我们不能因此而忽略主观的因素。历史的发展表明，心理学研究往往有赖于两方面力量的促进：哲学和自然科学。哲学从一定的基本观点出发概观复杂的事物整体，分析不同事物之间的本质关系，指出研究的基本原则。科学则提供参证的事实及其原理以及具体的方法和技术,以帮助解决并阐明具体的问题。两者相辅相成,不可偏废。如何使正确的哲学思想同具体的科学资料和方法有机地结合起来使心理科学得以迅速发展成熟,这是近代心理学发展史向我们提出的重要课题。

从这方面看,这部史书还是有缺陷的。墨菲的体系是兼容并包,在美国以"创造性地综合各学派的论据与观点"著称。然而,有时只有罗列,而少评判,正误常常不加分辨。这不能不说是史家观点或态度上的一个问题。例如,作者一方面可以引马克思和列宁的话作为一章开篇的名言语录;另一方面又可以介绍心灵学的神秘说法而不加辨正。为什么会出现这样的情况?读者可以在作者自己的论述中找到答案。在论述个性的一章中,作者曾提到"折衷"。他认为折衷有时并不见得不可取,如果方法得当,也可以由此得到"一种更深刻的看法"(参看边码第 427 页)。这显得是把"折衷"和辩证法混同起来了。折衷主义其实是一种不问是非的观点。当然,在观点问题上我们不能苛求于西方学者。但我国读者在阅读本书时对此则不能不予以认真的注意。

我国心理学界目前正在进一步探讨心理学的基本理论问题。理论的探讨和历史的研究应该相辅而行。我们有马克思主义作为指导思想,我们的研究将会取得应有的成果。我们要多多向国外学习,但必须坚持"洋为中用"。在这个前提下,墨菲的这部名著在整体上是对我们很有参考价值的。

潘　菽　1979 年 10 月

目　　录

第二编　研究精神的兴起

第三编 现代的入口:二十世纪的心理学体系

第一版序言

心理学,就探讨精神的本质及其活动的意义来说,是一门历史非常悠久的学科,一门在古希腊就已达到高水平并随着欧洲文明每一发展阶段一直延续到今天(与哲学密切相关联)的学科。到十九世纪,这种文学和哲学的心理学经历了深刻的变化,这主要是由生物学的进步引起的,它在概念和方法两个方面都有很多地方受惠于生物学。许多杰出的心理学家开始依靠实验方法和数学方法,认为心理学可以变为一种类似生物科学的科学。本书的目的就是要追溯十九世纪和二十世纪这种趋向于改造心理学并赋予它以今日特性的那些变化的过程。

用透视的方法来观察我们现代的心理学变得一年比一年更困难了。粗略地看一看十九世纪开始以来科学的发展对于这种透视会有一些帮助。然而,在现有的心理学史中寻求可资利用的材料是达不到我们的目的的。布雷特的三卷心理学史提供了从古代到整个十九世纪心理学的全面而又极有趣味的描述;这部著作的第三卷对于本书的撰写有很大参考价值。但是,因为我们的目的不同,重复的材料也不是很多。布雷特的著作在于指出十九世纪心理学与早期心理学的联系,着重点同当前这本书主要注意的实验方法正好不相干。而且,本书差不多一半的材料是属于二十世纪的，这些材料由于布雷特对他自己著作所规定的编年限制都被排除在外(序，第 2 册，第 5 页)。越接近我们现在的十年，我也给予越多的注意；我的计划或许可以比为墨卡托的投影法。*

的确，为了便于理解十九世纪早期的心理学，我曾试图扼要叙述从十七世纪到十九世纪初的心理学史某几个方面的问题。但谁也没有我自己更深深感受到这一草图的完全不相宜了。它的目的不在于提供十七、十八世纪期间心理学的完整画面，而是要衬托出几个在十九世纪伊始仍然具有强烈影响的动向。到十九世纪，特别是在实验心理学开创时期，心理学著述卷帙浩繁，我所能尝试的一切只能是一种鸟瞰，而不是对个别学者和动向的细致考察。就是如此，我肯定也会有许多过失；如果读者愿意指出我的错误，不论大小，我都将非常感谢。

“心理学”的范围在过去几代已经大为扩展，而今天这个词的含义又因个人的观点不同而有很大差别，所以我们有必要给当前这本书限定范围。读者会发现本书显然是过于着重研究工作的成果，相形之下较少注意心理学理论的发展。这在某种程度上是由于想要适当反映趋向经验主义方法特别是实验方法的潮流。当然，就现代心理学的范围来说，我较少注意心理学理论的阐述也还有另外的缘故。只要浏览一下自从冯特实验室建立以来任何一个

* 广泛适用于绘制海图的一种投影法，是荷兰人墨卡托所拟定，故定名为墨卡托投影(Mercator's Projection)。又称等角正圆柱投影。即假想用一圆柱切于地球赤道上，根据角度不变的条件，用数学方法将地球的经纬线转换到达个圆柱面上。将圆柱面展开为平面后，纬线的间隔随纬度增高而加宽，地面上的等角航线在图上投影为直线，航海时常依此线航行。墨菲以此比喻他对本书篇幅的分配随年代的接近当代而相应扩大。——译注

十年的心理学文献，就可以看出很少有纯理论的材料残存下来。偶尔也有明显的例外；某一名家把他的观点留给了整整的一代，而同一期间一些实验主义者把他们的发现和解释编织成有生命力的统一体，促进并指导着进一步的探索。但总的看来，科学的结构是由它的实验方法及其成果组成的；而且，虽然我相信我并没有不适当地忽略建筑师的思想，我要强调的还在于建筑物本身的特征。

在论述更接近现代的心理学时，我的主要想法是要指出应用实验方法和定量方法的范围不断扩展，包括用于解决日益复杂的问题。当每一新领域已被征服，当研究方法已经标准化而研究题目数以百计的时候，要在这样有限的篇幅中一一论述是不可能的。读者将发现，例如，自赫尔姆霍茨的著作以来几乎没有关于感觉研究的东西；自富勒顿和卡特尔以来几乎没有关于心理物理学的东西；自荣格第一部著作以来几乎没有关于联想测验的东西。我对本书拟定的这些限制一方面是因为只有这样才能公平对待心理学的众多领域；另一方面只不过是因为对于每一个完全确立的特殊领域已经有了优秀的历史论述可资利用。

所以，我的意图就是大致按年代顺序一一写出不同研究领域中运用科学方法的收获。根据这样的研究路线，几乎完全不可能提供有关心理学哲学形态或有关认识论问题和价值理论的任何应有的论述。许多通常认为属于心理学范畴的重要著作不得不相当专断地排除在外，不然就不能把既定目标贯彻到底。只要举出一个例子就可以说明我试图在哪里划定分界线。在《心的分析》一书中，罗素明确地表达了他的目的："我对心理学感兴趣与其说是因为它本身的缘故，不如说是因为它能阐明认识论问题。"（第15页）

这并不妨碍他做出有价值的心理学评论;但是,理所当然的是,一个人的主要兴趣应该决定他的主要贡献所在。这一点也适用于以心理学作为工具而不是作为目的的许多当代哲学研究工作。另一方面,心灵的哲学和心理学史的关系,同自然科学的哲学和自然科学史的关系非常相似;也就是说,只有在哲学的贡献形成了科学路线的地方,这些贡献才能被视为科学史的一部分。这样画线自然是专断的,然而,总要有某条线画定才行。

但是,尽管现代英国的、法国的和美国的心理学可以在某种程度上和流行的哲学体系区分开,涉及德国现代的心理学却不可能做出这样的区分。德国许多地区正在兴起一个反对实验主义的广泛潮流,开始向既是心理学的又是哲学的方法求援。在结尾的两章,海因里希·克吕维尔博士描述了许多现代德国心理学派的观点和方法,它们或多或少是同现代哲学交织在一起的。*

本书将不可能论述心理学的应用方面。这样的应用,自然有时候也确曾产生新的心理学原理。只有在这样的场合,才提及这些应用。

几年以前,当我想到为什么对于现代心理学还没有人着手进行历史的研究时,我总觉得困惑难解——特别是考虑到现代心理学是在十九世纪作为实验生理学、精神病学、进化论和社会科学交互作用的产物而兴起的,它经常影响着来自哲学史的某些题材,而其方向是由自然科学和统计方法的进步所引导的。现在,当我自

* 这两章原附于原书第一版末作为附录,第三版未收入。为便于读者了解德国现代心理学某些方面的特点,特加译并仍作为中译本附录。——译注

己做了这个尝试以后，我就不再感到困惑了。或许没有一个人在掌握了进行这一任务所必需的大量材料以后会有胆量开始动手。也许正因为如此，在这个方向上的初次尝试才应该由一个不怕虎的初生牛犊来完成。对于这本书中出现的外行的喑哑和大量的空白，我可以因此而无须致歉。但对于有意省略的过失，我却不能那么轻易就心安理得。特别是写作越接近今日的心理学，这种过失也显得越严重。当人们考虑到心理学索引每年都要刊登成千的题目时，他们当然有权质问作者有什么根据只提及其中有限的几个题目。我只能提出三个影响我做出抉择的因素。第一，在一个动向由许多名家所代表的时候，我宁可引用某一个别人物的研究，阐明他的方法和成果，而不陷入读者难以核实的一般概括；第二，我尽可能根据每一问题的重要性进行选择；对于一个已经为人所知的原理的详尽研究很可能被略去，而对于一个具有重要意义的新问题的简短且不充分的论述却有可能被选中；第三，也许也是最重要的一点，我是根据我自己的心理学概念和我个人的兴趣进行选择的。在开始准备写这本书的时候，我曾天真地梦想要绝对避免个人成见和绝对客观地记录下近代心理学的历史。我希望能公正地介绍别人的著作和意见；但是，我相信，选择材料和突出重点的任务，使得纯客观地记录至少对于像我这样的作者来说是完全不可能的。

我受惠于布雷特著作的地方很多，更深深感谢他在阅读本书手稿中和在改正错误以及提供宝贵建议中给予我的慷慨帮助。许多教授为这本书给我以同样的帮助，花费时间，提出意见。他们有沃什伯恩、拉什利、英格利希、霍林沃斯、波芬贝格尔和伍德沃斯。

我对他们每一位的衷心感激是难以充分表达的。对于我的学生,我也表示谢意,这些材料首先是为他们准备的,从他们那里,我经常受到启发,特别要感谢舍勒·劳顿和乔治·朔恩霍芬。由于在准备手稿中得到的帮助,我要感谢霍夫曼·泽瓦尔德博士、丹迪小姐、露易斯·索比小姐和恩里卡·腾奈尔夫人;哈维·W. 克尔普、顿纳尔德·W. 埃克莱、瓦尔特·A. 哈尔和沙姆·鲁滨逊;尤其是我的妻子和我的母亲。

加德纳·墨菲　1928 年 10 月

第二版序言

在修订这部书时，主要的目的仅仅是使近代的画面能够跟上时代的需要。叙述的内容直到冯特和詹姆斯的时代以及他们工作的全期——粗略地说，直到整个十九世纪，都没有根本的改动。然而，随着二十世纪新的实验和临床概念的传播，1929 年原来的透视图现在看来已不适宜了。因此，很明显，不仅有必要就 1929 年以来的发展补充材料，而且要就全盘研究进行积极改造。结果是所遵循的修改方案同本书前一部分修改中所采取的方案根本不同。在前半部分，曾就哲学背景特别是希腊哲学的深远意义在一些地方有少许增添，但改动大都只是为了阐明问题和消除错误。然而，讨论现代问题的每一章都重新写过，许多地方原来的描述只不过是余韵尚存而已。

讨论现时代时，曾试图在理论体系一方与研究领域另一方之间做出区分。在第三编，六章篇幅用来阐述现时代的某些重要理论体系，只以刚敷应用的资料涉及一些具体研究成果使概念生动易懂。在第四编，描述了几个似乎能说明新型调查方法的研究领域，这些新方法可能改变心理学作为一个整体的局面。另外几个研究领域甚至还有另外几个理论体系本来也确实可以看作是具有同等重要意义而记录下来的。

的确，假如要全面审查一切研究领域或阐述一切理论体系，本书作为一个整体所具有的宗旨一定会全盘落空。篇幅会弄得太长，在许多场合，作者会发现自己在写他根本没有任何第一手经验的东西。何况今天已有适当的概括研究——不论是在心理学杂志中或在成本的著述中——在讨论许多心理学者感兴趣的理论问题和研究领域。但愿本书各页脚注中提示的主要资料，每章末尾提示的辅助资料（参考书目），以及书末附录的文献目录能适当地引导渴求更多知识的读者。

同时还应说明某些领域的情况，不然，它们的略去就会显得不可理解。本书很少谈到论述感觉过程的心理学自十九世纪第三个二十五年以来的发展情况。任何人只要熟悉这方面牵涉问题的专门程度和材料的庞杂都会理解为什么要这样做。但读者要想深刻探讨这方面的问题可以查阅心理学杂志弄清他有多少缺失。就资料的数量而论，更重要得多的是本书相对地忽略了心理测验领域，忽略了涉及测验资料标准化和各种资料彼此关系的所有专门研究，并忽略了像因素分析——作为上述研究成果的心理学解释——这样内容丰富的理论体系。同样地，专家们不会因为我们认为不可能在几页篇幅中概括这一切而感到惊讶，他知道适当的概括研究应该到哪里去查找。但是应该提醒那些不那么精通专业的学者不要期望在本书中能看到近代心理学的一切方面。另外还有一些明显的省略需要提及：工业与职业心理学；光照、噪音、食品、药物、睡眠等应用心理学；作为与生理心理学或心理分析心理学或人格心理学分立的异常心理学；除为普通心理学理论提供证明而运用动物资料以外的比较心理学。最后，本书有关学习理论的讨论几乎只能作为一个线索，用以查找理解学习问题的线索的线索。

一年前，我很担心在描述今日思潮时能否比较“客观”。这个任务是否会受我自己主观倾向所左右，而最终只能成为一种个人想摆脱他自己个性影响的失败记录呢？使我从困境中解脱的是加利福尼亚大学心理学系的仁慈，他们邀请我用两个小时谈谈心理学史的写法问题。我讲完以后，他们告诉我，如果现在把我所说的写下来那只能证明不过是个人的观点。我终于明白我应该完全忘掉我的难处，自己怎样看就怎样写，而无须致歉。我克制了自己，付之一笑，继续走自己的路。

最后，应该强调，心理学在迅速运动中，而当一个人站在一个运动着的摇晃的甲板上用自己的望远镜观察它时，最好是坚决忘掉在一定时刻存在的东西而仅仅想着运动的形式和方向。发现的方法和报告的事实只具有附带的意义。而真正有价值的是过渡、变化、改向、新的探索。如果这本书的每一论题都不足以提供一个好的速写镜头，我将毫不在意——只要它在传达心理学发展方向方面多少有几分成功。

我非常感激为我审阅修订手稿的希尔加德非常细心的审阅和有益的批评；也感激布伦斯威克、弗罗姆、哈加德和波斯特曼审阅长条校样的细心而极有益的帮助；感激施维尔斯在提供文件工作上给予我的帮助。

加德纳·墨菲　纽约大学1948年7月

第三版序言

自从本书上一版于1949年问世以来，心理学在内容与观点两方面都一直经历着迅速的改变。不论在这一领域发生了多么巨大的变化，也不论本书因而作了多大的修改，我们仍然希望我们是忠实于原先的目的的：与研究者共庆一门科学的可惊成长，记录和阐释近代心理学的发展过程。

这一版是两个作者从开始计划到最后定稿充分合作的结果。约瑟夫·柯瓦奇这一位新的合作者是生物心理学者，对进化思想、比较心理学和实验心理学以及大量的俄文文献特别有兴趣。但全部修改都代表我们共同的努力。

凡是所取得的学术成就和所进行的研究工作已经表明是富有意义的新见解并提供了新资料的地方，本版都进行了修正。修正的性质各章之间有所不同，越临近我们当前的时代，修正的动力也越加强。本书的总体结构保留下来了，但是，为了取得更紧凑的效果，我们合并、分散或略去了一些章节，并为了使我们的介绍跟上时代也增添了新的篇章。例如，整个第四编“当代心理学的趋向与学科”，就代表一种新的结构，提供的全都是新材料。

在第一编“近代心理学的前驱”中，大部分仍然保持前一版的原状，尽管在涉及系统心理学早期起源时也增添了新材料。

在第二编“研究精神的兴起”中，原来论生理学和神经学的两章已合并成单独一章（第八章），并且也包含了一些新材料。在这一编中，主要的改变是关于进化论的新表述（第九章），我们相信，这是特别合乎时宜的，因为对于这个题目的兴趣当前正在增长，也因为在比较心理学和生理心理学、遗传学、习性学之间有了新的紧密的联系。论述身心医学（在第十章）、实验心理学（在第十一章）和动作技巧（在第十二章）的各节已重新改写。论冯特和实验心理学的传播（第十一章）以及论威廉·詹姆斯（第十三章）这两章已重新加以组织，其中许多材料已重新改写。

在第三编“现代的入口”中，二十世纪上半叶的各个学派和各种心理学学说是作为当代心理学领域构成的直接先驱来表述的。这一部分已大大扩充并广泛修改了。由此，第十五章把原来关于维茨堡学派和技能获得问题的讨论合并了。原来论述近代联想见解的一章删掉了，其主导思想则归并到别的地方。论述行为主义的一章（第十六章）做了修改并使内容跟上时代。完形论和场论现在合并在单独一章里（第十七章）。论弗洛伊德以及对弗洛伊德的反应两章（第十八、十九章）使论述跟上时代并包括了有关人本心理学的材料。

在本书最后而又全新的部分（第四编，“当代心理学的趋向与学科”），对当代心理学的思想和研究工作的主要领域进行了审查。各章分别论述了学习的理论；感觉、知觉和认识；比较心理学和生理心理学；苏联心理学；发展心理学；个性和社会心理学。这里，也像在本书其他章节一样，我们试图把思想和研究努力的主要途径结合起来，并把学者带领到今天最前沿阵地的边缘。在最后一章

“形成中的历史”，我们对于心理学和其他科学的关系提出了一种展望，并尽力使学者的视线能超出当代的前沿阵地而看得更远。

历史研究的目的是要使一门学科具有连贯性和统一性。我们曾试图把作为一门科学的近代心理学的发展的整个组成结构展示出来，并表明，它的众多组成部分——研究工作和理论的演进，重要的人物和学派，思想方法和工作方法，以及社会背景和理智背景等等——这一切如何共同构成这个图案。占决定地位的主题——主要的人物、观点和体系——得到应有的最大重视。我们的意图是要强调那些就他们自己的文化环境来说属于有生命力的思想家以及占主导地位的人物的主要观点，表明他们怎样形成或扩展了那些以前虽已显露端倪却较少恰当地受到应有注意的趋向。

一本历史的著作理应承认它所得到的帮助。在章末的参考书目中，我们为读者提供了我们曾加以利用的大量资料的文献根据。对于那些想要进一步探索某一特定领域的研究者，我们在全书的末尾，还开列了一个更广泛的按章次分别标明的附加书目，着重于那些通常都可以得到的普及版著作。对于还不熟悉基本术语的学者，一本好字典或具有较好的一般入门释文的术语汇编是很重要的。

门宁格基金会和乔治·华盛顿大学对于我们的全部工作多年来一直大力支持。我们的工作还受到国家心理健康组织给予约瑟夫·柯瓦奇的一笔“对从事研究的科学家的发展奖金”的帮助，对此，我们也表示衷心的谢忱。

我们非常感激维尼·安德森和巴巴拉·克赖茨在秘书事务上给予我们的帮助。关于参考方面的大量工作，我们要感谢格雷格·威尔逊的协助和玛莎·卡里瑟斯的特殊的专心和才能。我们还要感谢赖利·加德纳、赫伯特·斯彭和门宁格基金会的詹姆斯·泰勒、密执安大学的西奥多·纽科姆对书稿的部分章节进行了有益的审阅，并感谢霍格基金会和得克萨斯大学的韦恩·霍尔茨曼对全书进行了有益的审阅。并请斯坦福大学的欧内斯特·希尔加德接受我们热诚的谢意，因为本书的出版是在他的主编下完成的，而且他对于全部手稿的完成也提供了重大的帮助。

加德纳·墨菲　乔治·华盛顿大学

约瑟夫·柯瓦奇　门宁格基金会

第 一 编

近代心理学的前驱

第一章　理智背景 3

他们解释大自然的美妙方法使我不由得心醉神驰。

莱布尼兹

从颜色理论到自卫机制，从白鼠触须的作用到不能言传的启示的神秘意义，从想象中的游伴到部分关联——哪里有能使我们简括地以“当代心理学”一词来谈论的题材的统一性呢？从行为主义或完形心理学到精神分析或性格的测量，无穷无尽的试验、测量、假设、教条，互不相关的事实以及体系严谨的理论使人眼花缭乱。在某种意义上真可以说，透过这一切无限的庞杂，至今仍然回荡着这一科学婴儿的诞生哭声。就另一种意义说，心理学又像人类文明一样悠久，而所有这些川流不息、多种多样的研究和议论都发源于一个丰富多彩、斑驳陆离的历史。当代心理学的复杂性使人想到，要对它有所理解最好是运用它自身近年来屡次要求过的发生法。在种种心理学学科中要找出统一性不论有多少困难，至少有一种统一是我们可以赖以确定方向和透视，进行鉴别和综合的；而这就是历史的稳定的统一。

从笛卡尔和霍布士以来的几个世纪已经把古代的心理学和文艺复兴时期的自然科学，把十九世纪生物科学的胜利和二十世纪

测量法的天才编织在一起，而多方面的社会力量和个别人物的天
才笔触已经证明，在心理学的背后，进一步说，在生命自身背后，隐
藏着统一的方法和统一的见解。因为，实验心理学是从心理学和
生理学根本统一的见解发源的，而行为主义则正是由于要使这种
统一更加完善才出现的；心理分析学是对正常和反常、意识和无意
4 识动机根本统一的坚持；完形心理学是力求理解亚里士多德的形
式（forms），这些形式给物质世界的东西和直接经验的材料两个方
面提供了共同的模式（patterns）。

然而，每一种趋向统一的活动自身又不过是那些起码是从十七世纪以来就一直伴随着我们的活动的更加完善而又系统的表现：例如，行为主义，是笛卡尔的自动性和霍布士的机械论的纯化；对无意识的强调是莱布尼兹关于我们未察觉的知觉的回忆；实验心理学本身也不过是伽利略和牛顿那么光辉夺目地宣布过的关于自然界的实验概念和数量概念的一种应用而已。心理学可观的悠久历史通过它的新颖外表显露出来，并使得每一新强音的定论似乎也不那么绝对了。的确，这并不是说什么科学的每一成就只不过是给希腊某一先哲的发现贴上一个新标签的这种看法有什么重大的价值。而是说西方心理学新近取得的迅速进展不过是由于它自己历史宝藏的富饶，由于同我们时代紧相衔接的前几个世纪普遍的科学进步。

系统心理学的渊源

同类人猿和哪怕是最原始人类间的巨大差距相比，人种的进化实际是表明人类种族的基本统一，这种进化可以从出土文

物、骨化石、早期工具、武器、殡葬习俗、技能完善的遗迹，以及人民的迁移等等表现出来。现代人类种族在大的属性上是一致的。我们以后将论及个体特性的心理学；现阶段我们只想说明，有理由相信，确实存在可以称为“人性”的这样一种东西——一种从幼年到成年充满人性的“独特”发展途径。确实存在这样一种东西，可以称为人的智力和学习能力的成长过程，唯独人才具有的气质、情绪和本能属性的成长过程。而且，从当代未开化的人类社会——现在正迅速从地球上消失——确实可以得到广泛的证据说明，这些社会的人们在根本上是非常相似的，说明我们现代种族自身未开化的祖先同他们或同我们也并没有什么很大的差别。因此，我们可以认为，系统描绘心理学史实的尝试可能会给我们带来普天下心理学颇为相似的画面。难道日本人、中国人，泰国、印度、埃及以及西欧人在他们试图理解他们自己的心理学时不是都表现出基本相似的历史吗？难道人性的基本统一不正是表明他们都经历了类似的历史阶段并发展了他们各自成长而又彼此类似的心理学吗？

的确，早期的人类并**没有**相似的心理学体系。心理学作为一 5
门**系统的学科**，作为以**理解人类经验和行为**为目的的学科那还是很**靠后**的发展过程，是在社会分化大量出现以后才形成的。因此，它在不同的文化环境中呈现出非常**不同**的形式。例如，日本文明从第六世纪开始才有系统的记载。那时，有关人性的假想是受日本本土神道教习俗的影响，以后又受来自高丽和中国的佛教思想的影响。在那个时代，中国的心理学，在相当大的程度上依附于孔子和老子的先知宗教戒律，也已经具有一种独特

的形式。早期的中国哲学同中国的政治制度有深邃的结合并深受后者的影响。① 身居高官显位的学者，他们的工作和行为由成百条关于什么是"性善"、什么是"性恶"以及什么可以由正确的教育来补救等等设想所限定——这一切都是那个时代中国文化很有特色的表现。那时一直在印度发展着的思想，特别是和个人灵魂培养——它可以被吸收到宇宙灵魂中去——有关的思想，同流行的中国和日本的思想是有很大差别的；甚至在这些思想从印度传到中国和日本以后，它们还具有十分不同的形式，例如传入日本的禅宗佛教的心理学戒律就同印度的原始佛教的戒律大不一样。

说到我们自己直接的历史传统和孕育出西方心理学的希腊哲学，我们也许开始认识到，有关人性的最初的基本设想绝不是在各个地区都千篇一律的。希腊文明使个人主义成就和个人主义哲学达到一个高度，那是在亚洲制度下无法比拟的。也许正是由于连绵不断的军事和政治骚乱，由于希腊生活支离破碎和动荡不安的特点——同多数亚洲文明延续几个世纪或上千年的相当稳定的社会秩序形成鲜明的对照——才在希腊和后继的西方文明中激起种种更为丰富多样的和更为个人主义的心理学。

就算是这样吧，希腊有关人性的观念，像在荷马的诗中，早期哲学家和悲剧作家的著作中或普鲁塔克的《传记》中所表现出来的那样，比之出现在印度、中国、日本的关于人性的观念，也还是很不

① 参看尼达姆(李约瑟)(1947)* 有关早期中国科学的精彩讨论。

* 文中圆括弧中的年代表示本章后面附的参考书目的出版年代，下同。——译注

相同的。那么，理所当然的是，心理学的历史开始要受不同文化环境下社会变革因素的影响。我们需要认识我们用以开展工作的特殊文化倾向；因为我们与之打交道的是**西方的**观点，涉及的问题是**西方的**发展。

看一看东方和西方心理学注意的是什么，忽略的又是什么，提出的问题是什么，没有提出的问题又是什么，那是饶有兴味的。例 6
如，尽管事实上印度数学很早就开始发展起来并达到很高的水平，内容丰富的印度心理学却几乎完全没有什么测量法或者甚至连定量概念也没有。传统的印度文化包含着**关于教育的明确想法**，却没有系统的**关于学习的心理学**。西方心理学，同印度心理学相反，几乎一直是什么也没有做，直到最近有了对内在过程的控制才有改变，这个内在过程使个人预先倾向于特定的艺术经验和神秘经验，倾向于使这些经验得以发展的自制力的陶冶训练。不论是西方心理学或印度心理学都没有十分注意涉及艺术品如何作用于观赏者的复杂心理学，那在中国和日本则是已经培养形成了的，而西方的研究者却几乎完全不知道有什么绘画和造型艺术品在给人以灵魂肉体关系的意识方面所能扮演的角色。的确，这些问题大体说来，只有提出这些问题的人才能有所理解。西方心理学的大多数问题只有在西方历史——西方的地理的、经济的、军事的和科学的背景——的范围内才是有意义的问题。西方心理学发源于希腊大陆、爱琴海诸岛以及小亚细亚西部沿海一带的特定生活环境——即纪元前六至四世纪的希腊世界。

例如，当我们想要对西方心理学做出一般的历史描述的时候，存在于希腊和罗马之间或希腊和希伯来之间的观点上的差别就隐

而不显了。但我们还应力求辨认种种地理的、经济的、政治的、军事的和科学的事变对于心理学历史的巨大冲击和影响。只说十七世纪法国心理学同十九世纪英国心理学有很大差别那是不够的；我们的任务是要指出，**为什么**有差别和有**怎样**的差别。为什么每一时代的心理学家要选择他们所选择的问题，做出他们所做出的结论？我们应该力求认清为什么我们自己要写一部西方心理学史的尝试也因为我们是其中的一部分而带有很深的偏见。

有没有共同的心理学？

说到这里，读者很可能会问："在这一切相对性的海洋之中难道就没有由共同的事实——这些事实既关系到共同的人性又关系到人性思想的发展——构成的坚固小岛吗？"不错，确实有这样的事实。只要看一看雷丁关于原始人的著作(1927)，我们就会找到：关于人生短暂而悲哀、深刻而精辟的描述；对于既能显示勇气又能显示自制的那种性格的崇敬；青年是热情而老年是冷漠的事实；妇女的直觉的敏感性；以及对某一朋友和对某一领袖的崇高忠诚。
7 这里有我们可以在伊索寓言和《旧约箴言》中找到的同样的智慧。还有许多新近搜集的民间传说和许多民族的格言，而比较一下一群人和另一群人的谚语智慧则是一种余暇之乐。当然，浮现的真理常常是模糊不清的；像"水加上足够的热就会沸腾"这样的命题还需要再做研究才能称之为科学。或者，这些命题对于现实提出了矛盾得出奇的说法：试比较一下"对一个人有利的未必对另一个人也有利"("one man's meat is another man's poison")和"适用

于甲者也适用于乙”(“sauce for the goose is sauce for the gander”)* 这两句谚语吧。但是这些早期原始人的言论,即使已经纳入有条理的形式,也并不能真正形成心理学,形成我们可以在印度和希腊古代人创立心理学的尝试中发现的那种有素养的心理学。

心理学就这一更有素养的意义看绝不是在一切人类文化中都能找得到的。一般地说,未开化的社会没有多少系统的心理学。正如许多历史学家已经说过的,系统的哲学在地球上存在仅仅只有很少的几次。那是在大河的入海口和沿海港埠,那里由于贸易的繁荣使人们能够“披荆斩棘”从事于局部地区的或国际的贸易,这样来积累财富并——为少数人——取得闲暇。思考问题所需要的闲暇在印度和东地中海的希腊世界可能就是在这样的环境中产生的。在现在西巴基斯坦的莫恒卓达罗附近的考古学家发掘的文物是有关纪元前三千年和更早期的一个高度文明社会的许多考古资料来源之一,在这个社会里,就有这样的富裕和闲暇。一个来自波斯高原说印欧语的活力充沛的优势入侵部族进入印度,蹂躏定居的人民,吸收他们的文化,产生了像《奥义书》(*Upanishads*)** 那样精深的哲学论文。这些论文主张人类灵魂不可分割的统一和永恒及其同宇宙精神的一致。若干时间以后,卓越的圣歌(Gita)*** 以神和一位王子对话的形式提出了这一永恒而不可分割的灵魂的

* 这两句谚语的直译是:“一个人的肉食是另一个人的毒药”和“用于雌鹅的调料也适用于雄鹅”。——译注

** 《奥义书》收入印度最古文献《吠陀》经典,成为《吠陀》经最后的部分,其中多数是宗教、哲学著作。——译注

*** Gita 的全称为 Bhagavadgītā,印度古代的圣歌,由 7000 诗节共 18 章组成,系最有影响的印度宗教通俗经文,也是后来一切印度教教义的依据。——译注

问题。到纪元前五世纪，另一个印度心理学体系出现了：即乔塔摩(Gautama)或佛的教义，强调纵欲和禁欲的“中间道路”，以及怜悯和同情的信条。几乎在同一时期，中国的孔子和老子开始从心理学的角度思考问题。几乎也正是在这同一时代，纪元前六至五世纪，经过入侵者和被侵略人民在东地中海地区的通婚和文化结合，希腊的系统哲学幼芽出现了，由此而发展成心理学的体系，那就是西方世界心理学的端倪。

希腊哲学背景

天体的运动并不比睡和醒的节奏以及情绪的起伏更为使人难
8 忘；脱离常态而误入歧途引诱了巫师的操劳也刺激了哲学家的思考。

尽管原始人的文化在他们的心理学方面，正像在他们的编织术和陶器制造术，或在他们的亲属关系制度方面一样，是有所不同的，但他们对于一个经常发生的问题——灵魂的性质和属性问题，仍然显示出有一种共同的偏爱。一个睡着的人和一个醒着的人的戏剧般的差别，引起这样的想法，即，有什么东西曾经离去而后又回来了。刚刚醒来的人可能重述他刚才参与过的一场战斗，而他的身躯却分明是静静地躺在地面上。在病中，特别是在谵妄或昏迷状态，有什么东西似乎不见了，而在康复时，又会重新出现。一个心灵实体的概念——也可以说是一个能够(同人身)分离开的灵魂——对于他是讲得通的。而这样的看法由于以下事实而大大增强了说服力，即那些做梦的人和那些进入过昏迷或谵妄或迷睡状态的人能会见那些已经死去的人。死人的幽灵，幻觉的形式，也是人们所熟悉的。尽管缺乏可靠性，幽灵似乎可以领悟和理解。荷马的《伊利亚特》开场的几行就谈到灵魂，这些灵魂在战斗中离开肉体去见哈得斯（Hades）；* 而当阿基里斯（Achilles）** 在地府受到拜访时，他在某种意义上仍然是过去人们所认识的那个阿基里斯。

这里概述的一些看法通常被称为“二元论”，因为这些看法把灵魂和肉体当成两个性质不同的东西：两者确实能够继续不断地交互作用，但作为实质来看是截然不同的。有一个物质的肉体，还有一个精灵或可以离去的灵魂。因此，原始人的心理学总是在肉体死去以后还给灵魂的生存留有地位，尽管进一步关于不朽——即，永恒存在——的抽象观念往往是粗浅的或者完全不存在。原始人的应用心理学就有一些做法，用以诱导或强制灵魂返回它已游离的肉体，还有一些做法用以加强灵魂的力量并使它能够经受住生活的艰辛。

所有这些看法在纪元前一千年内的希腊宗教体系中都是十分明显的：奥林匹斯山神教，神秘教和古典文学时期的思辨宗教体系都是如此。在评论这三者的时候，我们将强调吉尔伯特·默里（1925）的著作，既强调他的思想，也强调他的文字。当幕布升起开始演出荷马的诗所展示的戏剧时，一队健壮而优美的、“好闹事的”、来自多瑙河盆地的武士正在围攻爱琴海东岸一座繁华的城

* 希腊神话中主宰阴间的冥王。“去见哈得斯”即“到地狱去”。——译注

** 出自希腊神话，据说阿基里斯出生后，他的母亲把他倒提着浸入冥河水中，除未浸到水的脚踵外，浑身刀枪不入。——译注

市，他们万神殿里的神和女神也在这场喧闹的战斗中扮演了一个完全是人间的角色。当然，在几个世纪内，这些产生了这样的史诗的长发海盗已经由于通婚和文化交流同化在黑色皮肤土著人群之中，他们属于一个拥有雄伟的建筑和雕塑并具有茫然而隐晦、难以表达的思想的民族，这从他们对大自然一切使人敬畏的方面的崇拜就能看出来。作为这一切的结果的文化统一体既不是天真幼稚的，也不是隐晦神秘的，而是光辉夺目、优美壮丽、精巧微妙的，是好奇而轻快的，它总是转向新的课题，其大胆的冒险精神只有那足以给一切涌现的东西带来秩序和体系的智慧才能与之媲美。

9　结果是希腊哲学，及其说明自然的体系，还有包含在这些体系之中的关于人的肉体和灵魂的种种解释。可以想象的是，原始人的"幽灵"——德斯瓦这样称呼它——必然会出现在他们的思考中，而早期的希腊心理学对于灵魂的所作所为及其活动的规律也一定会采取一种相当深奥微妙的研究形式。因此，当我们发现同那些把一切都还原为水、为火、为运动、为数的哲学家，同那些把一切都还原为心灵的哲学家在一起的时候，我们可以把这看成是以某种一元论来调和传统的心身二元论的尝试，这种一元论主张心灵是一切的根源，自然界的所有一切构成一个和谐的整体。而且，当俄耳甫斯*秘密的宗教仪式特意为灵魂的幸福——不论灵魂在身内时还是在身亡以后——作准备的时候，当这些神话怂恿人们相信灵魂在身亡以后还会独立存在并相互合作的时候，最后，当柏

* 俄耳甫斯（Orpheus），希腊神话中色雷斯的诗人和歌手，善弹竖琴，传说他奏的音乐能感动鸟兽木石，是音乐之神。俄耳甫斯神秘教仪式是希腊最重要的宗教仪式。——译注

拉图告诉我们，灵魂从肉体中解脱以后能够更清晰地观察并达到更高的实在的时候，我们遇到的是原始人心理学雏形的精炼和提高而不是它的遗弃和否定。

我们现在尤其要注意的是古希腊思想家中间兴起的心理学类型。特别是要看一看关于心灵的五种看法，这是经希腊思想家阐发而仍然可以被发现蕴涵在我们现代心理学的组织脉络中的，即同毕达哥拉斯、赫拉克利特、德谟克利特、柏拉图和亚里士多德有关的那些看法。

毕达哥拉斯是认为宇宙可以用单独一个主要原理加以说明的早期希腊哲学家之一。有人曾认为这就是水；另一些人认为是火；还有一些人寻求其他的起源。毕达哥拉斯认为第一原理是数。作为几何学的开拓者，他和他的学派发现，用于建造宇宙的长、宽、高的数字关系同建筑物的美有一定的关系。正是他，证明了弦的平方等于其他两边的平方之和。也是他指出，在给七弦琴调音的时候，为什么最美的和音是在构成和音中遵循简单数学关系的那些和音。例如，八度和音给予我们的是一根弦为另一根的两倍长；别的和谐关系如五度和音和四度和音也都是以简单的整数关系为基础，如 4:3或 3:2等等。毕达哥拉斯以为，灵魂对数字是很熟悉的，科学的世界和美的世界是按照数学组织就绪的。

性格同毕达哥拉斯不同而哲学才华却可以同他媲美的是赫拉克利特，他主张火是第一原理，“竞争是一切之父”，一个人不能两次涉足于同一河水。

在早期希腊人的“唯物主义”哲学中最明确的代表是德谟克利特的极不寻常的“原子论”。他坚持说，世界是由极小的物质颗粒

构成的。有生命的东西，以及灵魂自身，也并不例外。心理学的原
10 理、知觉、记忆和思想全都是微小的有形体的颗粒相互联合或相互作用等各种方式的表现。思想因而是一个物质过程，而生命和思想在肉体死亡以后也就到达了终点。德谟克利特虽然受到柏拉图和亚里士多德的轻视，却强烈地影响了像著名的伊壁鸠鲁那样的后期希腊思想家，后者是一个重要学派的缔造者，他又在希腊和罗马后期对怀疑主义和唯物主义观点产生了深远的影响。

某些现代哲学家认为，这些早期的希腊思想家对于希腊生活本身也产生了一个直接而显著的影响，尽管他们的贵族的和专制的同代人低估了他们的文学产品。我们只有零碎的毕达哥拉斯、赫拉克利特和德谟克利特的著述，但柏拉图和亚里士多德的许多著作保存下来了。无论如何，柏拉图和亚里士多德是希腊哲学的两个突出人物；他们的著作和观点在他们原来的形式中传递给我们，而我们西欧心理学的历史受益于这两位大师的观察和思考是很深的。

怀疑主义和苏格拉底的解答

不论何处，只要有过分自信的关于人性、关于人类生活的命运、关于宇宙的根本性质和人在宇宙中的地位等问题的埋论思考，那么，自然也会有怀疑主义，不信任和敌意。单独一个领袖，尽管有天才，也绝不可能统治全体居民。在雅典商业和军事力量上升的时期，大约是纪元前 440 年至 400 年，当有哲学头脑的青年人到雅典市场去的时候，那里有许多教训空谈和许多怀疑反应。一方面，有

许多非常精明而有创见的被认为是诡辩派的人，他们确信，没有多少超越感性认识的知识，因此，我们认识终极实在的希望很小。

那时，有一位苏格拉底，一个极其倔强、精力充沛、慷慨大方和非常幽默的老人，他经常在市场上出现。这个苏格拉底从服兵役回到他的哲学研究以后，起初作为一个雕刻家开业，使自己成为雅典城内一个好争辩的人物，他的谈论的生动和逻辑的严密大大出乎诡辩派的预料。他确信在人类的认识中有比单纯感性认识更多得多的东西；他十分肯定地认为人具有纯理性认识的能力，而且这些理性认识的能力不仅指明了营业中和战争中的“正确”方法，而且指明了人们自己能够验证的个人生活和社会正直生活的道德现实。于是，在相信能够得到最后答案的绝对论者和怀疑究竟能否得到任何答案的诡辩派相互冲突的时期，苏格拉底用他的交谈批判方法从他的提问者嘴里逗引出每一个主要哲学问题的本质；在
这些对话中，他引导雅典的年轻人认识到，确实有一种现实能够被 11
理解，并在伦理上、社会上和政治上是富有意义的。

苏格拉底的这些对话由他的忠实学生柏拉图记录下来。要说出这里面有多少是苏格拉底，又有多少是柏拉图，那是非常困难的。其他两个看见过苏格拉底和雅典青年的不平凡对话的人是色诺芬和阿里斯托芬。色诺芬是一位将军兼“随军记者”，他跟着希腊军队参加了对小居鲁士的战争，* 留给我们的是关于苏格拉底作为一个出色健壮老人的突出而清晰的形象，但并没有我们可以

* 指希腊早期反对波斯人的战争。约公元前 550 年，波斯王居鲁士征服了米地亚，以后又征服了小亚细亚包括当时在希腊人占据下的爱奥尼亚各城邦。居鲁士死后，由其子继位。反对小居鲁士之战即这一时期希波之战。——译注

在柏拉图所描述的苏格拉底身上发现的那种敏锐、深邃和艺术的魅力。喜剧诗人阿里斯托芬在《云》(*the Clouds*)中让虚幻的苏格拉底真地在天上走着。“我步旅天空,仔细查看骄阳”,阿里斯托芬的苏格拉底这样说,这是柏拉图的苏格拉底在受人嘲弄。*

柏拉图和亚里士多德

柏拉图向我们报告说,苏格拉底捍卫古老的信念,认为灵魂和肉体从根本上说是不同的东西。在原始人和早期希腊人看来,非物质的灵魂曾被混淆地认为多少具有某些有形体的特性——例如,它是可以看得见的——,而柏拉图的概念使灵魂和肉体的区别变得鲜明起来,使两者成为绝对不同种类的东西。而且,灵魂因为是非物质的,便可以领悟一个理想的世界,在肉体死后还能继续生存。在它那超越有形物体的具体直接性的明显力量中,有它同抽象关系打交道的能力;数学的世界(毕达哥拉斯学派早期已经说过)是比感觉的世界更高且更真实的世界;真正的哲学家应该是数学家。以柏拉图的眼光看,苏格拉底的对话证明了灵魂是真实的,对于那些在灵魂看来是最宝贵和最相投的东西的认识也是真实的:即,超越一切具体个别的一般概念——代表永恒和终极真实的美、善、数学关系等。原始人的幽灵,在有关物质和非物质东西的特性的批判研究烈火中提炼,作为一个真实的非物质的存在而出

* 阿里斯托芬的《云》写于纪元前 423 年,那时正是苏格拉底活动前期。《云》的主题思想是攻击“智者”(sophists)的教育与道德观念;苏格拉底被认为是最著名的“智者”,成为剧中嘲弄的对象。——译注

现，它有能力认识真实的东西。

在这方面，我们可以期望得到一项心理学观察的硕果，这种观察既依赖于内省方法又依赖于对人类行为的研究。对于柏拉图，这实际上并不是一项具有首要意义的任务。因为柏拉图的主要兴趣在于终极因，我们不应该期望在他那里得到心理学细节方面的丰收。但是这样的成果已经从那个时代的医师们那里得到了。大量具体的心理学细节，包含在一种独创的崭新理论公式中，出现于柏拉图的学生亚里士多德的著作。

亚里士多德是全能的天才，关于他仅仅给予两三段文字的概 12
述显得是少有的轻率和反常。他同心理学史有关系的地方在于三项贡献。第一，在他关于知识体系的有条理且有一定结构的建设，其中，关于灵魂的研究可以在经验论和唯理论两方面都同关于活的机体的研究发生关系。第二，在于他对灵魂的性质及其活动的界说，他的界说采取了这样的方式，使灵魂成为活跃的生物的一种表现，而活跃的生物又是灵魂的一种表现，根除了灵魂肉体二元论的一切雏形，这种二元论是原始人从一个方面而他的杰出的老师柏拉图又从另一个方面已经十分仔细地说明过的。第三，在于他安定下来专心致力于以具体词句描绘和阐释人类经验和行为的日常工作。第一和第二项贡献见于《论灵魂》（*De anima*）①。见于《论自然机能》（*Parva naturalia*）* 的第三项任务表现在论述青年

① 亚里士多德某些著作的拉丁文书名对于英语世界极为熟悉。

* Parva naturalia，中世纪选编定名，是亚里士多德论述自然机能的短篇论文选集，主要是分析人类中所表现的某些生命过程，兼及动物中的一些特例研究。这一选集和《论灵魂》被认为是亚里士多德的两部专讲心理学问题的著作。——译注

和老年；论述醒来、入睡和做梦；论述男子和妇女的心理学；论述记忆和认识的过程，以及关于占卜和梦兆似乎表明的神秘现象世界等等生动有趣的说明；而在他《论演说》(*De oratore*)的书卷中，他论述了演说家力求支配的那些情绪，在他的《伦理学》和《政治学》中他论述了自制的问题以及人与人之间的关系。

亚里士多德不满意他的老师在灵魂与肉体之间设置的鸿沟。但同时他在德谟克利特的机械论的学说中又很难发现有多大价值。他企图找出心理过程和物理过程的密切关系，但又要界说心理过程以表明它同物理过程的区别。他的解决来自活跃的有机体所执行的机能这一概念。一件东西赖以构成的原料或物质并没有告诉我们它是什么，也没有告诉我们它做什么，但赋予它以形式，我们就可以根据它能做什么来说明它。物质和形式总是在一起被发现的，但只有通过形式，物质中内在的潜力才能实现。身体的器官如果没有形式规定它们应该做出什么反应，就不过仅仅是物质而已。每一种器官都可以说具有它自己的形式，或者，在某种意义上说，它自己的灵魂。眼睛看的时候，我们可以说看就是它的灵魂；一座塑像的眼睛没有灵魂，因为它没有看。潜在的看甚至在我们躺着睡觉的时候也是我们眼睛的一种属性，当我们睁开眼睛并环顾周围环境的时候，潜在就变成现实了。同样地，被看见的潜在性也是我们周围客体内在固有的；这一潜在性当我们看到这些客体时便现实化了。活跃的有机体和它周围环境的客体相遇，彼此应答，彼此相关地现实化。

我们可以正当地运用“灵魂”一词不仅代表每一器官的机能，而且代表作为一个整体的活跃的机体，灵魂或心灵是整个机体的

形式。心灵并不是同被认识的东西分割开的。在认识的时候，“心灵即客体”。这赋予我们一个心灵或灵魂的机能定义。**心灵是一** 13
个过程；它是依据它的所作所为来界说的。周围的世界只能依据我们的所作所为——作为对周围世界的一种反应——才能得到充分的说明，正如我们自己应该依据我们同周围世界的相互作用得到说明一样。有机体和环境不是互相独立的而是一个交互作用的事件体系的两个方面。

亚里士多德进而对于官能进行严密的研究；包括：学习和记忆；情绪；想象和推理。在他全部明确的讲授中最有影响的部分大意是说，我们能记住事物是由于“邻近性、相似性和对比”（柏拉图已经提到过邻近性和相似性）。我们想到保罗，是因为他曾同彼得在一起，或者因为他同彼得相像，或者因为他同彼得形成对照。这一关于联想的学说后来变成了这样的理论，即心灵的一切工作取决于在经验中确立的联想。

在苏格拉底、柏拉图和亚里士多德的伟大哲学时代，希腊城邦，希腊文明的心脏和内核，已经经历了一个又一个致命的危机。斯巴达倾覆了雅典；底比斯压倒了斯巴达。接着马其顿的菲力浦和他的儿子亚历山大——亚里士多德曾担任过他的家庭教师——已经把希腊世界化为臣属，接着把他们所知的希腊文明的一切传播到世界各地。不安或甚至绝望的时期到来以后——一次“神经的挫败”，吉尔伯特·默里这样称呼它——那些已学会哲学思考的人仍然在继续进行哲学思考。不过，现在不再有作为绝对论者的标志的得意情绪和作为诡辩派和怀疑论者的标志的漠然不郑重的态度，而是到来了一个很长的理性幻灭时期，这一时期中主要的目的是在一个使人安心的稳定标志已经消失的世界中通过哲学去寻求安慰。

例如，以苏格拉底在《哥吉亚斯篇》* 中曾加以支持的简单的苦乐哲学而论，在这篇对话中，我们知道有一个善良的人，尽管他受到屈辱和折磨，仍然具有某种幸福，使他确实比仅仅得到财富和地位的卑鄙的人更幸运。在理性幻灭和怀疑主义时期，这种华而不实的唯心主义似乎是某种不得已的英雄诗。恬静而又诚实的伊壁鸠鲁，悲哀地望着那曾经是希腊文明的废墟，宁愿简单地说，人诞生在一个悲惨的世界中，还是尽可能寻求幸福为好，并在他们能够得到幸福的时候，把幸福作为他们的目标。亚里士多德想使灵魂和肉体统一起来的努力，在别人看来成为对不朽的一种威胁；他们回到一种身心二元论的立场上，这将提供某种希望，希望在经过这个泪水的山谷以后，他们还能得到永恒的幸福。在亚历山大城这个在以后若干世纪的世界理智中心，自然科学和生物科学接着迅速迈开了大步，而地中海世界却逐渐堕入一个僵化和越来越无望的时期。这当然不是纪元前一世纪罗马绅士的观点，甚至也不是任何时候的皇帝和他们的宫廷的观点；但是从我们现在的有利
14 地位来看，罗马帝国很清楚是代表了一种缓慢的但却是稳步的对于基本的感情和艺术表现的压制。希腊熔炉上的火焰越来越摇曳不定了，在马卡比人失败以后，希伯来人争取民族自由的努力也遭到同样的命运，而地中海周围的无数人民吸收着罗马文明，也学会

* 哥吉亚斯(Gorgias)，古希腊诡辩家，柏拉图的《哥吉亚斯篇》就是记述苏格拉底同哥吉亚斯进行的雄辩，并以此展示苏格拉底的哲学观点。——译注

了默认罗马商业和法律的迟钝状态和呆板的习俗。我们难以期望"关于人的研究"——名副其实的心理学——能够在这种情况下出现。

同我们的期望完全一致的是,希腊的创造精神解体以后形成的一种心理学是教会神父的心理学,这种心理学是以对现世的绝望心情为基础的,包括对活着的身躯的善和价值的绝望,并且浸透着两个首要的主题:第一,柏拉图的心身二元论;第二,一种道德的偏见,反对人性中任何预示同动物界有关系的东西。因而,对于罪孽、有罪、复原和权威等问题具有强烈的成见。当然,部分的原因在于基督教是对生活非常困苦的男男女女——奴隶、士兵、渔夫,以及最下层的手艺人和农民——讲话的。然而,认为整个世界道德败坏的看法笼罩着每一个阶级。需要消除罪孽,需要浩身并同神结合为一体,这种看法通过盛行一时的神秘教在地中海世界各地广为流传,在基督教的圣餐礼中更完全更充分得多地表现出来,通过圣餐,同耶稣基督的合为一体以及同爱的圣父恢复孩子般天真的亲密关系,这对每一位虔诚的追求者,不论是奴隶还是皇帝,都是显然有效的。教会神父的心理学,逐渐在保罗、奥里根和奥古斯丁的著述中形成,一直统治着哲学直到十二和十三世纪亚里士多德哲学的全面复兴。就有罪和需要复原的意义来说,就意志——不论是上帝的意志和人的意志——是达到福和祸的主要手段这一看法来说,这都是一个淀泊在柏拉图二元论港湾的心理学。意志,当然像灵魂内在特性中的任何其他东西一样,是超越那些对于自然界客体普遍适用的解释原则的。

十二和十三世纪中亚里士多德的重被发现导致对于自然主义

的兴趣。那个时代非常典型的对于物理现实和医学现实的积极的关切，使对待自然的科学态度复活了。人的灵魂开始同日常经验中碰到的其他东西联系起来。亚里士多德的心理学成为按照自然主义方向改造教会神父哲学广阔新事业的核心。这当然不是像一个十三世纪的人那样来叙述这个问题的，而是就我们今天的角度来看待和叙述的。

15　对新亚里士多德哲学的直接的实际的考验，像托马斯·阿奎那著作中明确表达的那样，是看它是否有能力把亚里士多德的仁爱、文雅和自然主义同柏拉图和教会神父的身心二元论调和起来并完成一篇神学上可以接受的论文，这篇论文代表着古代智慧同基督教徒的灵魂赖以得救的那些教条的一种联盟。但是，一旦亚里士多德已被重新发现，一旦他已被视为科学事业的心脏，时钟的指针就不会再倒转；而从这时起，指出通向近代心理学——它在文艺复兴时期已塑造成型，而其本质即希腊心理学——的道路的，就一直是亚里士多德，而远不是柏拉图和教会神父。因为希腊心理学，特别是亚里士多德心理学，那时已成为集中注意的焦点，成为人们重新努力去理解人类自己本性的要义。

文艺复兴背景

我们现在的课题是进一步说明随着封建制度结束而开始的科学发现新黎明时期的理智特征，并研究这一新的理智特征是怎样利用伟大传统的。在盔甲骑士的军事力量不断受到威胁而像羊毛这样的商品贸易活动区域迅速扩大着的时候，那种封建庄园主制度连同它的自足经济单位就一并解体了。陆上和海上旅行都变得更加安全更加有利可图。而且，十二和十三世纪的十字军东征参加者曾发现近东的文明，并把这些文明大量带回欧洲，这些文明孕育着古典文化的许多重要成分。文化的新阶段露出了萌芽；十三世纪的新型大学促进了希腊、罗马的古典文学的研究，一个伟大的艺术复兴——原始的文艺复兴传遍了南欧。真正的文艺复兴可以说早在十四世纪就开始了，并在十六世纪达到了它的鼎盛时期。

文艺复兴时期在各方面的开拓都是人类的骄傲，在物质方面和在精神方面都是如此。但是，地理上的发现或许也像任何其他发现一样有代表性和启蒙作用。整个运动的绝妙缩影表现在西班牙王国的钱币铸造上，这些钱币上的图文随着哥伦布的发现而改变。在发现美洲以前的日子里，有些西班牙硬币上刻着"没有更远的地方"(Ne Plus Ultra)的字样。西班牙和海格立斯的柱子*就是世界的边缘。接着是哥伦布和探险者的时代到来。铭文改变了。"没有"(Ne)取消了；剩下的是"更远的地方"(Plus Ultra)。世界上有"更远的地方"。

人们到处都在寻求新事物，既寻求对古老文明的新估价，也寻求新的知识和新的财富，不论是物质的或非物质的。这一运动的一个较明显的表现是探求通向远东的新路线和囊括"新大陆"的帝
国的纷纷创立，向这个新大陆殖民是十六和十七世纪最大成就之 16
一。当神圣罗马帝国逐步瓦解时，新涌现的民族国家纷纷伸展到

* 海格立斯(Hercules)，旧译赫尔克里士或赫拉克勒斯，系希腊神话中主神宙斯之子，据称力大无穷，在一次战斗中劈开了山峰，遗迹称为海格立斯的柱子。——译注

世界的边远角落去追逐土地和财富。在发展和扩张的时期，上面提到的经济变化在加速进行，整个欧洲被卷入贸易革命的大动荡中，这个革命是随着封建制度的瓦解，随着海陆贸易——由于有了通向东方的新路线和交通工具的普遍改善——的发展而到来的。以克伦威尔为领袖并把查理一世送上断头台的政治革命，或者更确切地说，把奥兰奇王朝推到前台的1688年的革命标志着商人阶级在英国的解放。这是传统的“帝王神圣权力”的终结和一个中产阶级坚持自身权利的开始，这个阶级是在这些经济变化发生的时期成长起来的庞大商人阶级。

这种活跃的和追求新发现的精神越来越明显地表现在那些献身于艺术、文学、哲学和实际事务的人们的志趣、情绪和思想方法中。在科学中，复兴早在十二世纪即已开始。最初的伟大成就是哥白尼完成的(1543)。他的有关地球和行星是在围绕太阳的圆圈中运动的理论(一个自纪元前三世纪以来就有的理论的复兴)是现代天文学的开端。在他和他的直接后继者的身上可以看到现代科学由之产生的互相斗争而又最终相互结合的两大因素：对于一种从逻辑上看和从艺术上看都是完美无缺的“自然秩序”——由此可以演绎出自然法则的秩序——的信念和要对每一理论都进行那种可以通过直接观察做出决断的实验检验的决心。

因为在哥白尼之后是第谷·布拉埃，他利用当时可能有的最好的仪器，以一丝不苟的准确性毕生观察并记录天体的运行。他发现哥白尼的体系不符合他的观察，但他并没有察觉不符合的原因在于地球围绕太阳的运动轨迹不是圆，而是椭圆的。甚至第谷这位观测家也相信天体必然在完美的曲线中运动，而完美曲线对于他说来也就是圆。然而，在第谷和他的直接后继者手中，科学开始具有明确经验的铸型，不求理论的完美，而热衷于精确的数据资料作为健全假说的第一步。在凯普勒的著作中有他的两位前辈的工作成果作为组成成分。他成功地指出，哥白尼从根本上说是正确的，但是第谷积累的数字说明有必要假定轨迹是椭圆的而不是圆的。在凯普勒手中实现了归纳法与数学方法的第一次伟大结合。 17

在英国，吉尔伯特在研究磁性时采取了多少类似的步骤。在他看来，直接的观察是基本的方法；他多方面变更观察的条件，其方式，按现代标准来说也真正堪称是“实验的”。实验科学正在奠基；在自然科学的许多部门，这样的观察研究很快就开始了。吉尔伯特的实验工作引起了伽利略的赞美，伽利略热诚信奉柏拉图（和毕达哥拉斯）的学说，认为数学是理解自然法则的线索，而他又具有非凡的才华能够找出验证这些法则的方法。十六世纪末和十七世纪开初的二三十年，伽利略推广了实验方法，在观察成果的丰富和重要性两方面都远远超过了吉尔伯特。伽利略和他的学生主要是研究力学和光学的基本问题。

在这一阵营中，有首领，也有吹鼓手，有的汇集科学资料，有的向世界宣告已经完成的是什么和应该去做的是什么。弗朗西斯·培根是宣扬那时正在文艺复兴各种力量中杀出一条道路的经验论新精神的先驱。不幸的是，他不能理解当时正在进行中的许多归纳法研究的重要意义，例如吉尔伯特的研究等等；然而，就他使理论系统化和作为一个阐释家来说，他在迅速传播对经验方法的热忱方面是很有贡献的。

十七世纪数学方法和经验主义方法最伟大的结合是依萨克·

牛顿爵士的天才促成的。牛顿的著作是由新的数学方法的发展和凯普勒的工作在实验成果的复杂逻辑运用的延续这两个方面构成的。牛顿利用了别人以及他自己的经验资料，但做出了重要的创造性实验，例如他用棱镜证明白色光线可以分解开来，从而产生出光谱上的颜色。牛顿对于科学的哲学也有很大贡献，表明有一种思想体系，可以严密地运用于促进对客观世界的认识。他力求阐明他认为科学必须涉及的基本概念：空间、时间、质量、运动、力等等，他就这样以实例表明，十七世纪有这样三类不同的科学工作：数学方法的运用；促进对条件的变更，即进行实验和对新成果的哲学意义的研究。

再说关于科学研究的组织工作。十七世纪下半叶，唯一形成一种科学合作明确手段的国家是法国；它的工作主要局限于巴黎。法国科学院 1671 年开始接受皇室辅助，这促进了研究者的合作。法皇给予科学工作的新动力和英国的情况形成了鲜明的对照。牛
18 顿起初是独自工作的。他帮助创立了一个皇家学会，这个学会原意是想促进合作，但牛顿始终遥遥领先，使他周围的人望尘莫及；而皇室给予的基金又少得可怜。德意志联邦的情况也类似。德意志当然不是一个政治的统一体，很自然，分散在各地的科学家彼此间的合作甚至比在法国和英国更为少见，尽管德国的大学注定要在十八世纪成为唤醒科学研究兴趣的一个中心。伽利略在意大利也是独自工作，并且是在教会和国家的怀疑下工作。西班牙和葡萄牙的力量完全消耗在探索和征服“新世界”上。所以，如果我们要问，为什么有些事实早已为同时代的学者所熟知，还会被宣称是什么“新发现”，回答是：几乎直到十九世纪初，西欧的一些科学进

步除少数例外都是个人努力的成果，他们工作时，常常并不了解他们自己国家和其他国家中的类似工作，这些科学进步也必然要被遗忘，直到某一位科学家或学者日后某一天偶尔又发现了他们的工作。

这种状况在生物科学中更是突出。经典医学的复兴，特别是在意大利的大学里，活跃地延续到十六世纪，而希望能准确地描述事实并依据观察而不靠思辨和演绎来理解客观事物，这在生物科学中也完全像在其他领域一样那么迫切，虽然要做出一般性的结论更为困难。实验的活动一般都很活跃，到十七世纪导致解剖学中划时代的临床研究和尸体剖验的传播。例如，读者将回想起伦布兰特*的名画《解剖课》，就是当时新颖而又惊人的肢解人体技艺的一种反映。同样的临床精神也表现在精神病的研究上；伯顿的《忧郁症解剖》(1621)描述了常见的疯狂和抑郁状态。从激动和兴奋到深沉抑郁的转变是以有说服力的词句描述的。现代的读者时而看到新鲜的第一手经验报告，时而又看到公元 200 年盖伦**时代流传下来的权威知识的奇特补缀品，并且可以发现关于摄生法和药物的合理考虑同纯粹幻想的和魔术般的治疗方式的混合。医学正从依赖权威走向以后几个世纪的依赖归纳方法甚至实验方

* 伦布兰特(1606—1669)，荷兰著名绘画家，其蚀刻术(用针和酸类在金属板上刻画)也很有名。《解剖课》是他在 1632 年所作创新的群像画之一。——译注

** 盖伦(约 130—200)，古罗马医师，创立了医学知识和生物学知识的体系。他的学说在约二至十六世纪时期被奉为信条，对西方医学的影响很大，为医学中解剖学、生理学和诊断学的发展奠定了初步基础。但他又认为身体的构造和一切生理过程都有一定的目的性，并把机体内所进行的各种过程在无法解释时都归结为非物质力量的作用。在哲学方面，他是亚里士多德的信徒。——译注

法。

但是在医学和生物学领域最重大的发现是哈维做出的。1628年他对于血液如何循环做出了证明。哈维研究了抽水机及其操作
19 原理。他写道，心脏就像一部“抽水机”一样，把静脉里呈蓝色的血液压进动脉红色血流中去。机械论正在占领人身的器官；灵魂的哲学终于也要被牵扯进来。

参考书目：

Burton. R. *Anatomy of Melancholy*. Oxford:Cripps,1621.

Murray. G. *Five Stages of Greek Religion*. Oxford:Clarendon Press, 1925.

Needham. J. *Science and Society in Ancient China*. London:Watts, 1947.

Radin. P. *Primitive Man as a Philosopher*. New York:Appleton, 1927.

第二章　十七世纪 20

赫拉克利特……说……是因为有某物在运动，才能认识运动中有什么，因为他像多数哲学家一样，认为存在的一切都在运动中。

亚里士多德

十七世纪的科学活动是以经验为根据的，它主要依赖观察而不依赖权威。对自然界的系统描绘逐渐引导到用**实验**方法系统地干预自然的进行方式。这样，自然的法则就能更准确地被观察和被理解，并且由于数学的进步，就能认识得更清晰、更精密而又更完全。对自然法则的这些表述于是便形成科学思想的**体系**。

对于客观观察的新强调和建立能用数学公式表达的法则的新尝试对于心理学有直接的冲击和影响。从这种新的探讨精神产生的很多心理学学说自然不免依旧是古代心理学——或医学——的重复和阐释，但是新的力学和新的数学在重新说明古代原理方面很快地开始发生作用。于是，亚历山大医学学派关于神经及其机能的认识在十七世纪便同笛卡尔及其同时代人著作中的新力学结合起来了。

笛　卡　尔

十七世纪前几十年，他在各种学校研究神学和哲学的时期，以及隐退在法国和西欧各地的时期，笛卡尔把他自己造就成生理学和数学以及哲学方面的专家。是他，想到把代数方程式化为几何形式的系统可能性(我们现在仍然在说“笛卡尔坐标”)，表明 y 对
21 x 的关系，并提及一个代数式的抽象化，当线条在一个平面上画出来的时候，怎样会得出一朵三瓣或四瓣玫瑰花的美丽形式。

作为一位哲学家，他力求得到第一原理：找出人能真正认识的东西。这里，像在他以前的奥古斯丁一样，他得出结论，认为他自己的怀疑，他自己的踌躇不定给他提供了一个事实，使他能够从这里有把握地起步：即，他自己的存在这一事实。接着他想要证明，反省可能使人认识灵魂的本质——一种“没有展开”的实体，带有它自己的那种现实性但不占有空间——及其同肉体的相互作用，后者显然是一种有形的占有空间的实体。他开始设想，肉体连同它的感觉和运动神经及其在脑中的联结机构，能够机械地运行。神经可以被认为是一些管道，有一种隐匿的实质——动物元气(animal spirits)——可以在其间穿行，在兴奋的时候，首先通过感觉神经，接着通过中枢，再通过运动神经这样就产生了运动反应。

但是笛卡尔在动物行为和人类行为之间做出区分。他认为动物是简单的机器：它们的躯体受自然法则的支配。假如这是真实的，那就应该有特殊的机制为这些行动作准备。从感官的刺激可

以预测随之而来的神经和肌肉反应；进出神经道为唤起动物的全部贮备行动提供了固定的孔道。自此以后，生理心理学者便一直在运用这样产生的反射概念来说明更复杂的生命活动。近代机械论心理学就是从这个十七世纪的概念发展形成的——当然是由于牛顿力学科学的进步而受到很大鼓励。布雷特（1965）提醒我们，在那时候德国贵族的花园里，用水带动的人体模型确实为娱乐的客人演出多种木偶般的动作，甚至发出类似说话的声音，而他认为，这在笛卡尔身上留下了痕迹，因为他寻求关于人类行为的力学公式。

虽然一切动物行为都可以被认为是机械的，人类行为却只有低级的和反射性更强的才能做这样的解释。涉及理解、思想、理智决定和行动的人类行为则需要另外一种解释。不论这个解释是什么，都使得“二元论者”同“一元论者”之间的哲学分歧形成了鲜明的对立，前者承认身心存在之间的区别，后者如斯宾诺莎（1677，pt. 3，chap. 2），他认为灵魂和肉体在根本上是一个东西——即，仅仅是*一个实在的两个方面*。

笛卡尔自己承认在他的看法中还有严重的疑难。假如精神
和物质是完全不同的东西，怎么可能在两者之间发生相互影响
的关系？怎么可能出现身影响心的情况，或者相反，出现心影响
身的情况？这引起了很多麻烦。他不得不寻求交互作用点，寻 22
求“灵魂的位置”。有些古代著作家把灵魂放在一个地方，有些
又放在另一个地方。但是医学的研究已经开始指出脑的重要。
在笛卡尔看来，脑的麻烦在于它是“成双的”，有左有右，并细分
为更小的结构，对称地排列在两侧。但是，松果腺深埋在脑的中

央，它的作用当时还不清楚。松果腺只有一个；必然的结论是，笛卡尔想，这里就是灵魂的所在。松果腺的作用是把肉体的刺激传导给灵魂，并把灵魂的冲动传导给肉体。灵魂对肉体的控制是通过神经中感觉和运动冲动的简单机械联系规律而实现的；不同的感觉的和运动冲动的联系直接受松果腺活动的控制。“这松果腺受灵魂的种种影响——把围绕着它的元气（spirits）驱向脑的微孔，脑的微孔通过神经再把元气发射到肌肉”（1650，pt. 1，art. 34）。这个假说把灵魂活动问题直接降格为通过松果腺的控制，但对于一种非物质的存在通过什么途径才能施加这种机械的影响这个问题并没有作出任何理论的说明。笛卡尔如此着意勾画的二元论或灵魂和肉体的根本区别一直是许多心理学体系的中心，但是，问题疑难的尖锐性也许直到笛卡尔大胆选定交互影响的器官以后才更为明显。

笛卡尔的著作对于以后的心理学具有重要意义的另一个特点是他对情绪的分析。“感情”几乎被说得像机械活动一样；它是以脑髓、血液、“元气”和生命器官中的运动来说明的。笛卡尔关于“灵魂的感情”的说法把复杂的情感生活还原为六种基本的感情：惊奇、喜爱、憎恶、欲望、快乐、悲哀。把人性分解为基本的感情经验和冲动，它们的组合构成了一切可能存在的情绪状态，这样的做法有很大的魅力，至今还在吸引着心理学家的注意①。但是，笛卡尔开列的情绪被描绘得像是理智的机能了。喜爱在他看来依赖于

① 在这个题目的讨论中较著名的有霍布士、卡巴尼斯、加尔、洛采、詹姆斯、麦克杜格尔和华生的著作。

一个人对于一个对象可能带来的愉快的计算；憎恶则要看可能招致的恶果。非理智的行为是以理智的行为来解释的。十九世纪避苦趋乐的“经济人”是这一类理智主义的又一例。

在法国的随后一百年中，笛卡尔的两个杰出的后继者是马勒伯朗士和拉美特利，马勒伯朗士（1674）对于**情绪的生理学定义**有那么充分的理解，使他可以被看成是詹姆斯-朗格学说（见边码199页）的一位先驱。拉美特利（1748）认为，如果动物是自动机，那么人也是自动机，笛卡尔根据机器的概念对行为做出的解释应 23
该毫不容情地贯彻到底，人也不能豁免。

这一时期，不平凡的巴鲁赫·斯宾诺莎默默无闻地在荷兰研磨镜片，却正在制定一种身心哲学，其丰富思想具有一种出人意料的现代色彩——这些思想正因为太过于现代化而不能对于他的十七世纪同时代人产生任何影响。心和身是一个实在的不同方面，因此，生理学和心理学全然融合了；记忆是同一系列身的事件（发生于以前作用于身的印象）相应的心的事件。人类的情绪和动机是极其荒谬的，并常常无意识地起作用，以致导致自欺。斯宾诺莎死后出版的《伦理学》（1677）注定要深深印入哲学家们的脑海。但是他自己那个时代的具有理智主义思想的人们对于无意识动机的观点不感兴趣，而这位不出名的镜片研磨匠也不像笛卡尔能够有那么容易接近听众的机会。

莱布尼兹

笛卡尔把物理学及其方法应用于心理学以后不久，在德国就有一个多少类似的研究由另一位数学天才莱布尼兹(1695)完成了。他也同样在寻求身心关系的答案。莱布尼兹像斯宾诺莎一样也认为不能接受非物质的灵魂作用于物质的肉体的学说。* 莱布尼兹论述身心关系实际上同笛卡尔一样也是二元论者,但完全摒弃了交互影响的棘手概念。莱布尼兹教导说,肉体是遵循它自己的法则的,即机械的法则。人身的动作正像动物一样是机械的。我们只能用已知的物质原因解释人体的一切行动。另一方面,心理的活动和后果只能用心理的原理来说明。灵魂进行活动对于肉体并不发生任何直接的影响。心灵的生活展示出有秩序的连续活动,身的生活也同样,但两者互不相干。他以两台钟作为比喻,这两台钟是这样构造出来的,它们虽然并没有交互的作用和影响,但彼此却是完全一致的(1696)。因此,如果我们从一台钟上知道了是什么时间,我们也就知道了另一台钟上的时间。心与身好像在交互作用仅仅是因为它们之间存在着“先定的和谐”。我们只有通过对以前心的变化的理解才能理解当前心的变化,也只有通过对以前身的变化的理解才能理解当前身的变化;在身的变化与心的变化之间不存在因果关系。这个学说使整个身心交互作用的见解成为不切题的概念,并企图摆脱由于追问为什么心的活动来自身
24 的活动而引起的一切明显矛盾。在莱布尼兹的体系里,我们得到

---

* 原书第一版在这一句后面还有这样一段话有助于读者理解当时学术界在这个问题上的争论,现特附注如下:“要有真实的交互影响,只能是以下三种情况:或者肉体是精神的,或者灵魂是物质的,或者两者是同一的,都是由同样的质料做成的。的确,斯宾诺莎已经看出了这个难题并选择了第三种情况,……但是,尽管他在哲学领域有地位,他对心理学者的影响,很奇怪,却是微乎其微的。”——译注

了一个身心“平行论”，种种当代平行论都同这一体系有密切相似之处。通过笛卡尔的交互作用论，斯宾诺莎的一元论和莱布尼兹的平行论，十七世纪勾画出三大心理学理论，支配着十八和十九世纪的思想。

在莱布尼兹看来，心的活动自身按照其清晰程度可以分成各种类型和等级，从最明确意识的到最模糊不清的。这导致一种在德国心理学中一直是很突出的区分，而现在这种区分已经受到了普遍的承认。我们对于模糊的知觉可能完全是无意识的。同时，另一些知觉则清楚地被把握到或统觉到。[①] 知觉（perception）是“代表外界事物”的内在状态，而统觉（apperception）是“这一内在状态的意识或反省认识”（1714）。[②]

英国的经验论：霍布士

尽管这些人的心理学体系十分重要，但要理解十八世纪和十九世纪早期心理学，对于我们的研究说来，也许最重要的传统潮流还要算是霍布士及其后继者的英国“经验论”。霍布士的出发点，甚至比我们已经考虑过的其他思想家的情况更为明显，是他所处的社会环境与理智背景。他特别注意研究在他周围演进的重大政治变革，那削弱贵族专权和贵族特权的商人阶层的崛起。查理一世在1649年被处死；霍布士在1651年发表了他的《利维坦》。那

① 亚里士多德曾在“具有”经验和“观察”经验之间做出区分。

② 知觉是单子（monad）、心的个体或灵魂的一种状态。单子是不能再简化的心灵存在。

是一个以骑士党和圆颅党[*]以及浪子的抒情诗和跨越海峡的战争喧嚣为特征的"英雄"时代。但是霍布士对商业革命和政治革命两者都极憎恶；他是一个保皇党人，对人生的观念是贵族的。社会的结构对他来说是以某些个人对其他人的权威为基础的。人的"自然"状态(在没有有组织的社会的情况下)将是"孤独的、贫困的、龌龊的、野蛮的和浅薄的"(pt. 1,chap. 13)。

然而，他是一个观察者，尽管有他的成见却很奇怪是不偏不倚的；而且这是在一个政治上的多事之秋，每一个有思想的英国人目睹历史悠久的秩序崩溃都要惊心动魄。① 虽然在某种意义上说，
25 他是动荡的一部分，他仍然是一个旁观者而不是一个参与者。②他以一种在他以前很少有人具备的精神观察现实；甚至马基雅弗利和托马斯·摩尔爵士——文艺复兴时期在政治理论方面对他具有影响的两位卓越先驱——也还有案情要自己去辩白并要为实际的目标去奋斗。他寻求对革命的理解，寻求对隐藏在战争与和平两者背后的人类本性的理解。他在近代人中是第一位"社会心理学家"，而他所确立的原理对于社会心理学和个人心理学两者都具有划时代的意义。

* 骑士党和圆颅党(Cavaliers and Roundheads)，是1642至1649年英国发生内战和革命时期因拥护国王和反对国王在英国议会中形成的两个党派。国王查理一世及其党羽多骑马所以称为骑士党，即保皇党。园颅党人因为留着清教徒"剪短的"发式而得名。园颅党人最后取胜，于1649年将国王处死。——译注

① 例如，密尔顿就认为他的政治著作比他的诗作更重要；他因失明而不能参与政治是他的极大懊恼。这一时代政治斗争的激烈和残酷甚至在三代人以后仍然在格雷的庄严诗句中余音缭绕。

② 在动荡最甚的几年，他避居法国。

霍布士把最初的本性和经验的产物划分开(1651,pt. 1, chap. 6)。某些人类行为他归之于内在的素质;但大部分专门活动他认为是从经验获得的。他开始编列遗传倾向,但很快就不感兴趣了。饥、渴和性的冲动一笔带过,因为这些事情极为明显,关于这类问题的心理学不能引起他的兴趣。但是,说到社会生活,他对动机原理给予远为充分的阐述。在这个主要以亚里士多德的《修辞学》[①]为基础的阐释中,他不是把动机作为纯冲动力而是作为以苦与乐的预期为基础的追求来描述的。[②] 畏惧排在首位,畏惧不是作为一种盲目的冲动,而是对于某一对象可能带有的痛苦的觉察,这引起对它的回避。畏惧来自对恶果的估计。对荣誉的欲望是另一项主要的动机。它的基础在于认识到一个人在他的伙伴中赢得声望必然会带来的愉快。

人类本性的这些要素(饥、渴、性冲动、畏惧、对荣誉的欲望,以及这一切的根源避苦求乐)是社会行为的主要源泉,是社会组织的基础。霍布士认为,人类社会中的每一个体,都有他希望得到满足的嗜好和希望能够避免的痛苦。没有社会,每一个人将独自直接地避苦趋乐。他将不得不同他的邻人作战,从他们那里取得他自己希求的东西,并抵御他们转而会对他发动的进攻。人是竞争的,假如独自自卫,由于经常攫取所需要的东西或无休止的自卫任务,处境必然是可悲的。人们的唯一希望在于组织国家,在国家中,每一个人都同意禁戒掠夺的快乐以避免别人的

① 即演说家必须掌握的一系列动机。

② 这个简单的心理学欢乐主义并不是特别新颖的。许多古代作家采用过这样的说法;在莫尔的《乌托邦》中也提出过它的要素。上面提到,笛卡尔也有类似的说法。

攻击。[①] 在社会集体中，每一个个人都受社会的约束，不得侵犯他人。合理的社会组织就这样防范天性自私引起总的混乱。霍布士
26 像马基雅弗利一样，坚持认为人类行为的主要源泉是关心私利，其中最重要的就是畏惧心。道德学家曾指出人性的卑劣，而奥古斯丁和卡尔文强调人的有罪，这与其说是引起西方长时期以来对人的道德品质的怨愤的原因，不如说是这种怨愤情绪的一种表白。并且，几个世纪以来这个看法一直为刑罚学家和注重实际的政治家所接受。畏惧是作为威慑因素的惩罚的中心曲调，也是国际政治和外交的中心曲调。

另一个统治社会的方法在于建立一个贵族集团或其他被赋予不同程度尊荣的特殊集团。霍布士相信，从高位得到的满足，也像一个人的行为得到称赞那样是社会秩序的必要组成部分。但王位是高贵等级的一个特殊形式，因为君主是作为一个整体的社会的人格化和代表。对君主的反叛是词义的自相矛盾。君主是一切的代表；他接受最高权力，保护社会防范盗匪。因此，国王的统治，不仅依靠“神圣的权力”，而且依靠他自身保有的作为国家代表的集体价值。霍布士认为推翻君主是邪恶的，而且完全是徒劳。后来的事件，特别是驱逐斯图亚特王室，并不符合他的社会设计的需要，这一事实在某种程度上使他的国家理论失去信任。

但是这里有一个极关重要的思想体系，它渊源于古代思想，现在又在反对中世纪教条中复兴。首先是这样的思想，即人的行为

① 一个类似的国家概念在柏拉图的《理想国》对话集中也有所描绘（通过格劳孔的对话）。

来自客观上可以认识的人类本性；人是以这样的方式构成的，可以通过分析得到可能的预见和可能的控制。社会可以这样组织起来以控制个人并为社会自身创立一个复杂的但相当稳定的社会关系体系。我们随后将看到那些“政治经济学家”，特别是边沁，如何继承了霍布士思想的另一个支脉，即“心理学的欢乐主义”，认为私利是行为的基础的学说。

而且，对于社会生活的这种描述，是由系统的哲学研究和普通心理学原理的一种敏锐分析所补充。在哲学方面，霍布士醉心于把一切都归之于**运动**。他很欣赏伽利略的力学实验，并确信，用这样的方法就能洞悉“自然界”的终极性质。这种对于运动的系统的（和武断的）强调，甚至在不能证明有运动存在的场合也同样予以强调，或许可以证明下面这个疑问是很有道理的：霍布士是否真的像一般所说的那样是纯“经验论”的。“他力图完成这一新‘机械论哲学’的其他信从者所不能想象的任务——不亚于这样一种包罗万象的人类知识大厦，甚至把社会和人……也带到那些可以应用于解释自然界的同样的科学原理之 27
中”（Robertson，1910—1911，p. 552）。以机械论的观点看问题，把实体看成是在时间与空间中运动的物质质点，霍布士勾画的人性结构像纯机械的事物一样，完全避开了笛卡尔的交互作用论。可以毫不夸张地说，霍布士接过十七世纪自然科学世界观的整个结构用以塑造出一个人性的概念。每一种思想、感情和意图都不过是内在的**运动**。

人们有时认为，他的心理学有很大成分是亚里士多德的观点；亚里士多德赋予他一种“自然主义”，使他能够用来对抗经院学者

的超自然主义。不过，虽然亚里士多德使他受惠匪浅，我们却发现他并没有利用亚里士多德哲学关于形式的见解，却宁愿选择一种类似德谟克利特机械论的概念。

他的心理学很大部分是一种经验论的心理学。他运用运动的原理主要是涉及假想的在脑中发生的运动，而这个假想是有证明的。不论对他的形而上学有什么想法，他的心理学评论是既具有注重事实的经验论精神又具有丰富的内容的，和大多数以拘泥形式为特征的心理学体系迥然不同。他的许多材料显然是出自他自己的敏锐分析。作为一个心理学家，他的工作集中在对自己心理过程的严密观察上，同时要求读者“考虑，是否他也能在自己心中发现同样的情况”(1651，序言部分)而且，他还指出，心理的形成是自然力作用于个人的结果。

霍布士认为，一切经验都是运动的某种特定形式。例如，在想做某事的意愿和做这件事的行动两者之间，他是不加区分的。[①]欲望和畏惧是导致行动的内在运动，而意志不过是持久的欲望和持久的畏惧，经过深思熟虑便促成外现的行动(1650，pt. 12，chap. 2)同样地，感觉是冲击感官的运动的继续，经由神经传导这种继续的运动到脑部。笛卡尔曾说过，在高级的心理机能中，灵魂借助于松果腺控制冲动通过一条神经到达另一条神经；但霍布士并不需要灵魂的干预。因为脑中的运动就足够了。

在脑髓内部发生的运动构成一切感觉特性的基础。通常认为经验的质是被我们感知的客体所固有，这一概念就这样遭到他进

① 对经院学派把内在运动仅仅当作一种比喻的说法的抗议。

一步的攻击。[①]“在我们以外(确实)没有什么我们称之为一种表象或颜色的东西……所谓的表象或颜色不过是客体在脑中,或在 28
元气中,或头的某种内部实质中造成的运动、激动或变动给予我们的一种幻象。”(1650,pt. 2,chap. 4)[②]而且,当外界客体停止影响感官以后,脑中的运动还会延续。这种残存的或“减弱的”感觉构成记忆和想象的材料。像亚里士多德说过的那样,想象是“减弱的感觉”。

然而,还存在着事件顺序的问题,即想象和思想的“序列”问题。这些事件发生的顺序取决于来自我们周围外界的刺激所引起的经验的顺序。“在感觉中前后紧紧相随的运动,在感觉以后也继续连在一起:因为前者再次发生并占优势时,后者也随之到来。”(1651,pt. 1,chap. 3)这一学说是联想主义学说的基础。联想主义是这样的学说,即我们在记忆中,在思想中,在一切内心生活中所以能把事物联系起来,只是因为这些事物在我们原先所取得的关于它们的经验中是联系着的;并且,由于我们最初接触事物是凭借我们的感官,联想主义者便主张,一切复杂的心理生活都可以还原为在经验中联系在一起的那些感觉印象,那些最基本的意识成分。古印度以及希腊的心理学家曾沿着这些路线思索过;霍布士在这里所做的是使这个学说强有力地现代化,这项工作在下一

① 德谟克利特曾做出一种类似的区分。比霍布士早半个世纪,天文学家凯普勒曾在像运动这样的客观存在和像颜色这样的主观现象之间做出了明确的区分。要了解从凯普勒到贝克莱的这些见解的历史,请参看伯特的著作(1925)。

② 霍布士像某些古希腊学者那样,一贯强调脑的作用;但他是一个地道的亚里士多德主义者,因此也强调心脏(heart)的作用,并在精神生活中给予后者以重要地位。

世纪由哈特利继续进行，并取得了辉煌的成就。

但我们不能从某一思想预先推断在许多别的思想中哪一个可能接着到来。一个思想在不同的情境中可能由许多不同的思想相随。可能有许多竞争者，其中每一个对于内心序列中的下一个位置都有一定的权利。在他的著作《人的本性》的一节中提出：他认为对于过去的经验的认识就足以说明现在的联想。一个概念和另一个概念的**连贯**或相随的**原因**，在于这些概念**由感觉引起时**的初次**连贯**或相随：举例来说，思想从圣安德鲁转到圣彼得，是因为他们的名字是一起读到的；从圣彼得转到一块**石头**，也是同样的缘故(1650，pt. 4，chap. 2)。但在《利维坦》中，我们读到："在联想任何事情时，很难说我们接着将想到什么；仅仅这一点是可以肯定的，它将同样是以前相随的某件事情，不论是在以前的什么时候。"(1651，pt. 1，chap. 3)他未能完成他的论点。他和他的直接后继者都没有认识到有可能做出对种种联想的更恰当的论述。实际上，直到十九世纪初托马斯·布朗的著作问世，这个问题才受到正视，

29 把心内顺序的问题演化为大量的联想特定法则，充分考虑了经验间**彼此竞争的状态**。

但是霍布士确实注意到在这种自由的或无约束的联想和有指导有目的的思考这两方面之间的重要区别。"内心的谈话有两种，第一种是**无引导**，**无计划**而又多变的……第二种是较为固定的；由于受到某种愿望和计划的**整理**。"(1651，pt. 1，chap. 3)他更多地注意"受到整理的"类型，重视指导整理过程的"愿望"，以及由果求因和由因求果的倾向。他进而以邻近性和相似性来阐明联想的(柏拉图和亚里士多德的)那些众所周知的原理。

霍布士就这样勾画出强调感觉是我们思想来源的经验论心理学的轮廓，并给予我们一个用以表明经验元素之间相互联结状况的自由联想和控制联想的草图。

洛　　克

霍布士的第一个卓越追随者作为观点的铸造师较霍布士具有优越得多的条件。约翰·洛克，一位医学家兼哲学家，目睹了连续不断的政治动乱以及商业界人士和自由党人通过1689年驱逐斯图亚特王朝取得的反对土地贵族的胜利。作为一个自由主义者，他能够同他那个时代的读者和思想家恳切地交谈。对于那些曾经为自由而斗争或者历尽艰辛地追求那席卷西方世界的自由精神的人们，他谈到人适合于生活在一个由理性和宽容统治的自由社会中。的确，在他的巨著《人类知性论》(1690)中的一个主导思想就是人具有理性。霍布士这位愤世嫉俗者在战斗，争辩和揶揄，而洛克却同他的时代很合拍。人们以怀疑的眼光看待“霍布士主义”的唯物论教条，却同洛克一起期望着一个人道的开明的社会秩序。这个见解表现在他对政治和教育问题的讨论中，也表现在他的心理学研究中，研究目的是要证明人具有理性以及理性同较简单的心理联想律的关系。

洛克评论说，观念来自经验。① 观察“为我们的理解供应了全

① 心理在全无经验之前是一张“白纸”。拉丁文 Tabula rasa(蜡板，面平可书写)是洛克关于尚未留有任何经验痕迹的心理的一个著名的概要提法。

部的思想材料”。但是，观念不一定直接由感觉印象引起；观念有两个来源。或来自感觉，或来自反思，一种“内觉”(inner sense)。我们的心理不只配备有直接来自像颜色、音调和味道等感觉特质
30 的观念，而且配备有来自观察我们自己理智活动的观念。

洛克同意霍布士的观点，认为“简单感觉观念”是经验的特性而不是在我们身外引起我们心内这些观念的客体的特性。但是，他进而区分开“第一性”和“第二性”的质。第一性的质，像大小和运动等，在我们心中产生的观念同引起这些观念的自然界刺激物相似。另一方面，第二性的质是外界客体的某些方面，它们能在我们心中引起同真正存在于外界的东西并不相似的观念，例如像色和味那样一些观念。他设想，经验的某些方面是存在于外界物体中的模式的真正复制，而另一些方面其实并不具有同外界物体的这种相似性。

但是，观念可以是简单的，也可以是复杂的。心理以联合简单观念的方法建立复杂观念。我们许多可以由单个词表明的观念，其实都可以分解成这样的状态，能明确看出它们不过是简单感性成分的组合。“于是，假如把一定的暗白色这个简单观念以及一定程度的重量、硬度、延展性、熔度等结合于实体，我们就有了铅的观念。”(1690，BK. 2，chap. 12，sec. 6)我们将看到，这个原理具有深远的意义。“甚至**最深奥难解**的观念，不论它们看来距离我们的感觉或任何心理的活动有多远，仍然不过是知性给自己搭的架子，其方式是把那些从感觉对象得来的观念或由知性自身对这些观念的作用所产生的观念加以重复并结合在一起”(1690，BK. 2，chap. 12，sec. 8)。虽然洛克的主要着重点在于人有能力达到对

世界和对自身的理解，但他仍然同意这样的看法，即：出现在内心的观念顺序常常是非理性的，因为，正像霍布士曾经说过的那样，这种顺序完全是来自印象产生时的秩序。这种非理性的偶然发生的内心联结展示着“观念的联想”。

要以这些原则建立一个系统的心理学，需要三件事。一是强调作为经验由简到繁相互结合的基础的“重复”和“结合”的概念并充实其内容。第二要证明全部心理生活如何能还原为联想。第三要假定一种心内相互联结的物质基础。这三个步骤很快就全被采取了。

洛克对心理学的最大贡献在于指出一种联想学说的前景，指出它应从经验材料出发并制定出经验之间相互连结并组成序列的法则。联想主义的胚芽自然是早在霍布士的著作中就已经显露出来，而霍布士的观点则可以追溯到亚里士多德。但洛克清晰地阐明了经验论的含义，阐明了通过分析明确认识观念起源和结构的
可能性，这使经验论的研究咄咄逼人，大大增强了它的力量和影 31
响。洛克对于人类理性的信心同对于人类有能力实行自治和进行文科教育的信念结合在一起，这对于以美国和法国革命为顶峰的新时代政治思想有很大贡献。

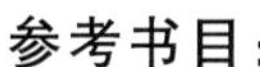

参考书目：

Brett. G. S. *A History of Psychology*. Rev. ed. R. S. Peters, ed. Cambridge, Mass.: M. I. T. Press, 1965.

Burtt. E. A. *Metaphysical Foundations of Modern Physical Science*. New York: Harcourt Brace Jovanovich, 1925.

Descartes, R. *Les Passions de l'âme* [*The Passions of the Soul*]. Paris: Loyson, 1650.

Hobbes, T. *Human Nature*. London: Bowman, 1650.

——. *Leviathan*. London: Crooke, 1651. M. Oakeshatt, ed. New York: Collier, 1962.

La Mettrie, J.-O. de. *L'Homme machine* [*Man a Machine*]. Leyden: Luzac, 1748.

Leibnitz, G. W. *A New System of Nature*, 1695; *Second Explanation of the System of Communication Between Substances*, 1696; *The Principles of Nature and Grace, Based on Reason*, 1714. In *Opera omnia*. 6 vols. Louis Dutens, ed. Geneva, 1768; and *Leibnitz: Selections*. Philip P. Wiener, ed. New York: Scribner, 1963.

Locke, J. *Essay Concerning Human Understanding*. London: Basset, 1690.

Malebranche, N. de. *De la recherche de la vérité*. ... 1674. 4th ed. Amsterdam: Desbordes, 1688.

Robertson, G. C. "Hobbes." In *Encyclopaedia Britannica*. 11th ed. Vol. 13. 1910—1911.

Spinoza, B. *Ethica* [*Ethics*]. In *Opera posthuma*. N. p., 1677.

第三章　十八世纪 32

……在法国人看来，似乎英国著作中的自然现实主义，才是平民普通思想和情绪的一种新显示。法兰西热情洋溢地欢呼和拥护这样的思想：除帝王和玄学以外，还有普通人和一种入的科学。

布雷特

十七世纪穿着七里靴[*]，已经迅速地从中世纪的教条主义进抵霍布士不可知论的机械论和洛克经验论的唯理论。人们可以想见，在新物理学——那么彻底经验论而又那么全然合乎理性的——的辉煌光照之下，每次呼吸到使理智探险者如此兴奋的新文化的气息，十八世纪心理学必然越发热切地以严格的自我观察和无情的逻辑开辟前进的道路。这些经验论的但又是理性的倾向，在贝克莱、休谟和哈特利这些“唯理论世纪”心理学家的身上确实都是很明显的。

贝克莱和休谟

洛克关于第一性的质和第二性的质的区分受到了他最直接的

---

* seven-league boots，神话传说，穿此靴一步可行七里。——译注

追随者乔治·贝克莱的反驳(1710)。他以强有力的逻辑推论表明，
在经验中，除洛克已描述为“第二性”或主观的质以外，就再没有任
何别的质了；换句话说，即根本没有什么“第一性”的质。我们不能
把什么方位、大小、形状、质量和运动委之于外界的客体，因为我们
除我们自己的经验以外，什么也不知道；整个客观世界纯粹是没有
任何证明的假设。在分析我们对于一朵玫瑰花的经验时，我们遇
到如红的颜色、芬芳的气味、花瓣的娇柔、棘刺的尖利这一类的质：
33 但这些很明显都恰恰是感觉。而当我们谈论外界**客体**时，我们并
不知道它们是什么；经验以外的客体什么也不是。他给现代哲学
的大厦“主观唯心论”奠立了基石，这一理论描绘了经验特质的世
界，并彻底否认有任何其他世界的存在。这是以霍布士否认被感
知的事物的质**存在于**事物自身**之中**为开端的思想体系的逻辑终
点。

但是，贝克莱热衷于在心理生活中寻求某种统一性，某种能把这些心理状态维系在一起的东西。为什么把手伸到火中就会接着感到痛苦，或者，为什么玫瑰的香味同玫瑰的视觉经验、触觉经验相伴随，这里并没有什么内在的理由。为什么两个人看见同样的客体或同样的事物顺序？是什么把一束属于某一个心灵的经验聚拢在一起？经验，贝克莱总结说，是灵魂的质：灵魂是我们经验的背景，它是不能观察到的，但在逻辑上却是必不可少的。而且，经验的连续性必然有一个主动的起因，这个起因只能在上帝自身中找到。

对于现代读者，这似乎是把贝克莱(1709)主要划到哲学家和神学家一类了；但是，贝克莱在进一步探讨他的问题时，对视觉的

空间感知理论做出了一个极为重要的贡献，他指出，要阐明某些最复杂的知觉事实，如何有可能运用得上联想的原理。洛克已经认识到，在观念的复合过程中，组成成分可以来自两个或更多的感觉道。贝克莱在分析复合观念的起源时走得更远；他问，我们如何感知客体的远近距离。视网膜是面状展开的，有“上”和“下”，“左”和“右”，但我们怎么能凭借这个面感知第三维呢？贝克莱依据触觉经验来作答。通过伸到和触及，距离的概念逐渐同视网膜所提供的因素联系起来。我们分析三维视觉感知时，触觉质并不是直接被感知的；而是当视觉印象和来自摸到客体的触觉记忆相结合的时候，我们在客体中才发现一个三维的质。视网膜“给予”我们的不是二维而是三维。由于贝克莱采用了复合的感觉质的概念，他便成为联想心理学的创始人之一。

这时，出现了一个人，他怀疑所有那些以那个时代特有的自信
甚或天真所发表的见解的前提与结论，始与末。休谟的主要心理
学贡献(1739—1740)是把思想流分解成经验的不断变化的万花筒
序列。在贝克莱看来，需要有一个灵魂聚拢所有这些经验，形成一
个连贯的序列。休谟宣称，他曾耐心地审查他的意识却并没有发
现有灵魂存在的证据。甚至人们称之为“自我”的东西，原来也不
过是来自肉体的一组感觉。要描述人格，所需要的一切无非是一 34
系列经验。经验论达到了发展中的盛期。

休谟采取了霍布士曾经探索过的立场，认为心理学涉及的是达于我们的经验，而不是观察者的任何作为一种分离存在物的假定。霍布士不可能看出这一真正的问题，因为，在他那时以前，还不曾有一个贝克莱在自我和经验之间做出严格区分。休谟能够做

到这一点因为已经有了一个贝克莱。休谟否认了贝克莱灵魂说的真实性，否认了作为经验动因的上帝，提出了一个研究一系列经验而别无其他的心理学，这些经验通过自然而然的联想力量组合再组合。这里产生了联想心理学从此不得不面对的重大问题之一：是什么东西提供了经验的基本一致？这是在详尽的生理心理学出现以前很久的事；当时几乎还不可能得出这样的想法，认为有一个有机体把事物维系在一起。联想主义在休谟手中已经变成一种分解与描述经验的手段，不需要任何使之统一的力量，不论这种力量是身的还是心的。

哈特利和联想主义

十八世纪中期联想主义已经开始成为心理学问题环绕的中心。但作为心理学体系的联想主义通常可以追溯到哈特利(1749)。[①] 他同他的前辈的区别与其说在于他所阐明的原理，不如说在于他明确认识到联想必须有彻底的生理学基础。他企图说明决定记忆表象及其顺序的生理事实。他对于牛顿有关摆的运动的研究极感兴趣，认为，如果某些经验在一定顺序中相随，那就意味着神经纤维必定在一定顺序中发生震颤。当一个刺激唤醒一个感官并在片刻以后第二个刺激唤醒第二个感官时，在脑中第一次刺激引起震颤以后，相随而来的便是第二次刺激引起的振颤。脑

① 这本著作的序言说明，他的思想体系的核心是受到某一“盖伊牧师”的启发，盖伊有关联想的观点是在约 20 年前提出的。哈特利自己的著作在英国直到十九世纪初才受到广泛的注意。

的各部分密切相连，这时如果再次呈现第一个刺激，并唤醒第一脑区，第二脑区也接着被唤醒，并不一定要有第二个刺激。一系列感觉 A、B、C、D，在脑中形成这样一种型式，使得以后 A 的被唤醒将使 b、c、d——即 B、C、D 的记忆表象——也跟着开动起来。这些表象是由以前受到过更活跃的刺激的神经组织的一种小规模震颤 35
所引起的。

他认识到在动作习惯——一系列动作，其中每一动作逐步引向下一动作——和像记忆那样的心理活动之间存在着相似之处，在这样的心理活动中一系列经验有一定的顺序是因为过去的经验有一定的顺序。而且感觉和表象之间是没有什么不同的，除非是涉及神经机能强度差别；表象和感觉以同一个区域为活动基地。① 找到了一种解释观念连续性的方式以后，对于哈特利来说，运用洛克的复合观念的概念就很方便了。一组复生的感觉可以结合在一起形成一个心理的产物。但是这一心理的产物可以被认为是同身的产物——一组神经的兴奋——相平行的。复杂的经验化为基本的感觉，后者依靠联想构成前者。在这样的复杂经验中，作为组成部分的感觉也许有时不再能辨认出来；在服用一剂新药时，人们也许不能分辨其组成成分，尽管早些时候这些组成成分全都分别被经验过。因此，他已经借助于生理学原理把全部思想和想象问题纳入一个阐释体系；感觉印象群及其序列是理解心理生活的线索。

哈特利同洛克一样，都认为婴儿开始生活时没有联想。但是，抛弃了观念来自反思的说法，哈特利认为婴儿只有感性经验能力。

① 这是对霍布士关于表象和感觉关系的论述的一个改进。

随着时间的推移，感性经验由于不断联结并建立起联想序列，构成了复杂的思想对象，才变得越来越复杂；最后，思想体系，像哲学、宗教和伦理道德等等才出现。哈特利几乎已经达到一个完全的心理原子论，即把心理生活还原为原子，这些原子在联合中便产生出一切可以观察到的事件。他和他的追随者对于联想有这样彻底的理解作为他们的目标，以致他们能够举出许多心理的元素，并指出这些元素如何按照一些简单的法则在不同的方式中联合便能产生每一种心理事件。这是一种具有魅力的游戏，以前从来没有这样有力而又彻底地表演过。

苏格兰学派

使心理过程简单化和机械化的倾向导致对霍布士的机械论的强烈异议，特别是反对休谟的全部怀疑主义研究方法，尤其反对他对于灵魂及其高级理性力量所采取的漠不关心的态度。异议在苏格兰大学中形成，在那里，洛克取得的进展不如在英国那么大，而
36 且在那里，哲学家们对于已立为国教的教会的要求是保持警惕的——特别是同英国教会以及所有其他宗教团体不同的苏格兰教会。一个在苏格兰长老派严峻教义中培养起来的聪明的哲学家应该面对现实，承认人对神和对他的同伴应尽的理性上和道德上的义务。已经结成密切联盟的宗教和国家受到威胁；普及教育（通过教会学校）受到认真对待，舆论不能容忍对其伦理和宗教结构的核心进行攻击。宗教自由在英国的某些社会圈子里是容许的；受人尊崇并不一定需要有宗教思想上的正统。但是十八世纪中期苏格

兰的长老派帮助创立了一种新的哲学以反对怀疑主义。

领袖人物是托马斯·里德(1785;see 1853 ed.)。他指出,休谟的怀疑主义是荒谬的,我们很清楚地知道,我们具有精神,具有感知真实事物的能力,具有思维和认识的能力。里德求助于我们感官的实际可靠,举出牛顿的光学研究为例,说明探讨我们为什么能同外部世界打交道这一问题是有正确的方法的。再说,难道我们看不到推理思考同仅仅联想之间的深刻区别吗?难道我们不是具有理智的力量可以赖以解决问题,使理解外部世界和预言未来成为可能吗?儿童也同样具有区分善恶的能力;而我们在正确与错误之间进行抉择是自由的。这一切表明,里德不仅在挖联想主义心理学的老根,而且试图建立一个以对理智力量的信心为基础的新体系:一个以普通的观察为基础的体系,以对抗经验论者的难以捉摸的理论——他坚持认为,那纯粹是诡辩术。*

里德的学说很能说明这一时期的趋向特征。因为,这样一种针对盛行的哲学思想的革命在十三世纪或十六世纪,也许会采取诉诸权威的形式。关于灵魂的论证那时一定是借助于演绎推理来进行。但在十八世纪,经验论已经十分得势,使唯理论不再为人信赖了;甚至经验论的敌人也求助于经验作为他们的防御手段而不着重演绎逻辑。里德实质上是说:“你们有你们所依据的事实;但

* 原书第一版注:“苏格兰学派被称为常识学派(the school of‘common sense’),但这里存在着用词的混乱。亚里士多德曾假定有一种‘共同的’感官(a‘common’sense),通过这种感官,可以理解一般感官的报告材料。杜加尔德·斯图尔特指出,在亚里士多德对这个词的用法和用以表示‘天生的智力’(mother-wit)的词意之间是有区别的”。——译注

请看**我的**事实；我的比你们的更能说明问题。”贝克莱关于灵魂存在的假想论证就曾经是中世纪教义最后的死灰复燃之一。

由于坚持精神生活的统一和连贯，由于把个人描绘为一种积极的存在，而不是观念在其中集合再集合的简单场所，苏格兰学派最大的贡献必然是概括的而不是专题的。对于专题的解决，它很少贡献，直到这个学派逐渐在某种程度上同联想主义运动合流。但是，里德和他的追随者不仅在苏格兰，而且在英国、法国和美国
37 都很有影响，因为他们似乎把个人和社会从理智和道德的混乱中拯救出来。而且，在这些国家里，新的学说不仅哲学家熟知，而且普通读者也都熟悉；苏格兰学派变得几乎很流行了。

还有另外一个已经在起作用的倾向，部分嫁接在苏格兰学派上，但在德国也作为一个独立派别继续存在，这就是“官能心理学”。这一派严格地说不是在任何单独一个时期创立的；我们发现它在某些古代著作家和经院学者的心理学中时隐时现。当灵魂进行例如回忆、推理和决断等特定活动时，它相继运用记忆、理性和意志等不同的**官能**。但，如果愿意也可以像通常认为的那样说，德国官能心理学的第一个维护者是沃尔夫，他的《理性心理学》在1734年问世。他的中心思想是简单易懂的：灵魂有一定的不同的官能或能力：正像全身可以在不同时间参与极不相同的行动一样，灵魂也暂时进入每一项活动。但灵魂始终是一个统一体，从来不只是各组成部分的简单总和。德国思想一个多世纪以来一直牢牢坚持这个总原理①。在这个心理学学派看来，**官能**就是灵魂进

① 康德在阐发他自己的统觉理论的同时，给予官能说以新的生命。

行一定活动的能力。这提供给我们关于一切心理过程的双重细目；不仅有回忆的特定过程，而且有回忆的能力。区分是方便的。但作为一个体系，官能心理学仅仅给某些机能提供了名目；它不能分析这些机能。苏格兰学派和官能心理学在这一探讨中有共同点。从灵魂和灵魂能在其中进行活动的各种方式出发，苏格兰心理学家开列灵魂的能力大都像经院学者和德国学派所做的一样。

当联想主义成长为一个满怀自信的体系时（参看边码第30、35、99、358页），它越来越强烈地否认这一研究的价值。联想主义者说，婴儿的心灵出生时是空白，仅仅靠经验才学会某些机能作用的方式；心灵并不具有内在的工作能力。因此，联想主义者和官能心理学者站在对立的两极，这两个极端虽然随着时间的流逝已经棱角磨损了，但至今仍然在心理学中保留着各自的派别个性和各自的信从者。

法国心理学

法国大革命以前和革命期间的法国心理学对于英国思想中的这些倾向有直接的反应。

在孔迪雅克的著作（1754）中，出现了一个就其单纯性来说甚
至比哈特利的联想主义更为美妙的结构。从洛克认为感觉是观念 38
的最初来源这个见解出发，孔迪雅克走得更远，他认为全部心理生活都可以仅仅以感觉作为线索得到充分的说明。没有任何必要把联想原理的公式作为什么本质的东西添加在我们在形成感性经验

方面所具有的最初的能力上。他要求他的读者想象一座塑像，并想象如果赋予它感觉——譬如说嗅觉*——而别无其他。那么，将会发生的是一切可能有的人的心理过程的全部总和，而完全不必预先假定任何联想律。例如，感觉特质的差异就会引起洛克提及的那些判断和比较活动。经历一个又一个的经验，这就是理解判断和比较等活动如何发生的充分线索。作用和机能不是添加到元素上去的；元素执行它们自己的机能。心灵是各部分的集合体，而这些部分在它们的关系中说明了一切可以描述的心理机能类别。孔迪雅克体系的一个蕴涵的而不是明确表露的论点是假定愉快和不愉快是感觉过程本身的性质所固有的；感觉的特点就其本性来说就是愉快的或不愉快的。他接着宣称，愉快的经验不可避免地（几乎是按其本义来说）被延续或重复，而不愉快的经验要尽可能予以结束。就孔迪雅克的意图来说，我们只需要研究一种感觉就够了；其他的感觉将提供其他的质，但由观察它们而形成的法则完全相同。

当然，当我们读到一个感觉经验随着另一个感觉经验到来这一事实本身如何就能给予我们对于两者的比较的时候，或者，当读到一个内在不愉快的感觉如何就能不需要进一步假说而直接构成杜绝这一经验的意愿的时候，我们可以发笑并保留自己的不信服态度；但是这一逻辑结构对于现代读者来说却以其简洁明快而显

* “譬如说嗅觉”这一插句旧版没有，是新版添加的，但对旧版的下文没有做相应的改动，可能使读者误解为只要有了嗅觉就有了全部感觉经验。这可能是新版疏漏之处。译者未做文字上的改动，但在这一插句前后增加了破折号，使上下文意不致被误解。——译注

得十分精巧①。这是最近于完善的现代感觉论范例，是一种要把一切心理生活还原到感觉元素的尝试。感觉论者确实需要有一种关于感觉印象交互作用和接续的理论，在这方面常常借助于联想主义者；而联想主义者一定也会同意感觉论者关于心理内容来自感觉材料的说法。实际上，这两条研究路线是非常相似的。但孔迪雅克标志着要在感觉中找出理解心理学的一切基本线索的现代最激进尝试。把心理生活描绘为感性散片的集合体这个尝试变成这一世纪剩余年代的主导哲学思潮之一，直到唯心主义运动再一次取得旺盛的生命力。

孔迪雅克感觉论的成功在一定程度上是由于有“启蒙运动”的理智土壤，由于有像自然神论和百科全书派运动这样的影响。十
八世纪中期是史诗般的理智成就的时期，最集中的表现是在巴黎。39
这里，科学家、历史学家，特别是反教会组织的影响已经开始使人类生活的画面简单化，就像英国经验论者所做过的那样，其方式就是抛弃超自然的一切，并把人类经验作为研究的完全充足的对象。物理学、化学和天文学的伟大进展促进了自然规律概念的形成，这对于不论是大革命前和大革命期间法国政治家的经济政策和政治政策都非常重要。这一科学运动注定要在两个法国人的工作中达到光辉的高度，他们通常被认为是医学史中的人物，即卡巴尼斯和比夏。生活在法国大革命时代，他们是企图使无生命物的科学同有生命物的科学统一起来的运动的极有才华的倡导者。

① 一个多少相似但更为注重生理学的体系由博内提出(1760)。他以神经纤维的改变来说明记忆(和哈特利的说法相似)。他进行过一次有关“注意广度”的初步实验。他提出感觉的每一种质都必定依赖于受到刺激的脑的一定区域。

卡巴尼斯最初是由于研究断头台处决方式所引起的问题而引人注目的(1799)。他对于一个人道的问题很感兴趣,即:断头台是否使它的牺牲者受到痛苦或者由于动作迅速而并无痛苦。这样的问题推动着他去研究反射作用并形成了一个系统看法,它已经成为生理心理学的一个重要原理保持至今。我们可以用“等级序列”一词概括他的观点。脊髓级在这一等级系统中是最简单的;它执行反射动作作为对刺激的反应。在较高一级,半意识的或半整合的活动在进行;而在最高级是像思维、决断这样更复杂的机能[①]。卡巴尼斯确信,除非涉及脑部,就没有心理活动,而只有机械反应。根据这一假定,他推断说,断头台是不会引起痛苦的;执刑后体内的活动是最低级的反射。

做出这些等级的假说以后,卡巴尼斯进一步把大脑活动同初级机能进行类比的说明。他证明,控制反射活动的机械原则同样也控制着大脑活动。他根据资料指出脑病与精神病的关系。他大胆提出系统的生理心理学,以积极适应环境的神经机能假说代替孔迪雅克的许多论断。他提出一种发生法的研究,十分注重那些能够说明心理复杂程度增加来自神经系统复杂程度增加的事实。最后,他设想出一个以个体行为和社会刺激法则为基础的社会心理学,并引导到对伦理学的经验论研究。他是最初认识到十八世
40 纪生物学研究对于社会生活的明确含义的人物之一。他从反射作用出发,一直继续前进到心理学家必须对付的最复杂的问题——

① 这个见解在约一个世纪以后由杰克逊(Taylor,1958)加以阐发。杰克逊认为,通过进化最新达到的等级也最容易被打乱,他并根据这一原理进行了精神病学的分类。

人类行为的伦理方面。

卡巴尼斯的著作和比夏的著作是同时代的，比夏的医学研究把他也引导到一个生理心理学的概念。从希波克拉底*的年代以来，医学已经认识到身体是器官的集合物；虽然研究工作借助于显微镜在积极进行，但有关这些器官的深邃知识还没有完成。比夏把分析方法运用于纤维结构领域，并创立了组织学的科学。他指出，人身的每一部分都是由几种类型的纤维组成，这些纤维以各种方式组合便形成生命器官、肌肉、腺体等等。他在这里接触到神经病理学并从而接触到精神病理学的问题，依据解剖学上和组织学上的结构反常来观察精神病的形式。生理心理学正在形成中。笛卡尔和霍布士曾勾画出关于心理学的生理学研究大纲；哈特利曾大胆尝试创立一种联想的生理学；但是，一个彻底的生理心理学只能以神经系统的结构与机能的一种明确见解为基础建立起来。

另一位法国科学家似乎总结了所有这些倾向。皮内尔 1792 年被任命为收容巴黎疯人的比塞特**医院院长。在这里，他打开了束缚许多疯人的锁链。他以这一行动集中体现了一个曾经不断赢得稳定影响的观点，即确信疯人是有了病；这些人是因为脑病而痛苦，而不是简单的怪异，或邪恶，或什么与魔鬼为伍。皮内尔因此一方面扼要概述了神经学和病理学方面的巨大进展，认为脑部的紊乱即人格的紊乱；另一方面概括了人道主义运动，着重于减轻患者的痛苦。我们同疾病的魔鬼学截然决裂了，这种荒谬的看法

* 古希腊医师，有著名医学著作流传后世，传统认为是“医学之父”。——译注

** 比塞特(Bicêtre)原为巴黎一地区的名称，路易十三于 1632 年在这里为老年人和疯人建立了一座宏大的收容院，后改为精神病院，称比塞特医院。——译注

虽然为各个时代某些个人所拒绝，却一直统治了好几个世纪。皮内尔是一个颇有才华的精神病学专家。他在精神紊乱的分类方面赢得了声誉，试图在一切可能的场合把脑的紊乱同精神病联系起来。

人道主义，欢乐主义，功利主义

皮内尔是人道主义广泛上升浪潮的代表。这个思潮的性质可以在对待罪犯的一种崭新态度上看出来。在促成早期野蛮做法的因素中一方面有“原罪”的概念*，而另一方面，则在于对意志自由原则的强调，这使每一个人都要对他自己的罪行承担责任。这些
41 因素增加了对待罪犯的严厉态度，这种待遇就是在“罗马的和平”(pox Romana)**时期也是很野蛮的。在法国沿用酷刑直到大革命。现在，兴起了最猛烈的反抗，反对这种野蛮方法。人类的尊严要求的是同情，是从改造犯错误的人出发而不是简单的惩罚。这一新精神的一个更广泛的表现是力求减轻贫民的苦难和出版书籍建议对人类社会的不平采取激进的对策——例如，无政府主义。

也许，像某些经济学家曾经提示过的那样，整个启蒙运动，特别是人道主义运动的根源在于新大陆的发现和贸易革命，这带来

---

* 基督教对于人性的一种荒诞说法。“原罪”指《圣经》中亚当犯下的罪。人类被说成是亚当的后代，基督教徒因此认为人类也都具有犯罪的本性。——译注

** 指罗马帝国在奥古斯都统治下和他以后的一段相对的和平时期，这一时期，从公元前29年开始，大约维持了二百年。当然，就是在这个所谓的和平时期，内战也不是绝对没有的，而在远方征服异族的战争则更是常有的。——译注

了新的财富，提高了一般生活水平。随着封建制度的崩溃和民主制度的迅速兴起，商人开始同贵族竞争经济与政治权利。在旧世界（指欧陆），行商已经上升为贸易阶层，而甚至在行商以下的人也已经上升到真正显赫的地位。而在新世界，欧洲人找到了逃避土地贵族压迫的新机会；他们可以自己占有土地，并参与民主制度的建立。不断地移民促进了西欧工资的上升；随着合格劳动者数目的减少，工资提高而贫民的境况趋于改善。

不论我们对这些因素的强调是否恰当，事实是人道主义运动在十八世纪中期广泛扩展。皮内尔在医学领域表明了这一点。这在现代犯罪学的创立者贝卡利亚（1764）的著作中也有明显的表现。他抗议对种种轻罪的重判，认为这是残酷而无效的；例如，对小偷处以死刑他认为似乎是既野蛮而又荒谬。他把一般称为心理学欢乐主义的思想体系引进犯罪学，认为每一个人都是单纯以避苦趋乐为动机。他提出一个惩罚理论的纲要，企图使这一人类本性化为符合集体愿望的行为。一个人犯罪仅仅是发生在他为一种欲望所驱使的时候。一个人偷面包因为他饥饿；假如他饿的厉害，他偷得更多。如果我们建立一个**分级的**惩罚制度，我们就能对每一种罪行规定一种惩罚，足以阻止个人那样去做。这一概念是上文提到的人道主义运动不可分割的一部分。如果不是因为有那种对于肉刑制度和对于给几十种罪行判以死刑的制度的强烈憎恶，这样一种欢乐主义理论的应用肯定是并不需要的。

同人道主义运动和十八世纪唯理智论密切结合的是政治经济学者特别是亚当·斯密和杰里米·边沁学派的研究。被称为**重农学派**的法国经济学家曾坚持，财富仅仅来自土地：主要是来自农业， 42

并在一定程度上来自矿业、林业等等。人类活动的一切其他形式都是寄生性的。不久，英国的亚当·斯密看出这一简单公式的不适当。他的《国富论》(1776)论述了有关商业的原理：为什么人们彼此进行交易，他们从交换货物中能够得到什么满足。他理解经济过程需要有心理学的背景，正像他在《道德情操论》(1759)一书中曾尝试过关于同情以及关于道德的心理学解释一样。在法国人看来是数学的问题，对于英国人变成了一个心理学问题；人类的动机是社会组织的关键。

斯密的心理学同边沁的有很大不同，斯密作为一个经济学家一直具有巨大影响，边沁的心理学和伦理学也迅速赢得同等的声誉。他支持“伦理学的享乐主义”，即认为幸福是个人和社会的唯一的善的学说。“最大多数人的最大的善”和“人类幸福的总和”是这一体系特有的提法。同时，他还坚持“心理学的欢乐主义”，即认为人类的一切行为都是出于关心自己的利益。① 他是第一个系统阐述心理学欢乐主义普遍原理的人，这些原理我们已经看到有很多作者曾设想过，但没有一个人曾透彻地阐发出来。边沁试图以有意识地避苦趋乐来解释一切社会行为。他和他的后继者想找出一条途径，运用每一个人的私利动机来求得作为一个整体的社会的利益；在一个理想的社会，个人的善和社会的善将是一致的。结果便产生了**功利主义**，即认为社会唯一正当的目标就是通过对人的行为的控制保证最大多数人的最大福利。正像贝卡利亚曾经解

① 伦理学的享乐主义并不一定包含心理学的欢乐主义，反过来也同样，但边沁包容了两者。

释的那样，如果惩罚轻重适当，个人将抑制自己不去偷面包，边沁也这样立说，认为人们将刚好为了他们的面包而工作；就是说，他们将忍受劳苦，只要他们的报酬足够多。在他的笔下，不仅是个人行为而且整个社会组织都是以这样的方式阐明的。政治家的任务就在于调整社会秩序，使每一个人对自己最大的善的想法和对社会最大的善的想法合而为一。

边沁的动机论和他想使这种动机为公共福利服务的愿望是适合人道主义运动的。但荒谬的是，由此而来的那种一切受苦乐动机支配的“经济人”概念，成了实业家的万能教条，他们发现这里有一切社会行为不可逾越的法则，从而为每一自私的行为找到了道
义上的根据。人道主义的口号常常用来粉饰产业革命的严酷现 43
实，甚至今天，在工业界“注重实际的人们”的思想中，仍然渗透着这样的认识，把伦理学的享乐主义和心理学的欢乐主义视为理所当然和完全正确。

但是，还有一个环节需要连结好。我们曾试图说明，在十八世纪英国心理学中具有主要影响的是联想主义。什么是联想主义和其他这些学说的中间环节呢？连结的环节在于有些东西自身是中性的，也可以变为快乐和痛苦的来源，并通过联想对我们产生影响，就好像这些东西是苦与乐本身一样。特别能说明这一点的是：一小片没有用处而又不形成威胁的纸是中性的；但如果这片纸同价值连在一起，它就像钱一样变成直接满足的对象了。每一种符号都可以是愉快的或者是不愉快的，完全依照联想的情况而定。联想主义和功利主义就这样互相混合起来。

许多社会运动和理智运动这时交织在一起。它们几乎构成一

个系统的人生观。商业和工业革命，自然科学的发展，政治经济学的兴起，联想主义，人道主义，罪犯待遇和疯人待遇的改善，自然神论和功利主义，以及许多其他的运动，导致一个新的“自然主义的”人性概念。许多西方文化的历史学家把经济因素，特别是那些由商业革命引起的经济因素作为大多数其他运动的始因；就我们的需要来说，只要注意到所有这些因素在形成英国心理学时的存在，就足够了。

虽然所有这些运动都是国际运动，它们对欧陆心理学的影响却远不及对英国心理学的影响。在大革命之前，这些运动的每一种在法国都很活跃，但是却没有形成像联想主义者和功利主义者所制定的那种心理学体系。法国心理学直到卡巴尼斯和比夏都在延续笛卡尔的传统，并通过孔迪雅克等人引进了洛克体系的一部分。

德国心理学：康德

德国心理学在进行着独立的事业，并且到这时为止还很少受到联想主义和上面提到的类似运动的影响。要知道，十七和十八世纪的“官能心理学”曾研究心理种种不能再简化的机能，坚持认为统一的灵魂可以在不同的时间充分参与许多不同活动中的任一项活动。这一看法同近年来一直广泛流传的观点有密切关系，即每一种机能并不是有机体的某一部分或某一元素的机能，而是整
44 个有机体的机能；每一项经验和每一次行动都反映着整个不可分割的个体。官能心理学的主要目的是描述由灵魂行使的主要能

力：记忆、理性、意志等等。这一研究同前面提及的唯理论倾向性质相同，因为具有理智和道德意义的机能是在表面价值上被承认的，不致遭受在联想主义偏爱的方式中被分解为感性散片的屈辱。官能心理学也强调宗教价值①；它在本质上和主要部分上变成"唯心主义"的了②。

现在，随着时间的推移，这一官能心理学连同它对"心理作用的根本方式"的强调，在思想史上最伟大的人物之一伊曼努尔·康德的著作中得到了更充分的阐明。他的著名学说很大成分是从休谟的怀疑主义接受原动力的。"是休谟"康德说，"把我从武断的迷梦中唤醒"。这样被唤醒以后，康德同意这样的观点，即不可能用演绎法证明灵魂的存在。但是，康德说，我们还不得不依靠我们对理性力量的一种新的根本的分析以弄清心灵能主动地完成什么，以及什么是它根本不可企及的。他进一步在复杂的心理过程中去寻求他确信不能再做分析的各种基本的认识机能。心理学家特别关心的是他肯定了把心理活动再分为认识、感情和意志三大项的见解。关于认识过程的分析是在他的划时代的《纯粹理性批判》(1781)中提出的；对于感情和意志的过程——尽管详尽程度稍差——是在《判断力批判》(1790)和《实践理性批判》(1788)以及其他著作中论述的。

---

① 十七和十八世纪很多英国心理学著作是完全在宗教氛围之外完成的；并且英国的经验论通过孔迪雅克同法国的不可知论合为一体。德国例外地未受这些强大不可知论思潮的影响。十八世纪后期，强烈的经验论倾向在德国盛极一时，但未能保持长久。

② 根据我们的想法，"唯心论"可以说是这样一种类型的哲学，它强调那种似乎同物理过程距离很远或者毫不相干的心理过程的存在和价值。

虽然他对心理学的贡献不能同他对哲学的贡献相比拟——而这正是因为他寻求根本的和先验的东西，很少注意作为直接论据的心理生活事例，对于心理生活能够成为科学的主题不抱希望——康德的著作对于心理学仍然产生了很大的影响。第一，由于他坚持知觉活动的统一性。这击中了联想主义的要害；十九世纪对于联想主义体系的崩溃起过作用的许多理智力量都可以追溯到康德对经验统一性的强调。当我们辨认我们称之为客体的东西时，例如用手指触及一个坚实的客体时，我们发现某些心理状态很明显是由感性特质组成的。我们似乎是发现了联想主义者提到的
45 所谓经验散片的结合。但是我们发现这些东西是密切关联的，富有意义的；心灵把这些散片组成完整的经验时已经完成了某种工作。

第二，他强调按照空间和时间概念感知事物的内在倾向。一个人观看并看见一棵树在外部的空间世界中；他谛听并听到一个曲调在时间中传送出来。洛克曾主张“第一性”的质（大小、形状、运动等）是不依赖于观察者而独立存在的。但全部第一性和第二性的质在接受了康德思想的人看来都同样变成第二性的。然而，量的观察在不同的观察者那里，可以相对地避免不一致。虽然他们不能测量“物自身”，但可以做出关于经验的系统而有条理的说明，那是质的观察所做不到的。康德概括说，在任何学科中，有多少数学，就有多少科学。从他那时以来，知识界习惯上就一直认为科学是同数量打交道的，不是同所测量的物的内在质或本性打交道的；而虽然科学是关于经验的一种研究，它却不能不受“认识”的一切局限。

正如外界事物的根本性质是不能认识的，认识者或内在的自我也是不可认识的；我们认识的仅仅是现象，外貌。但是，自我是在每一次意志行为中都会遇到的。意志活动的过程不受因果关系约束。意志是自由的。这是我们道德本性的一部分。康德就这样又把我们引回到他在研究认识过程时不得不放在一边的宗教观点上去。他坚持认为终极的宗教和道德的本质不在认识的领域而在意志活动的过程中。他接受一种“官能心理学”，使感情和意志都完全可以和认识分离开。

康德的先验论是由于这样的事实而得名的，即阐明这种理论的最根本的原理超越任何特定的经验范围。先验的东西是必需且普遍有效的。因此，它在一个重要方面同经验论有尖锐的矛盾；“经验”在不涉及先验法则的情况下在康德看来简直是一团无意义的混乱*。

德国心理学：浪漫主义

萌发于唯理智论土壤的康德先验论不久就在一些人的手中经历了深刻的变化，这些人对于认识机能的分析很少贡献，而是更充分地复制了他们时代的新浪漫主义。两股潮流——先验主义和浪漫主义——由于一种奇特的一致而汇合。

---

* 本书第一版这一句后面还有几句涉及心理学的议论补译如下：“这一点对于哲学比对于心理学重要得多。但康德向心理学者指出，他们应该研究经验而不要研究灵魂，并建议，经验元素应该以它们的数量关系来表明——只有通过对心理活动的定量研究，一门科学才能建立起来。”——译注

文艺复兴对德国的冲击较迟，就某种程度而言德国浪漫主义是这种冲击延宕的一种表现。早就在意大利、法国和英国引起过动荡的这个冲击到这时才在德国引起了理性和道德思想上的动
46 荡。德国总的说处于经院学者影响下的时间比意大利、法国或英国更长。实验科学在别的地方已经有迅速的发展，但这些世纪在德国却几乎没有引起反响，只有那些曾在法国受过教育的德国人是例外。德国仍然束缚在中世纪文化的坚固堡垒中。现在，这样的时刻终于到来，不仅通过康德的著作带来了英国经验论的影响，而且在人民的生活和情绪中发生了一系列深刻变化，发生了针对说教和理性主义的反抗。

趋向这一**浪漫主义运动**的力量之一是对大自然的一种赞赏（或甚至神秘）的态度。十七、十八世纪，通过风景画和诗歌已经表达出对自然美的一种崭新反应；是自然，而不是人世制度正在受到越来越热烈的研究，作为求得健康和道德健全的线索。先是在意大利接着在英国和法国出现的新事物，这时开始在德国涌现出来：离开学究的书房，转向阳光明媚的大自然。十八世纪中期卢梭已经纵情讴歌过的对大自然和自然景物的热爱，到这一世纪末在德国采取了青年的“狂澜怒涛”(storm and stress) * 形式而当它取得了歌德的**浮士德**的崇高形象时，就成为羽毛丰满的浪漫主义了。

由于神秘主义和浪漫主义运动，在先验主义内部迅速发展着一种特殊形式的哲学，它的全部含义是，自然不单单是一系列事件

* 指德国文学史上（约 1770—1790）受许多青年作家影响的时期，他们作品的特点是热情奔放和对因循守旧的反抗。——译注

而是精神实质间相互作用的体系；科学所观察的事件具有精神的意义。十九世纪早期，从康德以后的先验论者如费希特和谢林同浪漫主义运动的接触中，兴起了一个哲学派别，它在目的上是先验主义的，在动机上是浪漫主义的：这就是“自然哲学”。它对科学的进步绝不是漠不关心的；其领袖奥肯便做过促进研究的工作，而且这个派别经常注意新发现的事实，特别是生物科学方面的新发现。的确，它论述的主题同科学的主题相同，但却是根据它自己的法则。它最终证明是同它所模仿的科学不合拍的。我们将看到，这一哲学思想对于一些最优秀的十九世纪生理学家的早期培养是最强有力的因素之一。它的心理学必然是活力论的，而不是机械论的。而它的主要旨趣在于人类经验的丰富多彩，而不在于详尽的分析。

黑　格　尔

在才华上和给予十九世纪的思想影响上堪同康德媲美的是哲
学家黑格尔。黑格尔设想，一切理智与文化的历史都是来自一个
绝对（Absolute），它通过一个大命题（thesis），或肯定，而使自己被 47
认识，从这个命题中产生出一个反题，或显然的矛盾，最后则是一
个合题或高级的整合，正题和反题调和在一起①。这一关于历史
的动力观也作为像哲学史和科学史这种特殊的历史观提出，已成

① 黑格尔走得更远，他试图指出，一切人类历史都不只是事件的接续；还有一条精神的线索，即“观念”的一系列体现。

为十九世纪哲学和科学的主要概括见解之一（Taylor，1958）。正是从黑格尔那里，卡尔·马克思（把黑格尔哲学“颠倒”过来）得出了唯物主义思想作为第一原理，意识则作为反题或对立原理，而生命的完整性则作为那种高级的整合——即苏联哲学和苏联科学的“辩证唯物主义”。

让我们扼要地回顾一下我们迄今已经涉及的这些不同的学派，看一看它们在十九世纪初的相互关系。苏格兰学派，主要是着重于认识过程，这些过程被认为是自明的：我们能够通过直接观察发现我们有取得可靠认识的方法。在英国，经验学派的工作在继续进行，一方面是洛克的追随者，另一方面是边沁和功利主义者的后继者。法国的心理学在某种程度上是模仿英国的，特别是模仿洛克所制定的感觉论原理。但是笛卡尔的传统，特别是涉及反射作用学说和人体机械论时，已经通过卡巴尼斯和比夏早在哈特利以前很久就发见了一种生理心理学。在德国，理性主义倾向得过势，在康德的先验论中结了果，先验论坚持有超经验的存在；而在另一方面，浪漫主义运动直接诉诸大自然的精神意义。黑格尔关于历史动力学的辩证观是早期的发展观之一。这种辩证观力求对于哲学和科学的规律以及一切发展的规律做出广泛概括性的论证。

参考书目：

Beccaria, C. B. *Trattato dei delitti e delle pene*. Leghorn, 1764.

Berkeley, G. *An Essay Towards a New Theory of Vision*. Dublin: Pepyat, 1709.

——. *A Treatise Concerning the Principles of Human Knowledge*. Dublin: Pepyat,1710.

Bonnet,C. *Essai analytique sur les facultés de l'âme*. Copenhagen: Philibert,1760.

Cabanis, P. *Rapports du physique et du moral de l'homme*. Paris: Sorbonne,1799.

Condillac,É. *Traité des sensations*. 2 vols. Paris:Londres,1754.

Hartley, D. *Observations on Man. His Frame, His Duty and His Expecta-* 48
tions. London:Johnson,1749.

Hume, D. *A Treatise of Human Nature*. London:Noon,1739—1740.

Kant,I. *Kritik der reinen Vernunft*[*Critique of Pure Reason*]. Riga: Hartknoch,1781.

——. *Kritik der praktischen Vernunft* [*Critique of Practical Reason*]. Leipzig: Reclam,1788.

——. *Kritik der Urteilskraft* [*Critique of Judgment*]. Leipzig: Reclam, 1790.

Reid,T. *Essays on the Intellectual Powers of Man*. 1785. 4th ed. Cambridge: Bartlett,1853.

Smith,A. *The Theory of Moral Sentiments*. London:Millar,1759.

——. *An Inquiry into the Nature and Causes of the Wealth of Nations*. 2 vols. London:Strahan and Cadell,1776.

Taylor, J., ed. *Selected Writings of John Hughlings Jackson*. New York: Basic Books,1958.

Wolff, C. von. *Psychologia Rationalis* [*Rational Psychology*]. Frankfurt: Officina Libraria Regeriana,1734.

49 # 第四章　十九世纪初期

> 一切我们思想〔斯多葛派认为〕的形成，或者是由于间接的知觉或者是由于相似性，或类比，或变换，或组合，或对立。
>
> 第欧根尼·拉尔修

我们下一步应说明英国联想主义对德国思想的影响。先验论曾连续在德国赢得势头，但让位给赫巴特(1816)建立的联想主义学说，赫巴特对于心理学史和教育史有同等重要的意义。

赫　巴　特

赫巴特，一个精力旺盛的受人尊敬的哲学家，对于数学有强烈的爱好，对于以心理学法则为根据的教育方法有深切的关心，正当康德哲学进入全盛的时期在舞台上出现了。他虽然在强调灵魂的统一性和主动性方面本质上是保守的，但在重视学习过程并重视获得人类知识和技能所应采取的实际步骤的动力学等方面却是激进的。赫巴特受惠于英国和德国的传统是同样明显的。从霍布士—洛克—哈特利的传统那里，他采纳了感觉元素的说法，这些感觉元素构成我们感知和思维时可以觉察到是在进行工作的有意识的心理。而当希腊感觉论者和英国联想主义者已经设想感觉是被动地在心理上造成的印象时，德国思想家从莱布尼兹起却一直在强调主动性。在赫巴特那里，每一感觉微粒都是主动的、动态的。由于有内在的推动力，每一感觉微粒都趋向于同其他感觉微粒相结合或者排斥这样的结合。在大量的感觉印象中，有些印象在同其他印象竞争时取得胜利；实际上可以说它们是居高临下，把 50
其他印象逐出意识。在任何一个时刻构成意识心灵的那些心理微粒，组成一个由各部分合成的川流不息的体系，彼此之间互相影响并且不时逐出或排斥它们之中的某些成分。

心理机能在赫巴特看来就像是心灵力量的表现，他以一种动力学的——并以一种数学的——观点加以论述。假如他有更高的数学才能和较少的形而上学，他也许无须援引来自十七世纪物理学家特别是牛顿的力的概念就能构成他的精彩的联想主义(Burtt，1925)。但赫巴特不仅构成一个数学体系来阐明经验的散片如何能够联系起来；他不仅指出我们可以赖以创造一种心灵微积分的公式；他还说明了某些原理，根据这些原理，某种尚未被我们认识的东西主动地拼合这些部分。他严密地编织这些不同的概念：一个数学体系和一个活化原理(activating principle)。经由感官得来的经验散片彼此组合，是由于心灵中有某些可以测量的力量在起作用，像在物质世界中一样。

经验基本散片可能和谐地合为整体；这样产生的复合观念同洛克和哈特利所描述的极为类似。但也有这样的方式，赫巴特说，观念也可能通过冲突或斗争相互发生关系。那就是说，不可能结合的观念互相竞争，在意识中争夺一个位置。于是，一个关于有意识的观念和无意识的观念的系统理论成为必要的了。在贯彻这个以观念为积极因素的体系的动力学含意时，赫巴特不仅必须准确表明观念结合时会发生什么情况，而且必须表明它们在意识中相互排斥时又当如何。他的数学公式就是用来论证观念上升进入充分意识状态和从意识下降到无意识状态的过程。关于无意识状态的概念在这样的分析中的确是一种逻辑上的必然结果。当注意观察时，我们发现我们的观念在意识程度上有盈有亏，而当这些观念下降以至觉察不到时，我们就只能说它们已进入无意识观念的领域而再没有别的选择。当讨论到那种使某些观念为其他观念的优势力量逐出意识的“观念的对立”时，他仅仅需要给那些已经失败而注定还要再回返的观念找到一个位置。①

因为一个观念被逐出意识并不等于**丢失**；它以后便还有可能再现。它是怎么回来的呢？或者由于抑制它的观念的削弱，或者由于它和一个可以同它联合的同盟者，一个合作的观念相结合，后
51 者通过与前者联合的力量有可能使前者在意识中重占优势。因此有一种可以使一度已被驱逐的观念再出现的倾向。在赫巴特看来，试图描述这种无意识观念的性质是没有什么意义的。他坚持的仅仅是：当观念离开意识时，这些观念还有回返的倾向。这就明确肯定了这样的事实，即心理学不仅应该同显现在意识中的因素打交道，而且应该同超出内省可以达到的范围的心理因素打交道；并且它牵涉到一个毫不含糊的理论，可以用来说明记忆的现象和

① 近来有些作者包括心理分析学者指出，思想对象的互相冲突并不是由于它们处于逻辑的对立状态，而是由于它们导致行为的背道而驰。如果观念引导我们去做彼此对立的事，它们便进入冲突状态。

每一种内心冲突的状态。当意识领域内的观念离开意识领域时，它们跨过一道阈限；当这个观念再度出现时，同一道阈限从相反的方向被跨过。又过了五十年，才有人试图以实验的发现更充分地描述这种无意识状态。①

意识过程同意识以外发生的其他多少相似的过程之间存在着可比性和相互依赖关系，这样的想法一个世纪以来一直是心理学的一个争论中心。有些人认为它是一个不幸的和多余的假定，是一个对于实验心理学完全不必要的假定，一个给心理学带来一团混乱和矛盾的假定。另一些人则把意识仅仅看成是心理现实的许多表现之一；实际上，许多心理学家认为，承认心理领域比意识领域广大得多，这是全部近代心理学的重要的解放原则。

赫巴特对于像哈特利的那样一些神经学公式不感兴趣。他需要一个纯心理学的论述，而不附带任何有关神经实体的反射、再反射的假设。他以直接应用于心理过程自身的数学方法做到了这一点，以力和时间作为两个变量，它们参与统辖感觉经验全部不同散片在其不同组合中的那些起与伏。假如我们经验到一系列有一定秩序的事件，在这些事件之间建立起来的动力关系便成为后继经验的基础。哈特利利用已经在脑中建立的型式来说明联想的顺序，赫巴特则代之以这样的看法，认为一个先后有序的系列的形成是因为在观念自身中已经建立起某些内在动力关系的缘故。这个看法半个世纪以后在埃宾豪斯关于记忆的实验中得到一个印象深

① 他们是让内、詹姆斯、弗洛伊德、F. W. H. 迈尔斯。叔本华和冯·哈特曼的理论研究作为先驱的重要性似乎还不及夏尔科的临床工作。

刻的证明。

我们许多感性经验不能孤零零地归之于某一新的刺激，而应归之于增强某一无意识经验贮库的某一刺激。这在某种情况下等于说，虽然我们以前未曾注意到某一刺激，我们现在已具有一定的背景能在它一旦出现时注意到它了。我们可以举职业品茶家品评
52 一定茶味和质量的例子来说明。我们绝大多数人要品出呈现在面前的一定的茶质可能是徒劳的，但是品茶家由于经常注意一定的感性的质，现在，当刺激来临时，他就能够因为过去积累的经验品出它来；它上升到他的意识中。我们就这样接触到赫巴特的最著名的概念——**统觉**群(apperception mass)。这包括所有那些在我们感知某一新事物时为我们所利用的过去的经验。在上面所举的例子中，对茶中一定质的知觉依赖于这样的事实，即在品茶人的累积的经验中有巨量过去的茶味，因而茶味的元素能立即找到自己的位置并吸收到意识中。

赫巴特把他的理论富有意义地应用于学习过程。例如，以儿童学习数字的意义来看。假如他经常观察他的手指，并且学会一组字用来表示一、二、三个手指，以此类推到其他客体，再假如我们现在试着教给他一加二等于三这样的一般观念，他能吸收这一观念因为他已经在具体的事例中观察到它。如果他懂得土地、河流和山脉在一张他所熟悉的地区的地图上是如何表示的话，他就能理解一张欧洲的地图。他的教师在他的心理上建立一定的结构，现在又给他一张欧洲地图。立刻，所有这些新的感性刺激同那些已经吸收到他心中的观念结合起来。这个观念背景构成了统觉群，他并不只是盯着看地图，而是统觉它。“统觉”这个词对赫巴特

和对初次用这个词的莱布尼兹，有大体相同的含义；它也是从康德那里沿袭而来。统觉过程是把许多感觉散片结成整体。但赫巴特不像康德那样强调内在结合的力量，而是预先假定已经存在于我们心中的背景使吸收一个新的观念成为可能，不然，这个观念就绝对不可能被学到[①]，这个看来显而易见的常识学说在教育界一直具有非常重大的影响。

十八世纪末和十九世纪初，一场教育理论和实践方面的革命已经在进行。其主要表现形式是抗议机械地灌输知识。它强调发展儿童固有智能的新观念。卢梭在他的时代在传播这个学说方面做出很多贡献，鼓吹和人为方法相对立的自然方法。教育的目的应该是培养儿童的自然反应。但是没有一个人懂得“自然的”究竟指的是什么。这个观念的廓清留待佩斯塔洛齐和弗勒贝尔才得以完成。佩斯塔洛齐认为应该从发展儿童的观察能力出发。他并不把这一学说限制在教室里，而是把它应用于田间、园艺以及家庭的
工作中。在儿童心理中灌输知识降低到非常从属的地位。弗勒贝 53
尔有进一步发展，强调应用生动的刺激物，醒目的颜色、玩具作为吸引和维持注意的工具，并训练儿童同事物打交道的能力；他很看重游戏的教育价值并创办了**幼稚园**作为在儿童发展中利用“自然的东西”的一种手段。

赫巴特认识到这种着重观察的重要性。他看到对于同一个刺激物可以有各种方式的反应，取决于儿童的背景。教育可以对人

---

① 赫巴特确实曾认为灵魂对于心理的结合机能和组织结构是必需的。但就我们当代观点来看，这似乎只不过是口头说说而已，因为统觉群限定了灵魂作用的领域，而且似乎是学习和认识过程的中心角色。

的整个一生都运用这个原理，从有形的刺激开始，逐渐达到越来越复杂的经验形式。因此，对于统觉学说可以做出系统的运用。正像数手指可以引导到关于数的一般知识，同世界的每一次接触也可以为处理越来越复杂的情况提供一个背景。但每一个观念应该仅仅在儿童经过以前的观察已做好准备吸收新的观念时才提到儿童的面前。这引起设计课程的想法，课程的安排使儿童能够不断地从熟悉的题材过渡到密切相关但还不熟悉的题材。

这些思想是划时代的。教育方法变成了一项实验的研究。赫巴特建立了一个实验学校；他指导教师训练班，并对不同的讲课方法进行了比较。赫巴特工作的数学抱负本身很不适合他的近期同时代人的"统觉群"。不过，他关于系统心理学的数学概念是和稍后在韦贝尔和费希纳手中形成的实验方法协调一致的；特别是他关于阈限的见解同韦贝尔、费希纳以及他们的追随者所发起的实验计划很有关系。内心冲突的基本概念——根据赫巴特的描述，这种冲突任何时候看来都是继续在意识的组成部分之间进行着的——就"斗争"和"心灵内部的动乱"的意义来说，当然是十分"能动的"，十分富有内容的，足以很容易地同随之而来的浪漫主义时期和进化论时期对能动性的普遍强调吻合一致。要证明弗洛伊德关于无意识和关于心理倾向之间不断冲突的见解是受到赫巴特的启发，那可能很困难。这种关系或许不那么直接，弗洛伊德的研究更多地是依靠他自己在精神病学实践中的观察*。

* 原书第一版在谈到赫巴特的数学方法时，有一段注释涉及他对精神病学的另一个见解，补注如下作为参照：赫巴特"对于精神失常的数量概念也有贡献，例如，把心理缺陷看成是一个程度问题，即智力等级离开正常状态的程度或大或小"。——译注

赫巴特在心理学中的永恒地位在于他对心理机能进行数学分析的贯彻到底，那是后来受到韦贝尔和费希纳并且再往后又受到埃宾豪斯（参看边码第82页、181—182页）的称颂的；这种永恒地位还在于他在统觉群概念中形成的关于注意和整合作用的见解；在于他使学习过程成为一种实验和定量研究领域的坚决努力。

和赫巴特同时代的心理学学者 54

德国心理学文献在赫巴特年代是相当多的。一组作者超出心理学领域向一种统一的人的科学迈进。他们企图把原始文化的记载同更复杂的文化记载联系起来，旅游者的笔记和回忆录等素材被汇编成一种思想体系论述处于"自然状态"①和作为社会存在的人。为旅游而旅游的活动似乎越来越多了。法国以及后来英国交通的改善在密切西欧各国的关系上有重要的作用，②同时，长途旅行已不再是为了探险，而几乎成为文科教育的一部分。爱好旅行的博物学家和哲学家冯·洪堡在尽力联络西欧精神生活方面是很典型的。马克·吐温的作品《海外朴民》（*Innocents Abroad*）和《海外游记》（*A Tramp Abroad*）是面向一个在旅行事业和旅行故事方面都十分繁荣的民族讲话的。③ 对于各种文

① 读者将忆起，霍布士和卢梭等许多人曾描述过非社会的人的生存方式。

② 施特尔内的《一次感伤的旅行》（*Asentimental journey*）中说："他们在法国对这件事……组织得更好些。"戈德史密斯的《旅行者》是上述倾向的同样著名的表述。

③ 布鲁克斯在《阿卡狄亚之梦》（*The Dream of Arcadia*）中对十九世纪美国旅游者在意大利的情境做出了生动的描绘。（阿卡狄亚是古希腊的一个高原地区，此处喻指田园牧歌式的淳朴生活。——译注）

明——不论是原始的还是先进的——不断增长的认识给这些研究人的学者的工作提供了归纳的基础。但是他们需要一个关于心理如何进行工作的理论。他们不得不在个人的心理和集体的生活之间构筑某种桥梁。“民族心理学”的第一个模糊的提示就是在这一时期产生的。

这一时代最有影响的心理学家之一 J. F. 弗里斯(1820—1821)给康德的研究提供了一个生物学的实验的基础。他同意康德的说法,认为想认识有关存在的任何终极的东西都是徒劳。但是,认识过程对于弗里斯说来是机体机构的一种机能,而不是来自经验以外的灵魂。人受到他的生物构成的强制,只能在一定的方式中观察事物。我们应该把人的知觉和推理作用归之于有机构成的内在规律,而无须引进一个先验原理。康德哲学中的范畴,并不是先验的,而是以经验为根据的。像弗里斯这样的一些人为怀疑论和相对论——现代科学中十分典型的对于绝对的戒心——铺平了道路。

骨 相 学

在这些颇为学究式的思想继续发展的同时,一个极其广泛的运动正在进行,它对公众的影响大大超过了刚刚讨论过的任何著
55 作。除可能是例外的卢梭以外,我们讨论过的心理学者没有一个曾享有我们可以称之为真正的声誉。但是随着十九世纪初加尔(1809)颅相学在德国的创立,一个注定要吸引广泛注意的趋势开始了。

加尔的第一个论点是：心理表现为许多可以鉴别的机能；他的第二个论点是，这些机能每一种都在大脑的一定区域有各自的位置。关于脑是精神生活发源地的最后一点怀疑由于临床研究的成果已经消失了。脑划分为具有独立机能的区域，这也不是什么独创的见解了。但是，笼统地说记忆能力在前脑是一回事，详细列举像模仿性、破坏性、诗人的天才等假想的人类基本特性怎样在大脑的各分区找到各个适宜的部位，那就是另一回事了。加尔的细目单包括了这样划定区域的三十多项特性。联想主义把心理分割成感觉微粒，而骨相学则把心理分割成各种机能。

加尔认为，任何发展到一定程度的特性都依赖于有关脑区的遗传发展。脑的这种发展逐渐在颅骨上施加局部压力并压迫颅骨向外形成一个“隆起”。最后的假说是：用手指摸颅骨就能探出富有天资的区域，并因此有可能对个人主要特征做出分析。

这是一种很有意思的游戏。除压迫颅骨向外的说法以外，加尔的假说在当时似乎很受赞赏；但是，人们不去寻求充分的临床证明，而是以“隆起”说为根据继续进行演说并提出性格方面的证明。这种做法在法国、英国和美国很快就时髦起来。在一系列盛行于三十年代的有关年轻家庭主妇的“家庭职责”的演说中，有知识的年轻妇女受到告诫不要匆促接受广泛议论的颅相学信条。像“局部隆起”这种习惯语今天在普通富谈中继续沿用，这当然并不表明这样说的人是颅相学的信徒。但它确实表明官能心理学的学说通过颅相学仍然在延续。颅相学体系增强了官能心理学，因为它使独立的心理机能这一概念保存下来。

除大脑定位论外，加尔还利用卡巴尼斯等人发挥的观点，认为有机体在神经系统中天生具备能够使自身顺应环境的基本反应倾向。他认为，许多本能有它们相伴随的情绪质[①]。这是在达尔文《物种原始》(1859)发表和由此导致在心理学中强调本能的五十年以前。因此，在涉及特化的脑区观念和行为研究中动力单位的必
56 要性时，加尔都不是一个不值得重视的人物。然而，他在学术界的遭遇并不顺利。他的不能确证的假说以及他的体系的通俗化贬值，使他的著作在心理学家和生理学家中一般不受重视，后来的关于脑内机能定位的研究实际上一点也没有利用早期加尔研究的成果，当然，只有那个总括的说法是例外，即脑的结构是和可以划定区域的脑机能有联系的。

法国对机械论的反叛

当我们转向法国心理学的发展时，我们面临两个传统：笛卡尔的传统和联想主义者的传统。十九世纪初最坚强的人物是卡巴尼斯，一位生理学家，他对反射作用的强调和全部动力学探讨，使他成为笛卡尔的一位名副其实的信徒。

但是，一个反叛在酝酿中；机械论不适合拿破仑时代的理智气氛；一个唯心主义运动正在迅速得势。这个反叛的实质主要是经验论的。托马斯·里德在创立苏格兰学派时，我们已经提到过，曾试图把他的唯心主义不是建筑在教条的基础上，而是建筑在相信感觉可靠的基础上。甚至那些攻击机械论以经验为根据所取得的

---

① 对照麦克杜格尔对本能的分析(1908)。

研究成果的人，也运用经验论作为一种手段。新的法国唯心主义在某种程度上也是如此。这方面比朗是重要人物。

比朗以尝试经验论作为开端：分析儿童的习惯、愿望和自我意识的起源。他最关心的是“自我”的发展，即能够进行整合活动的个性的发展。而且，他代表着反对机械论方法的一种反作用，认为自我是一个经验着的**动因**(agent)，是多于一系列经验的某种东西；这是一个统一的精神的原理。自我并不是一开头就意识到它自己的。它不是直接被体验到的。但是，在使自己适应环境的过程中，他逐渐意识到自我和非我之间的区别。在这个过程中，有两个步骤。像哭喊和肢体动作这样的活动先是机械地引起的。它们的发生是依据卡巴尼斯曾经强调过的那些原理。但是，当以后同样的刺激又重复出现时，在经验领域中就分成两部分，我们对之施加反应的客体或事物，和发出反应的自我。换句话说，意志力的运用是第一的和主要的原理，它引起了自我意识的发展。是因为我们的反应，特别是当反应受到抵抗时，我们才开始意识到作为个体存在的我们自己。当活动变得更加复杂时，自我意识也更景象万千。

这是一个真正的动力心理学。但它的重要性在于引起法国思想的一个新的转折，而不在于提供后世一套可以利用的特定观点。比朗体系的细节在他死后一个世代甚至在法国也影响甚微。不过，他作为一种卫士精神继续保留在法国心理学中，实际上不是作
为对运用发生法的一种促进，而是作为唯意志论的一个体现，强调 57
意志的主要地位。

同反机械论主张相配合的还有另一个运动：苏格兰哲学的法

文释译。因为1811年在巴黎大学成为教授的鲁瓦耶-科拉尔的著述不过是里德著作的续篇。但是，在给心理学提供一种“唯灵论的”①解释时，鲁瓦耶-科拉尔学派利用了比朗的学说；特别是他曾强调主动性的事实，那是联想主义者几乎无例外地忽视的。他的唯意志论给一个能够满足他们需要的心理学开辟了道路。意志在法国心理学中继续居于支配地位四五十年之久（唯心论几乎必然地依靠作为独立机能的意志）。但是关于意志，没有任何明显的事实可资利用。以比朗作为他们的最高天才和鲁瓦耶-科拉尔作为他们公认的首领，法国心理学家这时安身于一个缺乏想象力和创作贫乏的折中主义之中。在十九世纪的第二个二十五年，最重要的人物是库赞，他的成就主要在于博学而不在于独到的见解。折中主义如此普遍，致使法国心理学在比朗以后的整整半个世纪只能被描述为西欧受影响的而不是有影响的心理学。但是，我们将看到在精神病学的发展中，在使精神病学与心理学相结合的工作中，法国的贡献超过了它应承担的份额。

苏格兰心理学和英国心理学的融合：布朗

托马斯·布朗（1820）是苏格兰、英国和法国三个学派的思想的代表。就他的背景、他所受的教育和他的学术地位而论，他是苏格兰派，非常适合他在爱丁堡担任道德哲学教授的职位。他从不放

① “唯灵论”（spiritualisme）一词现仍在法国心理学中运用，大致相当我们所说的“唯心论”。

弃那种取得威望的权利，那是苏格兰学派由于强调人的尊严而一直保持着的。并且他从苏格兰学派继承了一个基本的教义，即认为有一个统一的实质或原理：换句话说，即灵魂，它的感情和作用是心理学的现象。心灵不是由碎片拼成的马赛克（即镶嵌砖），而是具有不同表现形态的实质的统一体。

但是他也大量引用了联想主义者的观点并经常依赖他们的观察方法。从布朗的工作开始，苏格兰学派明确地处于英国传统影响之下。布朗心理学的主要意义在于他聪明而又成熟地发展了联想主义理论。他用“暗示”一词替代“联想”，作为对心内联系问题的一种实验论证。

布朗接受了哈特利的观点，把内心联想还原为一个根本原 58
理，这个原理布朗称之为“共存”。它表现在三种形式中，取决于**相似、对照和在时间空间中的邻近**这样三种情况。但我们现在接触到这样一个重要问题：当一个事物和**两个**或两个以上其他事物以某种方式相联系时，是什么决定每一特定的联想过程呢？例如，**虎**既像**豹**又像**狮**，为什么**虎**在某些情况使我们想到**豹**，而在另一些情况又使我们想到**狮**呢？霍布士在十七世纪中期曾模糊地看到这个问题但并未给予满意的解决。哈特利曾对复杂的生活情境做过分析，但他从未说明他的法则在决定一定顺序中如何能起排除其他顺序的作用；例如，同样的经验为什么在不同的情况下会在同一个人身上引起不同的观念。布朗把握住这个问题的意义，从事于分析决定联想途径的多种因素，制定出著名的“次级联想律”。这些联想律具有特别现代化的色彩。直到十九世纪的最后二三十年，德国和美国的实验主义者才发现有必

要重视这样的一种分析。①

布朗的次级联想律的头四条或许具有最重要的意义，但作为对联想主义过分简单化倾向的改正，每一条都是重要的。布朗的法则由沃伦（1921，p. 73）概述如下：

(1) 原初感觉持续时间的长短："我们对客体关注的时间越长，将来就越有把握能记住它们。"

(2) 它们的强烈程度："原初的情感越强烈，序列中的各部分看来也更紧密更牢固地联系在一起。"

(3) 经常的程度（频率）："序列各部分越是经常重复，它们也越迅速地受到提示。"

(4) 时间的远近（近因原理）："几小时前发生的事可能记得住，而几天以前发生的事就可能完全忘掉。"

(5) 它们过去的共存关系几乎没有其他可替换的相关者："一个歌曲，如果我们只听一个人唱过，再听到时几乎不可能不唤起我们对那个人的回忆。"

(6) 个人体质的不同可以改变第一性法则：体质的不同"给予一组暗示倾向的力量比给予另一组的更大。"

(7) 同一个人的差异，"看当时变化的情绪而定。"

(8) "暂时的状况不同"，像醉酒、昏迷或不健康时。

(9) 以前的生活习惯和思想——内在倾向对任何特定情况的影响，尽管经验可能是新的或无关的。

59 "暗示"的一般法则现在可以看到是依照例如特定经验的时间

① 特别是屈尔佩（1893）和卡尔金斯（1896）。

远近，发生的经常程度和强烈程度起作用的。对情绪和体质因素的强调也很重要，同联想主义者通常对个人差异的忽视形成对照。这是一个极具重要性的成就，即注意到制定具体法则的必要，并想到以个人作为一个完整个体在决定每一特定思想顺序中起作用。

布朗维护洛克的立场，认为在我们心中不仅有感觉性质的而且也有思考性质的能力存在。洛克曾主张除直接来自感觉的观念以外，我们还有一些观念来自对感觉材料的思考。布朗由于不愿运用神经系统作为解释原理，便不能把表象和观念当作简单的感觉回应，把它们化为它们感觉原本的暗淡拷贝。记忆原素对他来说并不是和感觉原素同一的；它们是彼此独立的存在。但如果两个客体同时被看到，又假如我们立即觉察到两者之间的关系，这不是感觉的作用；这是心灵作为心灵自身的一种作用。发觉一个人比另一个人高，或一盏灯比另一盏亮，是直接把握到出现在经验中的一种关系。这是对联想主义的又一击。精神生活不是感觉材料的一种简单的联结，而是以把握关系的能力为特征的。这是“相对暗示”，同“简单暗示”有别。简单暗示是由于感觉经验的作用使一个观念紧随着另一个观念而到来。“相对暗示”不是作为感知作用的一部分来论述的，而是仅仅当它出现于像比较和判断这样的过程时才被强调的。这些关系元素，一直处于被遗忘和再发现的过程中。比如贝恩曾认识到它们；德国心理学家在十九世纪后期又在各种不同的伪装中发现了它们。近年来，与完形学派有关，它们又盛行起来。

除苏格兰和英国学派的这些明显的影响以外，我们还应注意，布朗曾专心研究过那些法国哲学家的著作，他们在十八世纪后期

逐渐有效地恢复着唯心主义以反对机械论潮流。上文曾提到，孔迪雅克和卡巴尼斯两人把心理化为简单的、根据机械论观点设想的组成成分，这同反对宗教解释和唯灵论解释的广泛运动合拍而颇受欢迎。同样地，法国大革命以后向唯心论的回摆增强了企图推翻机械论学派的力量。孔迪雅克的追随者把某种程度的**能动性**赋予个人以修补他的机械论。他们当中最著名的是拉罗米基耶尔和德·特拉塞；前者深受比朗能动主义的影响，又转过来影响了布朗的工作。卡巴尼斯，虽然他自己是一个机械论者，也曾帮助指出人格中主动性的重要。一种唯心论和宗教的意向从而找到了唾手
60 可得的材料构成一个新的体系。这一组"思想家"掌握了对于哲学感兴趣的那一部分上流社会。他们不愿用"纯粹感觉"这种不愉快的字眼来称呼观念。但他们不像里德那样直截了当而又浮夸；他们的反抗是有条不紊而又温文尔雅的。他们的中心原理是，心灵不是一个接受印象的被动工具。特别在反对孔迪雅克时，他们坚持心灵本质上是一种具有反作用的东西，它有它自己的自发活动。但是他们的运动很难说是建设性的。这是企图恢复旧破烂而不是铸造新器皿。

这个哲学有一切必要的因素使它在苏格兰流行起来。它不仅同苏格兰学派的唯灵论观点一致；实际上它有很多东西是从苏格兰学派间接吸收或直接抄袭的。它对联想主义学说的具体改动对苏格兰学派是有用的，受欢迎的。布朗对于苏格兰和法国两种思想体系都很精通。他对法国观点和法国评论的介绍实际上增添了他自己体系的风采，并在某种程度上有助于他的成名。正是由于法国的概念而不是苏格兰的概念才使他懂得怎样才能一方面拒绝

联想主义观点,同时又稳妥地运用他们的方法。他把灵魂看作一个活跃的和主动的本质,能够无须妥协就接受哈特利和他的追随者的经验论分析。

能够特别清楚表明法国影响的是布朗对“肌肉感觉”的强调,这种感觉使人能够觉察到肢体的位置,觉察到肢体在接触外界对象时可能遇到的对抗。生理学家曾经给予肌肉觉以一定的注意,然而,把它引进心理学主要是布朗的功绩。布朗说,肌肉觉给予我们抵抗的概念。这是上述那些思想家见解的发挥;它同比朗当时正在酝酿的论点也很相似,即认为“自我”的意识实际上是由婴儿期盲目运动受到的抵抗引起的。但布朗对这个概念的论述和比朗的论述实质上不同。不像比朗对于意志的几乎是神秘的论述,引导到婴儿的自我意识,布朗的论述是对于肌肉感觉在使我们觉察物质东西的坚实性方面所起作用的直截了当的简单陈述。

布朗的主要价值也许在于他使苏格兰学派更为靠近经验论一些。他使得这个学派对于纯分析方法非常熟悉,因而再也不能完全退回到它的创立者培育的教条主义立场。它在同经验主义和联想主义逐渐混合的过程中失去了自己的个性。但是在布朗手里联想主义才第一次进行具体阐释,说明为什么我们会由于特定情况的限制而在特定的方式中思想和行动,而“观念”的交互作用已被主动的个人所取代。灵魂的原子论当然继续保留了一个时期;我们将在下文看到,它被收编在詹姆斯·米尔的彻底的联想主义中, 61
联想主义在米尔手中达到了逻辑的完善和系统化。但布朗的工作是联想主义和苏格兰学派两者末日的开始。他看到了经验论的必要,并赋予那些想对经验的极端复杂性进行分析并使之系统化的

人的大胆尝试以新的生命。他永远结束了里德研究法的天真的公式主义和华而不实。同时，他关于作为统一体的人格的概念大大促进了联想主义的成熟和严谨，从而使联想主义在斯宾塞和贝恩的工作中达到了它最大的成就。

参考书目：

Brown, T. *Lectures on the Philosophy of the Human Mind*. Edinburgh: Tait, Longman, 1820.

Burtt, E. A. *Metaphysical Foundations of Modern Physical Science*. New York: Harcourt Brace Jovanovich, 1925.

Calkins, M. W. "Association." *Psychological Review*, 3(1896), 32—49.

Darwin, C. *The Origin of Species*. London: Murray, 1859.

Fries, J. F. *Handbuch der Psychischen Anthropologie*. Jena: Croker, 1820—1821.

Gall, F. J. *Recherches sur le système nerveux en général, et sur celui du cerveaux en particular*. Paris: Schoell, 1809.

Herbart, J. F. *Lehrbuch zur Psychologie* [*A Textbook in Psychology*]. Königsberg: Unzer, 1816.

Külpe, O. *Grundriss der Psychologie* [*Outlines of Psychology*]. Leipzig: Engelmann, 1893.

McDougall, W. *An Introduction to Social Psychology*. London: Methuen, 1908.

Warren, H. C. *A History of the Association Psychology from Hartley to Lewes*. Baltimore: Johns Hopkins University Press, 1921.

第二编

研究精神的兴起

第五章　实验心理学的若干理智前驱 65

……关于自然万物的整个概念已经由于这样的认识而改变，即人像围绕着他的外部世界一样也要受同样的自然规律和自然过程所支配，因此，要研究人就不能把人和世界分隔开，而科学的观察方法，归纳法，演绎法和实验，不仅可以应用于纯科学的原始课题，而且可以应用于人类思想和活动的几乎全部众多而各异的领域。

威廉·丹皮尔爵士

实验心理学的兴起需要追溯到十八世纪末期和十九世纪早期西欧的理智发展；而其中最重要的是法国和德国实验科学的进步。我们应该首先注意精密科学，特别是数学、化学和物理学的进步；其次是生物科学特别是生理学的进步。因为实验心理学是从实验生理学的土壤中生长起来的，而实验生理学的存在则离不开所有上述科学。①

实验方法从伽利略时期以来曾在自然科学中一再结出了累累

---

① 要了解十八世纪和十九世纪早期科学史的更充分的论述，请参看梅尔茨的著作(1896—1914)。

硕果。牛顿的数学在法国曾被积极采用和发展并成为法国科学的一个主要特点。如果说，英国科学运用实验方法探讨问题更为突出，那么法国科学最突出的特色不如说是数学方法的发展。十八世纪中期，法国数学家已经在全世界取得卓越地位。

66 法国科学

早在十七世纪中期，法国科学院便受到路易十四的宠信；从那时起它就成为科学方法和科学成果的主要发源地，也是科学工作者互相激励的中心——不仅是法国的中心，也是世界的中心。这同英国和德国的情况完全不同。的确，牛顿在英国组织皇家学会时起过领导作用，但皇家学会从未得到很大的支持。这一时期一位英国的大天文学家不得不抽出他的部分时间去当家庭教师以求得他的研究所需要的费用。而这时法国人却给予天文学的研究工作以很多鼓励。这一类的赞助是导致法国精密科学迅速兴起的一个突出因素。进行科学研究的各科中心在全法国普遍建立，使法国科学达到了某种程度的一体化。地方组织有机会彼此交换意见，许多个人到巴黎来研究。传播新思想的杂志创办起来了。在科学工作方面这样密切的联系是英国和德国梦想不及的。[①] 但是各科中心和杂志还要依靠一个最重要的因素，没有它，法国的学术领导地位就会受到阻挠，即国家的团结以及政治的统一与文化

① 构成德意志帝国的各邦，是以极松弛的方式维系在一起的；而普鲁士虽然很强盛，但在日耳曼语系各邦的学术结合中，那时只有微不足道的影响。

的统一。

不论我们认为这些有利条件哪一条更值得强调，法国人在精密科学方面的卓越地位都是无可怀疑的。法国人运用以牛顿著作为基础的宇宙力学观已达到这样的程度，以致我们在十八世纪中期就能找到它的文学表现，例如，在伏尔泰的作品中。这给广大读者提供了一个由凯普勒、伽利略和牛顿所发展的力学宇宙的统一观。伏尔泰几乎可以说是牛顿的通俗解释者；他向广大读者转达数学和物理学所勾画的宇宙概念。

这一通俗化当然是极其有限的，它虽然在上流社会迅速传播开来，但几乎并不适合劳动者和农民的口味。法国的大革命连同它的群众呼吁和民主尝试带来一个直接的转变。教育家企图丢掉传统的主题，并在自然科学的基础上建立完整的大众教育体系。孔多塞提出，数学科学对于所有公民具有直接的重要性，数学增强观察力和进行清晰思维的能力。而且数学还有实用的价值；由于
法国不久就同欧洲大多数国家作战，数学对于大炮，化学对于炸 67
药，以及生物学在军医的培训中都是重要的。

大革命起初干扰了研究工作，伟大的拉瓦锡就是受害而丧生者之一；但令人惊讶的是，就在法国受到相对孤立的这一时期，竟有那么大量的科学研究工作甚至在不是直接实用的领域中继续进行。某些个人遭了难，但大多数科学工作的进展受到公认。拿破仑承认科学和数学的重要，因为这提高了他个人的威望，也提高了他的工程兵军官和炮兵军官的价值。

法国科学有某些具体贡献可以用来表明它的精神。借助于微积分，有可能计算出比十七世纪数学家敢于梦想的更精确的天体

运行法则。在牛顿的《原理》问世(1687)以后一世纪多一点，拉普拉斯(1796)发表了他的论天体力学的巨著。他还着手描述太阳系从星云物质开始的演化过程——这个观点称为“星云假说”。他的“概率论”是非常重要的。出生、结婚和死亡的统计报表早已流行；但拉普拉斯为这种报表预报手段的数学理解提供了所需要的理论。虽然他的兴趣主要在于纯理论数学，而不在于应用数学，但他成为拿破仑所需要的统计学家却是理所当然的。牛顿提出的比较简单的关于量的概念，也受到法国数学家的批判分析。

主要是由于拉瓦锡临近大革命时的工作才使定量实验化学出现在世界上。而且，由于发现呼吸的原理(碳与氧的结合)，他使化学同生命科学发生密切关系。化学实验的规模可以由报道化学研究成果的期刊的创办得到说明。化学在法国的进展，延及其他国家较迟，因为军事形势趋向于在科学和它的应用方面孤立法国。而且，研究者个人之间相互隔绝的传统在英国依然得势，同法国研究工作的协作与集中的特点形成鲜明对照。

德国科学

另一方面，由于各种情况的巧合，在十九世纪早期德国开始研
68 究化学和物理学。化学在德国大学中依赖于法国的资料。[①] 在德国(像在英国一样)大学里通用的几乎所有精密科学的教科书都是

① 法国科学的传入德国甚至在大革命中和拿破仑时代自然在某种程度上也是可能的。

法文的，或从法文翻译的。但是在德国大学体系内，在拿破仑时代结束后，很快就出现了许多准备介绍法国思想的人（他们当中有些人是在法国培养出来的）。他们工作的第一个十年实质是法国传统的延续，但德国化学很快就表现出自己的特性。

李比希1826年创立了一个系统研究化学的大学实验室。他成为一个化学新派别的创立者。他想出适当的方法对生物的某些机能进行化学的研究，表明这些方法的"有机化学"一词开始被使用①。他大量援引同时代的法国著作，也许在此后的三个世代他对于德国化学取得它可羡慕的地位所做贡献要比任何别人都更多些。韦勒，他的学生，早在1828年实际上就已经在合成一种有机化合物——尿素方面取得成功，从而在分隔无机界与有机界的鸿沟上搭起了桥梁。

同时，有助于在物理科学与生物科学之间建立联系的其他研究工作也在许多别的国家中进行着。1791年伽伐尼发现了由于对蛙的臀部神经的刺激而引起的电流。这一点许多人认为具有重大的哲学意义。有些人仓促做出结论，认为生命过程的隐秘本质已被发现，认为这些过程同统治着非生物界的机械过程根本不同。另一方面，机械论者从这一发现得到了同样的安慰；在他们看来，这证明物理学的原理足以说明生命现象。许多人，以许多哲学的说法，梦想在一种科学的水平上把我们称之为物理的各学科同生物的各学科统一起来。以前就有很多人有过这样的梦想；但是，这些确实已在研究中的奇异的电现象对于统一物理科学和生物科学

① 这个名称逐渐获得它现在的意义，即对碳化合物的研究。

的希望提供了新的根据。

其他一些使生命科学同物理科学发生密切接触的贡献来自一系列声学和光学的发现。紧跟着克拉德尼在声学方面的著作，有托马斯·扬爵士关于光波论和视网膜机能论的驰名研究(1807)①。光的现象使生理的和心理的假说成为必要的了。扬制定出一个“三色”论，后来为赫尔姆霍茨所支持，认为视网膜具备三种色受
69 体，它们的合作机能提供了可以经验到的整个色域。波希米亚生理学家珀金杰对于颜色亮度和光线强度之间的关系做出了重要的研究。随着这些进展而来的是听觉和视觉的实验生理学，它以后在实验心理学的创立上起了极其重要的作用。

生物科学

在转向生物科学的发展时，首先要注意的是物种分类。雷的十七世纪物种分类被林耐(1735)加以扩充。林耐不仅熟悉数以千计的植物和动物并能给予分类，而且，更重要的是，他设计了一种分类**体系**，把个体归并为种，把种归并为属，并给两者起了拉丁文的因而也是国际的名称。尽管某一个“种”的概念现已经历了显著的演变，但林耐的体系一直具有不可估量的价值。

分类的工作由居维叶*(1769—1832)继续推进并增添了极丰富的内容。“名称要定得准确”，他说，“就要认识得准确”。经过大

---

① 光波论可追溯到惠根斯，和牛顿同时代的一位荷兰学者。

* 居维叶的《动物的王国》(*Le règne animal*)共二十卷，于1769至1832年间陆续出版。——译注

革命和拿破仑时代，他的许多贡献传播开来。他的成就使他作为法国生物学的代表与组织学家比夏和生理学家卡巴尼斯并列。他的成就首先在于贯彻了林耐对有机体进行系统归类的想法，注意各个种、属成员的相似与相异的因素。他试图使这样的分类法成为可能，它不仅能给有机体定名，而且能指出它们真正相似与相异之处，表明哪些相似是重要的和根本的，哪些是表面的和无意义的。尽管有拉马克、伊拉兹马斯·达尔文还有其他科学家的倡导，居维叶仍然坚决反对进化理论，虽然这种理论本来很有可能作为一种遗传学的分类法而非常有用。但他是一个观察力极强的解剖学家，因此，能够制定出一些具有普遍可靠性的基本原则。他被公认为现代比较解剖学之父。值得注意的是，居维叶主要不是依靠骨骼、肌肉或感官的构造，而是依靠中枢神经系统作为分类中唯一最可靠的标准。

居维叶每年还要对全部科学工作进行系统的评述；这些评述是以报告的形式呈交给拿破仑的。连同大科学家逝世时发表的颂词，这些文献在建立科学中心宝库中标志着又一次进步。包括居维叶在内的生理学家和解剖学家团体使法国——实际上可以特别指明是巴黎——在生物科学方面也几乎取得了像在物理科学方面享有的那种领导地位。

但在十九世纪早期，德国在生物科学以及物理科学研究中都 70
赢得了一个新的地位。要了解这是怎么发生的，需要先看一看德国的大学制度，在那里，十八世纪曾出现一系列重要的进展。

中世纪典型的德国大学包括三大学院：神学院、法学院和医学院。这三大学院实际上也就是专业学校。没有任何一般课程或人文科学课程。学生上大学通常就是准备自己将来从事三种职业之一。对于科学课程，除非在医学课程表上不得不排上的以外，一般都是忽略的。1734 年，在哥廷根大学创办了哲学院，不是为了专业训练而施教，而是为了提供我们现在所说的"文科教育"。这包括设立以三大学院部分传统课程为科目的讲座，也包括新引进科目的讲座。哲学院包括像数学和物理学、历史、文学史、东方语言等科目，也包括两个哲学分科讲座和一个"没有特定范围的"哲学讲座。卡莱尔的 Teufelsdröckh，一位"一般问题"的教授，可能就是这种没有专职的讲座的理想主讲人*。这个新的院系在一切日耳曼语系国家中很快就风行起来。

十八世纪中，科学在德国大学课程中成为重要的一部分；但"科学"(Wissenschaft)一词在德文中具有一个不同的含义。在法国，"科学"(science)具有数学或"精密科学"的意思。德国学者钻研语音学和语言学的问题；他们发展了语文学的方法。他们开始对文学研究运用考证方法，特别是发展了考证圣经的方法，并制定出能够具有鉴别像古代手稿写作的时代和作者等类问题的一般原则。他们改进了史学和考古学方法。他们从事于史料评价问题的研究。鲍姆加滕建立美学科学的尝试，康德对于认识过程的批判研究，以及黑格尔按照"辩证"原则对逻辑的修正，是一个业已走上轨道的广泛运动的组成部分；它们都是科学(Wissenschaft)的

* Carlyle（1795—1881），英国十九世纪著名历史学家和论说文作家。Teufelsdröckh 是他 1836 年出版的题为《Sartor Resartus: The Life and Opinions of Herr Teufelsdröckh》著作中的主人公 。这是一部自传式的兼论德国哲学的著作。——译注

著作，其真实性正像物理学中的实验一样[①]。

反过来看，我们可以说，法国人和英国人所以会把生物学和人文科学放在次要地位，是由于他们偏爱定量分析法；他们不能理解，生物科学和人文科学也可以用实验方法和数学方法进行探讨。 71
英国人和法国人认为只有自然科学才够得上说是真正的科学，而德国人则认为知识的一切领域都能够同样地成为科学的领域。甚至对认识过程自身的分析，像康德指出的那样，也能够成为一门有条理的学科。德国大学师生很少那种必然影响法国师生的分科思想倾向。德国哲学院的目的是求得关于人类文明整体的广泛理解。德国大学则是一部发动机，用来开拓关于世界的统一认识。

同统一人类一切知识的理想相并而行的是认为生物学所表明的生命现象不仅要以化学和物理学的观点来深入观察，并且要在生命现象同一切其他这些学科的关系中进行观察。任何单一的研究，对于像生命这样复杂的问题来说都是不够的；必然有某种统一性和联系，如果在题材上不是这样，至少在论述上应该是这样。不论在英国或法国，对于以科学方法研究生物的可能性都曾有过相当的怀疑。但在德国大学里，生命现象受到与任何其他专科所需要的同样的批判研究和同样的深入观察。对于生命的研究必须从统一的哲学世界观出发来进行。

人们很自然地会提出疑问，既然在德国有在政治上被分割的

① 但是，"人文科学"（Geisteswissenschaft）自然是同"自然科学"（Naturwissenschaft）区分开的。（"人文科学"一词的英译是"culture science"，比德文"Geisteswissenschaft"一词的字面含义"精神科学"要广泛。这是符合德文本词所指的研究领域的。——译注）

二十所以上的大学，而每个人又是根据他自己的观点进行讲授，怎么又能够有学术研究上的统一呢？这种可能性来自各大学之间教授的交换，来自学生从一个院校转到另一个院校的习惯，这是促进德国思想统一中极为重要的风气。德国学生从来没有想过，他们取得一项学位必须在任何地方连贯地学到底。对多种影响的接触增进了追求统一世界观的倾向和把生命作为整体来观察的愿望。

一个做了大量工作指出各门科学之间的统一性的人是哈勒尔，他是哥廷根的生理学家，在十八世纪中期享有盛名。受到他的老师荷兰的生理学家伯尔哈夫的深刻影响，他试图把人和动物的生命以及化学和物理学作为一个统一体加以论述。他向德国学生提出了这样的看法，即英国人和法国人在物理科学中运用的经验研究法——特别是实验方法——也有可能在生命过程的研究中加以应用；生理学作为一种实验科学的概念已经建立起来。这个概念的重要，只有当我们想到生物学曾在多大程度上不得不同占星术和神鬼之说打交道才能够理解。甚至在生命过程的化学观上多
72 所建树的大学者帕拉塞耳苏斯也曾广泛运用占星术原理；甚至有关性情蕴涵在血液里这一基本上有益的概念也同许多不能得到任何确证的说法相混淆。哈勒尔一直被称为现代生理学之父①。他发表一本教科书，在四分之三的世纪中一直是全世界的生理学标准教材，直到约翰内斯·米勒的教科书问世(1833—1840)。

但是，我们还应考虑到这一说法所忽略的另一个因素。我们

① 自然，哈维曾经指出过这条道路，许多临床医生随着解剖学的突飞猛进曾做出有关生理机能的重要实验研究。

可以回想“浪漫主义”时期德国对于那种有别于物质世界和运动世界的生命世界的极大兴趣。当时德国的气氛就是追求对生命的理解。十八世纪法国和英国自然也经历了显著的浪漫主义运动。但把浪漫主义运动说成根本上是德国的运动，这种倾向也许可以为这里提示的观点作证。但我们这里讨论的仅仅是程度问题。当然，没有必要把这种倾向说成是一个永恒的民族特性；相同的倾向在文艺复兴时期的意大利也很明显。人们可能会说，而且并非毫无道理地说，这是文艺复兴到达了德国。人们也可能说，德国与西欧各国相隔绝并经历了一系列战争，受到神圣罗马帝国封建残余的影响，在十八世纪才开始觉醒，因此，生命本质问题不论在大学体系内外都赢得了一个突出的地位。德国生物科学的这一切进展都可以看成是一个总的文化运动的一部分。把德国大学说成是生物学兴起的唯一原因，那则是缺乏见识的。

当时代表德国精神的一个熟知的例证是歌德其人及其事业，他是一个如此伟大的诗人，以致很少有人把他看成也是一位科学家。但确实有两项重要的生物学贡献是由于他而实现的。他是近代第一批促进机体进化理论的人物之一；而且他还详尽阐述了颜色视觉的一个重要理论(1810)。他反对扬的三色论，指出如果不假定至少有四种基本色，就不可能解释色盲、色衬比和负后象的事实。歌德对植物学也做出了许多贡献，这些贡献如果不是被他在文学和哲学方面的光辉所遮掩，本来也足以使他享有盛名。对生命过程研究的增进不只是表现在大学里。

另一方面，这一发展的主流无疑是在大学里。在拿破仑时代以后，它在韦贝尔和约翰内斯·米勒以及他们的门生的辉煌的生理

学研究工作中达到了最高点。(对这些人我们将在以后专门介绍，
73 现在重要的是指出他们同上述运动的关系。)我们在前面已经提到李比希和韦勒如何合作创立了有机化学这门科学，以及在拉瓦锡的无机化学与生命的研究之间如何铸成了连接的环节。与此同时，植物学家和动物学家借助于显微镜试图发现物理的原理与作为生物结构基础的形态原理之间的联系。他们力求在形态学领域进行李比希在化学领域中已经完成的工作。法国十八世纪末年，比夏已经完成了一个巨大的步骤，证明在器官与组成器官的基本结构(组织)之间的关系。在德国，施莱登采取了一个新的步骤，他在 1838 年证明，一切植物组织都是由细胞组成，每一细胞在某些方面是一个独立的单位。两年以后，施万成功地指出，同样的原理也适用于动物组织。生命过程的研究由于这两项值得重视的发现而迈出重大的一步；对于生物细胞结构的认识大大促进了微细构造的分析和分类。这种结构单位的发现不仅对解剖学而且对生理学都有深远的意义。德国到这个世纪的中期在生物科学中保持着领导的地位，如上所述，这在很大程度上是由于某种理智历史的背景形成了与法国和英国不同的具体问题。

当这一切在德国进行时，也有许多卓越的生物学研究工作在英国进行着，但那是在一些个人手中进行的，他们不像德国科学家那样能够有保证地享受合作的利益和得到深刻的学术鼓励。其中最著名的研究是查理士·贝尔爵士区分感觉神经与运动神经的发现。的确，盖伦那时已知道有感觉与运动的神经机能。但他认为神经一般**兼有**感觉与运动**两种**机能，直到贝尔才指出某些结构是感觉的，另一些是运动的——在即将进入脊髓前，感觉纤维聚集在每

条神经根的背面，而运动纤维则聚集在它的腹面。随着他的《脑解剖学的新概念》(1811)的提出，许多文献在皇家学会前宣读[①]。他为详尽研究以进、出神经道说明的神经生理学奠定了基础。他还建议劳动分工可以更细一些；尽管形态相似，许多机能不同的神经元素所担负的种种专职仍然可能形成**不同类别**的心理机能。实质上，这个看法是很陈旧的，但十八世纪使它复活了。博内已十分明确地把握到它：“……在每一感官中都有某些适合各该种感觉的纤 74
维……因此，在视觉纤维中还会有某些差异与存在于光线中的差异相适应”(1769)。这一时期科学国际交流的缺乏从以下事实可以看得很清楚：又过了许多年，直到约翰内斯·米勒才着手详尽探讨贝尔的这两个学说，通过实验证明了前者，并以著名的“特殊能力”公式说明了后者。虽然在法国，马让笛在二十年代曾进行过这一问题的实验，贝尔关于感觉根和运动根的划时代发现，直到米勒的时代似乎并没有引起充分注意。

在整个这一理智萌发的时代，科学和哲学中朝气蓬勃而富有想象力的工作是迅速的科学进步和人类生活条件改变的一种反应。甚至在这样的情况下，这时也还没有出现关于我们可以称之为“心理学”的想法。有一种从生物学角度看的生命哲学，如医学家、博物学家以及研究人体健康和疾病的学者们所看到的那种哲学。有一种要求社会改革的强有力的哲学，这种哲学是由于巨富和赤贫并存引起的问题而诞生的。有对于权威和正统信念的挑战。新大陆待“开发”的土地鼓舞了个人主义、民主制度和独立思

① 参看卡迈克尔的著作(1926)。

考。

这许多探讨新的生活画面的途径却并没有集结成一种“心理学”。这些途径一方面确实集结成一种关于心理的见解，另一方面则是关于社会秩序的见解。在各地区，都有某一位具有独创见解的思想家能够把某些思潮汇聚在一起：卡巴尼斯在法国，康德在德国，詹姆斯·米尔和约翰·斯图亚特·米尔在英国。但是，要有比孤立的思想家们更多的什么才能发见一个新的疆域。要有许多人的劳动才能创造出任何类似关于人性范畴的统一观点或心理学的东西，这种观点不仅要在个人生活经验中而且要在社会秩序范围内的集体经验中牢牢生根。实际上，整个十九世纪和二十世纪早期科学的主要尝试之一就是创造条件发展这一更为广阔的视野——作为一种生物科学兼社会科学的心理学。

参考书目：

Bell, C. *Idea of a New Anatomy of the Brain*. London: Strahan and Preston, 1811.

Bonnet, C. *Analyse abrégée de l'essai analytique*. Paris: Sorbonne, 1769.

Carmichael, L. "Sir Charles Bell: A Contribution to the History of Physiological Psychology." *Psychological Review*, 33 (1926), 188—217.

Cuvier, G. *Le Règne animale*. 20 vols. Paris: Fortin, Masson, 1769—1832.

Gocthc, J. W. von. *Zur Farbenlehre*. 2 vols. Tübingen: Cotta, 1810.

Laplace, P. S. *L'Exposition du système du monde*. Paris: Courcier, 1796.

75 Linnaeus, C. *Systema naturae*. Lugduni Batavorum, apud Theodore Haak, 1735.

Merz, J. T. *History of European Thought in the Nineteenth Century*. 4 vols. Edinburgh: Blackwood, 1896—1914. New York: Dover, 1965.

Müller，J. *Handbuch der Physiologie des Menschen*. 3 vols. Coblenz：Hölscher，1833—1840.

Newton，I. *Philosophicae naturalis principia mathematica*. London：Streater，1687.

Young，T. *A Course of Lectures on Natural Philosophy and the Mechanical Arts*. 2 vols. London：Johnson，1807.

76

第六章　心理学实验的开始

测量的技艺将消除外貌的影响……他们犯错误不是由于缺乏一般知识，而是由于缺乏可以称之为测量的特殊知识。

柏拉图

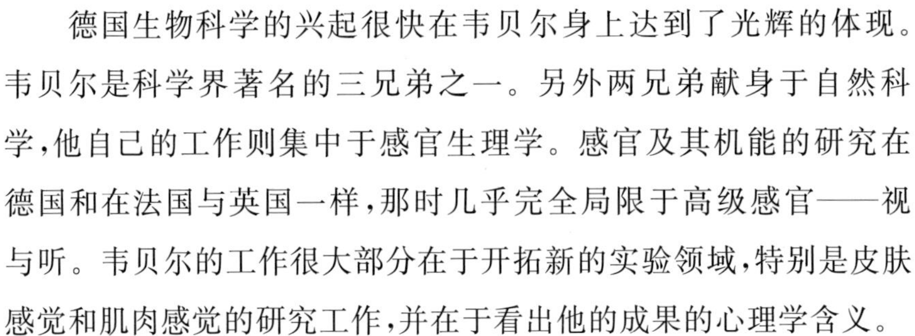

德国生物科学的兴起很快在韦贝尔身上达到了光辉的体现。韦贝尔是科学界著名的三兄弟之一。另外两兄弟献身于自然科学，他自己的工作则集中于感官生理学。感官及其机能的研究在德国和在法国与英国一样，那时几乎完全局限于高级感官——视与听。韦贝尔的工作很大部分在于开拓新的实验领域，特别是皮肤感觉和肌肉感觉的研究工作，并在于看出他的成果的心理学含义。

韦　贝　尔

韦贝尔在1820年前不久开始在莱比锡大学讲授解剖学和生理学，在那里一直工作到完成了一生的事业。他的生活以经常发表新的著作和有很多学生互相砥砺为特征——他们大部分是医科学生，因为医学在生物科学中地位很高，而作为一门独立科学的生理学当时还不存在。虽然他多少受到“自然哲学”的影响，相信精神通过自然界的象征表明自身*，这并没有减损他作为一位生理学家所做的实验和理论工作的可靠性。

可以提出几个例子说明他在感觉生理学方面范围极广的研
究。他的温度感觉实验结果是制定一种理论，大意是说冷暖的感 77
受不是直接依赖于刺激物的温度，而是直接依赖于皮肤温度的上升或下降。假如手放在热水里，皮肤的温度上升使我们感受到温暖的经验。如果变化是非常徐缓的，皮肤温度可以上升或下降，而并不引起冷暖的经验。这一理论是对适应性和习惯性的很好的说明，由于适应和习惯，使冷暖的感觉在皮肤与之接触一段时间以后即不甚显著。他的一项次要的实验试图判定对嗅觉的真正刺激物究竟是液体还是气体。他把浓度为百分之十的科隆香水溶液倒在鼻孔中，并翘起头来使溶液接触到鼻黏液膜，由于没有感受到任何味道，他得出结论，认为液体不是直接的嗅觉刺激物。他的听觉实验的一个例子是这样的发现，即：假如他在两耳边各持一表要判定两表的滴答声是否同时比在一耳旁持两表时的判定要困难些。作为视觉试验的一例，我们可以提到他对区分两条线的最小跨度的测定。两条线非常靠近时，我们得到的是一条线的印象，而如果它们不那么靠近，我们就看到分明的两条线；他测定了分清两条线所必需的跨度。

* 十七、十八世纪，实验科学还不能科学地解释自然时出现的一种关于自然界的哲学，它是以抽象思辨原则为基础的世界观。其观点最典型地表现在谢林和黑格尔的哲学中。谢林认为某种“宇宙灵魂”是联结和组织自然现象的力量，而在黑格尔看来，自然界则是精神、绝对观念的“异在”。——译注

韦贝尔有几项实验特别值得我们重视。其一就是要解决这样的课题：在皮肤上施加两个刺激要产生双重感觉必须使两者有一定的距离（1842—1853，vol. 3，pp. 481—588）。当然，这是把上面提及的视觉领域的同样实验用之于肤觉领域。采取了预防措施，排除了运用视觉的可能，被试的皮肤有时用圆规的一个尖端给以刺激，有时用两个尖端给以刺激，两尖端的距离不断变换。当两尖端刺激的距离增大时，受试从单一刺激的鲜明印象过渡到模糊印象，或不能判定究竟是一个还是两个刺激，然后再过渡到完全明确地察觉有两个尖端刺激的状态。换句话说，要跨过一个阈限（limen）才能引起双重的印象。他确定了一个“两点阈限”。在测量刺激和测量刺激间的关系中如此广泛运用的阈限概念，是由韦贝尔第一次系统提出的。韦贝尔发现，两点阈限，即分辨双重印象所必需的距离，在身体的不同部位是有差异的——而且差异很大。在手指的尖端和舌头的尖端，阈限最小。在嘴唇上稍大些，在手掌和手腕上更大些，并且，越靠近肩头越增大。而且，一定部位的阈限也因人而异。

78 在阐明这种现象时，他提出假说，认为在一些“感觉圈”中（双重刺激不能被感知的区域）必然包含许多神经纤维，而假如双重刺激要能被感知，必定有未被刺激的纤维存在于两个受到刺激的纤维之间。困难发生在这样的事实中，受试表现出明显的训练影响；随着实验的次数增加，感觉圈渐次缩小。其他困难也出现了，理论失去了依据。布利克斯（1884）的工作表明，在每一感觉圈中有许多“触觉点”。尽管如此，韦贝尔的实验方法比他对实验结果的解释当然有更重大得多的恒久价值。

更为重要的是韦贝尔对肌觉的审查，这或许在韦贝尔自己看来还是他最重要的贡献(1834)。正是在探索肌觉的时候，他做出了使他贡献出主要精力的发现。生理学家已经认识到感觉冲动不仅来自肢体外部而且来自肢体内部。托马斯·布朗(1820)曾强调肌肉感觉在探明我们运动受到的抵抗中所扮演的重要角色。韦贝尔则着手找出肌肉的感觉机能对于轻重不同的重物能辨别到什么程度。受试以手举重物其方式如果不仅是为了得到触觉经验，而且也是为了从手和臂得到肌觉的经验，他就能够比重物放在静止的手上时更准确得多地区分重量的大小。他对四位受试进行了实验，结果都相当一致地表明运用肌觉所得到的判断具有很大优越性。韦贝尔用了两套重物，一套的标准重量是 32 两，另一套是 4 两(32 drachmæ)*。他后来又采取了另一套重物以 $7\frac{1}{2}$两为标准重量的实验。在后一项实验中，对条件进行了系统的变换；例如，既同时地施用重物，也相继地施用重物。在所有这些实验中，出现了这样的事实，辨别不是取决于两重物重量差异的绝对值，而是取决于这一绝对值同标准重量值的比例。在最有利的情况下，重物之间的差异大约相当 29∶30 的比例时就能确实被察觉。如果只运用触觉，(能够被察觉到的)必要的差异值大约相当标准重量值的四分之一；但这也不是一个绝对值，而是取决于两刺激物相对值的一个分数。

从肌觉和肤觉的这些事实中，他得出结论，认为对两个刺激物

---

* drachmæ，即 dram，中译为打兰，一打兰相当 1/8 两，合 3.887 克。——译注

的辨别能力不是取决于两者差异的绝对值，而是取决于可以用彼此比率表明的差异的相对值。“最小可觉差”可以用一个分数表明，这个分数虽然随着被试验的官能不同而有变化，对于一定的感觉道来说却是不变的。这引导他去探寻是否能从其他的感觉道得到例证来证实这个基本原理，即辨别的可能性不取决于刺激量的
79 绝对差，而取决于刺激量的对比关系。因此，他对视觉进行了同一问题的实验。他出示两条直线，要求受试指出，究竟哪条线更长些。这一实验的结果肯定了他已经发现的“相对性”原理。这里的分数值甚至比肌觉实验例证中的更小；只要一条线比另一条长百分之一或五十分之一，即百分之一或百分之二，视觉就有可能辨别出两条线的长短(这对同时的出示有效。相继的出示需要有百分之五的差别)。对于一定时间的一定受试，这个分数值大体是不变的，而且同标准线的长度不相干。这使韦贝尔做出概括：我们可以给**每一种**感官确定“最小可觉差”的**不变分数**。

概括太大胆了。这些以视觉刺激物进行的实验实际在某种程度上牵涉到外眼肌的广度感觉，并不能直接解决区分视觉强度的问题。越来越迷恋于他的原理，他认为这在别的领域也适用。刚刚在这些实验开始以前，在声学领域工作的德勒岑内(1827)曾发现一些事实，韦贝尔认为可以用来印证同样的结论。韦贝尔利用这一研究成果作为他的法则的又一例证。由于有上述种种实验的成果，韦贝尔确信他的基本原理是以皮肤、肌肉、眼和耳所提供的事实为根据的。但是，尽管手头的资料不能证实这样的全盘概括，要借助实验找出一个和来自不同感觉道的经验有关的真正心理学法则，这个尝试却标志着科学史上的一个转折点。

不论怎样强调韦贝尔在开创实验心理学中的重要性也不会过分。他对生理学实验的兴趣使生理学家转而注意到，在实验室中探讨某些历来所忽略的纯属心理学的问题是合理的和重要的。他不仅提出问题吸引了像赫尔姆霍茨、费希纳和洛采那样有才能的人，而且他自己钻研了许多这样的问题，并指出系统研究这些问题的途径。他的关于“最小可觉差”的见解和他的涉及面很宽的假说——即我们对外界的反应是可以测量的——已经使心理学中每一个问题的研究都活跃起来，从最简单的感情到最复杂的社会态度的研究都不例外。

有一个事例可以表明他能把物理学者和生理学者的问题转化到什么程度。在韦贝尔年代前约一个世代，在法国布盖曾进行过一种实验，用来测定眼睛对光线的敏感度，方法是变动蜡烛和针孔的相对位置，光线通过针孔到达远处的屏幕。人们发现，为了在相邻的阴暗区造成一个可以分辨的不明显的阴影，两者的亮度必须有六十四分之一的差别。这个问题没有导致具有任何特殊意义的 80
原理。可是这就是孕育着“最小可觉差”问题的胚胎。正是这样的问题在韦贝尔手中变成了划时代研究工作的一块基石。

韦贝尔这样的工作发生的时间和地点不是偶然的。一个世纪来的德国学术历史铺平了道路；哈勒尔的影响仍然存在，并由于有法国十八世纪后期的杰出发现而增添了光彩，这些发现已由德国大学在十九世纪早年以新的活力加以采用。聪明地播下实验计划的种子固然重要，土壤也同样重要。汉密尔顿几年后着手以实验方法专心研究某些问题时，在英国心理学中并没有产生有价值的成果；联想主义和苏格兰学派都同样漠不关心。关键的一点是实验生理学在德国是以定量方法和广阔视野牢固地确立的。皮肤的“两点阈限”的测定，视力敏锐的研究，和“最小可觉差”的研究都是在肌觉领域内彻头彻尾以定量概念设想的；而这些问题是这样论述的，使它们就有限的现代含意来说很快就成为实验的，即对几个不同因素进行变动研究，以分别求得每个因素单独的意义。而且，韦贝尔敢于把一批成果归纳于一个共同的法则，一个普遍的原理。固然，这一法则作为促进大量研究工作的假说注定会变得很重要，但韦贝尔最重要的意义还在于他对心理学问题进行实验探讨的设想，在于对研究工作的刺激，最终导致在他的研究以外的大量各式各样问题的透彻研究。

费希纳和心理物理学

认为费希纳是韦贝尔的追随者，好像他不过是这位伟大生理学家的回声或反光，那是最大的误会。只要看一下费希纳的早年生活就能明了，他的独特才能多么早就已显示出来。

他开始他的事业时是在莱比锡学习医学和物理学、化学，几年以后，他开始在那里施教。他特别关心同时代的力学和电学发现。他的早期著述，包括科学论文和法国实验成果的翻译，表明他作为一个青年多么精通他那时的自然科学。但他不久又写了一系列纯属文学构思的短文。其中最精美的珍品之一是《死后生活小谈》(1866)。在这本书中，他力图说明，我们所有的人如何就像是彼此的一部分，完完全全地生活在彼此之中，因此，只要人类生存延续
81 个人就不可能死去。他还研究费希特和谢林的哲学，并开始用文

学的形式表达这一哲学在他心中燃起的感情。而且,他被“自然哲学”深深地打动,这种哲学的主导愿望是要在自然秩序的一切事件中找出精神的意义。

他的多方面兴趣是由这样的问题引起的:“定量的科学如何能教会我们在人的精神同宇宙的关系中研究人的精神?那些曾在自然科学中极成功地应用过的精密方法如何能转而有助于对内在世界的研究?我们如何能在直接而又可以报告出来的观察之下看到灵魂?”如梅尔茨所说的那样:

> 他逐渐认识了谢林、奥肯和斯蒂芬斯的哲学,这使他眩惑,触动了他本性中的诗情和神秘的一面。虽然他难以理解这种哲学,但仍然受到它持久的影响。同时,对这一时期最杰出的科学文献的掌握(他翻译了如比奥和德纳尔的教科书,并以实验证明了欧姆定律),使他不得不怀疑,在比奥那么清楚阐释的光学现象的奇妙而有秩序的联系中,是否有任何东西能够由奥肯-谢林的方法发掘出来?精密科学和思辨,忠实于事实又忠实于理论,这样的混合或交替贯串在费希纳的全部生活、工作和写作中(1896—1914,vol. 2,p. 508n)。

显而易见,他为什么既是“自然哲学”的信奉者又是它最强烈的反对者。他并非急匆匆地走到这一步的;他探索着前进。他只是模糊地认识到他寻求的目标,但当时没有任何学术动向有助于他,没有任何学派他能与之交往。他思绪往复,因人类精神遗产的复杂而困惑,不能以他所熟悉的科学方法来阐释和编目。他开始以米泽斯博士的笔名写了一连串讽刺文章否定他自己的感受。他开始讽刺机械科学。他认为,把生物科学引进与数学和物理学方法相似的领域似乎会招致对生物学和心理学的否定，因为这种企图似乎从一开始就排斥生命和精神。把物理学和化学的方法转而用之于生物学和心理学，这在他看来无异于从自明的生命世界倒退，在这个世界中，人类是其一部分；它还意味着对整个宇宙的生命存在的否定，这种存在的每一根纤维和每一个原子在他看来都同样是活生生的和有意义的。

从这些讽刺文章看来，很明显，他不可能着手解决问题，因为他还不能恰当地表述它。一方面，他感到需要有一个精确的方法以便在生物学和心理学中打开局面；而另一方面，现有的方法又不
82 能阐释用这些方法所记录下来的事件和活动。当他探索前进道路化名讽刺定量科学时，他也正在物理学领域进行精密的研究工作——从事于如原子理论等的调查研究。他在教室里讲授当代物理学时，也在不断努力寻求一条途径，以关于科学题材的新理解来代替讽刺，这种理解使人的灵魂和灵魂所认识的对象同样可以用能够积累真实知识的科学方法来加以研究。

这一时期，费希纳得了日益严重的病症；也许就是我们今天不确切地称为“精神崩溃”那一类的病症。由于他从事由亮光特别是阳光引起的正后像的研究，他的困难更为加重。结果是眼的剧痛和部分失明，好几年未能康复。早期的病症由于不能阅读而变得更加复杂化，又由于在清晰思考问题方面极其困难，使他几乎濒临总崩溃。他的夫人设法使他渡过了难关，他逐渐恢复了健康。

他恢复了心灵的强大机能以后，又开始继续考虑身心关系问题，考虑在身心活动之间找出确定的关系的可能性。有一天，他忽然发现，在日常生活中可以观察到有一种数量关系，即感觉强度的

增长同刺激的增长并不是一比一的关系,不如说感觉强度是算数级数的增长,与此形成对照的是刺激的增长以几何级数为特征。如果一只铃在响,增加第二只铃响对我们造成的印象要比十只已经在响的铃加添一只铃响强烈得多;假如四五根蜡烛正在发光,加添另一根只能造成微乎其微的差别,而如果原来只有两根蜡烛,它所造成的影响就相当大。刺激的作用不是绝对的,而是相对的;就是说,同已经存在的感觉量相关。他发现,对于每一种感觉道,要引起感觉的一定增强,都要按照一定比例增强刺激;而这个比例在增强刺激的整个过程中都适用。可以说,例如,感觉是按照一个公式以算数的方式在增长,在这个公式中,我们只需要知道决定不同感觉道几何级数比率的常数就可以求出答案。他制定这个公式如下:

$$S = C \log \frac{R}{R_0}$$

其中 S 代表感觉强度,C 代表适应任一不同感觉领域的一个常数,R 代表刺激强度。R_0 是阈限刺激强度。

我们应该注意到,费希纳的探索和徘徊是在欧洲思想正在同 83
东方进行重要新接触这样一个时刻出现的。英国人在 1800 年以前已经同印度接触;而很快又增添了同波斯、中国以及其他伟大的东方文化的接触。是在这样一个时刻,那时,美国的水手正在把美国的民间曲调和黑人的圣歌带到亚洲的海港并带回亚洲人的片断传说,学者在理解梵文诗方面正在取得进展。叔本华和稍后的尼采正在研究东方思想史并引以自豪。布雷特(1965,p. 582)写道:

> 从 1820 到 1830 年,黑格尔发表了他的哲学史年度讲演,

> 并向他的听众描绘了东方的生活，喻之为“一个梦，不是个人心灵的梦，而是绝对精神的梦。”

冲击美洲海岸的这一新运动的第一阵浪潮之一是埃默森回应印度伟大史诗的著名诗篇：

> 假如沾满血污的凶手认为他杀了人，
> 假如被害者认为他被杀害，
> 他们哪里知道其中的奥秘，
> 那不过是我反复玩弄的把戏。

更笼统地说，可以认为，在“东方与西方的会合”上做出某种虽然不那么分明、精确却广泛而有力的尝试，那是在十九世纪上半叶，而这一运动由于马克斯·米勒（1879）以《东方圣书》为题出版的一巨套关于东方哲学和宗教著作的译本而大大推进了。神秘主义和对理解真谛的某种渴望逐渐同东方热交织在一起，甚至表现在“曼德勒之路”中的基普林对一次显圣的渴求那样原始的形式中*。在这一时期，西方得自东方的比东方得自西方的要多得多，因为，直到十九世纪后期，印度、中国或日本才真正吸收了西方世界哲学和心理学的基本概念。

在同一期间他发表了一种他自己的自然哲学，题目是《赞德-阿韦斯塔》**（1851），这个题目反映了十九世纪中期东方思想的普

* 基普林（1865—1936），英小说作家及诗人，以英国士兵在印度和缅甸的故事为题材写作。曼德勒（Mandalay），缅甸圣地，现工商业中心。——译注

** 《阿韦斯塔》（*Avesta*）是所罗门教圣书，相传于亚历山大一世征服波斯时被毁，现仅存残篇。Zend-Avesta 的意思是“圣书释意”（the Interpretation of the Avesta）。——译注

遍侵袭。波斯人的体系，连同它的善恶集中于一身的二元论基础，吸引了费希纳的想象；世界被看成是真正人格化，真正活生生的世界。它引起费希纳的注意部分是因为它使自然世界的人格解释成为可能，然而，这个世界并不是被视为自然与超自然的对立世界，而是被视为自然与精神同在的世界。这给他提供了当代科学的理想的对立面；它赋予宇宙一个灵魂，或不如说是许多灵魂。在《赞德-阿韦斯塔》中，费希纳提到，他在精神世界与物质世界中新近发现了一个简单的数学关系。

他于是从事一系列亮度实验和举重实验，视觉、触觉距离实 84
验，验证他关于感觉强度和刺激强度关系的假说。开始实验以后不久，他偶尔发现了二十多年前韦贝尔的工作。韦贝尔已经证明，似乎有一定的法则支配着刺激强度和分辨两个刺激强弱的能力这两者之间的关系。“最小可觉差”是标准刺激的不变分数。韦贝尔制定的这个原理，在费希纳看来似乎是一个极为重要的数学概括。他注意到它同他自己的假说的关系。他把握住它，充分加以利用，并继续以大量扩展的实验来印证它。但是，费希纳的假说与韦贝尔的假说之间是大不相同的。韦贝尔关心的是“最小可觉差”，但费希纳只有取得物质世界与精神世界的关系的数学说明才能满足。

费希纳的公式不得不通过长期而又艰难的实验来验证。当然，他必须运用两项补充的假定。第一，感觉能够被测定（例如，三个单位的音量）；第二，对于一切感觉都有一个零点（当刺激降到感觉的零点以下时，便导致以数学方法计算感觉的困难）。这两点都成为无尽无休的争论主题，但两者像费希纳一开始就认识到的那样对于他的核心意图都是极为重要的。因为在感觉的测定中，他一再明确地阐述过，他的一个目的就在于找出客观世界同主观世界的数量关系。期望用同当时的科学方法相符合的方法来理解世界的意义——就是说，要找出经验的质量与科学的数量之间的关系——那是一件不得不在数量的模式中处理质量的事情。假如他为实验心理学的一大部门奠定了基础，在尽可能多的领域中千方百计地印证他的定律，那也是为证明他的伟大信念服务的。

进一步考察费希纳最重要的心理物理学方法是必要的。韦贝尔的定律是他的指导原理。他受到这个发现的鼓舞，进行实验七八年之久没有公布他的任何成果和研究方法。他第一次发表的著作(1858)是一篇论心理测定的文章，这是1860年间问世的《心理物理学基础》两年前的先导。在《基础》中，他给心理物理学下的定义是：一门研究身心之间的函数关系或依赖关系的精密科学。它的范围包括感觉、知觉、感情、行为、注意等等。在当时科学的发展阶段，他选定感觉作为最敏感的测定对象并以感觉是可测之量的
85 基本原则为基础发展了他的方法。就是说，任何感觉都是一些**感觉单位**的总和，而这些单位可以借助于相互关联的刺激使之标准化。当然，心理物理学的理想是测量主观强度同相伴随的身体强度的关系：例如，以脑的变化与感觉相比较。费希纳认为“内部心理物理学”的这一领域可以免除“外部心理物理学”所具有的那些前后矛盾与错误，在外部心理物理学中，是以刺激而不是以身体反应与主观强度相比较。外部心理物理学的被接受仅仅因为它是更直接可行的。

费希纳在他进行视觉和温度感觉的实验过程中发展了韦贝尔

的“最小可觉差”的方法①。他运用韦贝尔的方法，拿出两个近似的刺激物并增强或减弱其中之一，直到可以察觉出有一个差别。然而，费希纳采用了新的做法，即从两个方向接近“最小可觉差”并从上升的接近和下降的接近中求得“最小可觉差”的平均数②。

“正误例”法虽然是菲罗尔特(1852)创始的，却被发展并确立为一种工具由费希纳在他的复杂细致的提重实验中加以运用，包括了67,000次以上的比较。同前述的方法即以变动的刺激求不变的判断(最小可觉差的判断)相对照，“正误例”法依靠不变的刺激和变动的判断。这个方法的目的，据费希纳指出，是测定为产生一定比率的正确判断所必需的刺激之间的差异值。费希纳发现可以用一种复杂的数学公式来简化以这种方法测定敏感性的程序。因此，不是经过对许多差别的实验然后找出所求的差别，而是确定一个小的差别，由此做出一系列判断。这个差别要大到通常可以识别的程度，但不能大到每次都可以识别的程度。通过对正确的、错误的和犹疑的判断的计算，来测定这一选定的差别的可觉察度。于是，运用这个以或然率为基础的公式就可以计算出要得到理想 86

---

① 费希纳对“最小可觉差”这一方法的心理物理学价值的坚持，并没有得到从他那时起的实验成果的证实，尽管这一方法的**心理学**价值几乎没有争议的保存着。参看铁钦纳的著作(1901—1905，vol. 2，pt. 2，p. cxiii)。

② 他并没有充分估计到从一个大于或小于“最小可觉差”的差别出发做出的细微级进探讨的价值。这个修正是米勒做出的(1878)，但米勒并没有大量运用这个方法。冯特制订出带有这一小级进修正的方法，并定名为“最小变化”(minimal changes)法予以推广运用。冯特坚持，对最小可觉差的判断是在以前判断的积累影响下做出的，因此，这些判断的意义是心理学的而不是心理物理学的(1873—1874，pp. 295，326 ff.)。冯特还强调“中项等级”(mean gradations)法，在这一方法中，受试校准一个刺激，使它似乎正好在另外两个刺激的中点。

的正判百分比所必需的差别[1]。

费希纳同弗尔克曼合作发展了"平均误差"法(已在天文学中运用),用于视觉和触觉测定。这个做法的根据是认识到观察和判断的误差不仅取决于情境或观察者体内多变的因素,而且,更重要的是取决于刺激间的差别要成为可以察觉时所必需有的大小及其变化。这个方法包括使一个可变刺激在主观上调整到同一个已知的不变刺激相等。在有控制的试验条件下,特定刺激和"错误"刺激(由观察者所调整的刺激)的差别的平均值将代表受试的观察误差。应用于举重实验,这个方法可以简述如下:受试以一个精确测定的重物作为标准,并试验找出第二个(或"误差")重物同它相等。当他对两个重物的相等表示满意时,他称一称第二个重物以找出自己的误差。经过许多次实验找出的多次误差平均起来就是"平均误差"。

尽管费希纳对于他的方法的心理物理学意义的信念没有引起他的后继者的共鸣,尽管他的方法受到破坏性的批评并引起无穷的争论[2],他作为心理物理学真正创始人的贡献是极为重要的。

---

① G. E. 米勒(1878)提出反对意见,认为费希纳没有在观察者测定的准确性与正确判断所需要的真正差别之间做出区分;他还反对费希纳把犹疑判断分为正判与误判两部分的做法。他制定出正判例、误判例和可疑判例的公式,并且既测定敏感度,也测定准确度。

② "想谈一谈这个令人望而生畏的文献的人"威廉·詹姆斯说,"可以谈一谈它;它具有一种'训练上的价值';但我甚至不愿在脚注中提到它。"(1890,vol. 1,p. 549)历史学者不能这么轻易地就避开它。米勒(1878)和冯特(1873—1874)的主要批评已经引述过,但下列的著作也很重要:米勒(1903);费希纳(1877 and 1882)。进一步的参考资料可以在铁钦纳(1901—1905,vol. 2,pt. 2,p. xlvii)和弗勒贝斯(1923—1929)的著作中找到。还可参看博林(1950,pp. 275—295)和伍德沃斯和施洛斯贝格(1965)的著作。但现代心理学的极其复杂的问题不在这里讨论之列。一位著名的实验心理学者、哈佛大学的 S. S. 史蒂文斯,已经成为一位心理物理学教授。

大部分是由于有这些研究成果，冯特才受到鼓舞设想一种研究身体刺激同心理活动的关系的精密科学。的确，费希纳的长期且精心的研究在给冯特及其同时代人提供一个实验心理学的蓝图方面做出了很大贡献(Titchener，1901—1905，vol. 2，pt. 2，p. xx)。

当最后他的《心理物理学原理》(1860)发表时，费希纳开始转向别的研究领域，使人以为他已经结束这方面的研究了。事实上，他的工作在继续进行。通过他同冯特的交往以及同冯特实验室的研究成果和出版物的接触，费希纳不断写出新文章并对反对意见 87
进行答辩。

这一时期，他开始注意进一步阐述自己的哲学立场，并随着时间的推移，做出了更充分的阐明。他称这一阐述为：《白日观对黑夜观》(1879)。在这本书里，出现了对全部已知宇宙的意义与价值的辉煌论述，文章像抒情诗般优美，几十年后使威廉·詹姆斯深受感动，内心迸发出一种对同类精神的热情欢迎(1909，chap. 4)。费希纳说，宇宙是一个由各个部分连结成的有机体，生活着并在生活中享受欢乐。每一颗恒星和行星，每一块石头，每一团土块，都有它的组织结构，而组织结构就意味着生命，生命就意味着灵魂。每一个事物都浸透着自我意识和对周围事物的反应。这一观点费希纳贯彻在一个哲学体系的基础中，它像十九世纪的唯物主义一样是完全和绝对一元论的，但同时又像印度教一样是泛神论的。这同平行论相距甚远，平行论说心的活动和脑的活动互不相干，像两列火车在并列的轨道上行驶。费希纳被认为是一个平行论者。但在他看来，世界已经成为一个整体；人所具有的作为人的经验是有关宇宙真正本质的经验，宇宙的一切都充满生命和经验的跳动。

这一生命，如果我们愿意，我们可以用定量方法来研究；我们可以在物理实验室中或在测定感觉强度中来研究。

因此，费希纳的目的似乎既以实验方法又以逻辑方法实现了。但他并不满足，而在继续前进去征服新的领域时，他奠定了实验美学科学的基础(1876)。正像他反对“自然哲学”的模糊的象征体系一样，他也同样反对“来自上面的”美学，反对制定美的原理从中演绎出个体的美。他开始测定书、牌、窗和这一类的日用品，以找出可以判定为美的线条的数量关系。他用这个方法来研究绘画艺术的杰作，找出艺术家无意识运用过的线条关系。这一“来自下面”的美学是要对美的问题给予像心理物理学对身心关系问题所给予的那种同样谦恭而又无限细心的探讨。

他的希望注定是不能实现的。幸亏时间接受了他的方法和论据并继续前进终于取得丰盛的收获。然而，他所寻求解决的问题并不是那么容易对付的。现代的趋向难以理解神秘的东西怎么能同科学的东西联合一致。然而，费希纳对于生命的统一和世界的统一的理解现在仍然在延续，并且在每一代人中都能找到几个拥护者。

88 米勒和生理学

1833 年约翰内斯·米勒在柏林成为生理学教授。作为一个实验主义者，特别是在感官生理学领域中，他是十九世纪最优秀的人物之一；但是他的持久的影响更重要地是由于他作为一位导师，一位使知识体系化的学者的成功。在他的时代以前，生理实验是由医生和医学教师进行的，一部分与临床实践有关，一部分是作为解剖学的附属品;米勒的事业标志着生理学从医学的实际需要中解放出来。

他对感官生理学的许多专门问题有兴趣,其中尤其是光学。他的最著名的研究是有关眼外肌和空间感的问题。他的研究有一部分是受到康德关于空间感是与生俱来的学说的启发。康德制定了这样的原理,即空间感是由固有的能力赋予我们的;在康德看来,空间是经验的一种方式,我们不可能超越它。但是贝克莱断言,第三维像我们熟知的那样是通过经验构成的,这就给"经验论"的理论做好了准备——只要有视网膜和皮肤的不同元素同时受到刺激就行了;而赫巴特则走得更远,坚持空间世界是由大量特殊经验结合而成。当米勒探讨这个问题时,吸引了整个一个世纪关注的"先天论"和"经验论"的争辩已进入最高潮。这两种观点似乎是不可调和的。辩论的措辞极为武断,使事实起因的分析成为不可能。米勒对待这一问题的方式是同时利用两个学派的论点,并使之可以在某种程度上由实验来证明。他的见解是:我们先天赋有感知空间本身的一般能力,但并不具备判断距离、大小和位置的特殊机能。我们通过经验才能学会判明某一客体是否存在于能触及的范围之内。但是,假如我们不是天生赋有以空间方式感知的一般能力,我们就绝不可能学会认识这种特殊关系。米勒从贝克莱和赫巴特沿袭了这样的观点,即我们经由经验构成空间秩序。在这个关节上,重要的是他对双目并用的视觉和对视交叉神经道的研究①。我们下文将看到,关于空

① 惠特斯通1833年发明体视镜提供了进一步研究这一问题的技术(著名的有赫尔姆霍茨的研究)。米勒至少使这一问题的一个方面经得起实验的检验。

间秩序由经验获得的问题(学习判断距离,学习认识我们在那一点受到刺激等等)被洛采向前推进了。

89　另一个突出的贡献是对反射作用的实验研究。这方面部分地是受到笛卡尔学说的启发,更直接地是受贝尔的脊椎根机能研究的影响,这个理论需要有实验证明来支持解剖学的分析。是米勒从蛙的实验中提供了所需要的论据。他指出反射活动包括三个步骤:(1)冲动从感官经由背面根到达神经中枢,(2)在索状组织内的连接,(3)冲动经由腹面根发射到肌肉。

他提出的最重要的理论贡献是“特殊能力”的学说(1833—1840,BK. 5)。贝尔曾提示,每一条感觉神经只传送一种质或经验;视觉神经只传送视觉印象,听觉神经只传送听觉印象等。米勒认识到这种观点的重要。他认为,如果这是真实的,整个神经系统就可以看成是一群专家,各自执行自己的任务而不能接管另外的职能。不是吗?经验中的种种质不是只能通过各种神经的特定质或特殊能力而传送给我们吗?某些神经,例如,是专门给我们以视觉的;正如眼是专门接受光的,视神经也是专门提供意识中视觉质的。没有任何其他神经能接管这些机能;这些质来自神经组织所固有的物理的质[①]。

米勒想到,也许在神经系统中有另一种表明特化作用的方式。可能不是神经,而是脑中的末梢提供特定的质。也许神经不过是作为感官和适当脑组织的联结系统在发挥作用,也许脑的不同部分自身特化以提供不同的质。视觉质是直接来自视神经的刺激

---

① 因此,这个学说重申了这样的原理,即经验的质不是一个外在世界的质。

呢，还是相反，它们是由脑中已特化的视觉区的兴奋引起的，而视神经仅仅起一个传递视网膜上种种刺激印象的作用呢？他认为两种可能都说得通，但有利于任何一方的证明都不是决定性的。然而，他决定支持神经自身具有特殊能力的理论。这个观点现在实验已经证明是不能成立的，但在米勒时代它似乎不无道理。

他的全部探讨对于此后一个世代是极为重要的。它的含意是，经验的质不是仅仅通过感官给予我们的，而且是通过神经系统特化部分的整个结构。我们所以能有视觉经验是因为我们有包含特化组织的脑，可以引起特种经验的产生。这一观点导致一种生理心理学的创立，身心关系在这一学说中比在霍布士、哈特利和卡 90
巴尼斯的体系中甚至更为密切。它有助于把缺乏营养而奄奄一息的笛卡尔的二元论等一类学说逐出战场。早期的生理心理学家大都满足于指出在脑中的**联结**和心中的联想式**联结**之间的相互关系，而米勒的理论是试图在脑中为基本的**经验方式**或结构的差别找出生理学的根据。不论强调米勒的那一种取舍，我们的种种经验都必然来自中枢神经系统中种种组织的作用。当然，这样一种概念并没有结束心理学中的二元论。米勒自己的观点，像我们已经看到的那样，的确是趋向于把**心理的**活动同**物理的**活动区分开来。但是承认米勒原理的二元论已经必然地把“心理的”范围局限于中枢管理的原则，而种种特定的经验则越来越以生理上的事例来说明。现代已经有很多临床和实验证明，感情方面的经验（或“喜好”和“厌恶”的经验）不论在动物中和人类中都是直接同特定的可以细致定位的脑区有联系的。

很少有心理学家能明确理解这样的事实，即特殊能力问题同

神经系统内的局部特化问题非常相似，像加尔和颅相学者曾经说过的那样。米勒曾郑重地坚持主张脑的不同部分可能具有它们特定的质。我们已经看到颅相学在捍卫一个颇为相似的见解时倒了霉。弗洛伦斯(1824)的鸽脑实验达到的结论是脑**作为整体**而活动，并没有什么局部特化，这个观点一般是作为对颅相学的不信任而被采纳的；然而却一点也不排斥米勒关于特殊能力原理的任何一种解说。弗洛伦斯的工作暂时了结了大脑皮质定位说仅有的一点声誉。但它一点也不影响米勒的见解。米勒确实曾倾向于承认末梢元素的特化而反对中枢元素的特化。他的特殊能力说正像弗洛伦斯关于脑作为整体起作用的观点一样作为正统观点保留下来。这一世纪的下半叶，临床研究引起大脑定位概念的复活，而生理学研究起了否认米勒式的特殊能力说的作用。无论如何，这个理论的适应性使它长久生存，而它试图探求感觉经验的神经基础的明确性又使它作为实验心理学的一个假说而很有价值。赫尔姆霍茨的颜色理论(1856—1866)和布里克斯肤神经的研究(1884)是两个著名的例证。下文还要再回到定位问题上来。

约翰内斯·米勒在专心研究这一类专门问题的同时，也关心到
91 生理学同其他科学的关系。很有意思的是，一方面他非常热衷于研究工作，另一方面又表现出对康德和对自然哲学的无限倾心。他力图达到对生理学的哲学理解。有关这一点的一个最明显的例证是他关于“心理原理”与“生命原理”之间的差别的长篇详尽的讨论。很明显，他说，区分生活过程与非生活过程的生命原理必然不只是存在于身体的一定部位而是存在于全身。生活与非生活的区别是散布开的；不是局限在身体的特定部位的。但是心理原理不

是那么广泛散布的。他倾向于认为心理原理与生命原理有区别，区别是存在于神经系统中而不是在其他组织中。脑是心理原理的主要所在。他对这个问题的关心所以重要是因为他使一百年前生理学家一直在研究着的某些问题的性质清楚地显示出来。米勒被裹入有关生活物质本性和整个活力论*问题的争论大旋涡，因为活体中电现象的发现在这一世纪的开头几十年引起的激动正方兴未艾。流行的活力论和自然哲学粗犷的浪漫主义在他身上留下了痕迹。

也许比所有这些更为重要的是他写出的自哈勒尔时代以来的第一部优秀的生理学教科书。米勒的《生理学基础》(1833—1840)很快地成为国际通用的标准课本。由于它包容了整个生理学领域中欧洲研究工作的全部著名成果，它理所当然地被译成许多种文字并用为国际宝库和权威。但是从现代的观点来看，这本书不仅涉及生理学而且也涉及解剖学。的确，很有意思的是，书中开列了大量组织和器官名目，米勒大体懂得它们的解剖学和组织学问题而并不理解它们的任何生理学问题。例如，对交感神经系统和内分泌腺的结构的描述大体上同今天手册中采用的相同；但是在许多地方米勒在描述结构以后便以“功能未知”的简短陈述为满足。由于编写这本书具有广阔的视野和折中主义精神，要在其中寻求生硬说教的观点是徒劳的。的确，米勒对于各种生理学资料毫不偏袒的热情，像任何其他因素一样，大大有助于在十九世纪前半叶改

* 生物学中的唯心主义派别，它用生物机体内存在着一种特殊“活力”来解释生命的过程。因此，它在有机界和无机界之间划了一道不可逾越的鸿沟。18世纪的活力论者就企图证明，没有“活力”，生物体内的有机物似乎就不能合成。——译注

变德国生理学依附于自然哲学的卑微地位，上升到赫尔姆霍茨那样巍然独立的佳境。这个特点吸引了像赫尔姆霍茨和杜·博瓦·雷蒙这样的人向他学习；正是这一点使他的工作成为讨论问题的出发点和研究工作的依据，使他成为显要的大师，而一切别的人物都要以他作为衡量的标准。

92 贝　内　克

与米勒同时代的还有几位心理学家，他们极力鼓动对流行的先验主义的反叛。他们中的佼佼者是贝内克，他的著作的题目《一门自然科学——心理学教科书》(1832)表明他采纳了曾经引导过英国联想主义者的那种精神。他的中心问题是要说明，新生婴儿的混杂经验里怎么逐渐组成一个连贯统一体的。对于这个问题有两种传统的答案。联想主义者坚持一切经验来自感官，基本的经验联合起来便构成更复杂形式的经验。另一方面，“先天论者”——康德是他们最著称的代言人——曾强调认识和思维的根本内在方式，这些方式是我们作为人所固有的。贝内克对于这两种解释都不同意。婴儿开始生活只有一种进行许多简单活动的能力，并不具有成人的多种复杂的能力；他既没有显露出理解力，也没有判断力，既无理智也无意志。他仅仅具备一些非常**初级的**身与心的能力。例如，他并不是生来就具有感知空间的能力；他生来具有的是许多部分机能(“基本过程”)，它们结合在总的过程之中，由此产生出空间知觉。贝内克对于像记忆、理性和意志这样的传统官能的论述也以同样的讨论方法为特征。贝内克可以算是使德

国心理学中当时仍然时兴的"官能"开始瓦解并因而消失的一位重要人物。

也许贝内克主要的专题贡献是"记忆痕迹"说。他的观点和赫巴特的极为相似，后者曾主张，存在于意识领域外的观念有在意识中再现的倾向。与此类似，贝内克假设有使一观念同另一观念相连接的痕迹。他拒绝以生理学词语来说明这一点，并坚持心理学具有不依靠其他科学数据论述其自身法则的权利。贝内克利用这些记忆痕迹来解释，一个经验怎么能被带回意识中来，即被回想起来。一个观念从意识中消失只留下一个痕迹作为这个观念以后复活的基础。在贝内克看来，最重要的是，记忆作为一种官能应该退位；记忆痕迹对于他是一切记忆现象的一个简单的经验论的解释。他的分析的价值还不如他在破坏先验论者自满情绪中的影响对我们更有意义。

但是贝内克的任务并不轻松。先验论的传统是如此根深蒂固，以致贝内克题为《道德的物理学基础》的书竟使他丧失了在柏林大学讲课的权利。普鲁士教育部长解释说："并不是其中某一章
节触犯了法规，而是整个体系的过错，不把一切归之于绝对的哲学 93
根本不能被认为是哲学"(Merz，1896—1914，vol. 3，p. 208n)。

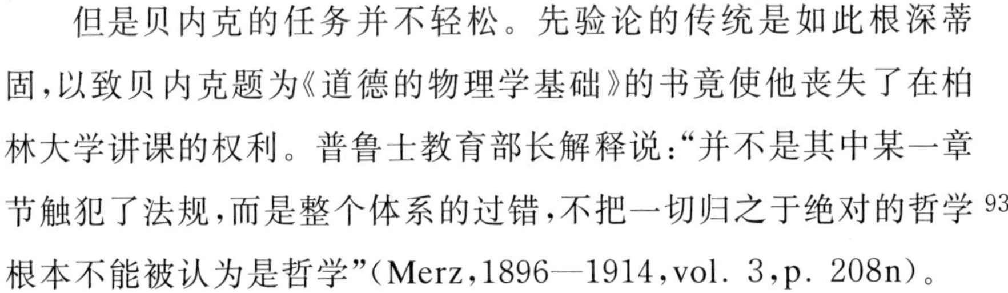

参考书目：

Beneke，F. E. *Lehrbuch der Psychologie als Naturwissenschaft* [*A Textbook of Psychology as a Naturdl Science*]. Berlin：Mittler，1832.

Blix，M. "Experimentelle Beiträge zur Lösung der Frage über die specifische Energie der Hautnerven." *Zeitschrift für Biologie*，20 (1884)，141.

Boring, E. G. *A History of Experimental Psychology*. 2nd ed. New York: Appleton-Century-Crofts, 1950.

Brett, G. S. *A History of Psychology*. Rev. ed. R. S. Peters, ed. Cambridge, Mass.: M. I. T. Press, 1965.

Brown, T. *Lectures on the Philosophy of the Human Mind*. Edinburgh: Tait, Longman, 1820.

Delezenne, C. E. J. "Sur les valeurs numériques des notes de la gamme." *Recueil des Travaux de la Société des Sciences, de l'Agriculture et des Arts de Lille*, 1827.

Fechner, G. T. *Zend-Avesta*. Leipzig: Voss, 1851.

——. *Elemente der Psychophysik* [*Elements of Psychophysics*]. Leipzig: Breitkopf and Härtel, 1860.

——. *Das Büchlein vom Leben nach dem Tode*. Hamburg: Voss, 1866.

——. *Vorschule der Aesthetik*. Leipzig: Breitkopf and Härtel, 1876.

——. *In Sachen der Psychophysik*. Leipzig: Breitkopf and Härtel, 1877.

——. *Die Tagesansicht Gegenüber der Nachtansicht*. Leipzig: Breitkopf and Härtel, 1879.

——. *Revision der Hauptpunkte der Psychophysik*. Leipzig: Breitkopf and Härtel, 1882.

Flourens, P. J. M. *Recherches expérimentales sur les proprietés et les fonctions du systeme neurveux dans les animaux vertébrés*. Paris: Crevot, 1824.

Fröbes, J. *Lehrbuch der Experimentellen Psychologie*. Freiburg: Herder, 1923—1929.

Helmholtz, H. L. F. von. *Handbuch der Physiologischen Optik* [*Treatise on Physiological Optics*]. Leipzig: Voss, 1856—1866.

James, W. *Principles of Psychology*. 2 vols. New York: Holt, 1890. New York: Dover, 1950.

——. A *Pluralistic Universe*. New York: Longmans, Green, 1909.

Merz. J. T. *History of European Thought in the Nineteenth Century*. 4 vols. Edinburgh: Blackwood, 1896—1914. New York: Dover, 1965.

Müller, F. M., ed. *The Sacred Books of the East*. Oxford: Clarendon Press, 1879.

Müller, G. E. *Zur Grundlegung der Psychophysik*. Berlin: Grüben, 1878.

——. "Die Gesichtspunkte und die Tatsachen der Psychophysischen Methodik." In L. Asher and K. Spiro, eds. *Ergebnisse der Physiologie*. Strasbourg: Bergmann, 1903.

Müller, J. *Handbuch der Physiologie des Menschen* [*Elements of Physiology*]. 3 vols. Coblenz: Hölscher, 1833—1840.

Titchener, E. B. *Experimental Psychology*. 4 vols. New York: Macmillan, 94
1901—1905.

Vierordt, K. "Neue Methode der Quantitativen Mikroskopischen Analyse des Blutes." *Archiv für Physiologie Heilkunde*, 11(1852), 26—46.

Weber, E. H. *De pulsu, resorptione, auditu et tactu*. Leipzig: Koehler, 1834.

——. "Der Tastsinn und das Gemeingefühl." In R. Wagner, ed. *Handwörterbuch der Physiologie*. 4 vols. Braunschweig: Vieweg, 1842—1853.

Woodworth, R. S. *Experimental Psychology*. New York: Holt, 1938.

Woodworth, R. S., and Schlosberg, H. *Experimental Psychology*. Rev. ed. New York: Holt, Rinehart and Winston, 1965.

Wundt, W. M. *Grundzüge der Physiologischen Psychologie*. Leipzig: Engelmann, 1873—1874.

95 # 第七章　十九世纪中期的英国心理学

心理学的节杖已经回到了这个岛国。

约翰·斯图亚特·米尔(读贝恩有感)

联想主义和苏格兰学派在十八世纪下半叶一直争论不休而很少相互借鉴。到十九世纪上半叶,它们却彼此大量抄袭以致越来越难以肯定谁在哪里止步,谁在哪里起始。当然,这表明,苏格兰学派和联想主义越来越不能作为独立自足的体系了。

我们将发现这一时期在英国和德国之间的某些很有意味的平行发展。德国从康德和黑格尔时代到十九世纪中期这一阶段中曾为两个哲学派别所统治。一个是先验主义,特点是为超经验的存在辩护,第二个是自然哲学,其基调是试图以象征主义和唯灵论来解释自然。各处都有人表示反对;但就心理学的严格意义来说(自然撇开生理学不谈),只有两个著名人物赫巴特和贝内克曾严重动摇过这些体系。以韦贝尔和约翰内斯·米勒为代表的生理学,也受到自然哲学和相伴随的活力论的相当影响。但它确实沿着经验论的方向取得了很大进展,因为生理学是一门具有客观研究课题的独立学科;而心理学还需要再度过半个世纪才能作为一门实验科

学取得它的独立地位。心理学像德国知识界 1830 年对它的认识
那样，当时不过是先验主义和自然哲学的混合物。就是面对着这 96
样的心理学，贝内克曾进行过虽然不很成功的反叛。

企图顶替流行的精神哲学的同样尝试也在苏格兰进行着。宗教的和伦理的教条开始让位给联想主义。由布朗发轫的沿袭联想主义的趋向注定要在一个世代内结束苏格兰学派的独立存在。这个过程的某些步骤由威廉·汉密尔顿爵士的工作提示出来。

汉密尔顿把苏格兰与英国心理学结合起来

汉密尔顿在青年时就开始被同时代的德国哲学所吸引。他在德国研究以求得对先验主义运动的详尽了解。他把这一先验主义研究同他在苏格兰大学学习期间承袭的一部分遗产——精神的、伦理的传统成功地统一起来。1836 年他成为苏格兰的最有影响的心理学讲师。他的著作以精通哲学史著称，也同样地以有能力解决同时代学者特别是联想主义者提出的心理学问题而著称。他的讲演论述了苏格兰学派一般忽略的关键问题。由于他融合了德国和苏格兰的思想，由于他灌输给后者的批判精神，他成为十九世纪唯心主义传统的有机部分。

汉密尔顿继承了康德所发展的官能心理学形态，他认为第一原理是心灵的统一性和能动性。他既不承认联想主义者的分析设想，也不承认他们的生理学假说。在他看来，主要问题不在于说明完整的经验如何由过去的经验形成，而是要说明潜在的统一的实质如何在种种不同的情境中显示自身。这个见解逐渐同那时正在形成以后由格林和布雷德利所代表的我们可以统称之为“英国唯

心主义”的传统相融合。苏格兰学派到汉密尔顿便走到了尽头，不是因为他的思想消逝，而是因为这些思想逐渐同化在另一运动——唯心主义运动中，这一运动的目的就是保存我们在苏格兰学派中已经看到的那种精神价值。

他的最卓越的心理学贡献是关于记忆与联想的性质的理论，一个以确切形式表明当时苏格兰传统与英国传统间的差别的理论。这个概念以“重整作用”为人所知，大意是每一个印象趋向于把它某一时刻曾作为其中一部分的整个情境带回到意识中来。读者会忆起，从哈特利起始的正统的联想主义者曾主张，当 A、B、C、D 作为在一定顺序中相随的真实感觉时，感觉 A 在以后单独呈现
97 时，记忆影像 B、C 和 D 将随之而来。这表示，这些心理学家所关心的意识领域的唯一部分是存在于注意中心的部分。

从希腊人起始到那时为止的全部心理学史，一直忽视亚里士多德在**具有**一项经验和**观察**一项经验之间做出的区分——同意识的**边缘**和**中心**的区分有密切关系的区分。英国和法国心理学者惯于把经验流看成仅仅是注意到的项目流。德国的心理学者从莱布尼兹开始，则强调统觉的作用（参看边码第 24 页）及其关于意识中心和边缘的重新解释；而赫巴特的体系则一直是以同时活跃起来的元素强度的存在为依据的。从他对于德国传统研究的有利地位出发，汉密尔顿能准确表明联想主义的弱点。它预先假定心灵的一些个别**部分**的存在，其中每一部分引起心灵的另一部分的活动而没有任何统一的原则使各部分维系在一起。（布朗曾模糊地认识到这一困境，他反对“联想”一词就是因为联想的含义是：仅仅顺序就能提供有机的统一）。汉密尔顿进一步指出，联想主义者在说

明心理事件的顺序时，就好像是说进行回想的心灵在一个时候只有（或者更确切地说，只是）一个**单一**的观念。汉密尔顿说，知觉过程是这样的，即同时经验到的元素中的**任何一个**元素都能够在以后呈现时带回**全部**经验。假如一个人听到别人读出一系列数字，他确实有可能顺序回想起它们来；但他实际上还回想到许多别的细节。几小时以后，一当提及带有这些数字的实验时，一整丛记忆立即重现。受试在回忆中重整原来的情境；他回想到的不是一个系列，而是一个型式。汉密尔顿像在他以前的莱布尼兹和赫巴特一样，企图告诫心理学家防止过于简单化的表达程式。他认识到任何一定的心理事件都不过是更大整体的一部分。

汉密尔顿的假说过甚其词了，因为他正如布雷特（1965）指出的那样略去了对**遗忘**过程的解释。记忆的细目不仅时常不能带回有关联的全部情境，而且甚至不能带回可以回想起来的任何东西。联想主义当然不可能以简单的一击就被驱退；而汉密尔顿很明显是走得太远了，既忽略了序列联想的事实，也忽略了重整作用原理的经常失效或不存在。哈特利和汉密尔顿都没有说出全部真理。但不论是关于遗忘还是关于记忆我们仍然懂得的很有限，而我们所有的一点见识大部分还是来自汉密尔顿的学说，即联想机制不是通过一串元素起作用，而是，打个比喻说，通过各方面相互联结的体系起作用。贝恩、詹姆斯和许多别的学者坚持认为汉密尔顿
的贡献是重要的。甚至撇开记忆的理论不谈，强调经验的整体而 98
不单单看重注意的中心，这就是把德国心理学最重要的贡献之一引进了英国的思想。苏格兰学派就这样从此刻起不再占用我们的时间。汉密尔顿死后，这个学派仅仅作为同唯心主义、同联想主义

或同两者一起的混合物而残存。

詹姆斯·米尔和约翰·斯图亚特·米尔

詹姆斯·米尔(1809)虽然是苏格兰人,并在苏格兰学派影响下教育成长,但他自己献身于英国学派并完成了联想主义最完全最严密的表述。

他的思想的连贯性,他的伦理学和逻辑的严格和周密,表明他是一个极不平常的人物(J. S. Mill,1873)。他学过神学,但迅即发现自己并不同情教会的教义,并成为一个不可知论者。[1] 以编辑和写作为谋生职业,非常关心他那时代的经济和政治问题,他作为经济学者和历史学家要比作为心理学者更著名。他的《英联邦印度史》(1817)使他名扬全国。他的政治经济学体系同边沁的密切关联,他和边沁有极亲密的友谊。他沿袭了边沁的苦乐哲学,即认为人的行为完全以私利为动机的学说,他还沿袭了他的伦理学概念,认为明智的社会组织是能实现"最大多数人的最大幸福"的社会。在草拟一个广泛的政治经济学大纲时,米尔就这样论述伦理学和心理学问题。一般地说,米尔和功利主义者赞成那种不要政府干涉的自由贸易原则;他们相信只要政治经济学的(即米尔视之为心理学的)法则不受干扰,个人私利就会带来社会幸福。

心理学和经济学的发展实际上越来越接近而不可分割了。亚

① 他达到一种甚至在自由思想家中也少有的彻底不可知论——即不肯定也不否定神的存在,并确信,"关于事物的起源什么也不可能知道。"

当·斯密(Adam Smith),像他的不朽作《国富论》(1776)所表明的那样,是经济学理论的伟大创始人之一,而在他的《道德情操论》(1759)中,则又使得人类为建立一种宽宏的合乎道德原则的社会制度而奋斗的事实成为可以理解的。正是那位在美国史上作为一位支持美国革命中殖民地居民一方而受人怀念的埃德蒙·伯克,写了论《崇高和美》(1757)的著作,书中包含了哈特利联想原理的一些最清晰最有条理的表述,把这些原理应用于说明人和社会的更复杂的态度和理想。沿着洛克、休谟和哈特利的传统,他试图证明,我们对于崇高品德的那种更为复杂的赞赏心理实际是建立在非常简单的基础之上——建立在简单的喜悦和痛苦感情的成熟过 99
程之中,这些感情是在那些由共同文化所支配的个人和人群的反应中用语言文字加以精炼和阐发并逐渐在我们心中培养形成的。假如我们认为詹姆斯·米尔更像一位经济学家而不是心理学者,那么想一想这样的事实对于我们的认识是有好处的,即在这一工业革命时代和美国、法国革命时代出现了“社会科学”的概念——这在一个方面涉及个人心理学,在另一方面又涉及那些存在于一种正在变革的社会秩序中的更重大的问题。米尔的心理学必然要受这些新潮流的影响,这使他对于他一生经历的一切重要的精神生活能够形成一种连贯的见解。①

不可知论占据了他的思想,作为哈特利的学生,他比他的老师

① 在新确立的工业秩序中,工厂工人们的普遍苦难使政治经济学中的伦理问题显得特别尖锐了。部分地由于农业劳动者流入城市,在食品供应方面出现了麻烦。人口的增长使困难加剧。像撤销谷物法这一类的实际政治问题在很大程度上受到了功利主义者鼓动的影响。

更趋向于机械论。他把心理生活化为基本的感性粒子，一点也不向灵魂让步。知觉成为联合一些散片构成单一整体的过程。同时，联合的过程被看成是被动的。感觉在一定的顺序中出现，以后，当其中之一再现时，其他感觉机械地随之而来。联想完全依赖邻近性，没有什么相似性或对照性联想。一棵树为什么使我们想到另一棵相似的树完全是因为“我们习惯于看到相似的东西在一起”。他对于对照性联想的解释也同样简单。“矮子”并非由于逻辑的对照使我们想到“巨人”，而仅仅是因为两者都是从一个共同的标准出发的。

米尔心理学的另一个方面，是他把复杂的情感状态化为简单的感性关系，这一点由于以后对贝恩产生的影响必然要变得重要起来。按照哈特利的想法，他对于像良心、宗教观点等一类复杂现象进行追本溯源和分析研究。在他身上，联想主义和欢乐主义彻底融合，每一个经验被认为都可以在苦乐原则指导下化为感觉组成部分。

联想主义到了成熟期，米尔体系的不可调和的严峻性和连贯性对贝恩和斯宾塞影响很大，而且它的很大一部分仍然保留在现代心理学中。但它的连贯性也正好表明了它的弱点所在，而在随后的一个世代，引起了不可避免的反作用。米尔，联想主义最彻底的维护者，决心以感觉和联想的解释来对付生命最复杂的一些方面。此后，历史的钟摆有力地朝着强调能动性和统一性的方向摆
100 动；而进化论对于这两种原理是一并强调的。尽管机械论和联想主义继续吵吵嚷嚷，他们相对地说是被历史潮流湮没了，直到本世纪初。那时，实验生物学使对分析方法的强调再次兴盛，并促进了

一种类似德谟克利特传统原子论（参看边码 9—10 页）的哲学的发展。

约翰·斯图亚特·米尔生于1806年，在他的父亲詹姆斯·米尔培养下成长，他的成长本身是联想心理学应用的一个范例。他得到不受干扰的充裕时间，受到重视、督促、鼓舞和不懈的训练，所有这些都是来自一位想给自己的儿子提供一切便利条件的父亲；坚定地相信合理的、有规律的、训练有素的联想主义者的方法，米尔教他的小儿子学习必需学会的基础课，而且要求越早学会越好。鉴于希腊语的高贵和明晰，他确信，约翰·斯图亚特的心灵应该首先受到彻底的希腊文训练；他父亲为他准备了一本个人专用的希英英希词汇，这些词他在很小的时候就掌握娴熟了，他阅读希腊文是那么方便，使他简直想不起来有什么时期是他不读希腊文著作的时候。接着是学拉丁文；然后是在文学和历史方面的非常长期而系统的训练，并对他读过的一切做出批判的分析和评价。他的有条理、练达明快和优雅的文笔，不论在英文中或希腊、拉丁文中都是第一流的。到十三岁的时候，他就有资格同他父亲做长时间的散步，一面散步一面讨论政治经济学了。

对于心灵的这种训练所产生的某些后果是詹姆斯·米尔没有预见到的，约翰·斯图亚特长到十七八岁时忽然意识到，他所重视、欣赏和享受的一切都是以他父亲灌输给他的联想为基础。假如看来是正确的事理曾经由他父亲以另一种见解提供给他，难道他就不会相信同他已经接受的一切完全相反的东西吗？是诗，使他想到自然的美和力量，这使他恢复了同真实事物进行直接接触的某些更纯朴的方式。联想原理确实很起作用：J. S. 米尔有显著贡献的三个领域是心理学、逻辑学和经济学。在这三个领域中，他都受到他父亲的指教、引导和启发。正是在这三者的联合中他给后世留下了最深刻的印象：在他关于被压迫人民的权利的论述中，在有关建立真正的男女平等制度，以及系统论证功利主义学说的著作中。在他看来，功利主义绝不是像许多人所宣称的是什么对于低级而短暂的娱乐的愚蠢肯定；功利主义是一种经过系统琢磨的学说，即认为人是有资格得到幸福的，而社会是能够组织起来，经过适当的约束和平衡来维护全人类的福利的。

如果只从心理学这方面来衡量他的著作，最明显最重要的是他反对极端的分析联想主义而支持一种新的综合观。这个新的见解直接发源于一门新科学——化学的进展，直到那一时期，化学作
101 为心理学家的一种思维模式几乎没有什么作用。是在法国大革命和拿破仑时代，呼吸的氧化过程和生物学过程才开始为人所理解。十九世纪初，道尔顿为化学创立了一个原子基地，在化学实验室中的定量研究为理解化学化合物打下了基础。进展是如此之快，像人们所说的那样，一座从无机到有机化学的桥梁早在十九世纪二十年代就已经在德国架设完成了。在这样的气氛中，一个富有思想具有科学头脑的心理学家就能够从化学中受到启发进行类比研究，正像他的先驱已经从物理学中受益匪浅一样。J. S. 米尔注意到，化学化合物常常在质上表现出新的属性，那是化合物的任何组成成分所没有的。没有任何关于氢或氧的东西可以说明氢和氧按一定比例合成的时候得到的水会是个什么样子。心理化学是 J. S. 米尔提出的名称，用来说明这样的原理，即心理学的化合物经常是由简单的心理原素构成的。更早以前，哈特利曾注意到一个

类似的原理，他说过，一剂药的味道不只是各组成成分的味道；但J. S. 米尔提出一个更系统的阐述。这一化学中质量上的崭新结构形式对于心理学的整合作用来说，也是形成质量上崭新结合物的主导原理。物理学对于詹姆斯·米尔是一个好模式，而化学对于约翰·斯图亚特·米尔则是一个更好的模式。

贝　恩

对于心理学比米尔父子重要得多的一个人物是亚历山大·贝恩。他下很大工夫研究文法、修辞和教育。在他长长的一生中许多时间耗费于这样或那样的行政事务；而他主要的大学职位是讲授逻辑而不是讲授心理学。尽管精力如此分散，他仍然精通了苏格兰和英国的心理学，以及许多德国心理学著作，并汇集了大量素材，娴熟地组织在一起做出独到的论述。他的两大著作是《感觉与智力》(1855)和《情绪与意志》(1859)。

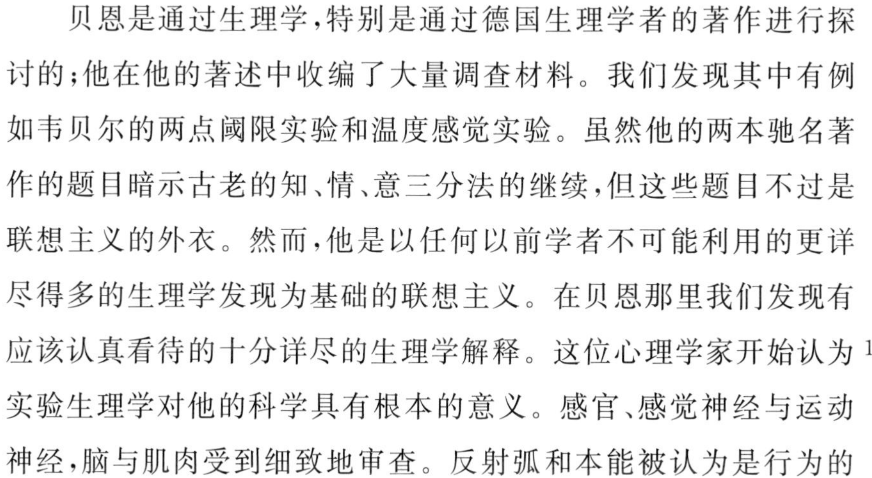

贝恩是通过生理学，特别是通过德国生理学者的著作进行探讨的；他在他的著述中收编了大量调查材料。我们发现其中有例如韦贝尔的两点阈限实验和温度感觉实验。虽然他的两本驰名著作的题目暗示古老的知、情、意三分法的继续，但这些题目不过是联想主义的外衣。然而，他是以任何以前学者不可能利用的更详尽得多的生理学发现为基础的联想主义。在贝恩那里我们发现有
应该认真看待的十分详尽的生理学解释。这位心理学家开始认为 102
实验生理学对他的科学具有根本的意义。感官、感觉神经与运动神经，脑与肌肉受到细致地审查。反射弧和本能被认为是行为的

因素，而人的行为是作为整体来说明的，其部分则是以实验室的方法研究过的。

他的心理学观点比较广泛。其最严重的缺陷是忽略了有关反常心理过程与反常大脑过程两者关系的材料(那时正由神经学者在搜集)。但是他提供了描绘多种心理状态和过程的丰富多彩的生动画面，其中有许多是属于现在模糊地界说为社会心理学领域的。他像詹姆斯·米尔曾作过的那样，关心我们称之为美学的、道德的和宗教的那些复杂的态度和情绪的起源；这些，他都使之同他的生理学原则联系起来。我们可以不无道理地引用一个极端的例证说明这一方法所导致的那种联想主义，即他关于母亲抚爱婴儿行为的解释(1859，pp. 126—140)。很明显，贝恩说，温暖的东西是令人愉快的；温柔的东西也同样；这就是母性乐趣的由来。(威廉·詹姆斯提出，孤寂的父母应使用加热到所需温度的枕头〔1890，vol. 2，p. 552〕。)这当然是从哈特利以来全部研究成果的一个逻辑终点。贝恩所关心的仅仅是想把联想主义学说的逻辑含意贯彻到任何有可能起作用的场合。

贝恩不是一个否认天性或本性的人。事实上，他比以前任何的联想主义者更远为注意"本能"——内在的行动意向，并对于本能的机械作用很感兴趣，但不幸的是他的主要著作写于达尔文的《物种原始》(1859)发表以前不久，而虽然他活着看到达尔文主义的传播，他从未按照达尔文路线改造他的心理学概念。然而，他是彻底根据先天反应倾向来思考问题的，这些倾向后来被达尔文主义者认为具有非常重要的作用。

但是，贝恩最著名的专题贡献是他对学习与习惯的论述。他发挥斯宾塞的某些提示，根据以下观点论述学习：(1)漫无目标的活动，(2)保留引起愉快后果的行动，排除引起不愉快后果的行动，(3)经过重复固定下来。他的关于习惯的准则为詹姆斯所引用并发挥；这些准则连同卡彭特的一些评论，在詹姆斯关于习惯的章节(1890)中占据了非常重要的地位。这不过只是贝恩在十九世纪整个下半叶所享有的权威地位的一个例子，也只是他的著述以怎样的方式收编到别人著作中的一个例子。

别人从没有像他那样试图在一个心理学体系中概括全盘的正常人类经验。在所有的联想主义者中，都有过探求普遍原理的努 103
力，而布朗还提出过一系列重要的次级原理。但在贝恩以前没有一个人曾试图分析过这样丰富的**特殊**情境。任何心理现象，从一个人跳过一道沟渠的经验到一个进行创作的艺术家的心理过程，都是这位心理学家完全理所当然的关切所在。没有别的人在描述人的经验中那么多产，在提供精神生活多彩而透彻的画面的尝试中那么认真。就好像以前的著作家曾说过的那样："领会这些关键原理，你就能进入这座心理学大厦的每一个房间"。贝恩说，"这是书房的钥匙，那里有顶到天花板的书架；这是参考室的钥匙，那里有一条长桌和十几张椅子。"他所关心的不仅是指出进入每一种经验方式的通道，而且提供有关它的内容的分析。这就是他所以值得一谈的重要原因。没有任何一个心理学家在他自己的时代曾那么广泛地为人所阅读。他在心理学中产生了像约翰·斯图亚特·米尔在政治经济学中所具有的那么大的个人影响。联想主义通过他几乎变成"流行的"学说。但是在他对于作为活的统一体的人的兴趣中，他反映了苏格兰学派的精神。并且他并不像大多数联想主

义者那样以机械论体系的明显愚钝惹怒读者。他利用生理学原则是为了它们的实际效用而不是为了哲学的目的。他是一个真正的、一贯的心理学家；他可以公正地被称之为以心理学为唯一目标而写出内容广泛的论著的第一个人。

贝恩在生理心理学领域的这一工作——如果我们可以这样称呼它——总结了直到十九世纪中期的生理学著作以及内省著作的成就，并使之圆满完成。贝恩的又一大贡献是在1876年创办了发表心理学论文的定期杂志。在这时以前，心理学著述大都以单行本或小册子的形式问世，或者作为投给哲学或生理学杂志的稿件。《心理》(*Mind*)杂志，虽然具有哲学色调，一开始就主要是刊登心理学的材料。

在同一时代卡彭特的《心理生理学原理》(1874)和莫兹利(1867,1884)的著述有助于说服英国读者相信生理学概念是心理学的基础。这个观点也在法国流行起来，特别是由于有里博(1881,1885)的著述。

但是联想主义——尽管已经冲淡了，现代化了，并改组了——必须经历进一步的改造。在贝恩做出这一规模巨大而又颇为成功的综合以后，紧接着是达尔文的《物种原始》的发表。对于像J. S.米尔那样的英国心理学家，1859年是一个转折点；而他认为对于一个在那个世纪早期培养起来的人来说，要在观点上来一个完全的改变，是太晚了。亨利·亚当斯做过一个比喻，他说经历达尔文主义这一时期的生活，就像一个人第一次航海晕船一样。进化论
104 以两个明确的有影响的概念代替了联想主义，根本改变了心理学的整个背景。(1)**遗传**概念非常重要，不仅有助于理解心理结构的

一致性，而且可以解释个体彼此间存在的持久而稳定的差异；以及(2)个体适应其环境的观点成为每一个心理学问题的依据。

强调像机体机能这一类概念的生物学观点的确在某些地方已经是人所共知的了。但在达尔文以后，"生物学"一词变成了一种新的思维方式的符号，它表示，每一种器官和机能是依据它的历史，依据它同表现出这种机能的生物一生的关系来理解的。这样的研究方法在达尔文的进化论以前是不可能有的，而在进化论以后则是不可避免的。这些根本的改变使联想主义——虽然从哈特利一直兴盛到贝恩——站不住脚了。同时，唯心主义哲学(由T. H. 格林这样的人领导)不断增长的力量，连同它对心灵的统一性和能动性的强调，从另一个方面给联想主义很重的压力。联想主义在其已被削弱和被包围的状态中受到了来自两方面同样强烈的攻击，一些人认为它过于生物学化，另一些人则认为它不够生物学化。并不是联想主义的主要学说已经消逝；也不是他们特殊贡献的宝藏已被遗忘。恰恰相反，在一切近代心理学中对记忆和学习的注意不可避免地涉及许多联想主义的贡献。例如，条件反射的研究者和具有一种"行为主义"倾向的近代美国学习论都曾大量利用联想主义的学说，只不过是以明显可见的反射的描述而不是以"观念"的描述来取而代之。不管有多少联想主义现在还保存在这些更巧妙的方式中，那个经典学说以及那种认为一切心理活动都是感觉印象并联的说法可以明确地说已同贝恩一起逝世。达尔文以后的一切心理学学说一直不得不用种种方法同生命体系的统一性打交道，同行为中显示的内在动力以及适应环境的基本问题打交道。

斯　宾　塞

赫伯特·斯宾塞(1855)有时被认为是同贝恩一起最后捍卫联想主义的人;更接近真实的说法是:他是第一个进化论者。作为一个心理学者,他今天的确不像贝恩那样重要。但他比贝恩强的地方在于他是达尔文之前的一位进化论者;早在1850年,他就开始论及进化问题。他的体系引起了广泛注意,因此,达尔文的《物种原始》发表时,他自己的更为思辨性的进化论能够从中吸取力量。
105 他的进化论体系对于心理学的影响要比他自己的心理学所体现的联想主义原理的影响更大些。

斯宾塞热衷于创立一种综合的哲学,认为宇宙中每一事物同每一别的事物都有联系,表现着一个发展着的整体。发展,不论是星球的,植物的,人的或者政治制度的,都包含着**分化**和随后的**整合**。任何一种在生长着的东西,在最初的阶段都是简单的,一致的,同质的;逐渐地开始了分化过程,出现了可以分辨的不同的部分,最后是整合过程,即各部分联结成一个新的作用整体。进化是"从不连贯的,不确定的同质性到连贯的、确定的异质性的变化",带有内部关系对外部关系的不断顺应过程。在太阳系中,在胚胎中,或者在民族的成长中,都有一个分化阶段,接着是一个整合阶段。在心理学中,这表示同神经系统不断复杂化相平行的是经验形式和联想类型的不断丰富和多样化。同组织结构不断复杂化一起到来的则是越来越高级的机能整合。联想被认为是一种整合机制,有了它,越来越复杂的经验类型才成为可能。斯宾塞进化论的文体是气势宏伟的。其中，黑格尔辩证法概括一切的哲学精神得到十九世纪中期自然科学和生物科学中一种根本上依据经验的坚固基础的支持；还有对于日益更新的成就以及个人和集体日益改善的生活所采取的那种切实的渐次的注重。这是新的进化思维的特征，同黑格尔提出的绝对和极为费解的宇宙基本原则恰成对照。

斯宾塞是发挥下述看法的第一个人，即：心理发展到现在的样子，是因为它不得不对付种种特定的环境。[1] 他非常强调神经活动和心理活动的适应性，强调经验和行为的不断复杂化是适应过程的一部分。这一学说虽然是一个思辨体系的一部分，却同我们即将看到的由达尔文的全部归纳法著作引出的结论特别相似。进化原理更充分更细致的应用不得不等待达尔文和他的追随者积累论据。虽然斯宾塞心理学从未像贝恩心理学那样风行，他的进化说却促使心理学者广泛采纳生物学概念，特别是有关机体适应环境的原理。

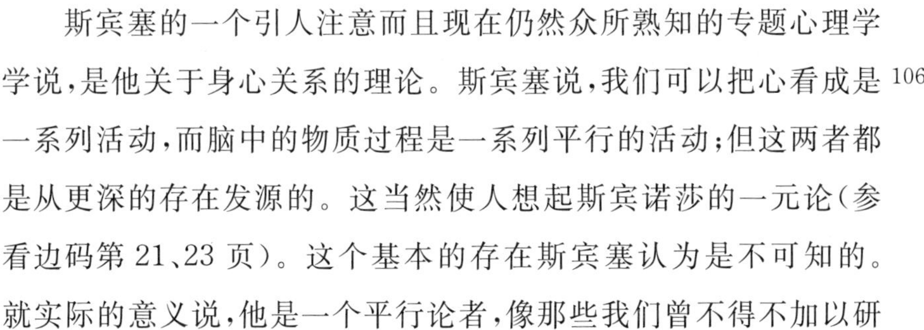

斯宾塞的一个引人注意而且现在仍然众所熟知的专题心理学学说，是他关于身心关系的理论。斯宾塞说，我们可以把心看成是 106
一系列活动，而脑中的物质过程是一系列平行的活动；但这两者都是从更深的存在发源的。这当然使人想起斯宾诺莎的一元论（参看边码第 21、23 页）。这个基本的存在斯宾塞认为是不可知的。就实际的意义说，他是一个平行论者，像那些我们曾不得不加以研

① 虽然有几个人曾经在这个方向上做出过提示，例如，古代学者中的卢克莱修，近代的叔本华。

究的平行论者一样。但与莱布尼兹不同,斯宾塞相信身心活动是密切地有机地联系在一起的;不是一个作为另一个的原因,而是两者出自同一的土壤。

参考书目:

Bain, A. *The Senses and the Intellect*. London:Parker, 1855.

——. *The Emotions and the Will*. London:Parker, 1859.

Brett,G. S. *A History of Psychology*. Rev. ed. R. S. Peters,ed. Cambridge,Mass.:M.I.T. Press,1965.

Burke,E. *A Philosophical Enquiry into the Origin of Our Ideas on the Sublime and the Beautiful*. London:Dodsley,1757.

Carpenter,W.B. *Principles of Mental Physiology*. London:King, 1874.

Darwin,C. *The Origin of Species*. London:Murray,1859.

Hamilton, W. *Lectures on Metaphysics*. London:Blackwood,1859—1860.

James,W. *Principles of Psychology*. 2 vols. New York:Holt,1890. New York:Dover,1950.

Maudsley, H. *Physiology and Pathology of Mind*. London: Macmillan, 1867.

——. *Body and Will* New York:Appleton,1884.

Mill,J. *History of British India*. London:Baldwin,Cradock and Jay,1817.

——. *Analysis of the Phenomena of the Human Mind*. London:Longmans and Dyer,1829.

Mill,J. S. *Autobiography*. London:Longmans,1873.

Ribot,T.-A. *Les Maladies de la mémoire* [*Diseases of Memory*]. Paris:Alcan,1881.

——. *Les Maladies de la personnalité* [*Diseases of Personality*]. Paris: Germer-Ballière,1885.

Smith,A. *The Theory of the Moral Sentiments*. London:Millar,1759.

——. *An Inquiry into the Nature and Causes of the Wealth of Nations*. 2

vols. London:Strahan and Cadell,1776.

Spencer,H. *The Principles of Psychology*. 8 vols. London: Williams and Norgate,1855.

107 第八章　十九世纪下半叶的生理心理学

提出问题的是时代，看出问题并促进其解决的是赫尔姆霍茨的天才。

E. G. 博林

我们现在必须回过头来看一看德国生理心理学的发展，它在韦贝尔、费希纳、约翰内斯·米勒手中已经有了一个辉煌的开端。

赫尔姆霍茨

赫尔姆霍茨是一个普鲁士陆军军官的儿子，受教育之初想当一个陆军军医。但医务工作并没有引起他的兴趣，他开始献身于物理学和生理学本身的研究。一方面接触“自然哲学”，另一方面又接触他的老师约翰内斯·米勒的精密科学方法，这引起他对前者的反叛和对后者的归纳方法与数学方法的积极采用。在赫尔姆霍茨关于物理、生理和心理学的许多实验和理论贡献中，有三项是我们最感兴趣的：反应时间研究、听觉研究和视觉研究。

反应时间问题在他着手研究时已经是一个老问题了，虽然作为生理实验的领域还是新颖的。在格林威治天文台，一位助理人员失去了他的职位，因为他和他的主管人之间，在记录星辰经过子午线的时间上存在着差异。1822 年一位德国的天文学家贝塞尔注意到这样的不一致在所有观测者身上都存在。贝塞尔和其他天文学家发现，记录星辰经过时间的这种个人差异是形成差错的重 108
要原因。它后来便称为**人差**。在二十年代和三十年代，有些生理学家发明了简单的方法来测量这样的差异。对于这一事实的最早解释是，似乎某一个人比别人反应更快是因为他的神经传导更快。

到赫尔姆霍茨钻研这个问题时，已经完成的工作大致就是如此。他的第一个杰出的研究（在四十年代末）是关于神经搏动传导速度问题的。这一领域当时几乎还是空白；米勒确实曾认为神经传导速度同光速差不多。赫尔姆霍茨发现一个方法，可以用来确定蛙的运动神经的传导速度。在一些实验中，他刺激神经上靠近肌肉的一点，而在另一些实验中，他刺激距肌肉更远的一点。在两组实验中，从刺激到肌肉收缩的时间间隔的差异就是从第一点到第二点的传导时间。这一方法给予他相当一致的结果，指示出的速度是每秒三十米。科学总是迅速地从权威的意见转向来自精密控制和测量技术的创造性发现的。

更进一步，他进行人体的从感官刺激到运动反应全循环的研究。他以变换刺激点的办法找出反应时间的差异，以显示感觉神经的传导速度。这就是最早的“反应时间”实验。他得到的结果极不一致——不仅显示出个人之间的许多不同，而且在同一个人身上这次试验与下次试验之间也不相同——使他不得不全盘放弃研究。引起高尔顿极大兴趣的个人差异对于他只不过是一些不能控制的变量。

赫尔姆霍茨实验后的三十年间，十几位研究者试图证实他的工作，但得到的实验结果彼此很不一致，同赫尔姆霍茨的数字也极不相符。

不是赫尔姆霍茨，而是一位荷兰的生理学家东德斯(1868)把握了这个问题的心理学意义。他在六十年代同德雅格尔合作进行了一系列研究，目的是探求刺激与反应之间的种种干扰因素。他认识到使赫尔姆霍茨厌烦和束手无策的那些心理因素中有一些是很重要的。东德斯运用了三种方法。第一，受试在一个刺激呈现时要尽可能快地做出一定的反应。这称为“a”法。其次，向他出示两个刺激，要求他在其一呈现时做出一种方式的反应，而在另一呈现时做出另一种方式的反应。这称为“b”法。接着，再向他出示两个刺激，要求他看到其一时做出反应而看到另一时不做任何反
109 应。这是“c”法。“c”法中的时间(例如对红光反应而对绿光不做反应)要比“a”法(简单反应)中的长些；东德斯用以解释这种现象的假说是，“c”法包含的不仅是反应而且有对红与绿的分辨。他认为他能从分辨法所需时间中减去简单反应时间测量出分辨时间。最后，在红与绿的选择反应中(例如，看到红光以右手反应，看到绿光以左手反应)，所需时间比分辨反应又长些，因此，用同样的道理，他进行了选择速度的推算。假如简单反应是200千分之一秒，分辨反应是300千分之一秒，而选择反应是375千分之一秒，那么，分辨时间就是100千分之一秒，而选择时间就是75千分之一秒。看一看测量高级心理过程速度这一初步尝试的新颖和精巧，再看一看东德斯作为他的判断基础的数据数量之少，仅仅对一些受试做了三十次或不到三十次的试验，那的确是令人惊讶的。训练的影响被忽略了。这种相减方法的可靠性从未为大多数研究者

所接受。你很难说一种过程是否完全占用了所划归它的时间，并在这一过程中止时立即由另一过程所接替。但是，东德斯的工作在两个方面是有永恒价值的：第一，他证明某些结果上的变化很明显不是由于传导速度的简单差异，而是由于中枢的活动；第二，他为心理过程时间关系的分析研究奠定了基石。他还发现反应时间对于不同感觉也有特定的差异。

我们再回到赫尔姆霍茨的研究工作上来。下一步是关于他的划时代的视觉实验。他的重要论文《生理光学》(1856—1866)把来自当时物理学、生理学和哲学的研究成果和一般原理汇聚在一起，加上大量他自己发现和阐释的新的基本材料，作出了一种关于视知觉的连贯论述。他在实验生理学和实验心理学中的重要作用从以下事实可以得到充分的说明：他的著作的新版本而不是新论著一直是以后年代的主要参考课本。他完成的最重要的实验中，有关于外眼肌的实验，而在他最重要的理论贡献中有关于内眼肌调节晶体焦距机制的论述。

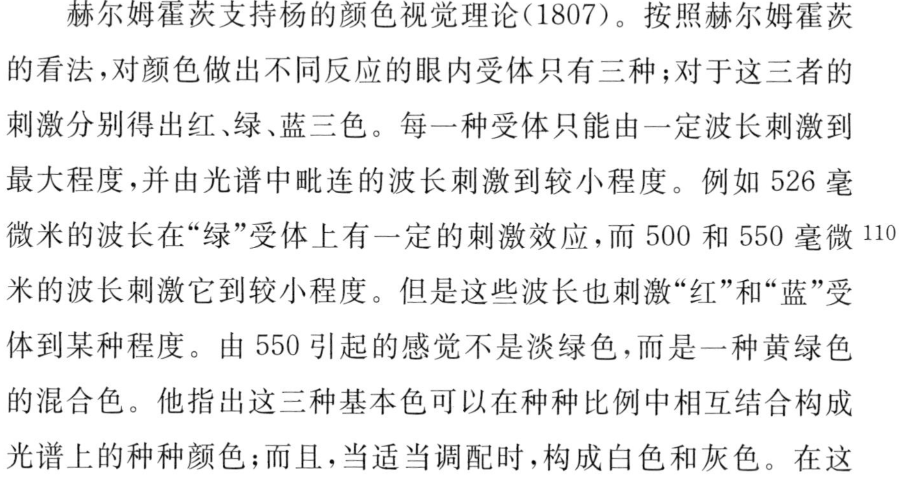

赫尔姆霍茨支持杨的颜色视觉理论(1807)。按照赫尔姆霍茨的看法，对颜色做出不同反应的眼内受体只有三种；对于这三者的刺激分别得出红、绿、蓝三色。每一种受体只能由一定波长刺激到最大程度，并由光谱中毗连的波长刺激到较小程度。例如 526 毫
微米的波长在“绿”受体上有一定的刺激效应，而 500 和 550 毫微 110
米的波长刺激它到较小程度。但是这些波长也刺激“红”和“蓝”受体到某种程度。由 550 引起的感觉不是淡绿色，而是一种黄绿色的混合色。他指出这三种基本色可以在种种比例中相互结合构成光谱上的种种颜色；而且，当适当调配时，构成白色和灰色。在这

一体系中，赫尔姆霍茨得出了具有深远意义的假说，认为同视网膜中这三种因素相适应，在脑中也有一个特化作用。在大脑皮质中，必然有三种活动由三种受体的活动所引起；结合作用是一种中枢机能。皮质区域的特殊能力学说（这种说法曾提出过，但被米勒否决）是赫尔姆霍茨公式的根本。

这个理论自然要遇到各种疑难，例如，如何说明色盲的问题（以及部分色盲）。在赫尔姆霍茨以前很久就已经发现，最常见的色盲症患者对红与绿两种颜色都缺乏敏感。① 为什么红绿两色会同时消失而只留下对黄色的感知？但是这些困难被他以一系列生理学和心理学的观察报告对付过去。例如，色衬比的事实就是由一个心理学原理巧妙说明的。以我们对着有色背景看一小片白色物为例。这一小片白色物看上去就像是蒙着一层有色的表面。分辨不出它是独立的，而仅仅像是一块白色的补缀。不如说，我们是在进行一种“无意识的推论”，即，如果真的透过这样一层表面来看它，它真正的颜色会是怎样的；而这就是互补色。这一理论尽管有疑难，却一直保存下来，近年来已成为新的“三色说”的基础。三种颜色在混合中能引起各种颜色经验，这一物理学事实一直在继续左右着人们去寻求一种同一切心理学事实相符的理论。

无意识推论的概念证明有非常广泛的应用价值，它表明我们的知觉和判断实际上不断受到一种前后关系（context）的影响，每一个刺激都是在这种前后关系中出现的；而我们判断或者甚至可

---

① 最早的贡献来自道尔顿，他于 1794 年向曼彻斯特文学学会和哲学学会提交了一篇论文，题为《关于颜色视觉的特殊事实》（*Extraordinary Facts Relating to the Vision of Colours*）。道尔顿自己就是部分色盲。

以说接受每一个刺激都是以这一前后关系为根据或者为基准。颜色、音调、压力等等的被感知都是如此，即：假如我们从提供前后关系的间接信息来源推论它们**应该是怎样**的，我们的感知也就是怎样的。[①] 从根本上说，一个熟悉的整体的每一片断，像一个曲调的一节，或者一张照片的一角，都能够引起对整体的回忆，而我们“想 111
象我们看见”我们的朋友正在走过来，或者想象我们听见那走来解救我们的哨兵的脚步声。这实质上就是汉密尔顿的重整作用说(1859—1860)。为什么它在这么多的前后关系中都可以被接受而当我们在赫尔姆霍茨的著作中碰到它时却又引起这么多的踌躇，我们就不打算说明了。

赫尔姆霍茨的声学著作同他的光学著作一样，也是内容充实并非常值得重视的(1863)。他的实验的精彩且重要是不论怎么说也不会过分的。我们可以把这些研究分为三个问题来探讨：对单音的感知；对复音的感知；以及和谐与不和谐的性质。

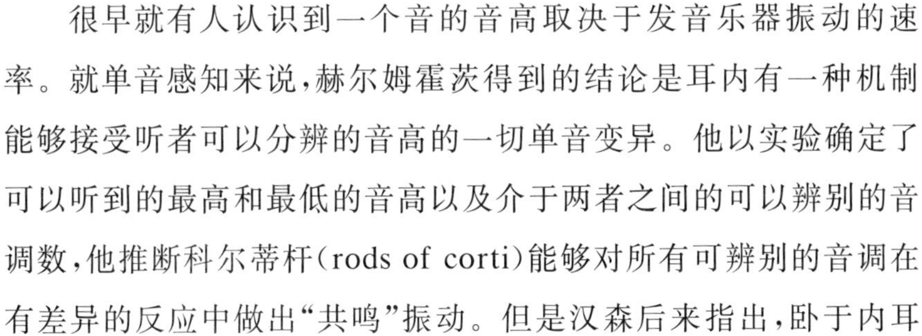

很早就有人认识到一个音的音高取决于发音乐器振动的速率。就单音感知来说，赫尔姆霍茨得到的结论是耳内有一种机制能够接受听者可以分辨的音高的一切单音变异。他以实验确定了可以听到的最高和最低的音高以及介于两者之间的可以辨别的音调数，他推断科尔蒂杆(rods of corti)能够对所有可辨别的音调在有差异的反应中做出“共鸣”振动。但是汉森后来指出，卧于内耳

① 参看赫尔森的《适应水平论》(1964)，这本书对于刺激值和反应值的相互关系随机体适应水平不同而有变动的情况提出了一个全面、系统并有定量分析的见解。还可参看吉布森对全部感知问题的信息论研究(1950)；以及从赫巴特时代以来一直流传至今的“统觉群”概念(1816)。

的螺形基膜更能适合这个理论的需要。仅仅需要假定：每一纤维对一定波长或音高都能做出共鸣反应。因为，这些纤维正像乐器不同长度的弦与种种音高相应一样也可以被期望具有同样的功效。但是，基膜最长的纤维比最短的还长不到三倍，而最高的可闻音高的振速却比最低的高好几千倍。这一点引起埃瓦尔德(1894—1903)的研究，他指出，我们经常在共鸣振动中发现主体有一种倾向，即振动不是在截然分离的区域中进行，而是作为一个整体在振动，而且是在一些不相同的型式中振动。但关于音高最大敏感区的现代图示法表明，却有一种沿着基膜出现的级差。

赫尔姆霍茨继续研究与此密切相关的音高辨别问题；并进行了一系列关于音高经验的生理学和心理学研究。他最重要的实验成果之一是关于构成音质或音色特殊差异因素的发现。人人都知道，小提琴上的中央C和钢琴上的中央C在振速上是相同的。但是质的差别那时还不能理解。赫尔姆霍茨发现一个重要的事实，即每一种乐器发出的不仅是一定的基音，而且还附加有比基音振速更快的陪音。他运用共鸣器证明，用变换陪音强度的方法，他能人为地产生每一种乐器的特质，从而肯定无疑地证实了他的假说。

112 他进而研究不和谐与和谐的理论。他认为不和谐来自一般称为“连击”的现象，这是由两个振速差不多相同的音同时呈现而引起的震颤声造成的。不和谐音是由于“连击”的出现，不论是在基音之间还是在有关两音的陪音之间的“连击”。至于和谐，他认为是由于不存在不和谐。后继的研究证明，从不和谐音的结合中把连击“排除掉”以后，这种结合仍然是不和谐的，因此，这一理论今天已不能使人信服。

赫尔姆霍茨对于音乐的历史很有兴趣。他指出，沿着为和谐目的而组合的音与音之间的关系愈益复杂化这样一个方向(从古希腊到十九世纪音乐)曾经存在着连贯的历史发展。除简单的八度和音外，又逐步增添了五度和音、四度和音以及大音阶与小音阶的三度和音；振速的数学关系变得愈益复杂。显然，当听众适应了一种音的组合时，他们便期待着另一种更复杂的组合，因此，和谐不可避免地变得愈益复杂化*。这个理论的重要意义在于它对习惯因素的强调。这位对音感的生理学探讨做出最大贡献的学者不会对教育和历史因素的重要性不予重视的。

黑　　林

另外几个德国人在十九世纪第三个二十五年里对于生理心理学做出了很大贡献。我们将选择两个人作为研究对象，他们因为做出过特殊的贡献而闻名，这些贡献仍然是科学心理学中有效原则的一部分。

埃瓦尔德·黑林在感觉生理学的几个方面是有贡献的，包括温度感和光感方面的问题。韦贝尔曾主张(边码第 80 页)皮肤温度的上升或下降决定温度的感觉，黑林则试图证明，不是皮肤温度的上升或下降，而是皮肤的相对温度，不论高于或低于它自身的“零点”，才是冷热感出现的决定因素(1879—1880，vol. 3)。一只手浸

* 第一版注：穆尔曾给予这一理论以部分的肯定，他指出，简单音程的演奏使听众不甚满意，而演奏那些起始就极复杂的音程则使他们较为满意。——译注

入热水，另一只浸入冷水，然后双手都插入温水，这一人所熟知的实验正像它可以由韦贝尔的假说来解释一样，也可以用黑林的假说来解释。或许可以说，每只手的皮肤已经适应于一定的温度，它的“生理零点”；温水低于一个零点而又高于另一个零点。

黑林为人称道主要是由于他的颜色理论，在这方面，他反对赫
113 尔姆霍茨。他阐发了歌德(1810)和奥伯特(1865)的提示并加以系统化，并在研究像视网膜边缘的衬比、后象、色盲等类现象中引进了改进的实验方法。歌德曾争辩说，必须有四种基本色(不算白与黑)。黑林说，假如我们认为白色(或灰白)像牛顿证明的那样是由各种波长混合而成，我们要以任何三色论解释两原色构成同样的白色或灰色的例证就会遇到严重的困难。假如，举例来说，红与绿混合构成白，剩下的蓝同白一起就应给我们一种“不饱和的”蓝(一种浅色或淡色，而非纯色)。在黑林看来，歌德的假说应补充更多的心理细节，而四原色论应予采纳。应该有两对原色。红与绿混合时会构成灰白。而且，其一是另一的后象和衬比色(一种颜色看上去好像是显示在灰白底色上的刺激色周围的边缘一样)。同样，就蓝与黄的情况看，黑林认为，作为在后象和衬比现象中这样关联着的一对原色，它们以正确比例混合时也一定构成灰白色。现在，大家知道，蓝与黄混合时的确得到完全的白或灰白，但许多常见的红和绿混合时却不是白而是黄。这使黑林不得不探讨一个奇怪的问题，怎样构成一种红与绿才会在混合时得到白。这样选择出来的红与绿在大多数人看来不是那种纯粹或简单的红与绿。于是，我们有了红与绿、黄与蓝，加上白与黑。这六种本色被认为是对眼中感受体具有直接刺激

作用的。[①] 为了解释负后像和色衬比现象，他假定蓝色与黄色的光线作用于一种类型的受体、红与绿作用于第二种，白与黑作用于第三种。这样他找到了负后像和色衬比的一种解释。他认为一对原色之一必然在受体中引起一种化学变化刚好同其中另一原色引起的相反。黄色光线在受体中引起异化或分解代谢；蓝色光线引起同化或合成代谢。这样，同一受体就能用来把蓝或黄传递给大脑，是蓝还是黄就看受体中的化学作用是合成还是分解。[②] 同样，红与绿，白与黑，也在相反的方向中打乱化学的平衡。假如任何两个这样相反的作用趋于同时发生，我们就有了灰白色的感觉；红与 114
绿相互抵消，留下了灰白，那是一切光线作用于黑白体而引起的感觉。蓝与黄也同样相互抵消。负后像也很容易解释。假如我们凝视红色，我们便使分解代谢过了头，使组织分解，于是开始了相反的过程，我们就有了绿色的感受。对于衬比的解释也类似。在灰白底色上凝视红色刺激，在视网膜的一个区域引起分解代谢，而在邻近的区域则引起合成代谢。

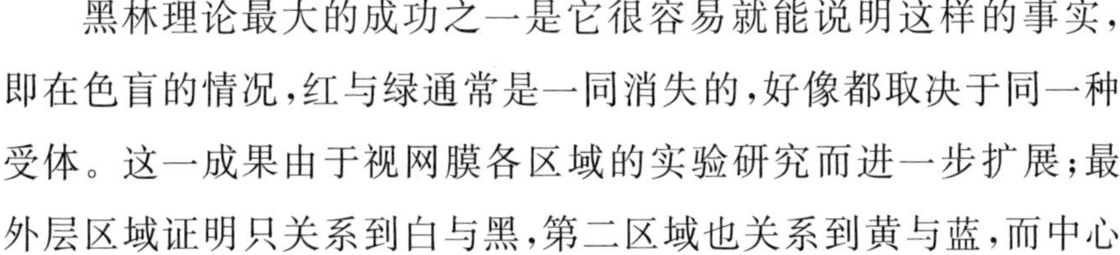

黑林理论最大的成功之一是它很容易就能说明这样的事实，即在色盲的情况，红与绿通常是一同消失的，好像都取决于同一种受体。这一成果由于视网膜各区域的实验研究而进一步扩展；最外层区域证明只关系到白与黑，第二区域也关系到黄与蓝，而中心

① 这个“两重性”或“双联式”理论由舒尔策于 1866 年表述，现已得到普遍的承认，它断言在视网膜中有受体存在，它们接受刺激便产生有色感觉，还有另外的受体，它们接受刺激便产生无色感觉。

② 这种认为感官作用中存在合成代谢的假想未免有些太大胆了。就我们所知，刺激的通常含义是分解代谢。特殊能力说也同样遭到黑林理论的攻击；一定类型的神经纤维能引进或红或绿的刺激。就现在所知，这一假想是不可靠的。

区域则关系到所有六种黑林的原色。使蓝与黄、红与绿在有关它们彼此关系的一切主要问题上联结在一起的一种假说的制定使它立即为许多心理学者所采纳。的确，它终于使一个非常混乱的领域得到了高度的秩序。

然而，这个理论经历了许多次的修正，其中有些修正改变很大，也可以标示为新的理论。有关颜色视觉心理学的探讨长期以来已经成为一个越来越专门的极细致的研究*，而枯燥无味的新理论常常是不受欢迎的。许多题目已经被生物化学家和生物学家预先占领，他们提出关于受体、内导神经纤维以及大脑视觉区域等复杂问题——在这些问题中，人们可以从一项非常细小的特定的大脑活动漫游到非常广阔的中枢神经系统整合作用。就这样，人们不仅可以使眼睛而且可以使整个有机体来完成看的过程，人们可以想办法去探讨那些局部的特定的兴奋状态如何结合成越来越高级的机能。要从许多局部细节构成一个视觉问题不再像以前那么容易了。人们开始认识到，为什么甚至在赫尔姆霍茨和黑林的时代就盛行一种强烈的看法，即认为，知觉反应是非常复杂的，要理解知觉反应就需要理解整个生命系统；而根据那时以来已经取得的研究成果来看，也越来越有理由维护这样的见解了。

---

* 第一版注：这些理论中可以提及的有莱德-富兰克林（Ladd－Franklin）的理论，它从进化观点探讨了这个问题，根据这一观点，白和黑是对光线的一种敏感性的第一次分化。随着时间的推移，白再分成蓝与黄；末梢器官逐渐特化，使蓝或黄的波长能够同来自原始“白受体”的波长区分开。以后，黄又逐渐再分为红与绿。这一阐述的优点是：红与绿不需要为构成灰白而再做选择，混合时构成黄的常见的红与绿，就足以适合有关衬比、后象、色盲等理论的一切要求。——译注

洛采和方位标记

在洛采的心理学著作中有一种取材于生物科学和哲学的奇特综合。他在他所处的时代较为著称的是他对哲学和生物学问题的精辟论述，而不是至今仍然使他在心理学中享有声誉的特殊贡献。洛采在莱比锡进修，赢得哲学博士和医学博士的学位，并于 1844 年成为哥廷根大学的哲学教授。十年之内，他就作为一位哲学和医学的著作家而驰名，特别是作为**兼论**哲学与医学两方面内容的 115
著作家而驰名。他感兴趣的并不是行医，而是求得同心理的问题有关系的人身的知识；正因为这样，他才能在涉及人格、性情、意志和价值世界等更复杂的心理学问题时感到胜任而愉快。作为费希纳及其合作者弗尔克曼的学生，他很注重并有能力把**人文科学**(Geisteswissenschaften)和**自然科学**(Naturwissenschaften)结合起来。调和两者的任务似乎完全是真诚的，而在那个时代也是可以接受而又富有成果的。但是，大多数具有生物学思想的人和具有人文思想的人那时都并不真正需要这种结合。今天，人们如此经常地提出问题，究竟一个人是作为一位科学家而不得不放弃人的价值好呢？还是放弃科学而发展一个价值世界好呢？在这样的时候，人们可能会想望洛采如果仍然活着来讲一讲这个问题才好。

像贝恩一样，洛采企图联合生理学和心理学的素材组成一个连贯的体系，要求在实验的研究和哲学家理解的需要两方面都能正确对待。同贝恩不一样的是，他是他那时代的生理学和神经病理学的大师。同时，他在一种哲学形态臻于完善方面做出了重大的贡献，这一哲学形态注定要在十九世纪思想中具有相当重要的意义。它影响了像冯特这样的人，并逐渐成为许多心理学派的基本原理。洛采坚持主张，第一，想找出与身的活动无关的心理活动是徒劳的；换句话说，他反对那种企图从物理和化学的侵犯下解救一部分心理学的唯心主义。心理学应该和有机体打交道。神经系统和心理应该在彼此的关系中加以观察。第二，他以同样明确的态度坚持主张，如果认为仅仅物理和化学作用的存在就是心理的“解释”，那也是荒谬的。精密科学不可能提供我们任何有关理解心理过程本质的线索。特别是，洛采说，生命的意义，我们周围事物的意义，苦与乐的存在，我们理想与梦想的存在，都不可能由于力学法则的发现而受到影响。[①] 这一探讨有助于心理学者澄清问题。它鼓励了那些企求在自然科学基础上构成心理学原则的人，同时，它又使那些轻易把一切有价值的问题视为无关紧要而抛弃的人和那些否认心理学有自己的主题的人失去了立论的基础。

除了这一项一般性的贡献以外，洛采还做出了两项专题性的贡献。他钻研了情绪心理，是最早详尽论述表情机能特性的人物之一，即面孔、姿势、脉搏、呼吸等等在种种情绪状态中的表现方
116 式。他对后来有关情绪同生理变化的关系的系统研究（如詹姆斯-朗格理论）有相当的影响，并为情绪的实验研究开辟了道路，这种实验到十九世纪末为数极多。

但是，他的成名主要是由于他的“方位标记”（“local signs”）理论（1883，chap. 4）。康德时代以来，经常有关于空间感知问题的

① 参看本书“威廉·詹姆斯”一章，边码第193—207页。

对立观点的反复争论，“方位标记”论就是在其间进行调和的一种尝试。赫巴特曾把整个空间秩序当做经验的产物。约翰尼斯·米勒曾主张空间感的胚芽是先天的，但是，成人所知的空间世界的繁复及其通过感知方式的构成，只能由学习得来。上文已经提及，他曾维护一种调和的观点——认为虽然对于身体的广延有一种原始的意识，但是大量的空间感知过程有赖于学习。然而，许多否认先验论的人仍然坚持康德的说法，认为空间感是纯粹内在固有的。米勒的权威自然是很有分量的。但他并未阐明，在视觉世界中一系列秩序是怎样形成的，为什么每一客体同每一其他客体看起来处于一定关系之中，或在上，或在下，或在右，或在左；也没有考虑过触觉空间的问题。这些就是洛采给自己规定的任务，他以高超的独创性解决问题，使他的理论要点在我们对空间感的分析中始终是很有影响的。

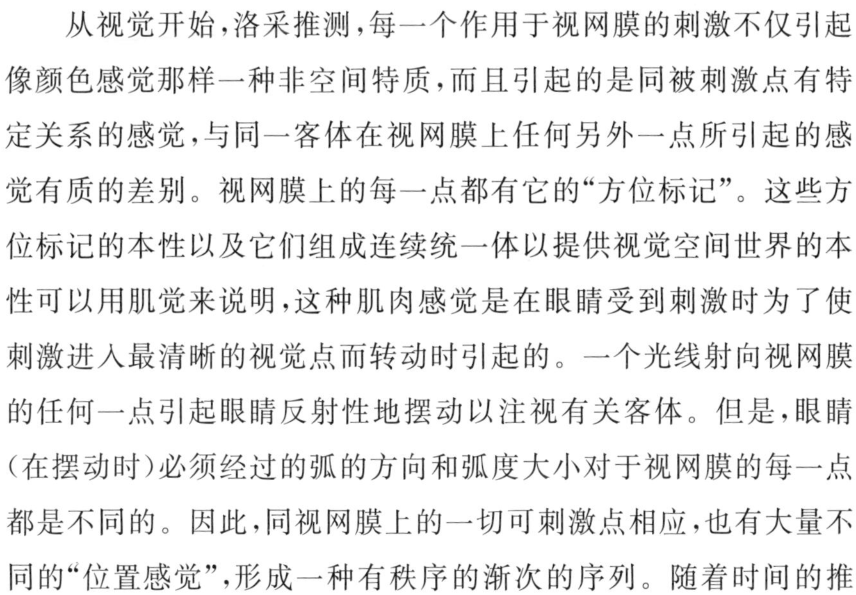

从视觉开始，洛采推测，每一个作用于视网膜的刺激不仅引起像颜色感觉那样一种非空间特质，而且引起的是同被刺激点有特定关系的感觉，与同一客体在视网膜上任何另外一点所引起的感觉有质的差别。视网膜上的每一点都有它的“方位标记”。这些方位标记的本性以及它们组成连续统一体以提供视觉空间世界的本性可以用肌觉来说明，这种肌肉感觉是在眼睛受到刺激时为了使刺激进入最清晰的视觉点而转动时引起的。一个光线射向视网膜的任何一点引起眼睛反射性地摆动以注视有关客体。但是，眼睛（在摆动时）必须经过的弧的方向和弧度大小对于视网膜的每一点都是不同的。因此，同视网膜上的一切可刺激点相应，也有大量不同的“位置感觉”，形成一种有秩序的渐次的序列。随着时间的推移，每一个视觉刺激通过联想引起以前由于眼睛寻求它的注视点而产生的肌肉感觉的回忆。就这样，起初是非空间的刺激就具备了空间的特性。

在皮肤中也同样有“方位标记”。我们只要注意下述事实就能弄清这一点：除压力、温度等等非空间经验以外，还有种种依赖于被刺激区的经验；皮肤的张与曲从这一点到那一点都有差异。因此，每一刺激都由于刺激的部位不同而产生许多不同的印象；这些
117 不同的印象又通过经验和联想的作用逐渐形成一个连贯的渐次的序列。这样构成的秩序于是又同视觉空间世界联系起来。以先天的盲人为例，就有必要强调肌肉感觉的有秩序的序列，从任何一定的出发点在不同距离和各个方向上接触外物。

不论在视觉空间和在皮肤空间中，基本概念都是一样的：心理空间是由感觉构成的，这些感觉孤立时不是空间的，但其刺激是同刺激从身的空间的一点到另一点的过渡相应的。这个理论的极其重要不仅在于它把生理学的发现①和联想主义理论应用于一个极其复杂和棘手的问题；而且它还标志着最大胆和最有成果的一次尝试，使肌肉感觉在心理生活中发挥了应有的作用。② 本文这里所强调的分析的、原子论的和联想主义的概念当然要受到那些强调机体研究特别是强调完形心理学的人们责难并被扫除到一边，像韦特海默尔(1912)所做的那样。在洛采的时代，分析方法则必

① 特别是韦贝尔关于两点阈限的论据，洛采解释为：方位标记在某些区域比在另一些区域变化更快。

② 洛采对肌觉与视觉相关联的强调在三十年后受到许多学者的欢迎，甚至还得到进一步发展，如冯特和明斯特贝格等。

须把它的全部价值表现出来；历史之摆必须在方向相反的动向有机会进入阵地以前尽可能摆到头。和大幅度摆动相对而言的这些小摆动，也是“辩证”研究的一部分，那是任何高于简单编年记载的史书都应该尽力阐明的。

在十九世纪中期，尽管有像赫尔姆霍茨和洛采这样一些人的工作，但可供心理学利用的神经心理学的详尽资料还相当少。十八世纪一再呼吁的对一门生理心理学的期望，到那时只得到了能真正用于解释特殊心理事件的有限资料。但是，大约在 1860 年以后，在神经学方面取得了一系列新成果，开始对心理学产生重要的影响。

神经系统的解剖学和生理学

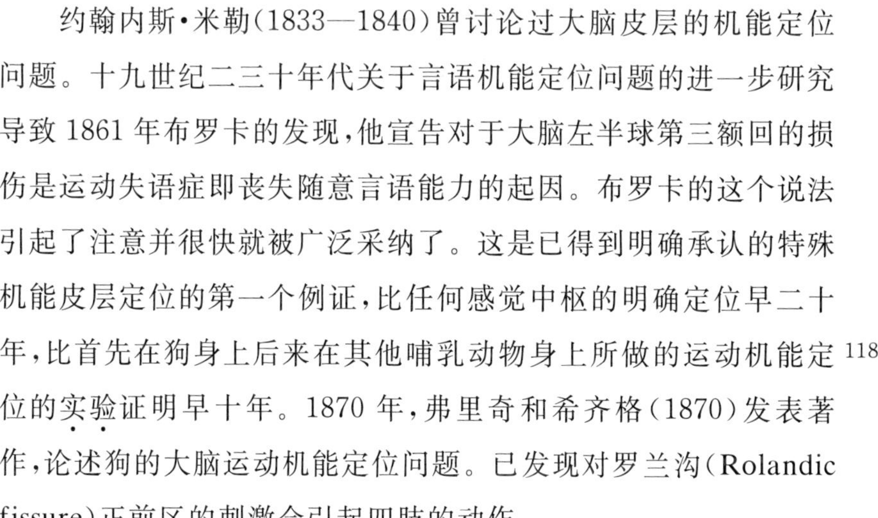

约翰内斯·米勒（1833—1840）曾讨论过大脑皮层的机能定位问题。十九世纪二三十年代关于言语机能定位问题的进一步研究导致 1861 年布罗卡的发现，他宣告对于大脑左半球第三额回的损伤是运动失语症即丧失随意言语能力的起因。布罗卡的这个说法引起了注意并很快就被广泛采纳了。这是已得到明确承认的特殊机能皮层定位的第一个例证，比任何感觉中枢的明确定位早二十年，比首先在狗身上后来在其他哺乳动物身上所做的运动机能定 118
位的**实验**证明早十年。1870 年，弗里奇和希齐格（1870）发表著作，论述狗的大脑运动机能定位问题。已发现对罗兰沟（Rolandic fissure）正前区的刺激会引起四肢的动作。

七十和八十年代，这一划定大脑区域的工作广泛开展。最重要的贡献之一是费里尔(1876)做出的,他在划定猿脑运动机能区域中取得成就;这方面的情况同在狗脑中发现的类似。费里尔不仅探索运动区域以弄清运动皮质的区分是怎样安排的;他和另外一些学者还对感觉机能定位做出许多贡献。他们不满足于仅仅跟着感觉纤维的踪迹经由曲折的通道到达大脑皮质,而是运用技巧切断感觉纤维并查明视觉、听觉和其他机能是否受到影响。格龙鲍姆和谢灵顿(1903)是最先探索类人猿大脑构造的学者(Sherrington,1906)。

这一类的研究工作使我们有可能大体肯定,在皮质中有些区域是具有特殊机能的。皮质定位的全部问题同这一世纪中期比较有了新的前景。到1885或1890年,有关哺乳动物的感觉和(随意)运动的主要皮质中枢已经探求出来,使大多数批评家感到满意。部分是由于采用了类比法,但主要是通过临床研究和解剖探讨,人脑内的类似定位也赢得了普遍承认。那时达到的一致认识是,罗兰沟的正前区都一律是运动区,而后罗兰区是暖、冷、触、痛的"总感官"。视觉中枢划定在枕骨叶,听觉中枢在颞颥叶。靠近嗅觉球的区域被认为是"嗅觉叶"。运用追踪纤维和摘除、切断纤维的方法所获得的结果是一致的。

许多作者大大推进了皮质定位说。韦尼克(1874)和其他一些人给失语症进行分类,假想每一类(读、写、讲和理解口语的病症)都有特定的皮质区域。例如,他们描述丧失阅读即理解印刷符号能力的患者,并没有表现出任何其他语言障碍。这一病态归之于一种特殊的损伤,它的范围有限,使脑的其余部分不受影响。欣谢尔伍德(1900)等一些人认为视觉记忆中枢同视感觉中枢是区分开的。视感觉中枢破坏了，患者仍然保留着视觉记忆，视觉记忆区破坏了，患者可能还有看见东西的能力，却不能认识他看到的是什么。在一般拒绝这一简单的记忆机能定位说的同时，许多神经学 119
家和心理学家做出结论，认为某些损伤能搅乱知觉而不影响感觉。从而得出这样的说法，认为知觉机能的进行不在感觉中枢本身，而在邻近感觉中枢的区域。这一点很符合这样的看法，即运动机能的协调与整合中枢位于前罗兰区靠近运动区的地方。许多临床研究和解剖研究在这一时期完成了，它们似乎一般是肯定这个观点的。①

特别重要的是杰克逊的研究，杰克逊是一位诊疗神经学家，他对于种种神经病的临床研究和尸体剖验导致极其精确的特殊机能皮质定位（Taylor，1958）。他曾指出，高级的大脑中枢对于低级中枢施加控制影响，并指出神经病在这方面表现的行为症状。他的研究构成了现代诊疗神经学的基础。

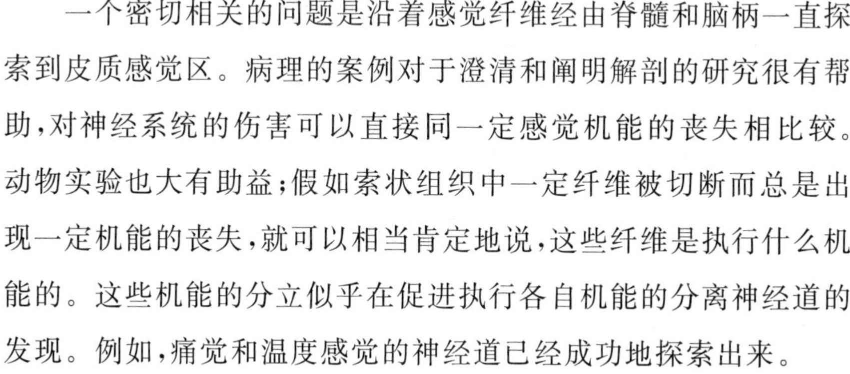

一个密切相关的问题是沿着感觉纤维经由脊髓和脑柄一直探索到皮质感觉区。病理的案例对于澄清和阐明解剖的研究很有帮助，对神经系统的伤害可以直接同一定感觉机能的丧失相比较。动物实验也大有助益；假如索状组织中一定纤维被切断而总是出现一定机能的丧失，就可以相当肯定地说，这些纤维是执行什么机能的。这些机能的分立似乎在促进执行各自机能的分离神经道的发现。例如，痛觉和温度感觉的神经道已经成功地探索出来。

① 就损伤的极不规则和“纯”失语型的绝无仅有看来，从剖解尸体得到的证明很难说是明确的。

俄国神经学家和生理学家谢切诺夫(Ivan Sechnov)在神经心理学方面做出了重要的贡献。他在多次旅行西欧期间曾同那一时期包括约翰内斯·米勒和赫尔姆霍茨在内的许多杰出生理学家一起研究和一起工作过。谢切诺夫(1863)提出了有关行为反射机制的一些基本观点,这些观点在以后巴甫洛夫的著作中结出了硕果。在法国伯尔纳实验室工作的时候,谢切诺夫发现,脊髓反射就是在完全抑制状态也同样受高级神经中枢活动的影响。从这一见解出发,他得出结论,认为对于一切神经活动都应该根据抑制和促进交互作用的过程来理解。他提出,反射行为是联想的唯一机制,而生理和心理两方面的反应都应该根据反射活动才能得到理解。他的结论是,心理学是研究大脑反射问题的生理学家的题材。正是在谢切诺夫的影响下,大部分关于行为的实验研究——在西方,这被
120 认为是心理学的——在俄国甚至到今天还是在生理学实验室中进行;而谢切诺夫和巴甫洛夫从来没有被他们本国人称为心理学者。虽然大部分谢切诺夫的生理学著作都很著名,并并入他的时代的科学主体,但他对心理学的贡献则仅仅是在最近,主要是通过谢切诺夫-巴甫洛夫传统的著名西方代表人物——拉兹兰,甘特,利德尔——的努力,才得到充分的承认。

另一个对于心理学有重要意义的研究领域是神经细胞的一般解剖学和生理学的集中研究。运用组织学方法,类如把正常的和损伤的神经组织经过染色在显微镜下观察,不仅有可能查出纤维,而且有可能对以前未能认识的许多类型的细胞进行观察和分类。这方面最重要的步骤之一是意大利的戈尔齐运用的染色法。认为神经系统各部分结构上都是相互联结的这一通常看法似乎并没有

从染色观察以及从七十和八十年代运用的其他方法提供的证据中得到证实。染色观察法似乎表明，神经细胞在结构上是相互分离的；没有发现清晰的例证表明纤维有从一个细胞进入另一个细胞的现象，至少在高级动物中是如此。这使这个题目的研究者偏重于认为，每一神经细胞是以某种方式在生理上而不是在结构上同其他神经细胞相联系。细胞能够互相影响，但是每一细胞是独立地执行营养机能和再造机能。从希斯的胚胎学研究中得到了具有同样普遍效果的证明。希斯的课题是要确定，神经细胞是否可以说是互相产生的，或者各自在一开始就是独立发展的。他证明，每一个神经细胞从它出现的时候起直到发育完全，都是一个个体，除从共同的来源得到营养等等以外，并不参与其他细胞的生活。这对于证实这样的信念是重要的，即认为神经细胞之间最重要的关系不应在他们结构上的相互联系中去寻求，而应在他们可能在机能上相互影响的方式中去寻求。这一看法主要是从拉蒙·伊·卡哈尔的工作发展而来，被瓦尔代尔于 1891 年定名为“神经元理论”。对于心理学史来说，这是最重要的神经学贡献之一。它把有关神经生理学性质的许多证明汇集起来，那是心理学者可以利用的。它的主要概念是神经细胞结构上的独立，和它们彼此间在联结点或神经元触处的生理上的联系。

我们只要稍许想一想心理学者曾如何依赖于那种神经生理学，就能完全理解上述这一理论对于心理学的影响。许多心理学者曾探讨神经系统作为精神生活的阐释原理，但是对于神经系统在特定心理过程中所起作用的阐释不可避免地一直极为模糊。让 121
我们举一位法国心理学家和一位美国心理学家的著作为例。里博

在《记忆的疾病》(1881)中把这些看成是脑机能障碍的结果。但是,他是根据肉眼能够看到的损伤来考虑问题,而不是根据显微和超显微可见度的因素如神经细胞间的联系的瓦解来考虑问题。甚至有关机质性和机能性精神病的区别的概念在那时也是不可能的;肉眼可见的脑损伤的重要性被过分强调了,那仅仅是因为超显微可见度的变化的意义还没有得到清楚的阐明。

同样地,比较一下威廉·詹姆斯的《心理学原理》(1890)中论"习惯"的章节和神经元说被接受以后几年有关习惯流的阐述,也可以表明在有关学习的理论中已经发生了多么巨大的变化。[①] 詹姆斯试图按照神经学的概念考虑问题。他想弄清在我们身体的不同部分之间怎么可能形成一系列联系,一个动作导致次一个动作;但他关于一个神经细胞赖以影响另一个神经细胞的机制并没有明确的概念。在詹姆斯的联想理论中很明显也同样缺乏明确的神经学概念。在他论"联想"的章节中,提出了一个关于神经机能包含在一切精神生活序列中的学说。他提示说,假如大脑皮质中有任何两点是同时活动的,这两个中心便倾向于彼此"沟通"。于是,通道建立了,以后,两个中心中不论哪一个兴奋起来时,都会穿越通道达于另一中心。假如我们看见一个人并同时听见他的名字,一个联结便建立起来,以后就有可能使无论哪一个经验引起另一个经验的回想。相继的联想也以类似的观点来解释,同时附加了一个假设,大意是说,在一个区紧接在另一个区之后兴奋时,从第一

① 詹姆斯沿袭了迈内尔特的许多观点。迈内尔特的体系假定习惯是以脑的各个区域的互相联系为基础,而并未弄清这种联系的结构。

个区到第二个区流出的能量要比从第二个区到第一个区流出的更大。自然，这是预先假定在皮质中有一种能的“辐射”，不需要有运动的发射；因此，这是詹姆斯关于“习惯”的学说的一个必要的补充。但它并没有说明一个神经细胞中的扰动如何能影响另一个神经细胞。

神经元学说给予学习与联想两种理论以远为明确而又可以利用的形式。根据这一学说，每一神经细胞都是一个个体，它在有关营养和其他新陈代谢的机能方面进行着自己的生活过程。一个神经细胞和另一个神经细胞之间的联系，像上面已经提到的那样是由神经元触处或连接点实现的。神经元触处并不是一个纤维质的联系，而是从一个神经细胞到下一个神经细胞传导神经搏动的交接点。但是，一种神经元 A 的尾部或尾刷可以同许多其他神经元
B,C,D,……的接收器官或树状突处于密切接近状态，因此，根据 122
这个理论，真正通道 A-B 或 A-C 或 A-D……的形成取决于神经元触处在当时的生理特性。自然，可能有某些触处的联系密切到不能被任何东西再打断的程度。牢固建立起来以致实际上已经不可改变的反射作用，可能就是这样形成的。脊髓蛙(spinal frog)的某些反射或许可以代表这种不可改变性的极端。在相反的一极，或在有限度的情况中，可能有某些神经元触处对于神经搏动朝着许多方向中的任何一个方向进行都具有同等的先定倾向性，这时，在选择对象之间的取舍就要看一些细微的和暂时的因素而定，类如麻木状态或累积作用。这些概念使有关学习的理论有可能以神经元触处的变化来说明。据认为，还有一些行为模式介于这两个极端之间，不像一个极端那么牢固，也不像另一极端那么灵活，因

此，一个起初的意向可能具有足够的伸缩性，使神经道的改组能作为经验的后果而实现。根据这个观点，我们便能以某些点阻力的建立和另一些点阻力的排除这种说法来表达学习过程；而许多突触有型式或有结构地起作用便联合构成一个复杂的整体。神经元学说的这些方面由许多生理学者和心理学者予以发展并系统化，这似乎对于有关学习问题的心理学和许多其他问题具有直接的价值。它们已经迅速被采纳并在二十世纪初年得到了广泛的运用。

在"神经元说"被接受以后，引导心理学者根据神经学概念思考问题的下一个重要步骤，是本世纪开头几年谢灵顿的研究，这在他的《神经系统的整合作用》(1906)中有所论述。神经生理学的基本概念得到说明，并在许多例证中给予实验证明，经常涉及心理学含意。对正常的和像狗这样的脑退化的哺乳动物中的反射弧*进行的实验研究在谢灵顿手中经历了一系列的精心改进。当单一刺激太弱不足以引起运动反应时，同样弱的刺激的重复应用则已被发现有可能由于累积作用而超过阈限使反应全面活跃。但同时的或连续的刺激可能互相合作或互相"促进"。当一个刺激在一点太弱不足以使反应发生时，在另一点的一个刺激尽管本身太弱也能同第一个刺激合力激发反应。也有另一种情况，一个通常一定能激发反射反应的刺激被发现受到另一刺激的"抑制"。对于生理学者已经熟悉的这种"促进"和"抑制"已受到细致分析①，而且已有明确的证据提出，以说明它们同神经元突触机能的关系。两种过

* 指反射活动的形态基础，从刺激到反应包括感受器，内导神经、神经中枢、传出神经和效应器(肌肉与腺体等)五个环节。——译注

① 特别是通过埃克斯纳的著述(1882)。

程似乎都要受到介于感受体和反应器之间的突触的影响；在到达 123
一个突触时，两条神经道可能或互相促进或互相干扰。“交互抑制作用”已在许多事例中得到证明；伸肌的受神经支配不仅引起同肢屈肌的怠惰，而且引起紧张程度的下降。一条神经道被打通的过程也有助于阻塞引向相反行动的神经道。①

关于促进和抑制是突触机能的假说，由于谢灵顿对疲劳和药物效应的研究而得到有力的支持。不带有突触的一小片神经组织证明对于疲乏很不敏感，而带有突触的部位只能短时间不出现疲乏状态地进行传导活动。某些药物被发现能十分有效地拦阻一种冲动——如果应用于带有突触的部位，而不带有突触的部位则几乎不受影响，别的药物能大大降低突触阻力，而不是增强阻力。

所有这些工作接着为心理学者证实了突触对于高级过程中促进和抑制作用的极端重要。然而，突触机能的性质并没有为谢灵顿的方法所发现。一个最有意思的研究路线是同纳恩斯特(1908)、利利(1911，1923)和卢卡斯(1917)的名字分不开的。理论和实验同样说明，神经流是一种“去极化波”(“wave of depolarization”)，每当一个刺激扰乱了神经磁中产生的正负离子的精确平衡时，它就沿着神经纤维通过。一定点去极化后，那一点瞬息间便进入“不起反应状态”，又一瞬息过后，它就进入“过度兴奋”状态。每一突触被设想为有它自己的在抑制中引起的不起反应状态和它的过度兴奋期。这个假说遇到了许多困难，因为问题太复杂

① 麦克杜格尔关于交互抑制的“渠道说”(1905)认为当 A—B 和 C—D 是对立反射时，A—B 在作用时抽去了 C 的能量，因此反应 D 受到抑制；神经道 A—B 中的疲乏使 C—D 有可能突然活跃，使 A 的能量外流。

了，而且另有一些理论后来也进入这一领域(Fulton，1938)。但这样一种观点表明了生理化学的进展，并表明有一种越来越坚决的主张，认为应设想突触具有一种作用，使促进和抑制现象能够得到清楚的解释。对于这样的问题，我们在下文论述现代比较心理学和生理心理学的一章还要概略地谈到。

参考书目：

Aubert，H. *Physiologie der Netzhaut*. Breslau：Morgenstern，1865.

Broca，P. "Remarques sur le siège de la faculté du langage articulé，suivi d'une observation d'aphémie." *Bulletin Société d'Anatomie*，2nd ser.，6 (1861)，330—357.

124 Dalton，J. "Extraordinary Facts Relating to the Vision of Colours."Read October 31，1794. *Memoirs and Proceedings of the Literary and Philosophical Society of Manchester*，5(1798)，28—45.

Donders，F. C. "Die Schnelligkeit psychischer Processe." *Archiv für Anatomie und Physiologie* (1868)，657—681.

Ewald，J. R. "Zur Physiologie des Labyrinths." *Archiv für die gesamte Physiologie*，59—93(1894—1903).

Exner，S. *Archiv für die gesamte Physiologie*，28(1882).

Ferrier，D. *The Functions of the Brain*. London：Smith，Elder，1876.

Fritsch，G.，and Hitzig，E. "Über die Elektrische Erregharkeit des Grosshirns." *Archiv für Anatomie und Physiologie* (1870)，300—332.

Fulton，J. F. *Physiology of the Nervous System*. London：Oxford University Press，1938.

Gibson，J. J. *The Perception of the Visual World*. Boston：Houghton Mifflin，1950.

Goethe，J. W. von. *Zur Farbenlehre*. 2 vols. Tübingen：Cotta，1810.

Grunbaum，A. S. F.，and Sherrington，C. S. *Observations on the Physiology of the Cerebral Cortex of Anthropoid Apes*. Liverpool: Thompson Yates and Johnson, 1903.

Hamilton, W. *Lectures on Metaphysics*. London: Blackwood, 1859—1860.

Helmholtz, H. L. F. von. *Die Lehre von den Tonempfindungen als Physiologischer Grundlage für die Theorie der Musik*. Braunschweig: Vieweg, 1863.

——. *Handbuch der Physiologischen Optik* [*Treatise on Physiological Optics*]. Leipzig: Voss, 1856—1866.

Helson, H. *Adaptation Level Theory*. New York: Harper & Row, 1964.

Herbart, J. F. *Lehrbuch zur Psychologie*. Königsberg: Unzer, 1816.

Hering, E. "Der Temperatursinn." In L. Hermann, ed. *Handbuch der Physiologie*. 6 vols. in 12. Leipzig: Vogel, 1879—1880.

Hinsherwood, J. *Letter-, Word-, and Mind-Blindness*. London: Lewis, 1900.

James, *W*. *Principles of Psychology*. 2 vols. New York: Holt, 1890. New York: Dover, 1905.

Lillie, R. S. "The Relation of Stimulation and Conduction in Irritable Tissues to Changes in the Permeability of the Limiting Membranes." *American Journal of Physiology*, 28(1911), 197—222.

——. *Protoplasmic Action and Nervous Action*. Chicago: University of Chicago Press, 1923.

Lotze, R. H. *Grundzüge der Psychologie*. Leipzig: Hirzel, 1883.

Lucas, K. *The Conduction of the Nervous Impulse*. London: Longmans, Green, 1917.

McDougall, W. *Physiological Psychology*. London: Dent, 1905. New York: Macmillan, 1905.

Müller, J. *Handbuch der Physiologie des Menschen*. 3 vols. Coblenz: Hölscher, 1833—1840.

Nernst, W. H. "Zur Theorie des Elektrischen Reizes." *Archiv für die gesamte Physiologie*, 132 (1908), 275—314.

Ribot, T.-A. *Les Maladies de la mémoire* [*Diseases of Memory*]. Paris: Alcan, 1881.

Schultze, M. J. S. *Zur Anatomie und Physiologie der Retina*. Bonn: Cohen, 1866.

Sechenov, I. [*Reflexes of the Brain*.] St. Petersburg: Sushchinskii, 1863.

125 Sherrington, C. S. *The Integrative Action of the Nervous System*. New Haven: Yale University Press, 1906.

Taylor, J., ed. *Selected Writings of John Hughlings Jackson*. New York: Basic Books, 1958.

Waldeyer, H. W. von. "Ueber einige Neuere Forschungen im Gebiete der Anatomie des Centralnervensystems." *Deutsche Medizinische Wochenschrift*, 17 (1891), 1213—1218, 1244—1246, 1287—1289, 1331—1332, 1352—1356.

Wernicke, C. *Der Aphasische Symptomencomplex*. Breslau: Cohn and Weigert, 1874.

Wertheimer, M. "Experimentelle Studien über das Sehen von Bewegungen." *Zeitschrift für Psychologie*, 61(1912), 161—265.

Young, T. *A Course of Lectures on Natural Philosophy and the Mechanical Arts*. 2 vols. London: Johnson, 1807.

第九章　进化的理论 126

关于伟大建筑师无穷威力的想法是多么美妙啊！万源之源！万祖之祖！万有之有(ens entium)*！

伊拉兹马斯·达尔文

大多数自然灭亡，因为体质太弱。

希波克拉底

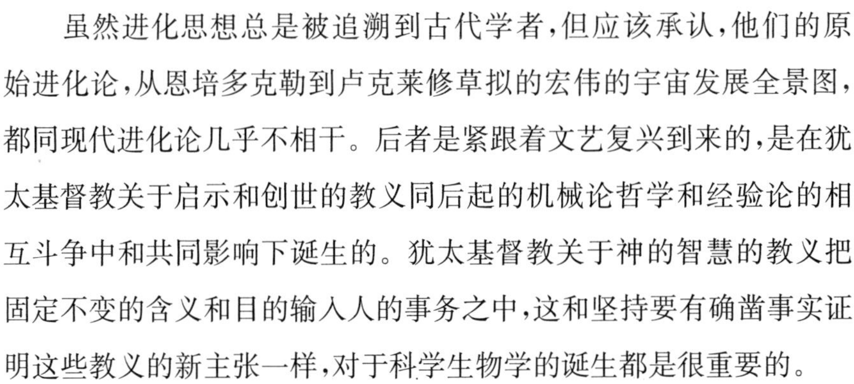

虽然进化思想总是被追溯到古代学者，但应该承认，他们的原始进化论，从恩培多克勒到卢克莱修草拟的宏伟的宇宙发展全景图，都同现代进化论几乎不相干。后者是紧跟着文艺复兴到来的，是在犹太基督教关于启示和创世的教义同后起的机械论哲学和经验论的相互斗争中和共同影响下诞生的。犹太基督教关于神的智慧的教义把固定不变的含义和目的输入人的事务之中，这和坚持要有确凿事实证明这些教义的新主张一样，对于科学生物学的诞生都是很重要的。

文艺复兴以后的经验论波及所有的人，甚至也波及那些认识到新机械论哲学是对已经确立的教义和社会秩序的威胁的人；在

* ens entium，公元175年至600年间流行的拉丁文。"ens"意思是"抽象的存在"，"entium"是ens的复数形式所有格。——译注

不断增强的思想斗争中，经验论受到各方面的拥护。实际上，早期关于自然的系统描述，如在约翰·雷的《上帝在创造世界中显现的智慧》(1692)或林耐的著作(1735)中，很多材料都是为了证明造物主给人类安排理想环境的无限智慧和预见。因此，在这些新的关于自然的系统说明和亚里士多德的著作之间有很大的差别。

亚里士多德对于认识到的事物进行过分类和描述，但他并没有形成一个结构完善并得到公认的普遍性理论。他的研究不是由单一的原则指导的，他的论据也不是由单一的尺度来衡量的。雷
127 和林耐则不同，他们搜集事实并进行分类是为了提供证据证明单一的理论：即地球是由神的意志创造出来给人类居住的，神的意志在人类的事务中仍然是指导的力量。文艺复兴后的进化概念来自逐步改进的分类尝试和对创世记暗指的现象进行的实证检验，来自对创世教义和观察到的事实不相符合的逐渐解决。当搜集的资料和理论不符时，就修改理论。

创世记的"理论"暗指的事实是什么呢？这些事实是三个方面合为一体的，每一方面都有可以观察到的，恰当的证明：第一、关于世界的年龄；第二、物种的不变；和第三、神所引导的大量自然力。很明显，受法则约束的运动物质的假设和有神在引导的教义之间是有矛盾的。这个问题的解决当时不是靠根本的否定，而是靠修正，即把神的引导归之丁创世的最初行动。造物主的无穷智慧被说成是发源于创世时期确立的法则，发源于神所确定的关于运动物质的不变法则。

在康德、布丰和拉普拉斯的时代，人们已经开始认识到自然并不是不变的——某些星球生成时另一些却在消失，而普通的剥蚀

力量要引起已知的地壳变化往往需要经历几百万年。巨型的骨化石已经屡有发现。找到了显然是动物遗留的长齿和牙齿，但其大小和现存的物种不相配。鱼的化石骨处于未必可能的地点——在远离这种鱼可能曾生活于其中的水域达好几哩的山坡上。所有这些发现迫使当时的思想家想到变化。变化又一次仅仅作为原始创世教义的一种修饰语而被接受下来。人们论证说，是时间慢慢地侵蚀了本来是质朴而完善的世界。这一新的逐步退化论后来由居维叶的灾变说加以改正，认为地球和栖居在地球上的动物曾经遭受巨大灾难的侵袭。由于有《圣经》记载的洪水作为范例，这些灾变便可以用来说明为什么会有这些绝灭物种的遗骨和被认为大约是在那一时期发生的地球地理构造的巨大变动。乔治·居维叶(1769—1832)赋予旧的创世说以新的生命。但是证据不一致的压力不断增强，一个崭新的解释开始涌现；变化开始被认为是一个逐渐改善而不是逐渐退化的过程。

同时，变化的事实无情地渗入人们日常的事务中。政治和工业革命引起个人生活和社会制度的深刻动荡。这一时期新的浪漫主义哲学越来越强调多样化。于是，歌德，一位著名的浪漫主义者，发现进化的见解对于他的植物学研究很有价值甚至还制定出
他自己的有机进化论。在法国人当中，傅立叶创立一个人类命运 128
论，说明逐步改善的过程以及每一成长阶段为什么必须耗费好几千年时间。相同的倾向也表现在黑格尔的信念中，黑格尔认为，人类文明是按照一个普遍的观念逐步创造出来的。

在这一时期中，有两种类型的进化学说并列发展着：第一、关于无生命物质世界的进化论，无机进化的研究、第二、关于生物进

化或有机进化的研究。康德首先提出通常称之为星云假说的理论，以后拉普拉斯又联系他的力学予以发展。这一理论企图通过旋转星云中万有引力和离心力的相互作用来解释行星的起源。布丰(1749—1804)*在十八世纪中期，草拟了一个笼统推测的有机演化观，他论证说，物种虽然在起初是创造出来的，却世世代代经历着偶然的变异和退化的改变。伊拉兹马斯·达尔文(查理·达尔文的祖父)半世纪后提出，有生命的东西经历着一种不同类型的渐次变化。

作为医师，生物学家和诗人，伊拉兹马斯·达尔文(1794—1796)相信自然界的永恒改进过程。他论证说，生物的特点就是能够在构造、需要和机能上经受逐渐改善的变化。他同意苏格兰哲学家大卫·休谟的观点，认为我们所认识的世界不是创造出来的，而是生成的。这是对于最初《圣经》宣扬的神意创世说的一个崭新而又全面的改造，是对于宇宙规模的目的和进步的一个新信念。

拉 马 克

拉马克发挥了伊拉兹马斯·达尔文的见解，他的思想体系赢得广泛声誉并因为引起争论而著名。他曾企图把进化的结果和有目的的创造分开，但是他取得的唯一成果是引进了一个新的目的论难题，因为他假定有生命的东西自身存在着某种需求、目的和先验

* 布丰的《博物学》(*Histoire naturelle*)共四十四卷，于1749—1804年间在巴黎陆续出版。——译注

的倾向。他既精通动物学，又精通植物学，他已经对于有机体生命的不同状态做出过细致的研究并发表过成打的著作(包括他创造生物学〔biology〕一词)，这些事实增加了他的见解的分量，引起人们认真的考虑。正是他的学说引起了这样的问题：为什么在有机体中一代又一代地发生特定的累积变异。

拉马克(1809)设想，有机体对于环境变化有一种内在的、本质上是心理的反应，并论证说，有机体构造上的变化就是受这种内在反应所引导。当他为那种在适应环境过程中所获得的特性能够遗传给后代这一问题进行辩护时，拉马克对于这些获得的变化的本质及其如何受内在反应所引导多少有些困惑莫解了。有时，他把 129
这说成是生物具有一种趋于渐次复杂化的内在倾向，其含意显然和伊拉兹马斯·达尔文所宣扬的有目的的方向一致。有时他又论证说，内在反应和相应的有机体变化两者都完全是由于局部条件引起的。

拉马克的理论包括三个步骤。第一、有机体面临自然环境，以恰当的适应环境的内部反应对付情境。第二、这些情境，要求顺应，引起身体一定部位的运用。第三、对身体一定部位的运用使这个特定部分发展到足以在后代子孙中引起变异成为一种获得的特征。鉴于布丰(1749—1804)以退化过程或偶然偏离原始形式来解释变异，拉马克追随伊拉兹马斯·达尔文，把这一过程翻转过来并论证说，演变是从简单的早期阶段开始并导致越来越复杂的机质增益。他的理论可以被轻易地撇开，但是，关于紧张、压力、欲望、目的或不论什么冲动因素和创造因素所起作用的基本论点则必然要日益引起重视。虽然拉马克关于获得性遗传的见解根据生物学家积累的资料来看已经处于不利的境地，特别是在我们这一世纪更是如此，但是拉马克所提出的一个更广泛的论点是不会丧失生命力的。拉马克使之同神的创世行为脱离关系的冲动力原理或内分泌原理继续在像柏格森和德里施那样高深的哲学家的著作中，在麦克杜格尔、托尔曼和弗洛伊德以及更近期的生态学者的著作中再现。

拉马克提出这一理论以后不久，在圣·希莱尔和居维叶之间展开了一场辩论。圣·希莱尔维护拉马克的物种演变学说，虽然就其机制来说同他有分歧。居维叶坚持自己的灾变论，以反对者的证据不足为理由拒绝接受进化的理论。当时科学界的这一辩论势必得出有利于居维叶的结论，一方面由于他的巨大威望，而且因为，尽管实际上所有后来达尔文的理论所包含的观点当时都已经齐备，但时机尚未成熟；至于证据，虽然足以反驳灾变说和退化说，但要克服来自同时代各个方面的集中的相反观点却的确是不充分的。

这时候，在地质学中，赖尔(1839)从1830到1860年正在进行调查研究，以证明岩石层是怎样由地球中的系列变化形成的。十七世纪末和十八世纪初标志着这一类研究工作的开始；到十九世
130 纪初期，已经有可能证实不同的地层是按一定的顺序一层压一层经过一定的时期形成的。各种有机体的化石在这些地层中发掘出来，这表明它们必然生活在不同的时期，生活在与发掘出化石的地层相应的时期。赖尔公布了这样的理论，认为地球自身经历了一系列有秩序的变迁，在这些变迁中，包含多种要素的混沌状态逐渐为分化和分类所取代。因此，不同种类的岩石形成了，并成为比较

固定的和不可改变的了。这样的思想就像达尔文的理论一样，同特创说是不相干的；而赖尔虽然是一个深信宗教的人却不得不面临宗教的严重反对。他曾试图指出，地球的形成自身显露出一些阶段，需要的时间远远超过《创世记》中所允许的六天。赖尔既不是第一位，也不是最后一位地质学的进化论者，但就科学的意义和广泛的影响来说，他是远远超过其他人的最重要的地质学进化论者。他为那种依据逐步成长和变化的观点进行思考的习惯铺平了道路。赖尔的进化论实际是对查理士·达尔文的工作的一个直接的刺激。

达　尔　文

这一搜集直接有关进化真实性以及有关进化机制的论据的任务是和查理士·达尔文联系在一起的。达尔文的重要不在于他是第一位根据进化观点思考问题的人，而在于他认识到问题只能以积累巨量的和整理就绪的证据的方法求得解决。他的不朽的著作使勉强的读者不得不放弃对于世界万古不变的信念；他以事实材料说明冷酷无情、无所不在而又没有引导的变化。

在剑桥大学找不到真正使他感兴趣的东西而又不愿接受他父亲的劝告，达尔文一直在彷徨和犹豫不定直到幸运来敲他的门。由于爱好博物学家的工作并进行过关于植物和动物的小规模非正式的研究，他接受了一次远途考察的博物学者职位，乘比格尔号船于1831至1836年做穿越南海的旅行。这给他一个机会在这个世界上许多地理和气候极不相同的地区进行关于动植物的观察研究和搜集标本的工作。他在观察研究时形成了做记录的好习惯，开始注意到每一种生命形式对于它所处的环境都有一种奇迹般的适应作用。在他 1837 年的笔记本中，他提到他对选择问题的注意。他指出，每一个世代都有一些个体被消灭，虽然从表面上看它们的结构很像他们的兄弟姊妹。是什么力量使一些死亡而另外一些活下来？什么是选择的机制？自然是怎样从群中进行选择的？

1838 年，他读到马尔萨斯的《人口论》(1798)，这一论著写于四十年前，正当从农村迁入城市的家庭受到工业革命第一次可怕
131 冲击的时刻，这些家庭为谋生不得不忍受过长的劳动时间和疾病的折磨。马尔萨斯讨论了死亡率与出生率的关系问题，指出，社会总是免不了有人口过多或“人口膨胀”的祸害。他怀疑，穷苦人的命运究竟能不能得到改善。马尔萨斯得出结论，认为食物生产方面可能得到的改善倾向于**算术**级数的发展。而人口的增加不可避免地相当于**几何**级数的发展。假如，举例来说，每一个家庭有四个孩子，又如其中三个活下来并有了后代，按照几何比率得到的人口数字在一定的时期必然超过能够得到食物的人口数字。只要一个比率是算术的，另一个是几何的，人口**过剩**就必然随着到来。某些个体必然不是这样就是那样地被消灭，或由于饥饿，或由于疾病，或通过战争，逃不出这些冷酷无情的抉择。这是一个颇不严密的假说。但它的优点是从生物学角度观察人类社会。假设后代的数目通常大于得以生存的数目，这就是表示必定有一场生存的竞争，一部分消灭，另外的保存下来。

读到马尔萨斯的论文，按照达尔文自己的理解，对他的问题提供了一个解答。他开始拟定以后发表的进化理论的纲要。这一理

论所依据的事实是，在同种的大量个体之中存在着相当大的变异，可能使某一个体更适于或更不适于一定环境的要求，而在大部分物种中，总数是稳定的，虽然下一代比上一代多。在鱼类中，每一对先祖都可能排出上十万的卵，除两个个体外，其余的必然全部消灭。这直接引导到“最适者生存”的观点。一个有机体假如在一定环境中能很好地适应获取食物和抵御敌人的任务，它就是“适者”。它必须生存并发展，直到它能再繁殖传种。但是假如有最适者的生存，同时又有对环境的适应（这是生存本身的必要条件），这个对环境的适应必然意味着那些在特定环境中最适宜者才能生存。假如每一代对特定环境最适宜者才能生存，又假如若干年中环境有了变化，结果是在能生存的个体的种类中必然也有变化。由于一个相同的族类漫移到不同的地区而生存竞争世世代代在继续进行，对于每一地区完全适应的个体将同适应其他地区的个体发生差异；在每一地区将出现选择作用，假如对于那一地区或那一“适应性小生境”* 的要求有适应作用的话。达尔文主义对于许多人有许多含意。其中之一——即对环境的适应——在心理学家看来 132
留下了一些重大的问题尚待解决，如不同的环境对于人种发展所施加的种种压力，又如对我们今天所认识的社会人起作用的种种遗传过程和早期成长过程等等问题。

在他初步草拟出这个理论以后，达尔文就给自己确定任务，在足以肯定或否定这个假说的庞大规模上搜集论据，保留着一些似

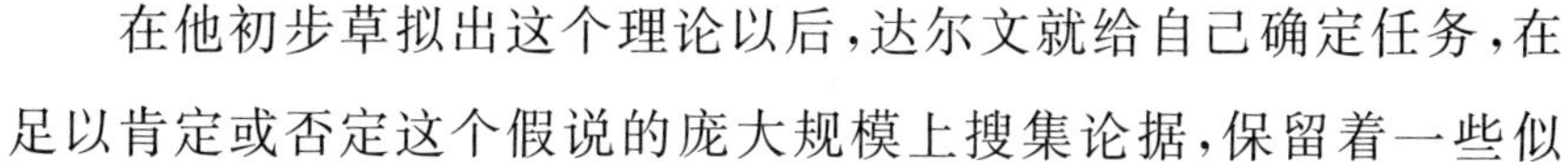

* “adaptive niche”，指一种生物在生物群落中的生活地位，活动特性以及它与食物、敌害的关系等综合境况。——译注

乎不利于他的观点的例证的详细记载。到1858年他有了大量的资料。同一期间，他已通过许多文章的发表，被公认为一个博物学家。他的准备工作已接近完成，即将发表那本提出他的理论的书。就在那一年，他收到来自东印度群岛的一个年轻英国人阿尔弗莱德·拉塞尔·华莱士的一封信和一份手稿。由于非常奇特的巧合，华莱士在思索马尔萨斯的论文时曾形成一个同达尔文非常相似的学说。在病中，他曾在几小时内草拟出一个非常相似的进化论纲要。在寄送他的手稿给达尔文时，他请求达尔文谈谈对它的评价以及是否能帮助把它发表。达尔文的处境很为难；他必须公平地对待这个人，这个人已经准备好关于这个理论的论述，而达尔文自己的还没有问世，不过，华莱士的手稿没有包括像达尔文已经搜集的那么多的论据。于是，他把华莱士的著作和他自己的理论的摘要一起呈交给赖尔。后者决定两者都应呈交给林耐学会。达尔文即将问世的著作的某些部分连同华莱士的手稿一并宣读(1858)。1859年达尔文的《物种原始》出版。

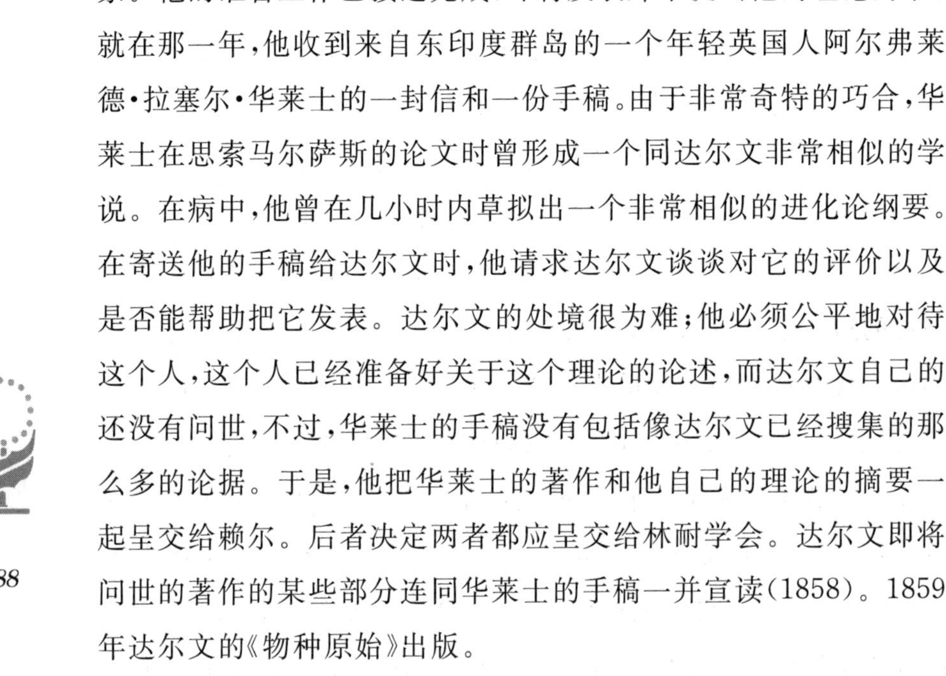

我们应该记得，进化的理论并不是新的；甚至关于进化机制的假说也是先已有之的。这本著作的主要意义在于提供了大量有关的论据以及这些论据博得认真注意的说服力。一场大风暴突然来临，一些最猛烈的战斗在学术史上发生了。斯宾塞已经为这样的学说准备了一个知识界，赫胥黎是站在达尔文一边的最杰出人物之一*；海克尔看到整个世界观不可避免地蕴涵在这一理论中。

* 第一版注：赫胥黎也因为他维护仍然流行的“副现象”说(epiphenomenalism)而著名，这一学说断言意识只是生命过程的副产品，在行为中不起主动作用或始因作用。——译注

反对这个理论的虽然有很大成分是由于宗教的理由(因为它否认宗教的特创论),但起初即使在科学家中也有相当多的辛辣讥讽。许多人并不是立即就投降的。阿加西斯在美国可算是最著名的生物学家,到死也没有接受这个证明。但到八十年代,对进化论本身的最后的真正反对才在生物学家中消失。

达尔文已经在南海岛屿上注意到有某些物种甚至在同一个岛
上也显示出分化;生存竞争选择了一种类型的个体在岸边,另一种
在内陆生活。一个物种移居一种环境,它提供两种互相排斥的适
应机会,使这个物种可能逐渐变为两个物种。是什么引起了为环
境所选择的偶发变异,达尔文承认自己并不清楚。对于遗传的机
制他也没有提供一个令人满意的说明,既要符合在物种中观察到 133
的偶发变异,又要符合被选择的后代中变异的遗传性保留。实际
上,达尔文所设想的遗传性变异杂交时相融合的看法受到了弗里
明·詹金(Fleeming Jenkin)正确而有说服力的批评[①],詹金是爱丁
堡大学的一位工程学教授。假如偶发变异在杂交时相融合,他论
证说,那么任何新的变异在重要性上就会逐代降低,不可能长久持
续直到接受自然选择。达尔文误以为这个批评是针对自然选择思
想的——而不是关于融合遗传的流行看法的——并逐渐改变主张
退回到拉马克关于获得性遗传的观点。事实是,当达尔文在《人类
起源》(1871)中论及人的道德本性的进化时,他是借助于这样的论
点的,即种种社会本能是作为"自然选择辅以遗传性习惯"的一种
结果而演化发生的。关于自然选择与遗传性习惯的进一步讨论

① 在达林顿的著作中(1959)关于这一批评有详尽阐释。

是如此严重的混乱，读者是否愿意了解可以自行考虑（参见Darlington，1959）。孟德尔的切中要害的铁证，表明遗传性变异在杂交中并不融合而是继续分离，却被安然隐藏在某一阴暗书库的书架上。证据就在手边，但时机尚未成熟，不能使人理解它的意义。

1865年，在博物学会二、三月在奥地利的布林举行的集会上，孟德尔宣读了一篇论文，本来是可以解决达尔文的问题的。一年以后，这篇论文发表了（1866），但并没有引起注意，直到达尔文和孟德尔离开人世很久以后。孟德尔以各品种豌豆杂交来研究遗传机制。例如，当他采用矮植株品种花粉使一个纯种高系的花受精，产生的种子只长成高植株。高系的遗传影响是“显性的”。但他以这些高植株杂种同矮植株品种杂交，他注意到在子代中约一半是高的，另一半是矮的。从大量这一类的观察，孟德尔得出结论说，遗传的影响并不因杂交而融合，而是表现为成对的分离因子，各出自亲本之一，遵循着特定的分离规律和独立分配规律。孟德尔的卓越实验方法和他对这一问题的创新定量研究可以列入人类理智最高成就之林。他的论文到1900年重被发现，那已是它最初发表以后三十四年的事了。

到十九世纪八十年代和九十年代，通过魏斯曼和德弗里斯的工作，已经弄清楚，世世代代发生的变化不能用体内获得性变化的影响来说明，也不能以融合遗传的特征来解释，而是由于生殖细胞
134 内元素的变换——亦即生殖细胞保持一种自身的连续性并相当明显地不受环境影响。德弗里斯等指出，胚种物质可能经历突变，而新物种的出现就是这种胚种变化被选择的一种结果。从一代到另

一代的特征传递所需要的机制以及生物化学的信息编码和译码在我们这个世纪的上半叶一直是科学的主要问题之一。探讨这样的机制新近在有关特定分子结构(RNA 和 DNA)*及其相互作用方式的成功鉴定中达到了高峰,在进化思想对行为科学、精神药理学关于信息编码的研究以及对行为遗传学的影响方面揭开了崭新的一章。

进化论与比较心理学的诞生

达尔文主义在十九世纪最后的二十五年对心理学的影响,也许就像任何单一的因素可能达到的那样,大大促进了这门科学塑造成今天的形态。心理学必然变得越来越生物学化了;甚至对于心理过程的描述也愈益成为需要根据潜在大脑机制的概念来说明的那些在顺应环境过程中运用机能和完成任务的问题。比较的观点,虽然在各处都有表现,但只有当进化论已经成为心理学思想的基石时才盛行起来。必然的结果是,对动物心理学的兴趣迅速增长。许多有关本能性质的和智力发展史的研究著作出版问世。动物行为的研究在心理学杂志上出现。笛卡尔在人的行为与动物行为之间划开的鸿沟这时已经开始弥合。人类的心理学要联系于一

* RNA 是 ribonucleic acid(核糖核酸)的简称。存在于一切细胞的细胞质和细胞核中,也存在于大多数已知的植物病毒和部分动物病毒以及一些噬菌体中。细胞内的核糖核酸在蛋白质生物合成等过程中起着重要的作用。病毒和噬菌体核糖核酸也有极为重要的作用,它们的感染力和遗传信息即由核糖核酸所决定。DNA 是 deoxyribonucleic acid(脱氧核糖核酸)的简称,是储藏、复制和传递遗传信息的主要物质基础。——译注

切生命现象来加以研究。

早期的比较心理学

虽然进化论在人类和动物之间架起了最后的桥梁，进化论却绝没有动物心理学的资格老。在早期的哲学家中，特别是在原子论者和最初的进化论者（德谟克利特、赫拉克利特和恩培多克勒）以及伊壁鸠鲁主义者（卢克莱修和普鲁塔克）中，有许多人都确信在人和动物的行为之间有某种接续的形式。亚里士多德对于灵魂两种属性的区分（理性灵魂和感性灵魂）却为后来在范畴上把人和动物分隔开的观点铺平了道路，这种分隔在笛卡尔的二元论中发展到顶点。我们应该记得，笛卡尔把肉体和灵魂之间的区别和交互作用这整个令人迷惑莫解的问题归之于动物和人类反射行为的
135 机械性质和灵魂的理智属性。他把人和动物严格区分开，把灵魂的存在仅仅委之于人，而把动物的行为视为呆板机械的行为，完全欠缺人类心灵的那种灵活性和理性——这一观点注定要在本能的分类上保留很长一段时间。

文艺复兴后研究动物行为的人首先要算是雷的合作者维路格比（1678）和佩尔瑙*（参见 Streseman，1947），这两个人都是野禽学家，他们观察和区分鸟的种类，并得到关于它们行为的有趣发现。他们认识到有一种择地现象，并描述了鸟的歌声如何被用来引诱配偶到一个安全的地区。然而，在达尔文以前的动物行为主

* Pernau，即 Pernauer，Br，Von，参看本书人名索引。——译注

义者中，最杰出的是勒罗伊(1802)。他是路易十五宫廷里的有学识的林木管理人，紧紧跟上他的时代的伟大思想，并深知他对于动物行为所做调查报告的重要意义。我们可以公正地称他为第一位比较心理学家；他是第一个明确宣称动物行为研究有助于理解人类行为的学者。他认为，动物解决问题的方式同人的情况相似，并对亚里士多德把动物的机械动作和人的灵魂对立起来的二分法采取了批判的态度。他的议论——我们应该掌握一切物种的完整记录，动物应该在它们的天然栖息地被考察等等——具有现代精神，读起来至今仍然使人有耳目一新之感。

动物行为科学发展中的另一大步是拉美特利(1748)跨出的。也不同意把"动物纯粹是机器"的说法仅仅看成是"机智之游戏"，或"哲学的娱乐"，并确信在人的灵魂和动物的灵魂之间很少区别。这样的区别即令存在，他论证说，也都应归之于人和动物的大脑差别。在拉美特利的著述中还可以发现有对适应性的某种理解，他把动物的本能同对付环境危险的需要和能力联系起来。

布丰以当时可以利用的证据为依据，认为动物是赋有感情和意识的。不过，他否认记忆的能力，并认为动物没有能力对不同的印象进行比较。大约八十年以后，乔治·居维叶的兄弟弗雷得里克·居维叶提出了一种本能观，可以很容易地同达尔文的进化论结合起来。据弗·居维叶看来，本能是不可更改地固定了的，因此，对于分类学很有用。这样的行为型式，他论证说，是遗传下来的并且是不能由经验修改的；应该把它们同习得行为区分开，这种习得行为他认为也存在于动物中。虽然他不是第一个进行关于动物行为的实验的，弗·居维叶(1842)确曾做过一次实验，印证他关于本能特

性的观点。他曾养育过一只海狸，一生下来就完全同其他海狸隔
136 绝开。只要有适当的机会，这个动物对细枝的反应就同一般海狸所特有的反应一样。它剥去细枝的表皮，用细枝搭架子，表现出和熟练海狸同样的特征。这就是最初的隔离实验和最初的关于下述事实的实验证明，即：动物的确发展了物种的特有行为型式，那是不依赖于预先的学习经验的。从弗·居维叶这些早期的思考和观察，到当代习性论的理论和研究，只不过是迈出了一小步而已。

达尔文自己在《人类起源》(1871)中强调了人的行为和动物行为的相似。他的《人和动物的情绪表现》(1872)提出了一种关于在强烈情绪袭击下所特有的面部和姿态变化的进化论解释。生命处于危境时所特有的情绪反应包括许多器官和组织的活跃。例如，恐惧可以从不规则的呼吸，剧烈跳动的心脏，干渴的咽喉，和一长串内在的心理生理反应看出来——这些反应对于正处于进攻，或防御，或几乎任何一种紧张状态的动物，都是一种非常确定的生物机能。

达尔文提示，同情绪表达有关的基本原理有三：(1)有些表情动作是一种反应的减弱形式或简化形式，代替了完全表露的行动，如唁唁或龇牙代替进攻的战斗；(2)表情动作有传递信号的意义，使有机体在面临某一刺激情境而尚未直接经验到有关的外界刺激时，能够做出适当的反应。如鼻子和嘴周围的细微动作表示接触到那个刺激时的情境基本上是"甜蜜的"或是"痛苦的"；(3)在表情动作中有一种共通的信息交换，如强有力的挺立姿势和攥拳代表进攻，而俯身垂臂则表示胆怯或投降。有必要适应一种敏捷有力的表达和交流方式，这一直是理解从动物到人的表情发展全程的

关键。因此,《情绪的表现》就成为理解达尔文全部心理学的一个线索;每一有生命个体的行为都可以给悠久的适应史作证,给某一适应性要求的现时遭遇作证。十九世纪后期研究动物行为的学者花费了大量的时间消化达尔文引进行为研究领域的这一基本的非常重要的特征。

正像我们看到的那样,进化思想并非始于达尔文,达尔文以前的进化观也并没有随着《物种原始》的发表而销声匿迹。分阶段发展的进化观和主张进化发展中有可以辨认和可以预见的逐渐上升的阶段和步骤的论点,特别是文化和社会进化论者提出的将要在本章下一节中讨论到的那些论点,继续保存下来并从达尔文提供的资料和理论得到暂时的支持。要使进步的期望和新的信念同建 137
筑在偶然事件上的达尔文主义的进化过程调和起来,过去有困难,现在仍然有困难。

罗马尼斯是在动物行为领域沿着达尔文的道路前进并研究动物和人在行为上的进化连续性的第一个人。他被认为是第一部比较心理学的作者,书名是《动物的智力》(1883),但因内容偏重奇闻轶事又因作者是以一种“拟人的”观点写作而招致许多批评。罗马尼斯的确曾以人类自我理解的眼光来看待和说明动物的活动。虽然如此,他的书仍然不失为一本极其重要的书。他曾毫无保留地拥护新的进化论,并试图对这一理论指出的现象进行系统的研究,但是,任务的宏大规模和缺乏先例使他不得不依赖一大堆混杂的奇闻轶事和描述性资料。发现他的研究法的谬误并认识到在比较心理学中需要进行实验,这只不过是时间问题,而且只需要一个很短的时间。

剖析和废除铁事法的任务落在当时另一位进化论和动物行为主义大师劳埃德·摩尔根（1890—1891）的肩上。由于他的著名的“节俭律”（1894，chap. 3）或“劳埃德·摩尔根准则”，他的名字对于心理学学者和心理学史家是很熟悉的，这个准则宣称：“一个行动只要能够用较低心理官能来解释就决不要用较高心理官能来解释”（Boring，1950，p. 474）。这一陈述表达的观点已经受到普遍赞同，因为它指出罗马尼斯方法的谬误。我们更应关切的是，这一“法则”是深深植根于达尔文以前的突生进化（emergent evolution）观的。摩尔根的由低到高的心理官能等级观及其隐含的分阶段进化进程直到今天仍然是一个虽然尚有疑问却很值得注意的原理。

摩尔根学说的根据是他亲自搜集的资料，但他的方法主要是描述性的并保留着一种主观的味道。是洛布（1890，1908）首先在动物行为的比较研究中充分应用实验方法的。在他论述向性的著作中所采取的研究方法是实验的和机械论的。费伯（1879—1907）、弗雷（1891，1908）和贝特（1898）的实验描述程序也是如此，他们研究了昆虫的行为。这些研究表现了从达尔文以前的机械观到达尔文以后的比较心理学的发展连续性。但是也有另一种完全不同的概念。卢伯克（1882）把昆虫“文明”的高度秩序看成是“心理”的一种雏型表现。霍布豪斯（1901）着手解决“心理进化”的难题。固定行为型式研究中的机械实验方法和认为心理连续性遍及一切有生命的东西的见解，为比较心理学发展中的下一个重要阶
138 段搭好了舞台，那是我们在论述桑戴克、巴甫洛夫、麦克杜格尔、华生、耶基斯、拉什利以及其他对现代比较心理学有重大贡献的学者

的章节中还要再次提到的。

进化与人的行为：高尔顿

弗兰西斯·高尔顿是彻底把变异、选择和适应的原理应用于人类个体和种族研究的第一个人。

他在1869年，即《物种原始》问世后十年，发表了一本题名《遗传的天才》的书，目的是说明个人的伟大出自一定的家系，这种情况的经常性和确定性同任何以环境为根据的解释不相符合。这种研究大部分是对杰出的法学家、科学家、著作家等等人物的家族系谱的调查。他汇集材料证明，在每一例证中这些人物不仅继承了天才，像他们一长串先辈人物所表现的那样，而且他们还继承了先辈才华的特定形态。一位杰出的法学家或律师往往出身于一个不仅是一般的显赫的家庭，而且是在法律方面的显赫家庭。这个理论预先假定，在过去某一时期人类世系中曾有过变异而且这些变异曾有可能保存下来。高尔顿确信，达尔文关于围绕着群的平均值或标准值的偶发变异原理，对人的一般天资和特定天资也像对鸟翼的长度或北极熊毛的长度一样适用；而且这些变异趋向于继续保留下来。

这样的个体差异以前没有作为心理学题材的一部分认真讨论过。也许这一忽略在以前正规的心理学中要算是最不正常的盲点了。是达尔文主义而不是心理学以前的历史引起了对这个问题的兴趣。可以提一笔，这一主题在十九世纪高尔顿以前也有过片断的研究。托马斯·布朗在他的联想次级法则中曾包括个人体质差异的因素。赫巴特大约在同一时期曾论及伴随着不同智力的联想差别。在实验主义者中韦贝尔、费希纳和赫尔姆霍茨曾发现个体差异，但没有系统地加以研究。高尔顿是第一个开拓这一领域的重要人物。

高尔顿还对种种人种就其遗传特质进行比较，并指出不同人种的发展是由于他们对他们特定环境的适应性(1883)。达尔文曾指出一些例子，证明皮肤、肢体的比例等等是同一定种族在一定气候条件下的生活方式相适应的(1871)。高尔顿则认为不仅变异确实出现于个体彼此之间，而且可能存在着广泛的变异与选择，因此新的种族才得以发展。

139 这样一种足以激起深刻争论的思想必然导致夸张。高尔顿对遗传的极端重要性的信念在以下两段话中得到了几乎是最好的表达。在谈到“罪犯型”的人体测量学的研究以后，他进一步做出这些概括：

> “罪犯中良心的缺欠，像他们不因为自己的罪恶而真诚悔恨所表明的那样，使初次熟悉监狱生活细节的人全都感到惊奇。很少在囚犯中看到有痛心失望的情景；他们的睡眠从未被不安之梦搅扰过”(1883)。

高尔顿认为，所有这些都是受生物学上的条件限制的；个人生来不仅具有颅骨和面貌的特征，不仅有天才或低能的差别，而且具有内在的罪恶气质。这也许是忽略我们迄今在所有研究中必须考虑的环境因素的最极端例子，正像联想主义一般代表着对遗传因素最极端的忽略一样。第二段话表明对达尔文原理的一个甚至更形象化的应用(和滥用)：

> 我愿借此机会联系下述事实评论众所周知的色盲遗传特性问题，即在贵格会教徒中色盲的流行几乎相当其余社会成员中的两倍，其比例为5.9%对3.5%。我们本来可以期望有一个更大的比率。几乎每一个贵格会教徒父母双方都是出身于五、六代以前就过着与世隔绝生活的男女集团的成员；他们最强烈的观点之一是把美术看成世俗的陷阱，他们最突出的行为是穿单调的黄褐色衣服。一个天生的艺术家绝不会在这样的条件下同意离群索居；他会感觉到信奉这样的观点和随之而来的行为就是对他的美学天性的背叛。结果是贵格会教徒的原始家系很少有可能具有任何同喜好色彩有关的气质，因此，极有理由相信，在他们之中比在其余人口中会出现更大比例的色盲（“Unconsciousness of Peculiarities”，1883）。

在《遗传的天才》中建立智力天赋的家谱研究法以后（这一方法很快转用于心理缺陷的探讨，始于达格戴尔的《The Jukes》，1877），高尔顿又致力于建立更细致的定量方法以从事同一问题的研究。在他的《人类才能及其发展的研究》（1883）一书中，他概述了两项划时代研究的方法和成果。第一是他对于自由联想的实验，其要义他已经概述过（1879—1880）。联想主义有史以来还没有依赖过实验方法。高尔顿试图以定量方法研究种种联想类型的出现。他准备了一个包括七十五个词的表单，每一个词写在一个纸条上放在一本书下面。他一次只看一个词，用一个弹簧精密计 140
时计测量以这样抽出的词形成两个联想所需要的时间。联想应该是自动地和即时地到来或者只顿一下就到来的才算数。许多联想自身是单个的词，但也有许多时候到来的不是一个词而是一个内

心的画面，一个表象，这样的表象必须描述出来。词或表象都符合高尔顿的“联想”定义的要求，但都要化为词语形式。这些联想根据它们在他的经验中的可能起源加以分析。他的最明确的发现之一是从早期童年和少年时代得到的联想极为经常。童年联想的一例是回想起一个实验室情景的表象，在这个实验室里，他曾被允许涉猎化学。这是试图表明早年生活特别是幼年生活对成年个性的意义和保留下来的幼年回忆总和的最早尝试之一。然而更重要的是联想实验研究的新鲜概念。高尔顿的联想实验很快被冯特以大加改进的方式采纳，冯特那时刚刚在莱比锡建立了他的实验室。

第二个也是同等重要的贡献是关于“心理意象”①的一次广泛研究的发表（也在《人类才能研究》一书中）。研究是用调查表的方法而不是依靠实验；实际上这是调查表第一次在心理学上的广泛应用。高尔顿向受试提出：

> 在回答反面一页上的任何问题前，想一件确定的东西——假设它是你今天早上坐在桌边时的那张早餐桌——并仔细注意在你的心视（mind's eye）前出现的画面。(1) 明亮度——表象是暗淡的，还是相当明亮的？它的明亮能否比得上真实情景？(2) 清晰度——是否所有的东西在同一时间都能相当清晰地分辨出来？或者轮廓最分明的地方是否在任何时刻比在一个真实情景中更缩小？(3) 色彩——瓷器、烤面包、面包皮、芥末、肉类、欧芹或桌上可能有的任何东西的颜色是否十分明显和自然？

---

① 费希纳曾经报告过几个个人的意象（1860，vol. 2，pp. 469ff.）。

有关这一实验最值得注意的一点是定量方法的运用。表象按其强度或同感觉的近似程度被排列在从 0 到 100 的序列中。高尔顿得到证明，有些人在一定的领域没有任何意象。甚至有些著名的画家的回答也很少或没有视觉意象。然而也有一些人，他们共同的经验则是出现过像完满的幻觉一样强烈的表象（The Society for 141
psychical Research，1894）。意象的研究，像联想实验已经做到的那样，适宜于作为一个实验问题作精心的改进；在这一世纪结束前，关于意象的调查在德国的和美国的实验室中便成为一个标准的问题。对于个人差别的研究，意象证明是内容最丰富的领域之一。而对于不能用码尺测量的资料，要取得统计学的处置，这样的尝试对于心理学来说是非常重要的。高尔顿在意象问题中像在大部分其他问题中一样，主要关心的是要确立遗传的相似性；例如，他指出，兄弟姐妹间的相似性比随便选定的个人之间的相似性更大些。

在这方面也像在其他方面一样，要排除环境差别的影响是不容易的。没有什么途径可以排除家庭传统的影响。一个律师很可能把他的儿子也培养成一个律师；而且家庭中有法律的气氛，并受到社会力量和经济力量的助长。这样的环境因素甚至在意象这样的特性中也有可能引起相似性。高尔顿为了部分地解决这个难题，集中注意于遗传问题中极关重要的孪生相似的事实[①]。虽然当时有关遗传的机制还很少为人理解，高尔顿却知道孪生子比别

① 桑戴克、盖塞尔、纽曼、加德勒等许多人已经实现了高尔顿的理想：以定量概念说明孪生子智力相似问题。

的个体继承了更多共同的东西。他确实搜集了一些值得注意的有关孪生子的轶事，他们容易感染同样的疾病，或者，虽然分离了几个月，却死在同一天等等。

他认为“遗传和环境”是一个实际的社会问题，而优生学运动则是他亲自完成的事业。高尔顿所制定的优生学的目的不仅在于排除不适宜者，而且在于通过生物学法则的研究和运用达到人种的普遍而系统的改善。斯宾塞曾从社会的和道德的角度讨论人类的未来，实际上并没有估计到生物学方面的因素。达尔文使我们认识到，进化不仅涉及物种的变化，甚至还涉及某些种系的消亡和另一些种系的增加。高尔顿问，是否有可能确立一个新的生物学基础，以建立一个更适当的社会组织。这一优生学计划就其社会成就而言仍然无足轻重。但是，这种优生学一直是富有意义的，因为它提醒善于思考的人类更加警惕可能出现某种符合生物学原理的危险，即由于有缺陷的人的大量繁殖和有天赋的人的相对减少而引起的危险——要防止这种危险倾向就要有能够同这个问题的重要程度相称的研究。在高尔顿的时代，甚至在以后的半个世纪，人们常常设想，那一时期上层社会的幸运儿在本质上和由于遗传必然比其他阶级和其他种族“优越”。近几十年来，调查研究和舆论对于这种一大群人比另一群人优越的说法已经进行了反驳，但
142 却支持这样的信念，即在每一种族自身范围内，**个人**差异是极为重要的。

在这项工作的全过程中，像我们在几个例证中已经看到的那样，高尔顿是以定量方法思考的，而对于心理学最重要的一步是他对统计科学的巨大贡献。统计学也许可以说是在十七世纪出现的

同出生、结婚和死亡的登记报表有关的一门学科，并由于拉普拉斯、高斯等发现了判定不同规模调查发生误差可能性的方法而有了很大的发展。十九世纪科学在寻求变量间的因果关系中，只要一对一型的因果关系不明显，就不得不充分利用概率论。然而，要阐明两个变量关联的程度，还没有标准的程序。创造这样一种手段的初步——“关联系数”就是高尔顿的功绩。

假定他希望找出身高和体重的关系。这种关系当然不是完全一致的；有些人五呎八吋高却比有些五呎九吋的人重。然而他能极少差错地预言，第一组一百人的平均体重将比第二组一百人的平均体重轻些。为求得像身高与体重这种变量关系的定量说明，他发明一种测定相随变动的初步关联关系法。他画出了熟悉的互相垂直的 X 和 Y 轴线（像在解析几何中的一样）并在两条轴线上都标志出计量单位。让我们先来看看一个理想的例子，两变量间完全一致的例子：假如测量这两个变量所得的数字是成比例的，把记录下来的数据以图表表示就给我们提供了一条从 X 轴以 45°角画成的直线。假如我们发现身高增加而体重并不增加，我们在 X 轴上增添几个单位而在 Y 轴上一个单位也不增添；就没有关联关系。介于这两种情况之间的是在 X 和 Y 轴线上看到的数目字虽然一起变动但不是一比一的变动。

但是处理像身高和体重这样的变量实际上是相当复杂的问题。在一百个人当中，可能有，比如说，几个人是身高相同而体重各异的，而且，虽然身材越高一般也意味着身体越重，但也会有许多在平均体重以下的个人身高却在平均水平以上。这些一般倾向的例外将“降低关联关系”。那么又怎么才能准确地测定两者的关系呢？皮尔逊，高尔顿的学生，发现可以把高斯的“最小平方理论”应用于这一问题。他发现在测定一个关联关系时，我们可以取 X 偏差数与 Y 偏差数的乘积，并用代数法使这些积数相加。趋向于肯定的或正关联关系的就是一个在体重与身高两方面都超过平均值的人；趋向于否定的或负关联关系的是一个在一条线高于平均
143 值而在另一条线低于平均值的人。皮尔逊的公式在十九世纪最后十年制定出来，取代了高尔顿的图解方法，使关联关系有可能从 -1 经过 0 到 +1 的规模上得到说明。它使任何两个可测变量间的相互依赖程度或者自然也包括它们与某一个或某一些其他因素间的相互依赖程度有可能做出定量的说明[①]。

社会科学中的进化论

进化论还在许多方面深刻影响了姊妹科学——人类学、社会学和经济学，一般趋向于使这些科学的主题更为心理学者所关心。在社会科学中，像在自然科学和生物科学中一样，进化的观念已经是很熟悉的了；在达尔文以前很久，进化观念就是研究社会生活现象的流行方法。但达尔文主义给它以力量，给它以合理的基础，以及大量经验的资料，并从而给予它在别的情况下不可能达到的声誉。

进化思想，就这一词的广泛含义来说，出现在德国旅行家巴斯

① 它并不证明因果关系，但它确实能测定“相随变动”，这种相随变动只要有因果关系存在就必定会出现（虽然也许被掩盖着）。

蒂安和拉策尔的著作中。拉策尔的书，在这一世纪下半叶之初出版，把人类风俗描写为适应种种环境的方式。在这一著作之后到来的是斯宾塞通过许多分散的合作者做出的世界范围的资料汇编(1873—1885)。然而，他的著作不像是归纳法的，不如说他是一心要为他认为是人类制度必由的进化体系搜寻佐证。斯宾塞认为社会制度经历一定顺序的**阶段**；认为在经济和社会结构的变化背后隐藏着发展的基本法则。这是对人类学资料的第一次明确的进化论研究。

L. H. 摩尔根(1877)提出一个与此有关的学说，认为人类文化从野蛮状态到较高级的文明状态是经过逐步发展而来的。这一学说特别受到马克思和他的信从者的热烈欢迎，他们从辩证唯物主义的观点出发采取了一种类似的立场。

泰勒的著作表达了一种稍微不那么极端的进化论(1871)。泰勒的中心问题，作为他最大的贡献而著称的问题，是同这样的学说联系着的，即宗教是从原始心理的一定属性发展而来。他的**泛灵论**认为，原始人普遍认为世界是一群有生命的存在物。自然的力量，一切看到的事物，对人或是友好的或是不友好的；他们似乎是有人格的，有生命的，或“有灵魂的”。在一个人、一朵花、一块石头和一颗星星之间，在涉及他们有生命本性的范围内，是不加区分的。假如一个人从一块石头上滑下来，使他摔了一跤，这石头就是 144
恶意的。或者他去钓鱼，一撒网就大丰收，这必须归之于某一自然神的恩赐。他认定最明显的东西，也许是那个湖泊，加以崇拜。而且，人和动物的灵魂，对原始人说来，是同身体相分离的东西。像酒可以灌进瓶子或者倒出来，灵魂在睡梦中在他看来似乎也进入

身体或离开身体。这一泛灵论被说成是在原始人中普遍存在，而且在他们的思想中是很重要的。这的确是对心理人类学的一个划时代的贡献。宗教和巫术被赋予一种简单的和普遍的心理学解释。同泰勒的这一学说相伴的是强调一种名为“平行论”的文化发展理论，它断定，在文化处于同等发展水平的地方，风俗习惯的形成在不同的集团中也不谋而合。任何两个部落或民族环境相似时，这些民族必然趋向于发展同样的适应性。

到这一世纪的末尾，大量资料出现，其作用是逐渐损害了这一较为天真的进化观点。特别是，有事实证明，许多这种“平行论”的例子都不是由于不同集团对于相似环境的适应，而是由于部落之间的模拟或“传布”。[①] 传布的可能性使每一个据说的事例有必要再做批判的和归纳的探讨。促进对人类学进化沦进行修正的同样重要的另一因素是发现社会必经的一定顺序的阶段是找不到的；对于不同的社会，经历的阶段也不相同。进化概念的运用有它的价值；它的弱点本身有助于使我们认清必须顾及文化变迁类型繁多的事实。并有助于使人类学家辨明方向，认清他们的学科只有沿着这一方向前进才有可能变成一门归纳的科学。在我们的时代，人类文明的进化观已经被引到复杂化的新高度，特别是在怀特(1949)和他的信从者们的著作中。

大致雷同的发展在社会学中进行着。第一批杰出人物之一是奥古斯特·孔德。在十九世纪第二个二十五年，他由于一种和他定

① 而且，许多假定的平行论例证经过更严格的审查证实不过只包含最表面的相似。

名为“**实证主义**”(1830—1842)的哲学有关联的简单而明确的进化
理论而闻名。他的观点部分是对法国哲学家的唯心论的反作用,
是对实验方法,对客观性和确切性的追求。孔德在社会理论中的
巨大影响主要是由于约翰·斯图亚特·米尔的努力。孔德的进化论
可以概括为几句话:人类进化有三个阶段:神学阶段、玄学阶段和
实证阶段。社会的重建只有使人类从玄学中解放出来,树立直接
依赖经验的习惯才能实现。尽管这个学说非常简洁,它在社会理 145
论上却有很重要的意义,适于同其他形式的进化论联合,大大促进
了以社会的能动概念代替社会的静止观。孔德还以现代行为主义
精神极力贬斥内省方法;假如他曾提供一个研究方案,他本来可以
被公正地称之为第一个行为主义者的。

另一个伟大的社会进化论者是卡尔·马克思,一位对于同时代政治经济学的激进批评家。他同恩格斯合著的《共产党宣言》(1848)和他的《资本论》(1867)是“关于历史的经济学解释”的阶梯,认为社会的变迁主要是经济规律作用的结果,这种经济规律来自新的工业技术的发展和经济阶级的斗争。马克思是许多在达尔文之前阐明我们可以称之为“经济进化论”的人物之一。对于心理学来说,他的重要性在当时虽然很小,但在俄国大革命以后大为增强。

进化理论在语言科学方面也很突出。马克斯·米勒是大学体制最杰出的产儿之一,这个体制正如我们所看到的那样是十八世纪后期和十九世纪早期语言科学的摇篮。米勒关于印度、欧罗巴语系逐渐分化的研究可以作为十九世纪德国语言学著作的一个范例。同这样的语言学著作密切相关的是关于神话和在宗教经典中

作为范例提到的早期亚利安族宗教及其发展阶段的研究。

另一门社会科学,同我们关系尤为密切的是斯汤达尔和拉扎鲁斯的"民族心理学"("folk psychology")。在一本1860年出版的杂志中,他们发表了有关许多民族民间传说、风俗习惯和宗教的大量材料。他们的著作预先假定存在着种族基本心理的不同,由于这样的缘故,譬如说,挪威人看事情就和意大利人或美洲印第安人不同。他们认为,形成一个种族成员心理上共有物的聚集的因素是"社会心理"。他们实际信奉的是一种与社会团体中个人所有的社会心理不同的"社会心理"理论。他们还注意研究社会心理从一种类型过渡到另一种类型的问题,而他们收集的材料对于进行思想的交流做出了一份贡献。他们的著作作为十九世纪末期"民族心理学"和"社会心理学"的背景也很重要,这些将在下文加以探讨。

总之,我们可以说,进化论已经在十九世纪社会科学的种种理解和探讨中深深扎根。但是,这有很多是在达尔文之前的进化论。社会科学家在散布社会变化和进步的思想方面开辟了道路。人们确信,人类的命运可以就在此时此地由人类自己改善。新的求取进步的法则被设计出来,人们这样做所怀抱的炽热感情和目的论
146 笃信不亚于早年对特创说所取的态度。但是达尔文进化论的基本原理和进化理论历史发展的教训还没有透彻地为人理解。各种新的进化思想的混合物并不经常估计到那在零乱变异的自然选择中出现的连续不断而又错综复杂的多维性,而最重要的是,并不经常估计到科学的方法和对自然的科学理解(包括对人性和社会变化的理解),这种理解是通过思想与事实的相符而发展的——而思想

本身则是受逐渐的进化所支配。

参考书目：

Bethe, A. "Dürfen wir den Ameisen und Bienen psychische Qualitäten zuschreiben?" *Archiv für die gesamte Physiologie*, 70(1898), 15—100.

Buffon, G.-L.-L. de. *Histoire naturelle*. 44 vols. Paris: Imprimerie Royal, 1749—1804.

Comte, A. *Cours de philosophie positive* [*System of Positive Polity*]. 6 vols. Paris: Bachelier, 1830—1842.

Cuvier, F.-G. *Recherches experimentales sur les propriétés et les fonctions du système nerveux*. Paris, 1842.

Cuvier, G. *Le Règne animale*. 20 vols. Paris: Fortin, Masson, 1769—1832.

Darlington, C. D. "The Origin of Darwinism." *Scientific American*, 200 (1959), 60—66.

Darwin, C. *The Origin of Species*. London: Murray, 1859.

——. *The Descent of Man*. 2 vols. London: Murray, 1871.

——. *The Expression of the Emotions in Man and Animals*. London: Murray, 1872.

Darwin, E. *Zoonomia or the Laws of Organic Life*. 2 vols. London: Johnson, 1794—1796.

Dugdale, R. L. *The Jukes*. New York: Putnam, 1877.

Fabre, J.-H. *Souvenirs entomologiques*. Paris: Delagrave, 1879—1907.

Fechner, G. T. *Elemente der Psychophysik* [*Elements of Psychophysics*]. Leipzig: Breitkopf and Härtel, 1860.

Forel, A. ... *Les Formicides*. Paris: Imprimerie Royal, 1891.

——. *The Senses of Insects*. Translated by P. M. Yearsley. London: Methuen, 1908.

Galton, F. *Hereditary Genius*. London: Macmillan, 1869.

——. "Psychometric Experiments." *Brain*, 2 (1879—1880), 149—162.

——. *Inquiries into Human Faculty and Its Development*. London: Mac-

millan,1883.

Hobhouse, L. T. *Mind in Evolution*. London:Macmillan,1901.

Lamarck,J.-B. *Philosophie zoologique* [*Zoological Philosophy*]. 2 vols. Paris:Baillière,1809.

La Mettrie, J.-O. de. *L'Homme machine* [*Man as Machine*]. Leyden: Luzac,1748.

147 Leroy,C.G. *Lectures philosophiques sur l'intelligence et la perfectibilité des animaux*. Paris:1802. London:Chapman and Hall,1870.

Linnaeus,C. *Systema naturae*. Lugduni Batavorum,apud Theodore Haak, 1735.

Loeb, J. *Der Heliotropismus der Thiere und seine Ueberstimmung mit dem Heliotropismus der Pflanzen*. Würzburg:Hertz,1890.

——. *Forced Movements, Tropisms and Animal Conduct*. Philadelphia: Lippincott,1908.

Lubbock,J. *Ants,Bees,and Wasps*. New York:Appleton,1882.

Lyell,C. *Elements of Geology*. Philadelphia:McKay,1839.

Malthus,T. R. *An Essay on the Principle of Population*. London: Johnson, 1798.

Marx,K. *Das Kapital* [*Capital*]. 3 vols. Hamburg:Meissner,1867.

Marx,K.,and Engels,F. *Das Kommunistische Manifest* [*Communist Manifesto*]. London:Communist League,1848.

Mendel, G. J. "Versuche über Pflanzenhybriden." *Verhandlungen des Naturforschenden Vereins Brünn*,4 (1866),3—47.

Morgan, C. L. *Animal Life and Intelligence*. London: Arnold, 1890—1891.

——. *An Introduction to Comparative Psychology*. London:Scott, 1894.

Morgan,L. H. *Ancient Society*. New York:Holt,1877.

Ray,J. *The Wisdom of God Manifested in the Work of Creation*. 2nd ed. London:Smith, 1692.

Romanes, G.J. *Animal Intelligence*. New York:Appleton, 1883.

Society for Psychical Research. "Census of Hallucinations." *Proceedings of the Society for Psychical Research*, 10 (1894).

Spencer, H. *The Principles of Sociology*. 8 vols. London: Williams and Norgate, 1873—1885.

Steinthal, H., and Lazarus, M. *Zeitschrift für Völkerpsychologie und Sprachwissenschaft*, 1—30 (1860—1890).

Streseman, E. "Baron von Pernau, Pioneer Student of Bird Behavior." *Auk*, 64 (1947), 35—37.

Tylor, E. B. *Primitive Culture*. London: Murray, 1871.

Wallace, A. R., and Darwin, C. *Linnean Society Journal* (1858). (Joint essay read July 1, 1858.)

White, L. A. *The Science of Culture*. New York: Farrar, Straus, and Young, 1949.

Willughby, F. "The Ornithology of Francis Willughby." *Wherein All the Birds Hitherto Known Are Accurately Described*. J. Ray, ed. London: Martyn, 1678.

148

第十章　精神病学从皮内尔和麦斯美到夏尔科

难道你不能照顾一个精神病人？

莎士比亚

精神病的史话主要属于医学史而不属于心理学史的领域；但是医学和心理学两者都反映着西欧理智发展和现代研究精神喧阗兴起的共同根源。从人类最初觉察到“病”，医学就是一种应用职业，它的不可避免的迟滞不前和新心理学的实验方案与理论设想对于实际应用的不大注重这两个方面从一开始就必然会形成直到今天还没有完全弥合的巨大罅隙。

在十八和十九世纪，有关精神病形态的描述及其分类的研究是多种多样的。尽管临床观察愈益明确地指出脑在精神病理学中扮演的角色，却没有什么重要发现特别指出人体结构上的因素和生物化学的因素在精神病中所起的作用。公众极愿迅速看到一个“疯子”就像一个小偷那样给戴上刑枷，于是，精神病患者被投入监狱和救济院，或作为奇珍异物或实例教材游街示众。监禁和惩罚的手段（用绳索、铁链捆缚，或监禁在囚笼里等等）一定会使我们大为惊异，要不是在我们的精神病展览馆里仍然陈列着仅仅在几十年以前还在使用的这一类东西。疯子和智力有缺陷者往往不被看成是医学问题。没有人关心他们，也许道德学家、小丑或在“伯德兰”（“Bedlam”）（即伦敦伯利恒皇家病院）工作的虐待狂看守人是例外。

有了这样一个背景，怜悯的调子和人道主义的调子听起来就更令人惊讶了。法国、英国和美国的一些大师曾试图寻求自然主义的看法——即设想疯狂或癫痫病或极度失调究竟是怎么一回 149
事。到法国大革命的时候，人道主义者已经为此准备好了土壤。法国大革命一爆发，就有一种态度上的大转变——在探求自然的起因中转而研究根本人性问题——开始迅速传播开，这绝非偶然。伟大的皮内尔在比塞特砸开疯人镣铐的同时，也提出了一种有关精神病起因的详尽分类法。把主张中邪说的精神病学——认为精神病是魔鬼引起的——的残余扫除在一边，他探求自然的根源和物质的原因是怎样起作用的。他的后继者埃斯基罗改进了这一分类法。同时，我们深感惊愕的是发现，我们今天可以称之为精神病的**心理学**解释的研究（Burton，1621；Mordeau de Tours，1840）那时就已在进行，描述种种精神病心理的精神病学在形成中。

当埃斯基罗在法国居于支配地位的时期，德国精神病学开始重视已完成工作的重要，在十九世纪的第二个二十五年中有一些德国医生对分类问题做出了贡献。他们当中为首的是格里辛格尔，他的著作尤其详尽和细致。他根据人身病理学的明确概念设想精神病。这一世纪其余的时间，着重点一直在体质因素和心理因素之间变换。体质因素概念所以重要不仅在于指出某些机质性精神病的病因，而且在于唤起医生注意，疯狂是**医生**的课题。在随后的一个世代，新的分类体系大量出现（当然，分类大都重视明显症状而不考虑病因)。例如,我们发现有对于名为躁狂症的情况的恰当描述:病人兴奋和激动,语无伦次,并常常得意忘形。像这种状态的平均持续时间以及发作复元后智力障碍的存在等一类问题没有引起足够的重视。格里辛格尔的著作发表以后,跟着是越来越细致的临床类型的划分。在他的追随者中间,临床类型再分为若干新名目,直到某些分类开列出多达三百种的精神病。在这一世纪的第三个二十五年里时钟开始回摆,到世纪末,精神病学在克雷佩林的影响下,趋向于公认约有二十种主要类型的精神病。很值得注意的是,在医生中整个十九世纪都很少认识到普通心理学在这方面能有什么作为,而在心理学者中也很少承认精神病能教给他们任何东西。

150 当我们想到许多献身于心理学课题的哲学家都得到医学学位(在德国、法国和英国的确如此),而有关身心问题的某些最有才华的思想——例如,以洛采(1852)、里博(1883)和莫兹利(1884)为代表的思想——都是根据“医学心理学”的概念形成的时候,上述这一情况就更令人惊讶了。医学的停滞远不可能受到这些创立系统心理学的新尝试的影响,创立系统心理学的尝试也不可能同精神病理学或任何一种医学问题发生十分密切的关系——除非生命科学自身,独立于其应用之外,能够被看成是理解心理学的根本。因此,我们在赫尔姆霍茨的著作中看到有一种对物理学与生理学问题而不是医学研究的侧重;而在洛采的著作中,尽管他有医学学位,则有一种对于作为科学的生命科学的侧重,而不重视作为生命科学的一种实际应用的医学。不过,许多精神病还是逐渐被看成是体质问题了。例如,这一世纪中期,痴呆麻痹症(一般的麻痹性痴呆)中神经系统许多明显的病理改变已经可以从尸体剖验中明确地看出来。在这一领域也像在分类问题上一样,德国的工作胜过法国。

神经学的进展同对疯人的人道待遇运动相辅而行。这对于精神病学是非常重要的,因为神经学知识的增进提供了主要的论据,肯定把疯人由狱吏和救济院主之手交给医生护理是正确的。十九世纪中期以前,疯人医院是罕见的。私立医院少得可怜;而社会对于支持公立医院又不够关心。承认社会有责任关心疯人的公众道德意识首先在美国然后在几乎所有已经受到工业革命冲击的国家中确立起来,这主要是一个人——多萝西娅·迪克斯(D. Dix)的工作。

多萝西娅·迪克斯是一位长年有病中止活动但具有非凡才能的妇女,她大约在 1840 年开始关心囚犯的处境,并在她自己的家乡马萨诸塞州(麻省)查访监狱和拘留所。条件的恶劣难以言喻,最坏的弊病之一是把许多疯人和低能的人和具有“正常”体质的罪犯监禁在一起。从这个开端出发,她的工作扩展到两个领域,一是改革对待罪犯的机构,一是创办公立的疯人院。她的办法是唤起公众的道德意识和说服立法机关。这些努力的一个结果是,马萨诸塞州为一个疯人院拨出基金;邻近的州很快也跟着这样做起来。迪克斯小姐沿大西洋岸而下到南方诸州,所向披靡,立法机关一个接一个宣布投降。三十年内,二十个州都已建立起这样的机构。
由于身体经常处于虚弱状态,感到有必要避免病倒,她到了英国。151
但发现在苏格兰还没有公立的疯人院,她又继续行动使国会通过法案以创设这样的机构。“她扩展她的工作到海峡诸岛,然后又到法国、意大利、奥地利、希腊、土耳其、俄国、瑞典、挪威、丹麦、荷兰、比利时，以及德国的一部分。她对日本驻华盛顿代办（Arinori Mori）的影响最终导致两个疯人收容所在日本的建立”（Encyclopaedia Britannica，p. 346）。在历史上还很少有这样的事例，一个如此规模的社会运动竟然能归功于单独一个人的工作。①

心理缺陷

1798年一群法国运动员在阿维龙发现了一个大约十岁的男孩，他似乎是过着“野生”的生活没有同人接触过（许多这样像动物一样的“野生”弃儿是史有所载的）。他被带到巴黎，转交给伊塔尔，一位善于训练聋子的专家（1894）。伊塔尔的观点深受联想主义心理学的影响，其原理，读者可能还记得，是认为经验是一切心理能力的基础，一切心理成长都要以经验来说明。成年的智力是由感性经验的积累构成的。伊塔尔发现考验这一理论的机会到来了。这里有了一个孩子，他显然很少智力，很少观念。也许，给他更多的观念，他的智力就会提高吧。伊塔尔开始工作，极勤勉地操劳五年企图使这个可怜的弃儿成为一个社会的人。他没有成功，并悲观地向科学院报告说这个孩子简直无法训练。著名的皮内尔曾预见到这个结果，预言只有使这个孩子排除内在的心理缺陷，伊塔尔才会成功。但是科学院拒不认为伊塔尔的工作是一个失败；

① 她的许多其他杰出成就——如监狱改革，在为身心有缺陷者服务的工作中同豪的合作，1861—1865年任美国陆军总护理等，在弗兰西斯·蒂法尼的《多萝西娅·迪克斯的一生》（1890）中有所描述。

对于伊塔尔在帮助这个孩子形成一些有益的习惯中取得的肯定进展，他们有很深的印象。伊塔尔继续关心智力逊常的人的问题，直到一个青年人塞甘来到他的门下，后者日后注定要成为十九世纪训练心理缺陷者最著名的人物。在三十年代，塞甘由于他自己的成就而著名。他的着重点主要在他称之为“生理学的方法”上，在感觉机能和运动机能的发展上。受试要首先通过明亮的色彩、持续的声音等等的刺激接受教育。要使他沿着线路和在梯子上行走等等以接受运动控制的训练。塞甘认识到要使低能的人达到正常智力水平是无望的，只能以发展他们所具有的能力为目标。1842
年，他成为 1828 年在巴黎建立的一个训练低能者的机构的主管 152
人，但不幸他不久便陷入业务困境而不得不放弃他的职位。

然而，发生了一件事使他的事业在别的地方有了转机。波士顿珀金斯盲人院的塞缪尔·豪博士[*]在他的工作中曾发现受心理缺陷影响的盲儿不可能像具有正常智力的盲儿一样以同样的方法加以训练。他认为塞甘如果能来美国教授训练低能人的方法对于他一定是一个合适的人选。塞甘接受了这一邀请，并在二十年中在改进训练方法和建立心理缺陷病院运动两方面都做出了巨大的贡献。接着，在迪克斯小姐和其他慈善家的帮助下，豪在 1848 年取得了一笔基金用以训练一些低能儿童。为低能者设立的院校迅速在美国各地涌现。

---

[*] 第一版注：豪是我们历史上最生动的人物之一。他积极参与使希腊从土耳其压迫下获得自由的革命运动；几年以后，在进行一次考察欧洲照顾盲人方法的旅行中，他又试图携带美国人的捐款去帮助波兰人反对普鲁士的斗争。后一项事业导致他的被捕和入狱，直到美国驻巴黎的大使出面干预。——译注

随着法国的倡导，一个类似的运动在欧洲蔓延。瑞士在这方面具有特殊的意义，因为沿着它的南部边界流行一种名为白痴的特殊类型心理缺陷。拿破仑曾试图以迁移家族来根绝引起这种病症的条件(由甲状腺缺陷引起)而未能奏效。白痴的严重问题引起一位年轻医生古根比尔的献身，他于 1842 年在山区高处建成的移民点从事有关这些缺陷患者的系统研究和教育工作。白痴在一定高度之上还没有发现过。这是现在广泛流传的照顾缺陷病人的“移民”制度的开端。泽格尔特在管理柏林的一所聋哑学校中遇到了豪不得不面对的同样问题；聋子中的心理缺陷患者需要以特殊方法训练。他不仅制订出教育的方法，而且在柏林 1845 年创办成功一所教育低能者的院校，这导致在德国许多邦中类似院校的迅速建立。在英国，1848 年在派克豪斯和海格特建立心理缺陷者之家，接踵而来的是其他公众资助的机构。争取公众承担责任照顾心理缺陷患者的运动在这一世纪的第三个二十五年里取得了迅速的进展并在继续取得进展。

心身医学的诞生

尽管医学和心理学之间存在着上述距离，十九世纪下半叶自然科学和生物科学的发展，仍然使医生们越来越觉得有希望通过对身体原因的了解来治疗精神病。他们因此觉得有了一种比上一
153 世纪流行的看法多少更乐观一些的看法。不过，由于他们偏于身体原因的研究，他们在解决医学问题中几乎不可能系统地探求心理的原因。心理的现实在一个医学问题中可能是一个结果，而不

是一个原因。

这整个问题已经由于十八世纪和十九世纪早期围绕“动物磁性”展开的斗争而得到了极好的说明。医生和天文学家帕腊塞耳苏斯(1490—1541)*认为，他已经发现在天体和磁性之间有一种关系，而这些关系可以用之于增进人的健康。范·赫尔蒙特说，“动物磁性”能够被一个人引导到另一个人身上。十七世纪，巡游医士格雷特雷克斯吸引了很多群众观看他的“磁性”治疗。可敬的科学是不愿意受人左右的。没有一个人认为格雷特雷克斯或范·赫尔蒙特的疗法可能是“心理上的”。这些疗法如果不是物理的就什么也不是。这就为麦斯美的出场准备了舞台。麦斯美是一位奥地利医生，大约在1760年，读到了帕腊塞耳苏斯的著作，而且显然完全赞同有来自天体的磁性影响的说法(1766)。大约在1770年，他亲眼看到了一次明明白白是用磁化金属版实施的治疗表演。1776年他遇见了一位名叫加斯纳的牧师的表演，加斯纳使他信服人手像金属版一样也是一种有效的磁化手段。“动物磁性”一词指的就是人体的这种磁性影响。麦斯美到了巴黎，那里，作为世界学术中心，所有人的眼光都转向任何一位有某种新观点要传布的人。他很快就得到了遭受各种病痛的患者的欢迎。“麦斯美术”风行一时。

他的作业的中心是——baquet**，即一个盛着磁化铁锉屑的桶，患者坐在四周。金属棒从桶中伸向不同的方向。磁力影响据

* Paracelsus，1490年生于瑞士，1541年死于奥地利，瑞士化学家，医生，曾采用毒剂作为医药。——译注

** baquet，法语，意为桶或盆。——译注

说从铁屑经由铁棒过渡到患者身上。关于这些患者的感受有一些描述。他们有些人阵阵痉挛，或叫喊起来。在这些叫喊以后，他们很多人的病就好了，至少好到足以保持麦斯美很高声望的程度。

他不久便面临来自医务界的严重抗议，诬蔑他是一个骗子。组织了一个皇家委员会来调查他的工作的价值。这一委员会的成员包括大化学家拉瓦锡和新组成的美利坚合众国的大使本杰明·富兰克林。委员会研究了麦斯美的工作以后，并不反驳治愈的说法；他们集中注意于动物磁性说的理论。病的治愈，他们说，不是由于磁性，而是由于患者的"想象"。这一否定报告的结果是，麦斯美不得不离开巴黎。但磁化金属和手在治疗学上的运用继续保留下来。

麦斯美的主要追随者是马尔基·德·皮塞居，他的重要发现是，有可能使患者陷入一种安静的似睡状态，醒过来以后就会觉得病
154 情好转。皮塞居在苏瓦松发现，不仅人的手，而且树木，也能被"磁化"。假如病人站在这些树下，就能取得疗效。接着，富兰克林做了一个实验，告诉病人某些树已被磁化。有些病人站在这些树下，也像那些在皮塞居的磁化树下的人一样有效地治好了病。在富兰克林看来，这就是有力的佐证，说明"想象"是一个充分的解释。然而，麦斯美的追随者们仍然继续他们的工作。

1820 年后不久，对麦斯美术的普遍强烈兴趣的另一个阶段引起了第二次医学调查。这一运动这时已扩展到德国、英国和美国，受欢迎的表演到处举行。麦斯美术变成一个国际问题；从医学观点来看，一个国际的讨厌东西。新的委员会花费了几年时间研究麦斯美疗法及其结果。他们报告说，治疗确实有效，而且还有一些远远超出当时医学范围的特别现象。不说一句话就能在两个心灵之间传递思想，读平常无法阅读的密封的信，“感觉的互换”——用指尖代替视觉等——以及其他后来由心灵研究所探讨的类似现象。然而，委员会关于“动物磁性说”的性质没有得出明确的结论。这个报告惹起了极强烈的异议，不仅因为它强调治疗确实有效，而且也因为报告涉及的奇迹——心灵感应，超人洞察力(Clairvoyance)，和感觉的换位——被这些反对者认为是欺诈的例子。解释这些治疗的最简单的方法是说它们都是以欺诈和幻觉为基础。第三个委员会被任命了，它达到了一个同医务界人士更相一致的结论，强调指出，“动物磁性说”本身是一个戏弄。麦斯美术陷入甚至更为严重的毁誉。它始终未能再取得一个立足点，而现在它已被抛到九霄云外去了。

并不是它失去了受人欢迎的吸引力。在英国的麦斯美追随者中，领头的人物是埃利奥特森，一位医生，他相信这个方法的价值，并力求取得医学界人士对它的好评。他非常相信麦斯美疗法，使他自愿地把有关现象交给怀疑的人加以审查。他“磁化”一个硬币；接着把这个硬币加在一个患者的身上，这个患者就会觉得好起来。他在一个医学刊物(The Lancet)的一位编者面前进行了表演，后者做了一次同富兰克林的实验非常类似的实验。发现唯一必需的条件是患者要**相信**硬币是“磁化”过的；而埃利奥特森的“磁化”有没有都一样。麦斯美术已经衰败了，但是，由于它同颅相学的联合而更为衰败。既然手有磁力影响，就有议论说当手接触到颅骨的特定部位时，在这部位下面的脑区就会被扰动而发挥作用。155
麦斯美术和颅相学的这一联盟，在埃利奥特森的杂志《颅相—磁》

中受到了捍卫。

虽然埃利奥特森争取麦斯美疗法得到公认的努力并不成功，却有消息传到英国，说埃斯代尔在锡兰通过麦斯美催眠迷睡的诱导进行了几百次成功的手术，这种方法已经为当地外科医师所采用。这是对孤单的埃利奥特森的支持。可是，凑巧的是，这些报告和来自美国的关于用普通麻醉法进行手术取得成功的报告（三氯甲烷和乙醚在四十年代都已经通用）几乎同时到达，而普通麻醉法在采用和控制上都比催眠法简便，因此，先一步占领了阵地。

但是，一位曼彻斯特的外科医师布雷德的工作带来了转机。他在1841年亲眼看到麦斯美术的表演，引起他一长串的思考、怀疑和实验。他后来生动地描述了一位年轻妇女的情况，她在麦斯美式的迷睡中给予这些奇迹以充分的证明：

> 当“信奉与友谊”部位被触及时，她拥抱我，而当头部另一侧“好斗性”官能受到刺激时，她就用那一侧的手臂打击两位先生（她以为他们要打我），用了那么大的劲，几乎把一个人打倒在地板上，而这时她仍然以另一只手臂以极友好的方式拥抱着我。在“仁慈”控制下，她似乎满怀同情；在“财欲”支配下，她贪婪地偷窃她能抓到的一切，这些东西当我刺激起（她的）许多其他表现时她都一直抓住不放，但是一当我的手指触及“道德意识”部位时，她就像受了惊似地把她偷到的一切东西都扔在地板上，并号啕大哭起来（1843，pp. 135—136）。

布雷德起初对于催眠者似乎诱导成功的全盘心理疗效的真实性都抱怀疑的态度。经过他自己的实验，他变得信服了，认为确有一些真实的现象需要阐明，不是以磁性原理，而是根据生理学的道理来解释。他试验了种种方法诱使患者进入催眠者诱入的迷睡状态并发现肌肉疲劳这样的生理因素是起作用的。来自一位颇有名望而一度又是一个完全怀疑派的外科医生的这一生理学方面的强调，正是要赢得医学界舆论重视所必需的。“催眠术”一词，及其对睡眠这么普通而又自然的事情的注重，标志着观点的转移；布雷德并用实验表演邀请怀疑者自己进行试验。催眠术在这个世纪中期以后不久就开始为医务界人士所接受。甚至在皮塞居的实验五十年以后，仍然很少有著名的医生会接受催眠现象的任何解释，除非说在实验者一方或受试一方或双方是欺诈；而在布雷德以后，一个真正生理学和心理学问题的存在开始得到普遍承认。不过，布雷德 156
自己终于又看出生理学假设的不充分并强调了心理的因素，如暗示。①

接着迈出一大步的是南锡的利埃博尔(1866)，在利埃博尔和他的学生贝恩海姆看来，“暗示”是这样的一种作用，它使患者能在一种直接导致新的信念、态度和行动的方式中接受某些思想。不仅可以在患者身上引起暂时的变化，而且，由于相信催眠者关于健康的暗示，患者似乎在许多方面得到了治疗。贝恩海姆特别强调癔病的症状(机能性失明，机能性瘫痪一类)可以这样理解，即患者对暗示的敏感涉及的是他没有能力运用实际上并没有什么器官障碍的机能；既然暗示可以引起病态，那么它一定也能产生疗效。一个遭遇铁路事故的人容易接受暗示认为他的腿受了伤；不论这个

①　暗示论在二十多年前已由贝特朗草拟出概要。但他从未在引人注意方面取得成功；由于这个缘故，是布雷德，而不是贝特朗，具有主要的历史意义。

暗示是别人告诉他的还是由于他自己心中的联想。接着而来的是腿的瘫痪。这些观点变成了“南锡学派”的基石。南锡学派发展了催眠方法，它强调直接的暗示入睡作为诱导催眠迷睡的手段，以代替和布雷德的名字有关的生理的方法。口头暗示是进行催眠实验和对患者治疗所采取的主要方法。贝恩海姆系统研究了大量催眠现象，如机能性的麻木和瘫痪，记忆缺失和幻觉等等，并指出所有这些效应都能够用暗示法在清醒状态时诱发出来。①

但是生理学的观点不可能这么容易地就被排除。在利埃博尔的著作发表几年以后，夏尔科在巴黎鼓吹一种同南锡学派理论分明有冲突的催眠概念(1872—1887)。催眠在他看来是一种生理现象，应该理解为癔病的一种表现形态，而癔病是神经系统的一种疾病，应该同其他种种神经错乱加以比较和对照研究。根据夏尔科的观点，催眠是癔病发作的特殊状况，是研究癔病倾向的最好方法。夏尔科作为巴黎两大精神病院院长的名望由于他对临床方法的采用
157 而愈益增高，这使他有可能成为十九世纪最著名的神经学大师。于是，在麦斯美到达巴黎以后一个世纪，催眠技术成为诊疗神经学的一种方法。夏尔科在法国精神病学和心理学上的地位十分重要，我们还要在概观十九世纪末的法国心理学时再回头研究他。

夏尔科和他的杰出学生皮埃尔·让内发挥了一种一贯的医学的观点，它既是生理学的，又是心理学的。适应的失败来自个体的

① 大约到本世纪初这个学派受到“自我暗示”看法的影响。它标志着一种反作用，反对认为催眠者和患者间的关系极端重要的设想，坚持认为一切暗示都是患者加于自身的。这一概念标志着从“旧南锡学派”到“新南锡学派”的过渡，库埃(1912)是新学派最著名的倡导者。

基本有机构成。例如，让内就把个人看成或者是结构很严密或者是结构很松散的；而如果是后一种情况，像视、听、记忆、思想和意愿等种种成分就可能瓦解，因此，在一种“心因性”危机中，他就丧失了记忆、思考或决断的能力。在这样一个体系中，有必要对每一位患者个人的力量和弱点进行一种心理学和生理学的研究。正如让内所说，生命就像一张资产负债表，患者应变的能力有时同施加于他的要求或压力相等，有时则不相等。从这一相当简单而又极其明了的观点出发，便有可能研究体质因素，研究在重压下屈服的可能和患者一生遭遇的困境以及医生可以采取什么办法来估计和利用每一位患者的弱点和力量(1919)。

但催眠术还有另一项用途，即，作为回想已经遗忘的心灵创伤的手段。我们将看到，弗洛伊德和他的追随者如何强调——以后又放弃——催眠术在回想痛苦经验中的这种作用；但是，称为“催眠分析法”的催眠和心理分析的联合程序在第一次世界大战战后的精神病理学中变得重要起来了。虽然，许多其他因素指向内心冲突和无意识动力的重要性，但催眠术作为理论和作为实际工具的有效性已经在上世纪末和本世纪初大大影响了动力精神病学。

医学理论和实践对于系统心理学的全部贡献的历史不可能在这里都讲清楚。我们在下文还要再回到这个题目上来，那时将谈到现代个性心理学的发展，看一看生理心理学的发展及其同精神病理学的关系，并较充分地重新研究医学同科学的密切关系。

参考书目：

Braid，J. *Neurypnology*. London：Churchill，1843.

Burton, R. *Anatomy of Melancholy*. Oxford: Cripps, 1621.

Charcot, J.-M. *Leçons sur les maladies du système nerveux* [*Clinical Lectures on Diseases of the Nervous System*]. 3 vols. Paris: Delahaye, 1872—1887.

158 Coué, É. *La Maîtrise de soi-même par l'autosuggestion consciente; conférence fait par M. Coué à Chaumont*. 1912.

Encyclopaedia Britannica. "Dorothea Lynde Dix." 11th ed. Vol. 8. 1910.

Itard. J. M. G. ... *Rapports et memoires sur le sauvage de l'Aveyron*. Paris: Bureaux du Progrès Médical, 1894.

Janet, P. *Les Medications psychologiques*. Paris: Alcan, 1919.

Liébeault, A.-A. *Du sommeil et desétats analogues*. Paris: Masson, 1866.

Lotze, R. H. *Medicinische Psychologie* [*Medical Psychology*]. Leipzig: Weidmann, 1852.

Maudsley, H. *Body and Will*. New York: Appleton, 1884.

Mesmer, F. A. *De planetarum influxu*. Vienna: Ghelen, 1766.

Moreau de Tours, J.-J. *Etudes psychiques sur la folie*. Paris: Lacour, 1840.

Ribot, T.-A. *Les Maladies de la volonté*. Paris: Alcan, 1883.

Tiffany, F. *Life of Dorothea Lynde Dix*. Boston: Houghton Mifflin, 1890.

第十一章　冯特和实验心理学的传播 159

成功的实验如海潮之盈。

杰斐逊

生理学在十九世纪中期表现出可观的系统结构的形式，即对那些由成熟的方法观所提供的数据的一种严密组织，这是体现着科学概念的特点的。生物学家开始认识到他应该尽最大可能利用他的实验室；甚至当进化论已成为生物科学的中心时，物理科学的实验室方法也还在运用。因此，生物化学，内分泌学，直到遗传学和分子生物学基本上都是沿着物理科学的路线发展的。有人问黑希特的职业时，他的回答是：一个“生物物理学者，就是说，一个在物理学大厦中工作的生物学者”。他这样说的意思是，生物学家能够用一切可以使他的生物学和他的物理学连接起来的方法武装自己。

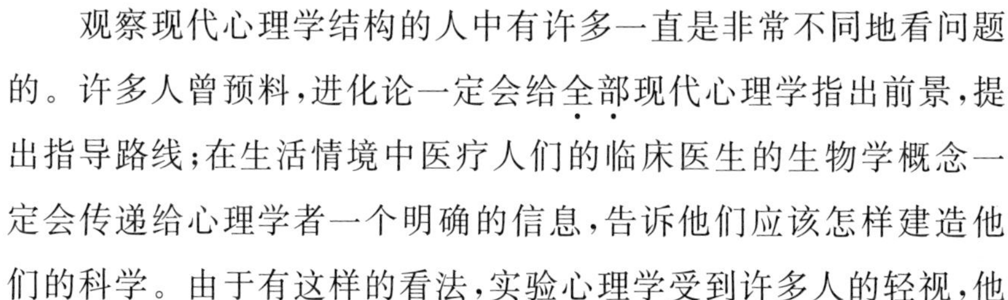

观察现代心理学结构的人中有许多一直是非常不同地看问题的。许多人曾预料，进化论一定会给全部现代心理学指出前景，提出指导路线；在生活情境中医疗人们的临床医生的生物学概念一定会传递给心理学者一个明确的信息，告诉他们应该怎样建造他们的科学。由于有这样的看法，实验心理学受到许多人的轻视，他们认为，科学应以现场观察而不以实验室的试验为基础。实际上，在他们看来，实验室的试验是一种狭窄而且过于特殊化的办法，很少注意到基本的问题。

不幸，这一问题在职业性争论中已经成为主要之点了。自然主义者对于实验主义者的方法常常有许多抱怨，反过来也是一样。甚至在今天，那些视实验室为科学结构中心的人就是那些受过实
160 验室训练的人，这是不足为奇的。另一些人在一种较少受拘束的“思想史”传统中受到熏陶，则认为实验室的探讨是“特殊化的”，也许甚至是“褊狭的”。谁是正确的呢？我们认为，都不正确。科学的途径是为了形成预言性的理论，并以实验的论据来检验理论是否正确。上述争论实际上正是如何构成可以检验的理论和可以检验的范例这个问题的一部分：一个经过实验证实或推翻的特定假说如何对一个理论产生影响？如何对构成那个理论领域的更广博的知识体系产生影响？以及构成实验的证据或否认的是什么？而这一切争论也属于有关“知识社会学”的甚至更大范围的研究，不可能以纯粹的讨论求得解决。

冯　特

威廉·冯特和他的著述的历史首先是这么一个生理心理学家的历史，他在使心理学转变为一种以实验室为基础的科学中取得了那么大的成功，以致心理学一切其他的方面从他的时代以来一直忍受着二流角色的遭遇。

冯特也许是在他的时代那种改造心理学的科学力量最全面的

体现。他作为实验心理学第一所实验室创立者的地位，和他作为聚集在实验室从事研究工作的人的导师所具有的巨大影响，主要是由于这样的事实造成的，即：他是这样一些人物之一，他们善于把握正在他们周围演变的智慧的力量，认识到这些力量的趋向，并着手使之结出硕果。

我们已经看到，十九世纪中期心理学大都结合在**实验生理学**之中。后者包括如视和听，在韦贝尔-费希纳实验中的“感觉强度”的比较，以及种种反应时间研究等一类心理学问题。所有这一类的研究都是在生理学实验室里进行的，但已经开始濡染了心理学思想的色彩。另一方面，发生法也在发展中，这主要归功于达尔文，而不是任何别人。一种进化观通过高尔顿进展到关于联想和表象的实验研究；进化论还鼓励了一种倾向，不仅强调认识过程，而且强调感情和意志过程。这些不同的趋向都综合在冯特的著作中。

冯特在海得尔堡取得了他的哲学博士和医学博士学位，一度是赫尔姆霍茨的实验室助手。1874 年他到苏黎世大学。不久以后他又被召聘到莱比锡担任哲学教授，在那里一直待到 1920 年去世。

1873—1874 年间，他发表了他的不朽作《生理心理学原理》，其中包含着他以后许多著述的基本原理。在冯特看来，“生理心理学”一词指的是一种以**生理学方法**进行研究的心理学。它的着重
点在于生理实验室方法的某些方面。一项纯粹的心理实验须有 161
一个客观上可以认识而且最好是可以测量的刺激，在规定的条件下应用，并产生一个同样是在客观上可以认识和可以测量的

反应。也有某些通过内省加以认识并有时由仪器的使用加以补充的穿插步骤。在这样的公式化过程中，冯特断然同霍布士以来的内省派心理学家分道扬镳。因为，不论是霍布士还是哈特利那样的心理学家（甚至包括像贝恩和洛采那样大量利用生理学的人在内）怎样强调行为，强调引起行为的刺激，他们没有一个人能够完全理解联系客观上可以认识和可以测量的刺激和反应来论述心理活动时所具有的科学含意。然而，在费希纳和赫尔姆霍茨的实验蓝图中作为雏形出现的内省方法，在冯特手中却成为实验心理学者的一个主要工具。冯特认为，有机体的一切完整顺应过程的根本原理都是一种心理物理学过程，是一种可以由生理学和心理学两方面加以探讨的有机体反应。那么，心理学因素和生理学因素的关系如何呢？生理心理学者所关注的是从感官的刺激，通过感觉神经元，到中枢神经系的低级或高级中枢，再从这些中枢到肌肉这样一整套兴奋作用；但是，同高级中枢的生理活动相平行的，是可以通过内省认识到的心理生活的事件。因此，我们应该让心理学同生理学并肩而立，经常从一个刺激开始追踪到一个反应完成为止。生理心理学从头到尾都是一门以经验为根据的科学；它是早已确立的内省方法同从十九世纪生理学借用的方法的一种结合物。

可以毫不夸张地说，实验心理学的概念在很大程度上是冯特自己的创造。许多心理学家曾坚持经验论，许多生理学家以及哲学家，物理学家曾以实验方法探讨过心理学问题。但是只有在冯特到达莱比锡五年以后，于 1879 年专门创办了一个独立于生理学实验室以外的心理学实验室时，这一心理学方法的概念才具备明确的形式。从其直接的技术成果来看，这并不见得有多大的意义，但就其对心理学的影响来说，却有很大的意义。不久以后，于1883年，冯特开始出版一个定期刊物《哲学研究》，内容包括一些理论文章，但大部分篇幅刊登有关实验问题的报告。这一刊物的年度目录是关于冯特及其学派旨趣所在的一个充分说明。他们的旨趣尽管变化很大，但大都是同生理学家一般熟知的问题一致的。

我们可以把冯特的特殊贡献归纳为两大类：第一，他作为一个"系统心理学家"的工作；第二，他作为一个实验主义者的工作。他 162
的心理学体系，他的观点，他所建造的大厦，完全包含在他的详尽理论贡献中，包含在他的实验的组织和实验的成果的说明中。

根据他的生理学观点，冯特肯定有为反射和本能所依据的遗传生理机制存在。当涉及意识的时候，他假定在大脑皮质的兴奋和感性经验的一种相应形式之间有一种一对一的关系，一种对应现象。感觉是经验的最基本的形式。感觉是当感官受到刺激和内导冲动到达大脑时所唤起的。这些感觉可以根据它们的感觉道（视、听、嗅等）或它们的强度，或其他特征如经久性和广延性等加以区分。在感觉和表象之间没有根本的区别。表象（image）也同皮质中的局部兴奋有联系。除这两组元素外，还有可以称之为"情感"（feelings）的质。在这一项目下包括既非来自任何感官又非来自感性经验的复生的一切经验的质。正如有大量可能存在的基本感觉一样，我们也很难说究竟有多少可能存在的情感。但是，情感是可以区分的。在1893年出版的《生理心理学》第四版中，"情感的三度说"出现了，大意是，情感可以区分为愉快的或不愉快的，紧张的或松弛的，兴奋的或压抑的。某一特定的情感可以在同一个时间是愉快的，紧张的，而又是压抑的。

还有一种类型的基本经验是冯特在他的早期著作中采纳的。这就是由神经支配的情感，即在我们发出一个神经冲动到一条肌肉时所具有的情感；一种可以从动觉经验（来自肌肉、肌腱和关节的感觉）分化出来的经验。冯特在以后的著作中摒弃了这一概念，因为缺乏对它的内省证据。他每出一部新著或新版，都乐于修改他的想法，这反映出他的经验论态度。

感觉带有情感的质，感觉结合成更复杂的状态时，一定的情感质也随着这个总和而产生。这一总和可以同另一总和结合，又有新的情感随着这一更高的混合物产生出来。这些情感质不仅安排在模式中，在时间上的经验的横截面（一定瞬间的经验）中，而且安排在一定的序列中；情感遵循着某种有规律的秩序，这些有规律的情感秩序称为情绪。情绪不能仅仅从一定瞬间的截面来理解；情绪是一些有特性的序列。例如，在愤怒中，就有一个特殊系列的情感，有一种可以同其他模式相区别的时间模式。

情绪常常引导到意志的行为。意志，像情绪一样，也是以情感
163 的一种特定时间模式为特征的。意志自身是一系列情感，其中，起初是情绪原素和观念在一起表现出来；接着发生了特殊的“果断”情感，然后，外现的行动跟着到来。因此，特定系列的情感构成意志行为。情绪和意志之间的分界线纯属专断性质，不同点仅仅在于意志包含有其他场合所没有的某些情感。

于是，从发展的观点看来就出现了一个疑问，这种种不同的过程中，究竟哪些是根本的——是反射动作，感觉，表象，简单的情感，情绪，还是意志行为？冯特以一种进化论观点探讨这一问题，

强调反射动作本质上的适应性质——“适应”(adaptive)一词这里概括了生物学的顺应(adjustment)概念。亘古以来，直接表明动物需求的动作，已经终于演变为机械性的，因而它们本质上的意志特性被忽略了。从最简单到最复杂的反射动作，毕竟是做有机体需要去做的；所以，在冯特看来，反射动作也是“有目的的”。

这里，我们感受到叔本华的影响，他把意志作为他的哲学的核心。叔本华最重要的著作写于十九世纪第二个二十五年之初，但直到跨过了这个世纪的中期，他的影响才达到了高峰。他曾讲过，生命本质上是一场斗争，其中，每一次满足引导到一场新的斗争，所以这是暗示着没有可能达到幸福的。世界在成为认识的对象以前，首先是斗争的中心。从进化论的角度来看，很容易认为意志是使我们适应于环境并在我们不适应时就强迫我们去适应的那种东西①。在叔本华那里，意志是绝对的，根本的；智力只不过是作为满足意志需要的一种手段而逐渐演化形成的。这个概念同比夏(Bichat)关于“动物的”(animal)和“生机的”(vital)二者的区分很相似。以后又有关于中枢神经活动是由内脏的和自主的过程所控制的强调说法，接着则是心理学家和精神病学家对这一点所做的理论上的利用。渴望是行为的终极的主要动力。

叔本华曾试图证明，没有必要把意志看成是一种有意识的机能；冯特利用了这个概念并使之适用于他自己的体系。在冯特看来，意志是原本的，但在进化过程中，意志活动在某些场合已经退

① 拉马克强调了这一点；达尔文的理论尽管有不同的着重点，但对于拉马克的原理也曾在次要意义上加以广泛的利用。

化为反射性反应。冯特是一个彻头彻尾的唯意志论者，一个相信一切生命(从最原始的阿米巴活动到最抽象的智力活动)的目的性的人。意志，虽然根据内省的认识是一个**混合物**，却是有机体的根本生命。感情这时确是最为流行。霍维克兹已经以感情生活为基础构成一种心理学(1872—1878)。贝恩和莫兹利在英国心理学中代表着对感情的同样强调。

到此为止，我们讨论的只是冯特的元素，至于有机体的整合能力又如何呢？第一个回答可以在典型冯特式的统觉学说中找到。
164 莱布尼兹曾在模糊的知觉和被清晰领悟或“统觉到”的知觉之间做出区分。法国和英国的心理学者一般忽视了这方面的研究，而大都满足于中心意识(吸引主要注意的意识)的研究。可是在康德和赫巴特那里，统觉是吸收和理解新印象的过程。冯特的着重点稍有不同，他用“统觉”这个词来表明经验元素为个人所占用或把握的过程——即被引进清晰内省意识的过程。随着这种占用而来的是需要有一个词来表明促使在一个统一体中把种种元素相互联系起来的过程；这个过程定名为“创造性的综合”①。许多基本经验——感觉、表象和情感——由创造性的综合过程组成为一个整体。在一切心理过程中，都有下述不可缺少的步骤：第一，刺激；第二，感知(在感知中，经验呈现于意识，此外，再没有别的)；第三，统觉(在统觉中，经验被鉴别、占用和综合)；最后，发动反应的意志行为。冯特的统觉在德国心理学中占有几十年的重要地位，虽然受

① 这样一种相互联系过程的必要性，洛采曾有所认识，他实际上把这说成是一种“创造”。

到齐恒和那些机械论思想色彩更浓的人的猛烈攻击；它的影响在德国以外则不那么深邃，寿命也不那么长久①。但是，冯特的学说在一切地方都有助于使各国心理学家认识到有必要区分中心事件和边缘事件——即更认真地研究注意的性质。统觉一词已被普遍摒弃，而冯特描述的统觉的许多特征仍然在注意的栏目下流传。而且冯特对统一性和主动性的强调还代表了我们曾在约翰·斯图亚特·米尔著作中看到的同样观点，那些观点是对米尔父亲的极端的联想主义和原子论的一种反作用。冯特认为，使经验自身具有组织形式就是人的经验的根本特性。

在冯特实验室的最初几年里，主要是冯特自己为实验心理学拟定题目。冯特像内斯特（Nestor）* 一样，同“三代人”一起度过了“尘世的生活”。生于 1832 年，活到 1920 年，他在黑格尔和叔本华精神的熏陶下，在赫尔姆霍茨新实验生理学蓓蕾初放的氛围中成长；他活着统治了十九世纪后期的心理学，不断以他的经验精神 165
影响它；并在他的老年亲眼看到他的实验方法扩展到许多领域，那是远远超出他自己多少受到局限的眼界的。

因为冯特认为实验心理学应该关注——至少暂时应如此——那些已经有人钻研并已多少化为数量形式的问题，他自己并不过多地从事新的实验。他的实验问题大部分可以归类于读者已经熟

① 虽然赫巴特的统觉仍然在许多国家教育界流行，詹姆斯对于一切“统觉”的幽默讥消（1899）似乎代表了多数当代心理学者的共同想法。这个词今天只有同“主题统觉”（thematic apperception）以及著名的诊疗法——摩尔根和默里的主题统觉测验——联系起来才最为人所知，这种测验要患者或受试在观察一幅包含人物形象的图画时编造一个故事；他统觉这幅图画的方式，就表明他对全部生活的看法。

* 特洛伊战争时希腊的贤明老将。——译注

知的几个大题目。第一是视觉与听觉以及在一定程度上的低级感觉的心理学和生理学;他的大量光学实验(关于视网膜潜伏期,以及眼动之类的研究)等于是赫尔姆霍茨实验的继续。

冯特其次关注的是从赫尔姆霍茨和东德斯接手的反应时间实验。在这一实验中,他认为他掌握了一种方法,可以用实验证明他确信必然存在于一切对刺激的反应中的三个阶段:感知、统觉和意志。当一个刺激呈现给受试时,他首先感知它;接着,就统觉它;最后,他意欲做出反应,由此接着是肌肉受神经支配的过程。这个假设没有得到莱比锡和其他一些地方不断进行的研究的有力支持,但是反应时间实验中已证明更富有成果的另一个方面是路德维希·朗格(1888)的发现,即某些受试注意刺激,另一些人则注意反应;注意反应的都能较快地做出反应。

第三,冯特以各种方式鼓励心理物理学的实验,这方面费希纳仍在注意研究,而米勒已经在方法上做出了重要的贡献(1878)。心理物理学在冯特手中继续不断地提出数量问题。可是他在一个紧要的地方和费希纳的意见不同。他认为,确实有可能说两个刺激似乎有同等的强度,或者,一个刺激和另一个刺激只有刚可觉察的差别。但他不能承认感觉是可以测量的;测量,严格地说,只能应用于刺激物。冯特满足于把心理物理学方法看成是研究感觉强度与判断过程的关系的手段,而不去寻求物的世界与心的世界的关系。刺激物的差别必须达到这样的程度,使它们的相对大小有可能得到正确的判断。冯特采纳了对韦贝尔律的一种纯心理学解释,在他看来,韦贝尔律不过是心理学的相对律的一个例证。

冯特进行实验的第四个领域是由高尔顿创始的关于联想的分

析。1880 年，冯特根据莱比锡实验室的需要组织了这方面的实验。高尔顿曾以单个的词作为刺激物，但以不同的形式记录他的反应；有些反应是单个的词，有些是对不同复杂程度的表象的描述。在后一种情况，要对反应做出真正的分类是困难的，对反应的时间关系也很难做出准确的测量。冯特简化了这个实验，使之成 166
为一个更准确的方法，改为要求他的受试每一次反应都取单个词的形式。现在，在每一个例证中都有可能审查刺激词与反应词之间的关系了，这同他的全部实验心理学概念是相符的。

冯特和他的学生设法在视觉形式中统一词刺激物的呈现方式。有时也用听觉呈现方式作为替代。希望呈现刺激物和记录、测量反应能够有一种准确而划一的方法，这导致唇键和希波记时计（测千分之一秒用）的运用，并在时间测量上达到了以后很少有人认为是必要的精确程度。冯特接着对呈现单词刺激时所得到的词的联想类型进行分类，对它们进行了这样的归类，使之为理解一切词的联想的本质提供钥匙。自哈特利以来，有过几十次对联想类型进行分类的尝试；这些都以一律格式做出，以便构成一个在学术上能够使心理学家满意的体系。甚至在尝试过这种分析法的近代学者中最有才华的托马斯·布朗也从未像冯特和他的学生那时所做的那样，发现有什么简单的窍门可以有助于用归纳方法在听和说的语言领域找出联想的一般类型，而语言在思想的结构中是扮演着极其重要的角色的。冯特认识到，高尔顿想出了一个对于归纳心理学十分重要的方法。

他把词的联想分为两大类，内在的与外部的。内在的联想是在两个词的含义之间有内在关联的联想。例如，释义联想就是内

在联想;反应词的含义同刺激字的含义相同或相似。上属联想是内在联想的第二型;刺激词“蛇”引起反应词“爬虫”时,受试强调了刺激词含义的一个方面并给予它一种概括的形式;同样地,下属联想(蛇—蝰)和并列联想(蛇—蜥蜴)包含着含义上的关系;由名词到形容词的联想也同样是如此(蛇—有毒的);还有形容词到名词的联想(滑的—蛇),对照联想(白—黑),以及许多其他联想都是这样。同这些联想完全不同的是**外部的**联想,外部联想是在刺激与反应间只存在纯外部的或偶然的联系的联想。时间和空间上的邻近属于这一类;如果刺激词“蜡烛”引起反应词“匣子”或“圣诞节”,原因也许在于受试有成匣买蜡烛的习惯,或者惯常在圣诞节时看到蜡烛,而不在于含义间的内在相似性。当刺激词自身而不是它的含义引起反应时,例如在同韵的词一类的情况中,这样的联想归之于外部的;极普通的“语言习惯”也同样,其中,反应词完成某一由根深蒂固的口语习惯所形成的生动的词组
167 (dog-days, fire-fly)*。冯特的分类体系已由特劳特朔尔德(1883)详尽阐明。

实验精神病理学

冯特的早期学生中,有一位医生克雷佩林,他发现可以把冯特的实验方法推广到有关联的精神病理学领域。不仅精神变态要通过实验加以研究,它们的现象要用数量方式说明(只要有可能),而

* 作为习惯用语的词组,dog-days 是三伏天的意思 fire-fly 是萤火虫。——译注

且较轻的精神变态也可用实验方法引起。联想方法被克雷佩林(1892)和他的学生应用于遭受疲惫、饥饿、醒酒以及其他干扰作用影响的人们①。所有这些干扰作用使"表面的"即外部的联想数量增加;就像是产生了一种注意力的错乱。克雷佩林的实验室还编制出许多有价值的工作曲线资料,兼与疲惫以及其他有助于效率的提高或下降的因素有关。这些研究和许多其他研究,特别是种种药物作用的研究等等,不仅实现了他的愿望——建立一门"实验精神病理学",而且直接促进了实验心理学本身的发展。

民族心理学

对于民族心理学,冯特献出了他一部分最杰出的才能(1900—1914)。他认为"文化成果"和内省报告一样是心理学的一个正统课题,所以他对人类学和历史学的资料进行了系统的心理学解释。关于语言的心理学解释的研究也许是他最驰名的贡献。他强调,在语言结构中,心理因素和生理因素是互相渗透的,反对把语音学看成仅仅是附带的那种天真的心理因素论,并同样明确地反对企图以声带的发音法则来解释一切语言变化的那种单纯语音学的探讨。但是,他以他的权威助长了这样的思潮,即通过对语言的分析来理解每一个社会集体,认为一个民族的语汇和文法本身就能揭示这个民族的心理气质——一种后来被语言学者们所否定,以后又被他们重新复活的观点。

① 别赫捷列夫和他的学生在同一时期进行了类似的研究。

由于他的学识渊博和他研究的范围广阔，冯特给心理学领域带来了他同时代任何别人所不敢想望的统一。冯特发表他的《生理心理学》(1873—1874)和建立他的实验室以前，心理学就像一个
168 迷路者，时而敲敲生理学的门，时而敲敲伦理学的门，时而敲敲认识论的门。1879 年，它确立为一门实验科学，有了一定的活动区域，有了名称。虽然他对这门新科学许多方面的研究还不能胜任，冯特仍然尽力把实验心理学、儿童心理学、动物心理学、民族心理学聚拢起来；凡属心理学的问题对他都不陌生。他把他的才华洒遍精神生活的几乎每一个角落。当他作为一个实验家遭受挫折时——那是经常会发生的，他却激发了大量的研究，这些研究取得的成果远远出乎他的预料；而当他的理论证明是不妥当时——那是经常会有的，这些理论却可以而且确实已经通过实验室的工作得到改造。他不像如弗洛伊德和韦特海默尔等人那样看到什么伟大的崭新前景；但毕竟主要是由于冯特的眼力才使我们今天能够有一个独立的归纳心理学的概念。这样一种合成，以及这样一种实验主义运动的确立，当然是生物科学发展的自然结果，特别是在德国大学中是如此。冯特是这个同他的名字联系在一起的运动的完成，而不是这个运动的开始。但是，使这样一个运动臻于完成，勇敢而又热心地为一门应该在自然科学中取得一定地位的实验心理学草拟纲要，这一成就是这样的辉煌，使他在现代心理学家中赢得了一个无与伦比的地位。

今天看来，把这四大领域——感知觉，反应时间，联想和心理物理学——归并在一起似乎是一件理所当然的事。实际上，这些不同的课题当时不是属于生理学的一些部门，就是松散而互不连

接的一些要素，相互之间并没有什么有机的关系。正是医学和哲学中相当深邃的学术背景，以及德国生物学中和那一时代的哲学中流行的综合趋势，使得一位大胆而富有想象力的生理学家能够想象到实验心理学。的确，实验方法，那在冯特看来也就是实验生理学的方法，那时统治了舞台。阿兰·弗罗梅对于现在这一研究的早期译文有过一个评语：

> 我们对于德国实验心理学的典型现象，即实验方法对心理学主题的统治，应该做出某种评论。我认为冯特曾试图在这方面有所作为，但由于陷入传统观念过深，而不可能成功。甚至威廉·詹姆斯——一位更富有想象力的人物——也不能综合他所面临的众多潮流，而且，也像冯特一样，趋向于结束一个时代，而不是开辟一个时代。

有许多迹象反映着新实验心理学的狭隘性。当埃宾豪斯(1885)采用他的实验方法研究记忆时，冯特拒绝这个新的研究法，
而当若干年以后，屈尔佩(1893)用实验方法研究思维过程时，冯特 169
又排斥这位新来者；铁钦纳也一样。这些阻力的迹象表明，科学的进步受到各式各样选择力量的影响，其中只有一部分是出于对更高的知识和更深的理解的渴望。的确，“新心理学”有大部分已被卷入实验热一如应用于已开辟出来的那些特殊领域那样。二十世纪也有数不清的类似事例。尽管事实是近几十年来我们有大量用于研究态度(attitude)，气质(Temperament)，认识方式(Cognitive Style)，创造力(creativity)，应急的耐力(stress tolerance)等等的实验方法，却仍然存在着一种倾向，认为“实验心理学”一词仅仅适用于几个大的领域，其中大都是在冯特的时代已经肯定下来

的。当围绕着新的范例涌现出新的领域——像学习过程研究中那些由巴甫洛夫开创和他的追随者加以详尽发挥的领域——的时候,这些新的领域也往往造成它们自己反对改革的阻力。

卡 特 尔

我们已强调说明了冯特同他的直接后继者的密切关系;却很难分辨出什么是冯特自己做出的成绩以及什么是他的学生做出的成绩。当我们谈到冯特实验室时,我们不能不想到来自许多国家说着许多种语言的人,他们都感染上了老师的要创立一门同它的姊妹科学和哲学两者都分立的实验心理学的热忱。冯特的这一观点直接或间接地鼓舞了大量的研究工作;而在讨论冯特学派中个别人的工作时,我们应该怎样评价他们在莱比锡时所进行的可以称之为他们自己的研究工作,这还是一个有待商榷的问题。联想测验的工作就说明这一点。不过冯特的一些学生甚至在同冯特一起工作时就已经开始研究一些问题,这些问题的设想和进行都是具有新颖风格和相对独立性的。

卡特尔可以在这里遴选为冯特学派实验家中特别有独创见解而又多产的一员,而在下一章里则将讨论铁钦纳对冯特的系统研究法的引申和发展。卡特尔的著作出色地代表了这一学派的精髓。他为他在莱比锡所看到的观点和方法赢得了广泛的荣誉;他还因为他自己著述的多才多艺和卷帙浩繁以及他自己所研究的题目和取得的成果的重要意义而惹人注目。不论是研究冯特实验室以外德国实验心理学的发展还是对美国心理学进行大略的观察，都首先要注意到卡特尔在这里的工作；也许只有这样做，才能最有效地阐明冯特研究法所赢得的成果和深远的意义。卡特尔于 1880 年到莱比锡实验室；他后来成为冯特的助手。一 170
部分是他自己的创议，一部分作为冯特提示的结果，他完成了一系列实验，构成以后研究工作的基石。他于 1888 年回到美国，成为宾夕法尼亚大学心理学教授，但他作为一个实验家的一生并未表现出中辍。

在卡特尔的多种贡献中，最细致最广博的要算他关于反应时间的研究了(1885,1885a)。在莱比锡他不仅详尽研究了这个问题的某些生理方面，而且对内省分析也加以密切注意。没有什么能比这件事情更明显地表明，冯特关于心理学的性质的观点构成了卡特尔工作背景的很大一部分。反应时间的研究有两项发展，一是对不同复杂程度的感知过程进行速度的测定，一是联想实验中分类方法的运用——又一个冯特的宠儿。卡特尔的“注意广度”研究(1886)①是对心理过程的时间关系研究的另一项重要贡献。他发现，如果展示的线条不超过四或五条，受试就能够准确地说出在一瞬间展示给他的线条数目；对于字母，注意广度也大致相同；对于短词，也差不了多少。为了研究种种不同情况下感知的速度，卡特尔运用了重力速示器(它使一个对象有可能经过一个屏幕的槽口突然显露)，并与它连接运用了重力计时计。他测量了感知有色刺激物的颜色所必须的作用于视网膜上的时间长度。

他接着又研究了感知字母和词的速度。后一领域的问题引起

① 这个问题曾由博内(1760)和汉密尔顿进行过实验探讨。

另一项展示刺激物方法的发明。这是一个能转动的鼓状器，放置在一个有槽口的屏幕后面，受试通过槽口能够读出在鼓面上转过的字母，鼓状器旋转的速度决定各个字母显现的快慢。卡特尔发现，每一个字母作为单个对象轮流显现时几乎需要半秒钟才能使受试正确地读出字母。实际上，如果槽口扩大到能够同时看到三个字母，然后四个，然后五个字母时，对于九位受试的大多数在速度上都有稳定的改进。这证明有交叠因素的作用存在：即一个人不仅能够同时进行感知反应和运动反应，而且能够在对几个刺激物的全部反应中，同时和不同的阶段打交道。卡特尔在有关感知
171 并说出刺激物颜色的实验中也运用了同样的方法，证明受试说出刺激物的颜色所需要的时间会因为在他说出前能够看到一个新的颜色而缩短；交叠又一次在起作用。这一对于交叠过程的可测量性质的认识是卡特尔最重要的成就之一。我们将在下文看到，布赖恩和哈特尔证明这一概念可以应用于学习过程。

这些研究是对阅读问题系统研究的一部分。卡特尔像用字母一样也用词做实验，记录下实验用词逐渐加长和逐渐生疏时读出时间的变化。在这一实验中，他发现中等长度的整个词的感知不比单个字母的感知需要的时间更长；实际上单个字母甚至常常需要更长的时间。他由此看到一个原理，即这样的感知反应并不需要包括对显示在这模式中的诸成分的一系列感知。这一有关“高级反应单元”组成的原理后来在有关学习的实验中常被利用。在他关于阅读的研究中还有一个例子是有启发意义的，即他证明，一个人虽然确实能同样熟练地运用别国语言讲话和书写，但他阅读本国语言材料时却能够比阅读别国语言材料快得多。德国人即使

对英语十分娴熟，但实际上读英文总是比读德文慢。同样地，虽然参与实验的人有几个阅读经典著作的造诣很深，他们读拉丁文和希腊文的速度还是远远赶不上读本国语文。这表明，甚至被认为是极端固定化和机械化的联想也能够在数量上加以区分。

在有关联想问题的实验中，卡特尔和布赖恩特采用了如上所述的分类法（1889）。在这一领域的主要贡献中吸收了大约五百名受试参加。反应的类别按照每一个反应词的出现率来划分。同每一个刺激词联系起来看，每一个反应词都显示出有一定程度的常见性。这是第一个“频率表”，一个在以后的研究中又有改善并被广泛利用的工具。萨默利用它研究精神病，确信在患者的联想中出现大量罕见的联想时便是某种精神错乱的特征（1894）①。

词的联想方法自然导致**控制联想**的研究，在控制联想中，要求受试做出反应的不是简单地提出**任何**一个词，而是提出一个同刺激词有特定关系的词。尽管有霍布士和布朗对这个问题的认识，但联想主义一般曾忽略由于受试的态度和伴随着主要的或更明显的刺激物的情境而产生的控制因素；实验主义者像高尔顿和冯特这样的人物也曾非常自然地没有注意到这种控制的重要性。在这些实验中，卡特尔在一定程度上利用了冯特的联想分类法。他要求受试有时提出一个对比的词，有时提出一个上属的词，有时提出
一个下属的词，等等。卡特尔证明，一般地说，这种控制联想比自 172
由联想来得快些。他还发现，有几种控制联想通常要比其他几种

① 卡特尔和萨默的方法由肯特和罗赞诺夫加以发展（1910），有1000名正常人和247名精神病人作为受试，运用了一百个刺激词。

更快，例如上属联想需要的时间比下属联想少些。这很明显是因为分类习惯——从种到属——一般地说比从属到属内的任何一个种要建立的更为牢固些。归“松”于树是容易而又熟悉的；但“树”可能引起多种下属反应，其中每一种反应都倾向于抑制其他各种反应。正像这样一种干扰拖延了反应一样，也很容易看出，为什么有那么广泛的多种多样的可能反应的自由联想，一般比控制联想还要慢些。同样的原理甚至更清楚地表现在以下的实验中，例如说出一个城市所隶属的国家的名称，和说出一个国家内的一个城市的名称。如果提出刺激词“罗马”，受试很快地反应“意大利”；而“意大利”则倾向于几乎同等容易地引起“那不勒斯”、“威尼斯”等反应。

所有卡特尔这些实验——在这些实验中受试彼此之间有显著差异——的一个必然后果是产生了一种超越于制定一般法则，并以数量来说明个人差异的性质和意义的倾向。但冯特经常关心的是原理，而不是程度问题；这种状况直到九十年代才有所改变，这时，高尔顿开拓的个人差异领域才经由卡特尔变成实验心理学的一个突出部分。高尔顿是一位热心的进化论者，他在关于有机体的一切研究中看出个体差异的重要性，而在南肯新顿博物院协助高尔顿工作的几个月中受到的启发显然对于这位年轻人产生了深刻而持久的印象。卡特尔关于不受普遍法则限制的个人差异所做的初次深入的探讨，是1894年利用在哥伦比亚举行的新生入学（和毕业生）考试进行的（Cattell and Farrand，1896）。这是从未有过的对很多个人进行的大一组“心理”测验。在这些测验中，有对自由联想和控制联想的测定，以及对简单感知过程、反应时间和记忆的测定。在计算测验结果时非常需要改进统计方法，因而，对中心趋势和变异性的研究方法吸引了卡特尔的注意。

卡特尔发现有可能运用新的数学方法的另一个领域是心理物理学。这项工作是他在刚从莱比锡实验室回国以后的年代里同富勒顿合作的。他们找到了韦贝尔-费希纳律的代用律。以多种心理物理学方法搜集了大量资料(1892)，他们进一步做出数学的概括(1893)。它假定，对于刺激物的机体反应与刺激强度的平方根成正比。观察的误差包含在这样的机体反应中，而当刺激增强时，产生观察误差的因素并不是直接地增加，而是同刺激的平方根成正比例地增加。“通常随着刺激的强度而产生的观察误差的增加 173
可以由误差的积累作用得到满意的说明。”富勒顿和卡特尔的这一工作对心理物理学的一般倾向来说已严密到应该认真对待的程度，但还没有严密到应该普遍接受的程度。

卡特尔后期研究较突出的有关于“次序评量”法的研究(1903，1903a)，以及这一方法在研究《美国科学家》(1906)中的实际应用，这吸引了人们对于那些难以在实验室中判定的个人特质的评级方法的注意。通过这一切研究，很明显，卡特尔离开冯特方法的禁锢越来越远了。正如他是冯特的学生一样，他也可以同等地被认为是高尔顿的学生。实际上，他在很大程度上调和了赫尔姆霍茨-冯特的传统和高尔顿的学院圈外心理学，并使两者交织在一起。在卡特尔作为一个心理学家的形象中，仅次于他的多才多艺的显著特点也许要算是他使一切化为数量关系的持续努力了，在这方面，普遍原理与个体差异受到了同等的重视。

德国生理心理学中的并行发展

现在再回头看看德国，冯特于1879年开创的把实验心理学从生理学中划分出来并出版期刊传播心理学资料的运动在迅速扩展。大多数较大的大学里都有了自己的心理学实验室。在奥地利，运动从未达到过大规模的水平，只有后来表现在维也纳兴旺的实验室中的情况是例外。这有一部分是因为奥地利这时有几位大心理学家，他们的兴趣主要是哲学的；他们不大注重实验。

同时，大量的心理学实验继续在生理学实验室中进行。虽然有冯特宣布的独立，以韦贝尔和赫尔姆霍茨这样的名字为代表的生理学传统还在延续并不断提供心理学家不能不重视的心理学资料。实际上，生理学家和物理学家当时正在提供大量关于感觉机能的重要材料。例如柯尼希和布罗德洪在八十年代发表了一部系统论述心理物理学的重要著作，指出韦贝尔律只适用于中等强度，对低等和高等强度则完全不适合(1888—1889)。对肤觉机能的探讨是另一个重要的例子。冯特实验室创立时，还没有进行过肤觉的探讨。冯特和他的门生自然不承认有所谓一般的触觉这样的东西，但到八十年代，才对来自皮肤的感觉进行了大量的研究。这一工作由布利克斯(1884)开始进行，由戈尔德沙伊德尔继续发展。现在确定皮肤上冷热触痛的敏感点的技术主要应归功于后者，那
174 是任何别人也比不上的。他加热一根铁针，把铁针从一点移到另一点，证明热的受体不规则地散布在皮肤的各个区域。同样，冷、压和痛也有一定的敏感“点”。同肤觉的研究并行，有关动觉的解

剖学和生理学研究也发表了，通过动觉，肌肉、肌腱和关节中的受体使我们能够确定我们肢体的位置(1898)。冯特的工作集中于像反应时间和联想测验这样的问题，给许多心理学家提出了主要课题，而这些在冯特学派以外进行的低级感觉研究到十九世纪末期在经验内省分析法占主导地位的地方，也成了标准的实验室研究项目。

尽管冯特有他的超群才华和极高威望，仍然有许多不依附于他的研究者在继续推进生理心理学和实验心理学。例如，施通普夫的《音调心理学》(1883—1890)和他的其他有关音乐的研究，使他在心理声学领域取得仅次于赫尔姆霍茨的地位。许多创新的实验还附加有独到的见解。施通普夫有关谐音和非谐音的理论特别受欢迎(1898—1924)。他强调下述事实：相隔八度的音调似乎“融合”成一个心理的统一体，而且这种融合带有音乐的谐和。但是当一个音同另一个高半度的音一起响起来时，听者就会敏锐地觉察出两者的差别，同时发现这个合音是极不协调的。施通普夫认为，音与音之间的融合程度是音乐谐和的基础。颤动率复杂程度的增高一般会降低谐音效果，这一事实很符合这个理论；但施通普夫对于“融合”的强调，说明这显然不是一种物理学的而是一种心理学的现象。

冯特时代的另一位杰出人物是李普斯，他的最优秀的工作不论就哪方面说都不是冯特影响的结果。他对视错觉的研究使他得出结论，即观察者倾向于把自己投射到图形中。例如，一条垂直线使观察者有向重力作斗争的感受，而许多错觉中的角和曲线则使主体有扩张、弯曲或旋转的感受。这个理论对于美学具有非常重要的意义。一个人"神入"视觉艺术材料(1897)[①],而他经验到的紧张或松弛的性质决定他的美学反应的许多方面。例如,一个圆柱最好不要有太大的柱头,因为这会使观察者感到有难以忍受的负担;而如果柱头太小,又会使他感到把过大的力量用于微不足道的任务[②]。

175 至于美国的实验心理学,可以毫不犹豫地说,在最初几年的发展中,观点和研究方法主要是冯特的。美国心理学在此以前一直浸透着苏格兰学派的精神;它在研究方法上是武断的,对生理学方法和实验方法都不重视。1880 年前,美国仅有的重要贡献是威廉·詹姆斯七十年代的几篇论文[③]。但这时,美国心理学突然被实验主义者的热忱所占有。新的心理学者作为冯特的学生从德国回到美国,取得了全面的胜利。按照先后的顺序,他们中的第一位是斯坦利·霍尔,他也是另外几位生理学家和哲学家的学生。从莱比锡回到美国,他在 1883 年到霍普金斯[④],创立了第一所美国心理学实验室,这是詹姆斯 1875 年小规模开端的接续。霍尔在霍普金斯的六年中并没有进行过任何重要的独创的实验;然而,由于在

① 神入(德文 Einfühlung;英文 empathy)一词实际上已在心理学中通用;一个人可以"觉得自己进入"某棵树,或进入某一当事人,或进入某一小说中的某一角色。

② 要想了解同艺术有关的现代视觉心理学的系统说明,参见阿恩海姆的著作(1954)。

③ 开发土地和利用土地丰饶资源的任务,占有领土的机会和诱人的商业活动,曾使哲学和纯科学停滞在一个低水平上。美国曾对物理学做出过一些重要贡献(如富兰克林和亨利),但大部分是在工业方面的应用。回想一下下述事实也许不能算是牵强地强调实用性,即心理学作为一门科学在美国虽然成就很少,但关心智力有缺陷的人和精神病人的实际工作,通过豪和迪克斯的努力,却为美国争得了领导地位。

④ 在霍普金斯,他的学生中有贾斯特罗和杜威。

1877 年创办了《美国心理学杂志》，他给新心理学的追随者不仅提供了一个积累实验成果和理论成果的园地，而且提供了一种团结和独立的意识。克拉克大学 1889 年创办时，霍尔被聘为校长。两年以后，霍尔创办了一个论述儿童心理学的期刊《教师园地》（现在是《发生心理学杂志》）。1892 年霍尔在创立美国心理学学会中起了领导的作用。

1892 年，明斯特贝格应詹姆斯邀请，接手并培育了哈佛大学实验心理学实验室，同年铁钦纳在康乃尔开始他的事业——在那里，弗兰克·安吉耳已经创办了一个冯特式实验室，接着又在斯坦福开办了另一个。1894 年对美国实验心理学的调查发现有二十七个实验室。同年创办了《心理学评论》。实验室、刊物和学会，为观点的交流和个人的接触提供了便利条件。这一时期，拯救美国心理学使之免于实质上沦为冯特实验室的一个分支的唯一最重要的因素是威廉·詹姆斯的影响。美国心理学的兴趣正如早期的刊物所表明的那样，的确对许多严格地说并不是实验的问题有兴趣；但是，做出最大贡献的是詹姆斯，他给心理学家提供了一个广阔而伸缩自如的领域，使整个人类经验的财富都成为受欢迎的研究题材。我们在下文就要更详细讨论詹姆斯的成就。 176

法国心理学

当心理学实验的新精神像丛林野火一样迅速蔓延并在德国和美国导致“心理学”和“心理学家”足以自豪的独立的身份时，法国心理学仍然停留在精神病学和医学的领域默默无闻。法国心理学中的杰出人物实际上都是医生，最驰名的是里博和让内，十九世纪后期最突出的例外是泰纳(1870)，新联想主义的提倡者。主要的研究领域是催眠。里歇早在1870年就说过，意识是可以分裂的，在同一个人身上，一种意识活动同另一种意识活动脱离接触(1875)。这是新的法国人格心理学的一部分，后来比奈引起人们对它的重视。

我们已经知道，杰出的医生和临床讲师夏尔科强调催眠暗示和癔病的关系，而南锡学派则主张，催眠是正常易受暗示性的一个特例。

在夏尔科的学生中，让内对于分裂——人格的分裂——特别感兴趣(1892，1907)。这导引出一种系统的人格概念，认为人格是观念与倾向的一种整合。在正常的人格中，整合比较稳定和持久；癔病的特点是不完善的整合，低度"精神紧张"在极端的病例中可能发展到个人分裂为两个或两个以上的"交替人格"。八十年代和八十年代后，普林斯等人开始使法国的工作在美国流传(1885)，而威廉·詹姆斯则把它的许多内容收编在他的著作中。在英国，布雷德已经铺平了道路，巴黎和南锡学派的工作很容易地被吸收进来。

里博是一个主要的人物，他对于英国和德国的一切新趋向十分警醒而又十分善于表达法国心理学的医学和精神病学研究方法。里博虽然是许多领域的作者，但最著名的也许要算他论述心理病理学的著作了，特别是《记忆的疾病》(1881)和《人格的疾病》(1885)两部著作。他代表两种潮流的汇合：精神病学的实践和机械主义的理论。霍布士和拉美特利开创的机械主义生理心理学已经深深濡染了医学和心理学的思想。这一心理学体系在德国以齐恒(1891—1914)为代表,在英国以莫兹利(1867,1884)为范例,而在里博的著作中得到了强有力的表现。里博把大脑生理学和大脑疾患作为人格及人格紊乱的基础。里博对经验论心理学的期望和他对德国工作的娴熟,使他成为设在法兰西学院的第一个法国心理学实验室领导职位的当然候选人,他被任命担任这个职位是在 177
莱比锡实验室创办以后十年。

随后在巴黎大学又建立了一个心理学实验室。在这里,比奈开始了他的事业(1935)。他在早年是催眠术的研究者。他和费雷发表了一系列有关《动物磁性》(1887)的实验,这些实验的主要兴趣在于研究催眠性昏迷状态中的感觉过敏现象。这工作的意义主要在于把催眠作业同临床环境分开,开辟了一条道路,使催眠能够为实验心理学者所利用。比奈后来担任于1895年创办的《心理学年刊》的主编。他终生研究人格问题,对于个体差异进行了开拓性的研究——例如,对暗示的反应中的个体差异(1900),书法中表现出的反常现象的个体差异(1906)——并因为他在思维过程研究中取得的成就而享有盛誉。他和费雷合著的《推理心理学》(1886)发表后,又有一连串关于特殊思维的实验研究作为续篇;例如,有关心理有缺陷的人、下棋的人以及闪电般计算家的思维活动的研究(1894)。以他的两个小女儿为受试所做的关于思维的实验研究(1903)是在这样一个时期进行的,那时,他的僵硬的联想主义,由于不论在正常人和变态人中都同样有关于统一性、主动性和自我机能(ego function)的证据而正在被冲刷掉。他觉得,紧要的是直接面对大而复杂的课题,

而不必通过小而简单的去研究大而复杂的。就是本着这样的精神，他设想了测验智力的问题；我们将在下文涉及他晚年的这项工作。

比奈的合作者费雷，在这一时期做出了两项著名的贡献。1888年他发现体内有同情绪相关联的电现象，这种现象被定名为“心理电流反射”。他还进行了关于疲劳的重要实验，发明了第一个测力器，用以测量所耗的肌肉能量。同后面这些实验联系在一起的有他的驰名的动力发生说（1887），强调刺激释放有机体内能量的作用；甚至显然无关的刺激也会加强肌肉的收缩。可以说，到这一世纪末，法国实验心理学虽然还远远落后于德国，却已通过几个第一流人物显露出它自身固有的才华。

意大利的心理学这一时期在一定程度上是德国心理学的翻版，并从未达到过可以同意大利神经学和精神病学相提并论的高度。很少建立实验室。可是关于儿童的研究，像我们即将在下文中看到的那样，则有新的进展。关于情绪的生理学做过相当的研究。虽然这方面的工作大都是单纯描述的性质，莫索应当算是第一批用实验方法研究恐惧和兴奋引起的生理变化的学者之一（1884）。荷兰、比利时、瑞士和斯堪的纳维亚国家对于新的趋势很敏感；新的实验室反映了冯特的观点。但在日内瓦，对于法国精神病学有强烈的兴趣，在那里，弗卢努瓦对于分裂和暗
178 示的研究有重要贡献（1900）。他在哲学，人格心理学和心灵研究等方面有广泛而又深厚的兴趣，例如，在他同威廉·詹姆斯的长时间意味深长的谈话和大量的通信中可以看到这一点（Le Clair，1966）。

英国实验心理学

在英国，实验心理学是迟缓地而且不那么热衷地为人们所接受的。尽管有高尔顿的天才，以及他对冯特和卡特尔的显著影响，英国心理学起初仅仅相当有限地采用他的方法。直到皮尔逊(1897)出来以前，没有任何关于高尔顿心理学的谈论；而在皮尔逊和他的学派那里，高尔顿的统计方法远比他的实验方法更受重视。英国心理学的进化论色彩浓重强调本能和智力问题，种系发展研究法，以及适应环境问题，同时进行了大量有价值的动物实验，发表了系统论述心理发展的文章。这样一种研究办法同某些哲学学派非常投合，这些学派强调人类经验和行为的统一性，而不重视传统联想主义的零碎研究，或者英国人所认为的那些来自新的德国心理学实验室的片断的互不相关的发现。德国早期对主动性和统一性的强调，像我们前面看到的那样，已经在以詹姆斯·沃德为代表的学派的新动力哲学中复活，这个学派我们今天习惯称为“唯心主义的”，但更恰当些，就威廉·施特恩后来运用的称谓的含义说，应该称之为“人格主义的”。他在1886年版英国百科全书论心理学的专文中以下述的提问方式概述了主要的英国观点：究竟“应该把联想看成是全部心理的复杂性和统一性的基本原则呢，或者它只是依附于某一更为博大精深的统一性概念的次要项目呢”？(Brett，1965，p. 229)于是，“心理学”一词在英国可以合法地用来表示从苏格兰学派和从联想主义承袭下来而且还在继续进行的哲学探讨，或者它可以同样正确地用来表示在摩尔根和罗马

尼斯的研究报告中说明的新进化论心理学。他们所做的那种动物实验受到达尔文的启发要比受到冯特的启发多得多。进化论实际上已成为主导的趋势。第一所英国心理学实验室是在剑桥；在这里，迈尔斯作为一位实验主义者而成为名家。别的实验室也陆续成立，但是实验研究在那一时期的心理学出版物中只占很小的一部分。

这幅全景图表明了相当大的地域差别，有些差别延续至今。德国和美国心理学在十九世纪末强调实验探讨；法国心理学强调精神病学；英国心理学则强调进化论和比较心理学。在下面几章
179 中可以看出，这些国家在着重点上的差别已逐渐变得不那么截然分明了，但仍然具有重要意义。

参考书目：

Arnheim, R. *Art and Visual Perception*. Berkeley: University of California Press, 1954.

Binet, A. *La Psychologie des grands calculateurs et joueurs d'échec*. Paris: Hachette, 1894.

——. *La Suggestibilité*. Paris: Schleicher, 1900.

——. *L'Etude experimentale de l'intelligence*. Paris: Schleicher, 1903.

——. *Les Révélations de l'écriture d'après un contróle scientifique*. Paris: Alcan, 1906.

Binet, A., and Féré, C. *La Psychologie du raisonnement* [*The Psychology of Reasoning*]. Paris: Alcan, 1886.

——. *Le Magnétisme animal*. Paris: Alcan, 1887.

Blix, M. "Experimentelle Beiträge zur Lösung der Frage über die specifische Energie der Hautnerven." *Zeitschrift für Biologie*, 20 (1884), 141.

Bonnet, C. *Essai analytique sur les facultés de l'âme*. Copenhagen: Philibert, 1760.

Brett, G. S. *A History of Psychology*. Rev. ed. R. S. Peters, ed. Cambridge, Mass.: M. I. T. Press, 1965.

Cattell, J. McK. "Über die Zeit der Erkennung und Benennung von Schriftzeichen, Bildern und Farben." *Philosophische Studien*, 2 (1885), 635—650.

——. "Über die Trägheit der Netzhaut und des Sehcentrums." *Philosophische Studien*, 3 (1885a), 94.

——. "Psychometrische Untersuchungen." *Philosophische Studien*, 3 (1886), 305—335, 452—492.

——. "A Statistical Study of Eminent Men." *Popular Science Monthly*, 57 (1903), 359—377.

——. "Statistics of American Psychologists." *American Journal of Psychology*, 14 (1903a), 310—328.

——, ed. *American Men of Science*. 1st ed. 1906. (Cattell edited six editions, from 1906 to 1938.)

Cattell, J. McK., and Bryant, S. "Mental Association Investigated by Experiment." *Mind*, 14 (1889), 230—250.

Cattell, J. McK., and Farrand, L. "Physical and Mental Measurements of the Students of Columbia University." *Psychological Review*, 3 (1896), 618—648.

Cattell, J. McK., and Fullerton, G. "On the Perception of Small Differences." *University of Pennsylvania Publications, Philosophy Series*, Vol. 2 (1892).

——. "On Errors of Observation." *American Journal of Psychology*, 5 (1893), 285—293.

Ebbinghaus, H. *Über das Gedächtnis*. Leipzig: Duncker and Humblot, 1885.

Féré. C. S. *Sensation et mouvement*. Paris: Alcan, 1887.

Flournoy, T. *From India to the Planet Mars*. New York: Harper, 1900.

Goldscheider, A. *Gesamelte Abhandlungen, Physiologie des Muskelsinnes*. Leipzig: Barth, 1898.

180 Horwicz, A. *Psychologische Analysen auf Physiologicher Grundlage*. Halle: Pfeffer. 1872—1878.

James, W. *Talks to Teachers*. New York: Holt, 1899.

Janet, P. *L'État mental des hysteriques*. Paris: Ruell, 1892.

——. *The Major Symptoms of Hysteria*. New York: Macmillan, 1907.

Kent, G. H. and Rosanoff, A.J. "A Study of Association in Insanity." *American Journal of Insanity*. 67 (1910), 37—96, 317—390.

König, A., and Brodhun, E. "Experimentelle Untersuchungen über die Psychophysische Fundamentalformel in Bezug auf den Gesichtssin." *Akademie der wissenschaften (Berlin) Sitzungberichte* (1888—1889), 917—931.

Kraepelin, E. *Ueber die Beeinflussung Einfacher Psychischer Vorgänge*. Jena: Fischer, 1892.

Külpe, O. *Grundriss der Psychologie*. Leipzig: Engelmann, 1893.

Lange, L. "Neue Experimente über den Vorgang der Einfachen Reaction auf Sinnesreizen." *Philosophische Studien*, 4(1888), 479—510.

LeClair, R. C., ed. *Letters of William James and Théodore Flournoy*. Madison: University of Wisconsin Press, 1966.

Lipps, T. *Raumaesthetik und Geometrisch-Optische Taüschungen*. Leipzig: Barth, 1897.

Maudsley, H. *Physiology and Pathology of Mind*. London: Macmillan, 1867.

——. *Body and Will*. New York: Appleton, 1884.

Mosso, A. *La Paura*. Milan: Fratelli Treves, 1884.

Müller, G.E. *Zur Grundlegung der Psychophysik*. Berlin: Grüben, 1878.

Pearson, K. "Mathematical Contributions to the Theory of Evolution: Regression, Heredity, and Panmixia." *Philosophical Transactions*, 187 (1897), 253—318.

Prince, M. *Nature of Mind and Human Automatism*. Philadelphia: Lippincott,1885.

Ribot,T.-A. *Les Maladies de la mémoire* [*Diseases of Memory*]. Paris:Alcan,1881.

——. *Les Maladies de la personnalité* [*Diseases of Personality*]. Paris:Germer Baillière,1885.

Richet,C.-R. "Du somnambulisme provoqué." *Journal of Anatomy and Physiology*,11(1875),348—378.

Sommer,R. *Diagnostik der Geisteskrankheiten*. Vienna and Leipzig: Urban and Schwarzenberg,1894.

Stumpf, K. *Tonpsychologie*. Leipzig:Hirzel,1883—1890.

——. *Beiträge zur Akustik und Musikwissenschaft*. 9 parts. Leipzig:Barth, 1898—1924.

Taine,H.-A. *De l'intelligence*. 1870. 2 vols. New York:Holt,1871.

Trautscholdt,M. "Experimentelle Untersuchungen über die Association der Vorstellungen."*Philosophische Studien*,1(1883),213—250.

Varon,E. "The Development of Alfred Binet's Psychology."*Psychological Monographs*,46 (1935),207.

Wundt,W. *Grundzüge der Physiologischen Psychologie* [*Principles of Physiological Psychology*]. Leipzig:Engelmann,1873—1874.

——. *Völkerpsychologie*. 4 vols. Leipzig:Engelmann,1900—1914.

Ziehen,T. *Leitfaden der Physiologischen Psychologie*. 16 vols. Jena:Fischer,1891—1914.

181

第十二章　记忆和学习的早期研究

> 我们由此清楚地懂得记忆是什么。它不过是某种涉及身外事物性质的观念联系，一种在意识中与人身变化的顺序和联系相应的联系。
>
> 斯宾诺莎

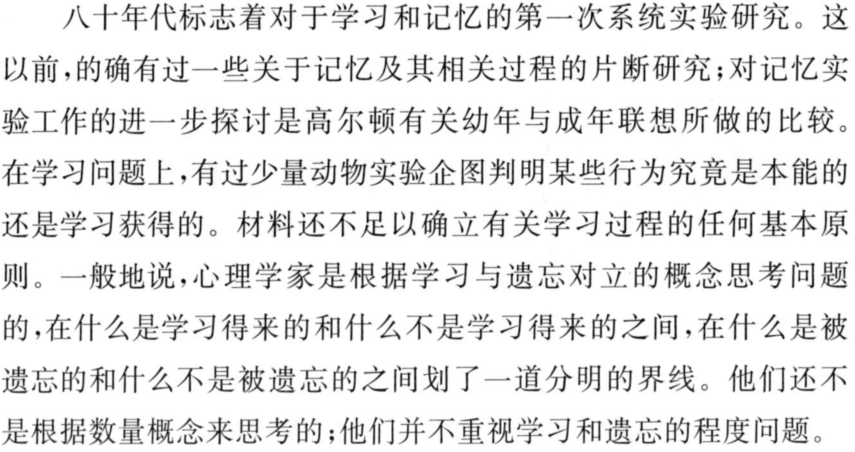

八十年代标志着对于学习和记忆的第一次系统实验研究。这
260 以前，的确有过一些关于记忆及其相关过程的片断研究；对记忆实验工作的进一步探讨是高尔顿有关幼年与成年联想所做的比较。在学习问题上，有过少量动物实验企图判明某些行为究竟是本能的还是学习获得的。材料还不足以确立有关学习过程的任何基本原则。一般地说，心理学家是根据学习与遗忘对立的概念思考问题的，在什么是学习得来的和什么不是学习得来的之间，在什么是被遗忘的和什么不是被遗忘的之间划了一道分明的界线。他们还不是根据数量概念来思考的；他们并不重视学习和遗忘的程度问题。

埃宾豪斯

问题的性质在埃宾豪斯手中完全改变，他从 1879 到 1884 年对学习和遗忘两者都做出了定量的研究(1885)。这是实验心理学中独创天才最重大的胜利之一。而且,实验心理学试图运用严谨可靠的科学方法着手探讨不再是生理学简单附属品的心理学问题,这还是历来的头一遭[①]。冯特实验程序的庞大体系是从生理 182
学者沿袭而来的。实验心理学领域在埃宾豪斯以后立即改观。他的见解和方法像冯特的一样,终于成为"新心理学"的典型特征。

在浏览一个巴黎书摊陈列的书籍时,他偶然看到了费希纳的《心理物理学原理》(1860),并像触电一样引起了内心的震动。费希纳以严密而系统的测量为一门心理物理学科学所做的一切,也正是他要为记忆的研究所做的。他的第一个步骤是采取一些统计方法,使观察的准确性可以用种种观察取得一致的程度来衡量(即围绕平均值的变化所做的研究)。这一原则更进一步以误差曲线的对称来说明。埃宾豪斯说,这样的对称曲线使我们有理由相信,我们这里涉及的是可变误差(variable error),而不是恒常误差(constant error)。可变误差不必重视。因为只要观察的次数足够,这种离开平均值而方向相反的误差就会彼此抵消。他把这样的方法引进心理学,就使心理学资料的语言化为一种科学语言,能根据平均值和可能的观察误差讨论问题。[②] 这样做的时候,他部分地补救了他以自己作为唯一受试的不足。他在很大程度上摆脱了可变误差。当然,由于他自己个人特异体质的缘故而造成的常

① 在生理学试验室外进行的心理学实验曾不可避免地带有不够成熟的粗线条性质;甚至高尔顿的联想实验也表明了这一点。

② 费希纳的心理物理学方法曾经是对这样一种概念的最接近的尝试;但埃宾豪斯与其说是仿效费希纳,不如说是受到同时代自然科学的启发。

数仍然存在。

他的第二项卓越发明是排除了另外一组可以称之为质的而不是量的可变误差——即与学习材料含义有关的误差。我们不可能凭借任何分析方法在词的学习和遗忘中估计到词的种种含义。埃宾豪斯希望能有一种完全没有或至少是比较没有含义的学习材料。在德文中可以比在英文中更有效地做到这一点。在德文中用一个母音隔开两个子音的方法可以构成两千以上的无含义音节。埃宾豪斯就这样一下子解决了一个使心理学研究者特别是联想主义者头痛了几个世纪的问题。① 同含义有关因素的极端复杂性在相当大的程度上被排除了。这些无含义音节的“难度”是不相等的，但编成组以后，它们的不同可以作为上述可变误差来对待。

183 高尔顿和冯特曾测定由单个词刺激所引起的联想活动的时间关系，而埃宾豪斯则专门研究联结顺序的形成过程。不是研究已经形成的联想，而是研究联想形成的步骤；他展示给记忆活动的是一个包含许多音节的序列，要求按照它们的顺序记下来。这里有一个重要的贡献，就是展示速度的标准化。标准定为每个音节的展示时间是五分之二秒。② 在实验中他从始至终尽可能使实验的一般条件保持不变，一天又一天地在同一时刻进行实验，并尽可能有规律地保持他系统安排的生活日程和习惯。对于他给自己安排的巨量工作有所认识的读者自然有理由要问，他的兴趣是否能始终保持不变；这样艰巨的工作至今再没有第二个人完全重复过。

---

① “可以并不过分地说，在心理学的这一章中，依靠无含意音节作为研究联想的方法，是自亚里士多德时代以来最重要的进步。”(Tichener，1909—1910，pp. 380—381)

② 尽管有许多程序上的系统变换，他仍然未能研究变动展示速度的影响。

他的首批问题之一是探讨变动需要记忆的序列长度会发生什么影响，探求记忆所需的阅读次数怎样随着序列加长而增加。① 他发现，在通常情况下，他能在一次阅读中记住七个并常常是八个无含意音节。这就是“关于记忆广度”的初次系统测定。当他把音节的数目增加到九个、十个和超过十个时，所需要的时间则突然大量增加。例如，从十二个音节增加到十五个音节，记忆所需的劳动量就不止是增加百分之二十五，而是比这个比数大得多。

埃宾豪斯碰到一个不能克服的智力盲点，这只有当人们回想起联想主义的主要原则时才能理解。联想主义者，很少有例外，曾忽略一种可能性，即意识绝不只是经验所赋予的一系列印象，意识可以**主动地**使自己适应于它的任务。② 埃宾豪斯在简单重复阅读的一方和主动回忆过程的另一方之间不加区分。他被动地通读音节单直到他认为记熟了，然后强使自己回忆它们，一有必要就给自己提白。在这样的程序中，有时他完全记熟了音节单而无须提白，有时可能给自己提白几次。我们很难说他遵循强制回忆方式到什么程度。仅仅由于他的统计方法，他的实验才免于失败，这种方法，由于有那么大量的资料，可能使主动背诵的因素（至少在大部分他的问题中）只作为一个可变误差，而不是作为一个恒常误差起作用。但是，无论如何，这在一般情 184

① 在他的第一批实验中达到两次完全的复述就算记住了；在以后的序列中，只要求达到一次完全的复述。

② 赫巴特确曾认识到**主动作用**，但他未能利用这个概念在主动回忆和由新的刺激作用而不费力的回返之间划出分界线。在他看来，主动作用属于**观念**范畴，主动**学习**和被动**学习**之间的区别被忽视了。

况下总是倾向于缩短学习时间的。这一主动背诵原则的重要性直到二十世纪早期才被承认①。

埃宾豪斯下一个问题是研究达到完全复述能力以后重复阅读的影响，即过度学习的影响。他想了解，在他完全记住一个序列以后继续学习它会发生什么情况。这和他把记忆看成是程度问题有关；他企图测量被观察条目之间已建立的联系的强度。他的研究不是着重已记住的和未记住的材料之间的区别，而是引进著名的"省时法"，用这种方法来测量需要花费多少劳动才能把一度熟记的材料再回忆起来。假设我们记住了两张各为四十八个音节的单子，然后，间隔二十四小时。我们可能发现，第一张中我们回忆起三分之二的音节，但要再重复二十次才能再记住整个音节单；第二张单子中我们回想起同样多的条目，但需要再重复三十次才能记住整个序列。埃宾豪斯发现了一种可能性，甚至一种盖然性，即他用测量再学习所需工作量的方法比用测量回忆材料总量的方法能够更有效地测验保持力。当然，涉及任何一定场合中什么是最好的单项记忆测验，还有争论的余地；但事实是，埃宾豪斯的方法使我们更能明了，记忆不是一个简单的过程，由于呈现的问题有诸多不同，也需要采取多种不同的方法才能解决。

运用省时法还可以判定不同次数的"过度学习"的作用，判定的方法是测量过度学习同省时的关系。假如记住音节单需要读二

① "记忆广度"的实验是埃宾豪斯关于变动序列长度影响的研究的一个直接发展。1887 年，雅各布斯发表了有许多受试参加的"记忆广度"实验研究报告，这是对这一问题的第一次集中的探讨。这个方法为卡特尔和其他一些人所采纳，从此以后一直在广泛流行。

十次，那么要保持记忆二十四小时需要读多少次？埃宾豪斯发现，不仅有一个阶段刚好在熟记点以下，而且可以说，也有一个阶段刚好在熟记点以上。这是同一个问题的凹凸面；项与项之间联结的形成不是一个全有或全无的问题，而是一个程度问题。于是，他把过度学习的次数同再学习中节省的学习次数加以比较。知道了一定间隔时间以后对于一度刚刚能记住的材料要再度记住通常所需的工作量，也就有可能指出如果对这些材料初次就进行过度学习，那么要再度记住就能节省多少次数。过度学习对节省的比率，根据埃宾豪斯的数据，大约相当一个直线关系。过度学习增加的单位数，在二十四小时间隔以后产生了相当一致的节省数。就无含意的材料来说，在上述情况下，节省的次数始终一贯地相当于过度学习中重复次数的三分之一。[①] 185

省时法的一大成果是遗忘过程的定量考查；以一定量的记忆材料为标准，由于时间的流逝而引起的记忆缩减量可以计算出来。例如，连续读十五次记住了一个音节单以后，埃宾豪斯就能计算出，需要有多少工作量才能在二十四小时以后，追忆那个音节单达到自始至终无须帮助就能完全复述的程度。以这样的方式，他为他的著名的“遗忘曲线”积累了资料，表明，遗忘的速度在最初几分钟内极快，在接着的几小时内要慢得多，而在以后的几天内甚至更慢。它最后几乎成了一条直线，成为表示时间间隔的 X 轴线的渐近线。这一方法确立了遗忘过程定量研究从而也包括保持能力定

① 这一直线关系直到六十四次重复都保持有效；在此点以上的曲线性质尚未判明。

量研究的基础。这个曲线从数学的观点看极其简单，是以普遍有效的形式表示的。埃宾豪斯根据他以自己为受试得到的数据所绘制的遗忘曲线的那种精确形式，当然并未证实也符合别的观察者所得到的数据。然而，这些限制并不影响这一曲线的基本形式，则是已经得到大量证明的，即：一个起始的下降，然后又逐渐回升，而成为渐近线的形式。

这个方法也能应用于有含意的材料，埃宾豪斯后来以此同无含意材料进行比较，看曲线的形式是否仍然有效。他背诵了拜伦的诗篇《唐璜》的许多节，并运用省时法弄清，在不同的时间间隔以后保留不忘的材料有多少。关于有含意的材料也像关于无含意的材料一样，也可以找到类似的曲线基本形式，虽然从始至终曲线下降的速率逐渐下降。他在二十二年的完全荒疏以后又回到这个问题上来，并重新学习拜伦的那些诗节。以此同熟记新诗节比较，他

266 发现在学习时间上有相当可观的差别；省时法表明，过了二十二年还有一些记忆保持下来（1902，vol. 1）。这样的结果很难用对诗文中个别词的熟悉这样简单的事实为根据来做解释。因为埃宾豪斯在另一场合曾直接探讨过这个问题，即对于记忆材料中组成成分的熟悉程度是否会影响曲线。他开列出他对其中每一音节都很悉的表单，发现这些表单正像包含不熟悉音节的同等长度的表一样难记。在学习中具有重要意义的似乎是上下文的关系。这样看来，似乎是在有含意材料中确立的上下文关系享有很长的生命。

他的另一个得到承认并已大规模被利用的贡献是关于作业时间有效安排法的研究——研究一定量的时间究竟是连续不断地用来记忆无含意或有含意的材料能产生更大的效果呢，还是分成较

短的几段有间隔的时间好呢？举例来说，是把一小时一次全部用于不停的重复记忆好呢，还是以一个间隔把它分成两段每段半个小时，或者分成四个十五分钟好呢？埃宾豪斯发现“有间断的”背诵肯定要比连续的“无间断的”背诵值得受欢迎。他并没有查明作业期间最适度的间隔；但我们得到的证明指出，他所采用的二十四小时间隔是一个较好的抉择。

最后，他企图回答这样的问题，是否联想能根据除 A－B－C－D 以外的任何其他模式形成，字母表示学习的项目，破折号表示联系或连接。哈特利曾断定，如果一系列元素 A－B－C－D 被学会了，就会有一个倾向使 A 召回 B、C 和 D 的暗淡表象，即那些最初元素的回忆。现在，埃宾豪斯说，我们从赫巴特的著作和他的数学公式（埃宾豪斯在所有心理学者中几乎是唯一认真注意到这些公式的人）中得知，有联系的不仅是从 A 到 B，而且还有从 A 到 C 和从 A 到 D。有一些观念上升到意识中又消失；可能有几个同时出现在阈限以上。在学习过程中可能有两个以上项目在一定时刻发生了连接关系；几个项目，A、B、C、D 可能同时在意识中，可能有许多连接关系在形成过程中。在一定时刻，A 可能即将从意识中消失，而 B 比如说正好处于极盛状态；C 正上升到清晰的意识状态，而 D 只不过才模糊地显现。因此，不仅有像 A－C 和 A－D 的连接，而且有像 D－C 和 C－A 那样的反向联系。埃宾豪斯企图用实验方法确定，是否连接能真正像理论所要求的那样形成。利用已经一度记熟的表单，他据以编制出新的表单，其中，每一第二个音节被选用，如 A－C－E－G。同样地，选用已记住的表单中每一第三项编成表单，如 A－D－G，以此类推直到选取每一第八个音节。于是，他发现

他记住新表单(以每一第二音节……等等编成的)能够比记住全新的可比的无含意表单更快。在他看来,这证明,当他起初记住 A、B、C、D 表单时,他实际上已经形成的联系不仅是从 A 到 B,和从 B 到 C,而且是从 A 到 C,等等。赫巴特的理论得到了证实。埃宾豪斯用省时法证明,A 同 C 的连接较 A 同 D 的连接更为有效;并且连接的强度随着跳过的音节数的增加而递减,到跳过七个音节,曲线便接近底线。

同样地,他按照同初学时相反的顺序编制出无含意音节单。发现他记住这些也能比记住全新的可比材料快些,这显然表明,在
187 第一次背记音节单时,他也建立了从 B 到 A,从 C 到 B 等等联系。
他又编制既是反向联系又跳过音节的表单进行测验——像 E-C-A 这样的顺序。甚至记住这样的音节单也可以比新材料有较高的效率。已有种种反对意见提出,但也绝不能肯定,这些反对意见澄清了问题。

埃宾豪斯在心理学史上的地位当然并不限于找到研究记忆的方法。他决心发展一种细致的方法控制每一个能够加以控制的因素,使每一个研究项目化为定量的形式,这生动地表明,自然科学的方法已经渗入心理学;它给心理学确定了一个新的方向,这正如这个时代所特有的一切那样,非常突出而明确。

新方案的扩展

埃宾豪斯的记忆实验激起了大量的后继研究。G. E. 米勒有时同某人,有时又同另一个人合作,改进了埃宾豪斯的一些方法,

开始钻研许多新的问题。例如，米勒和舒曼(1893)设计了一种方法，用一个转鼓快慢一致地展示要求记住的无含意音节，使展示的速率可以有规律地变换。有一个暴露口使受试可以在一个时间单位看到一个音节。埃宾豪斯方法的另一项改进是设计出差不多同样难记的无含意音节单。

在改进方法的同时，米勒和许多别的人进行了新的实验并取得了成果。1896 年 W. G. 史密斯发现序列中靠前和靠后的音节比中间的能快得多地记牢。斯蒂芬斯此后不久发现了一个曾被多次运用的原理。她证明，为了要熟记而把长篇有含意的材料分割成短段的做法是徒劳无功的；她发现从头读到尾要比分段记熟以后再拼合起来能够记得更牢。把分别记熟的不同部分组合起来的任务是很浪费时间的。这个实验由许多学生重复进行过，他们大多数已经肯定，对于大多数人“全篇记熟”比“部分熟记”确实更为有利。

埃宾豪斯方法最重要的扩展之一是关于单项联系或连接的研究；重点由“序列”记忆转到成双单件之间的联想。为了这个目的，卡尔金斯发明了一种展示法，同时在视觉和听觉两方面展示**成对**的项目，项目彼此间没有明显的含意关系；例如，可以由一个词和一个数组成一对(1896)。她首次运用这个方法是研究首位性、新 188
近性、频率和生动性的影响。由于证明了这些因素在帮助他的受试回想每一对中第二个项目时所具有的影响力，她便对托马斯·布朗七十五年前所列举的某些次级联想法则给予了实验的证实。序列中先展示和后展示的对子同中间展示的相比，多次展示的对子同较少展示的相比，大小的变换和色彩的类型等等都能使某些项

目显得特别生动。这个方法不久以后被米勒和皮尔策克尔(1900)采用。成绩是用成功的次数来计算的,即展示第一项时能回想起第二项的次数多少。"成双关联"的新方法就可以用来研究多种多样的变项,这些变项是由需要形成的各个联系表现出来的。①

埃宾豪斯实验以后的二十年中,研究工作是由他的概念指导的,而且主要同他的方法的推广有关。不过,越来越明显的是,对于所发生的一切,简单的联想主义是无法说明的。已经发现,个人学习所采取的方法取决于他的态度和目的。个人所承担的任务决定他的学习方式:例如,读那些音节如果不抱有学会它们的目的,在这些音节之间就不可能形成多少联系。

实际上,一长列关于记忆的研究,特别是米勒研究的一个主要结果,是揭示出进行记忆活动的受试为减轻自己的困难而自动采取的多种多样新发明。有韵组合和其他组合,相似性和其他关系被注意到了,这些因素甚至在无含意材料中也能找出来,同时,各种各样的含意被塞入记忆材料中,这使记忆过程和被动形成的接触大不相同。

动作技能

十九世纪末和二十世纪初,对于获得技能的问题进行了来势很盛的研究。记忆,像埃宾豪斯认为的那样,证明是经得起定量方

① 埃宾豪斯自己后来为此目的采用了"提白法"(1902,vol. 1,p. 648)。受试一踌躇就给予提白。

法的检验的，但现在已经探明，其他形式的学习也可以像音节和字的背诵和遗忘一样接受实验的检验。

布赖恩和哈特进行了一项有关收发电报学习阶段的研究(1897,1899)。学习曲线制作出来，表明达到工作纯熟程度的几个月中所经历的进步阶段。这样标绘的“学习曲线”指出，进步在开始阶段比以后要快些。进步是以单位时间能够掌握的单元数来计算的；用于学习的时间越往后收获越少。但他们俩发现学习过程 189
不是有规律的平稳进展，而是连续的跳跃。收电的学习常常为没有进步的阶段所打断；在这样的间断期，呈现出来的学习曲线几乎接近水平线，这称为“学习高原”。① 没有什么一致的高原期长度或一致的高原与高原的间隔。

遵循着上述的“收获递减”律，还可以看到学习曲线最后到达没有进一步明显收获的一点；练习只能使受试保持住他已经获得的水平。这个最后的阶段定名为“生理极限”。但是生理极限的水平线在心理上似乎同学习高原有区别。高原期不像是纯粹的**无进步**期。它们好像是受试已经到达**以一定方法**可能达到的最大限度；但在练习继续进行一段时间以后，他开始能够利用新的更有效的反应型式，那是他在以前不可能利用的。

但试问在高原期又练习了什么呢？在某种情况下，受试已经学会接收字母表中的每一个字母；他把每一个词视为组成它的字母的总和，译出代表一个字母的符号，然后，稍顿一下，再译下一个字母。他处在“字母习惯”的阶段。字母已经练习了相当长的时间

① 这样的学习高原在“发报”曲线中是不能明确表明的。

以后，受试接着便过渡到一个新的习惯体系，这时词作为完整单位被把握和接收。受试已进入“词习惯”阶段，学习曲线又上升了。词是一个“高级单元”，类似卡特尔在他关于词知觉研究中发现的高级单元。在词习惯已经掌握以后，受试可能过渡到短语习惯或者甚至过渡到语句习惯。有些谙练的电报员能够紧跟他们收听的来电超过两百滴答；他们把大量材料容纳在高级单元的形式中。

同高级单元或组织成组或成整体这种情况有关系的，是布赖恩和哈特证明两个或两个以上的反应可能同时进行，其方式是第一个“交叠”于第二个。这一点也曾由卡特尔在阅读字母和词的实验中发现过，一个词在前一个词读出以前可能就被感知，等等。因此，在接收一份电文并在打字机上誊写时，熟手能紧跟电文达六至十二个词。高级单元和交叠是连在一起出现的。电文的接收和打字，不是一个字母接一个字母，而是一个短语接一个短语，甚或一句接一句地进行。受试还没有完成一个高级单元时就能开始新的活动。

190　获得技能中的类似研究在几年内又由斯威夫特(1903，1905)和布克(1908)完成。他们虽然一般也同意布赖恩和哈特的结论，并也发现有类似的学习高原，但他们对高原意义的解释不同。斯维夫特指出，高级单元甚至在高原期就能逐渐形成。布克研究打字技能的获得，发现受试在高原期开始时表现出兴趣的低落，而且，生理的观察(如脉搏的观察)表明有松弛或沮丧状态，这本身似乎足以说明进步的停滞。布克提示，高原期远不是什么潜伏的进步阶段，而纯属荒废。布克的学习高原，类似布赖恩和哈特的，似乎也是同低级单元向高级单元的过渡相应的。

布克最重要的贡献之一是关于过度学习的研究。埃宾豪斯曾表明，超过当时完全背诵所需量的记忆活动对于再学习有明显的效果，的确，过度学习的材料其遗忘曲线的下降要比刚好学会的材料慢得多。布克的受试在获得相当的打字技能以后——这中间当然有大量反应是超过学会程度的——撂下这个课题四个月之久。再开始练习时，他们在几天中就重新获得了起初要花费几个星期才能得到的同样水平的技能。布克的结论是，事实证明了詹姆斯提示（“来自一位不知名的德国科学家”）的正确，即，在夏天学溜冰，在冬天学游泳；布克说，“许多身心困难，……干扰的习惯和倾向随着时间的流逝而消失，这就使得更牢固地建立起来的打字联想能够不受阻碍地活动”，这都被归功于荒疏期的作用。虽然这一结论还没有赢得普遍的赞同，这些资料至少清楚地表明，集中的过度学习至为重要。根据埃宾豪斯的“省时法”，四个月中无练习的损失是微不足道的。

参考书目：

Book, W. F. “The Psychology of Skill with Special Reference to the Acquisition of Typewriting.” *University of Montana Publications in Psychology* (1908).

Bryan, W. L., and Harter, N. H. “Studies in the Physiology and Psychology of the Telegraphic Language.” *Psychological Review*, 4 (1897), 27—53.

——. “Studies on the Telegraphic Language: The Acquisition of a Hierarchy of Habits.” *Psychological Review*, 6 (1899), 346—375.

Calkins, M. W. “Association.” *Psychological Review*, 3 (1896), 32—49.

Ebbinghaus, H. *Über das Gedächtnis*. Leipzig: Duncker and Humblot, 1885.

——. *Grundzüge der Psychologie*. 2 vols. Leipzig: Veit, 1902—1911.

191 Fechner, G. T. *Elemente der Psychophysik* [*Elements of Psychophysics*]. Leipzig: Breitkopf and Härtel, 1860.

Jacobs, J. "Experiments on 'Prehension.'" *Mind*, 12 (1887), 75—79.

Müller, G. E., and Pilzecker, A. *Experimentelle Beiträge zur Lehre vom Gedächtniss*. Leipzig: Barth, 1900.

Müller, G. E., and Schumann, F. "Experimentelle Beiträge zur Untersuchung des Gedächtnisses." *Zeitschrift für Psychologie*, 6 (1893), 81—190. 257—339.

Smith, W. G. "The Place of Repetition in Memory." *Psychological Review*, 3(1896), 21—31.

Steffens, L. "Experimentelle Beiträge zur Lehre vom ökonomischen Lernen." *Zeitschrift für Psychologie*, 22 (1900), 321—380.

Swift, E. J. "Studies in the Psychology and Physiology of Learning." *American Journal of Psychology*, 14 (1903), 201—251.

——. "Memory of a Complex Skillful Act." *American Journal of Psychology*, 16 (1905), 131—133.

Titchener, E. B. *A Text-Book of Psychology*. New York: Macmillan, 1909—1910.

第十三章　威廉·詹姆斯 192

他总是留下这样的印象：犹有未尽；他知道犹有未尽；而且，未来的探索说不定能对今天的讨论提供非常不同的说明。他非常尊重他的宇宙，不认为他能把它完全塞进他的脑海。这些保留的怀疑和他对别人的宽容与尊重同出一源。宇宙，像你的邻居，绝不会暴露无余，全部让你看见的，而结语只能是：其余的应该是它自己。

R. B. 佩里

美国在内战以后的特点是西部边疆的沸腾生活和东部工业的蓬勃发展。新的进化论思想和国土的大扩张同瓦尔特·惠特曼*高歌猛进的探险精神是合拍的。爱迪生的辉煌成就属于这个世界。但是，一当有闲暇并有机会思考的时候，就有如饥似渴地对不列颠、法兰西、德意志和意大利的文学、艺术和科学的追求。

由于在阿尔巴尼（纽约）不动产中得到一大笔财富——在伊

---

* 惠特曼（1819—1892），美著名诗人，曾于1847至1848年间作为一个工人进行过一次穿越美国和加拿大全境的徒步旅行。——译注

利运河把人和货物运往西部移民区的时候——詹姆斯一家开始兴旺起来。作家亨利·詹姆斯是这个家庭的一员。他到了英国——作为对内心主观世界的一位深思和分析的研究者而花费了一生大部分的时间。他的哥哥威廉·詹姆斯（1842—1910）也熟悉西欧的多彩文化。W. 詹姆斯曾多次出国旅行，有时带着詹姆斯一家，后来也独自或带着他的妻子和女儿到英国、法国、瑞士、德国和意大利。他沉浸在绘画、音乐、哲学和文学的爱好中；他起初决心要成为一个画家，在罗德岛纽波特移民区作为一位美术家度过了好几年；但不久他就转而研究科学。他在哈佛的训练，加上大量刻苦自修的阅读和数不清的讨论，使他在
193 1869 年取得了医学博士的学位。当他 1865 年还是一个医科学生的时候，詹姆斯有机会同阿加西斯一起在亚马逊河附近搜集科学标本。在那里，他得了一种热带热病，这是一连串身体病痛的第一次。到德国去的另一次旅行引起背痛和其他疾患。他试图在疗养名城通过欧洲人认为可能有益的矿泉疗法得到治疗，结果却是失望。

在这犹豫和困难的时期，他读了法国哲学家、康德的信徒雷努维叶的著作。雷努维叶说，**意志**能重建一个人的生活历程。人可以改造他的道路。在詹姆斯看来，这就是说，他能够通过意志的作用达到康复。据他的家庭透露，取得的效果迅速而又深远，加上他的幸福婚姻和 1872 年在哈佛大学取得一个小小的教课职位，使他的生活开始走向上发展的道路。在哈佛，他讲授并以实验论证解剖学和生理学；但是正如他的书信表明的那样，他的攻读是广泛的，他的抱负是远大的；他开始写作。

1876年创办的期刊《心理》，①在第一期就刊登了他写的一篇文章。在此后十年，一系列由他署名的文章在这个杂志和别的杂志发表。许多这样的材料以后都被收编在他的《心理学原理》中（1890）。从这些研究和他的书信（Henry James, ed., 1920）中不难看到影响他的思想的主要力量是什么。他是一个了不起的读者，学识的精湛和渊博达到了极不寻常的程度。苏格兰心理学和联想心理学引他入胜，而在不列颠十九世纪中期兴盛的两者的混合物也使他兴致勃勃。这里，像在其他场所一样，他的贪婪求知和不知疲倦的精神把握住他能加以利用的一切。②

德国实验主义著作对詹姆斯有巨大的影响，尽管他对他称之为“黄铜工具”的心理学有敌对情绪。虽然他觉得实验室方法仅仅是死的心理的肢解，他仍然在他的《原理》中献出了近两百页篇幅论述赫尔姆霍茨和冯特学派的实验成果。很明显，詹姆斯认为莱比锡运动是大量有用资料的来源，但不是像冯特学派认为的那样，提供了什么心理学的新宪章。在这三个实验家——赫尔姆霍茨、费希纳和冯特——当中，他最不喜欢的是费希纳；他很欣赏费希纳的哲学，但他认为他的实验工作的结局是“真正的一场空”。赫尔姆霍茨和冯特的方法引起他的充分重

① 由亚历山大·贝恩主办；威廉·冯特的《哲学研究》创刊于1883年。

② 他父亲的宗教热诚（例如他笃信斯韦登博格）深深影响了他；一种人格神秘主义和新英格兰求实精神的奇异结合明显地贯穿在他的全部著述中。

斯韦登博格（1688—1772），瑞典神学家和空想家，写过长篇著作阐述他的教义，在英国和美国有大批信从者。——译注

视，促使他邀请明斯特贝格，一位新的实验心理学的代表人物，到哈佛来担任心理学实验室主任。尽管詹姆斯自己承认有偏见，他还是寻求他能得到的一切实验资料。人们有这样的感觉，
194 即，正因为他接受德国的方法和成果，他才下决心学习和利用存在于任何地方的一点一滴的心理学材料。论“空间感知”的一章(1890，vol. 2)读起来像是一个深知任务艰巨而全力以赴的人写的。许多这一类的新问题，他说，都是一些在“堪受聒絮之苦的人民”的国度里也难以进行探讨的。但是，实验提供事实，而他既然是热诚的经验论者，他就必然要占有事实，不论这些事实从哪里得来。对于黑格尔运动和其他唯心主义潮流，詹姆斯的反应是强烈而持续的抗议。他认为，他们似乎是唠叨不休而又缺乏内容；他们在哲学中代表的是“虚”而不是“实”(1909a，p. 136)。德国哲学加强了他的“激进经验主义”的倾向。他的心理学观点是对德英两国“绝对唯心主义”的一种抗议。

詹姆斯在有关德国心理学问题上所表现的对实际材料的尊重态度，同样也受到法国心理学的启发并得到新的生命。他认为有某种真正重要的东西由于法国的精神病学研究而发掘出来。他对夏尔科、让内和其他研究癔病、催眠术和分裂症的学者的著作极感兴趣，他确信，这样的研究有某种根本的东西涉及人格结构。他并非常注意让内的证明，这个证明指出，人格机能的某些部分可能还没有被我们的内省意识认识到(1890，vol.，pp. 227ff.)。这一发现对于詹姆斯似乎十分重要，表明人格不是以内省方法能够认识清楚的小范围活动，而是代表着种种水平或层次，它们可以像表面上明显的东西一样也纯粹是心理的。他

觉得，分裂症或人格分裂使我们有可能在不同时间研究轮流控制个人行为的人格因素。在患者意识之外进行的心理活动一般地说可以看成是“第二人格”，是和那时处于控制中的自我有别的真我。然而，詹姆斯认为有**某些**个人意识以外的心理活动不是任何**自我**的一部分。让内的“机体记忆”这一类有关潜意识和无意识精神生活问题在詹姆斯看来似乎是心理学中极其重要的问题。

关于学术影响就说到这里。至少同等重要的是个人和社会
的影响：一个成长壮大而又动荡活跃的美国的乐观精神和进步
人士的主张；在他一生任何时候都在他的家庭关系中保持着的
温暖和深厚情谊；半伤残状态，痛苦的长期眼疾、背痛、神经疲
劳，这使他寻求——并找到——一种关于自生的哲学，关于自由
创造的哲学，可以用于健康的恢复。在所有十九世纪的思潮中
由于同这种需要有密切关系而在根本上最合他的心意的和最重
要的就是进化论；一种强调通过斗争而达到创造的进化论，那是 195
需要首先完成的高于任何抽象——离开生活的一步——的任
务。

《心理学原理》

出版《心理学原理》(1890)的合同于1878年詹姆斯三十六岁时签订；这本书出版时他已四十八岁了。其中的几章在这一期间已在期刊上发表，但《原理》突然问世就像火山喷发一样。他和他的兄弟亨利都曾经多年为在他们各自所代表的职业中赢得前列的

地位而付出艰辛的努力。1890 年，在纽约，当詹姆斯的《原理》放在出版者亨利·霍尔特的办公桌上时，詹姆斯写信给他的兄弟说："随着那部著作——你的悲剧的缪斯* 和我的心理学都包含在里面了——的出版，1890 年将作为美国文学史上划时代的一年而为人所知。"但他写给出版者亨利·霍尔特的说法却有一些不同。附有《原理》手稿的那封信中说："一大堆讨厌的，臃肿的，虚浮的，夸张的，水分太多的材料，说明不了任何问题，只有两个事实是例外：第一，没有所谓心理学的科学这回事，和第二，W.J.（即威廉·詹姆斯）是一个不合格的作者。"舆论的判决同他写给亨利·詹姆斯的话当然远比写给亨利·霍尔特的更为接近。

在评论他的精彩著作时，不禁要用新的"体系"这个说法来作介绍。或许"体系"这个词是容易引起误解的；因为，正像冯特是典型的自成体系的心理学家一样，詹姆斯则可以称为典型的不成体系的心理学家。他很少注意建立秩序和体系而是把更多得多的精力放在给读者提供有价值的材料上。《原理》各章并没有构成一个有结构的统一体。詹姆斯对这一点是充分意识到的，他在序言中说得很清楚。我们能够指出，哪几章是来自英国的材料（请注意，例如，贝恩和卡彭特同詹姆斯论述"习惯"的一章的关系）。论述知觉的三章（时间、空间和物的知觉）很大部分是来自德国的材料。论述"情绪"、"意志"、"思想流"和"必然的真理"各章，在利用同时代的材料的同时，也有大量独创的见解。

* 缪斯（the muses）是希腊神话中掌管文艺、音乐、天文等的九位女神，用于单数形式时（the muse），喻诗人、诗才或诗的灵感。这里是指后者。——译注

强调了各章并不提供一个真正的“体系”以后，我们就无须再问，按照詹姆斯的观点，心理是由那些原素组成的了；他对这样的问题不感兴趣。冯特曾告诉我们，经验是由三大类元素组成的：感觉、表象和感情，这是大多数“构造主义者”的心理学中还在沿用的三个范畴。但是，“情感”一词对于詹姆斯没有什么明确的含义。詹姆斯讨论本能、情绪和意志甚至推理过程的时候出现过“成打情 196
感”的提法；但是，和冯特的著作不同，这里完全没有关于基本情感的简单的分析心理学。

詹姆斯深深反对分析法。实际上，分析法在他看来好像是没有保证的；经验就是经验——并不是我们能够用内省方法强制自己去加以探明的什么元素群（1890，vol. 1，pp. 157ff.）。关于分离元素的内省发现并不证明这些元素出现在它们受到观察以前。在构造论之父洛克看来，柠檬的味觉可能是由酸，加凉，加甜，加舌的触觉等等组成的。甚至冯特也认为（尽管有“创造的合成作用”）有组成成分——感觉、表象、情感——要结合起来。詹姆斯则认为这一整套研究都毫无意义。当面临经验时心理学者把他的理论所需要的东西硬加在一个经验中。假如一个人在啜柠檬汁，我们可以认为我们的科学责任就在于设想他是在经验作为感觉元素的酸、甜和凉。让我们假想一个品茶员训练自己在一个滋味中分辨其组成元素，这些元素对于大多数旁观者是融合成一个不能分析的混成品的。根据詹姆斯的观点，某一位品茶员能够分析他的经验这一事实并不证明，各个分析出来的元素也出现在每一个品尝这个混合物的人的意识中。做出这样一种假想是犯了“心理学者的谬误”。

正如我们不能把某一内心活动分割为纯粹的感觉元素一样，那种把意识分成一系列暂时不同阶段的做法也是没有根据的。我们不能说一个事物由联想作用引导到下一个事物，就像钟表一下接一下的滴答声那样。恰恰相反，这里存在的是一个连续不断的涌流，一道“思想之流”，而心理学家通常研究的每一项本质不过仅仅是从这道涌流中武断截取的一个横切面而已。J. 米尔、斯宾塞和贝恩都曾强调意识的经常不断流动，确信简直不可能描述经验某一刻的截面图，除非用刚好在它以前的阶段来说明。贝恩曾写道：“分别受到两个或两个以上相继印象的作用是意识的最普通的事实。没有过度或变化的经验，我们也就绝不会有任何意识。”(1864，p. 325)詹姆斯接受并发挥这一观点，认为把经验分成时间的鸽笼架，正像心理学者的谬误同样荒谬。心理生活在任何一点都是一个统一体，一个完整的经验，流动着，变化着，像一条溪流一样。

这个意识之流中的大量东西以内省方式是难以把握的；它的很多东西是模糊的，支离破碎的，不可捉摸的。它的一大部分是介于两者之间的边缘区。詹姆斯很重视他称之为过渡的(transitive)状态，以此同实质的(substantive)状态相对。思想包含的不仅有中止处，那是容易观察到的，而且有过渡状态，那是非常模糊的，疾飞般掠过的，躲过了大多数心理学家的注意。心理学家曾在
197 思想之流的实质点截取横断面；他们忽略了模糊的、疾飞般掠过的和不确定的东西。假如，打个比方，我们说：“实质状态并不构成心理学的全部题材”，也许这个“的”字起的是一种过渡的作用而不是实质的作用。詹姆斯在这里提示说，他的任务之一就是使模糊的、

不确定的和非实质的部分回到心理学中来。他的这种观点并不是孤立的。同样的概念在其他针对构造论的反叛中也很明显(对此我们即将提及),而不久就成为实验研究的一个主题。

渗透在詹姆斯思想中的进化论,精神动力论(dynamism)和创造精神可以用他自己的语言最精彩地勾画出来,那是他力图解决他想得最多的问题之一——意志的特性时写下的。下面是从他对意志的说明和对决定的型式的分类中摘录的几段话(1890,vol. 2,pp. 531—534)。

> 第一种可以称为合理型。它属于这样一些情况,即关于某一方针的赞成和反对之争似乎是逐渐地,几乎不知不觉地在心中得到解决并以分明有利于一种抉择的估量作为结束,于是,我们无须费力或无须强制便采纳了这一抉择。……在这种由犹疑到肯定的顺利过渡中,我们自己觉得几乎是被动的;使我们做出决定的"理由"好像是理所当然地顺流而来,而并不是由于我们意志的什么作用。……在第二型决定的情况中,我们的感觉是……任自己以一种无所谓的默许顺着由外面偶然决定的方向漂流。……在第三型中……常常发生这样的情况,当缺乏必须履行的原则而使人迷惑,悬而不决又使人心烦时,我们发现自己好像是自动地行动起来,……不得不在两难的处境中走一条道路……"前进吧!"我们从心底喊起来:"天塌下来也不管啦。"

第四种型式的决定

> 是在这样的时刻到来的,即由于某种外部经验或某种不能阐释的内心训令,我们突然由放任的不在意的心境转入清

> 醒的紧张的心境。……我们的动机和冲动的全部价值标准这时都在经历一种变化。……一切“轻松的幻想的”意图失去了原动力，一切庄严的意图的原动力增加了好几倍。

在第五型

> 我们在做决定时觉得好像是我们自己以自己的蓄意所为使天平偏倾。……可以在这些例证中感觉到的意志缓慢，无生气的上升，使它们成为在主观上同所有的上述四种类型*完全不同的一种。……不论那是为了严峻的显然的责任而惨淡地放弃种种丰富多彩的世俗欢乐，或者那是令人忧郁的决
> 198 断，要在两系列都非常美妙却互相排斥的未来事实中……让其中的一个系列永远成为不可能而另一个系列则成为现实，那都是一种凄凉的辛酸行为，一种进入孤寂的道德荒漠的旅游。

而且，在詹姆斯看来，意志是使一切机械论解释都宣告失败的关键问题。心理学作为一门科学应该以一种因果（决定论的）原则的设想为根据；但是还有其他的原则——哲学的原则——要考虑到。詹姆斯在有关身心关系的问题上受到过责难，被认为是前后观点不一致。他确实反复宣称心理学家无须把灵魂作为他们的科学的一种依据；但在另一方面，我们又发现他说，在他看来，似乎有某种超越分散经验的整合和组织的力量，看来就像人格或灵魂把许多完全不同的机能维系在紧密联系和整合的作

---

* 这里原文是“three types”（三类），从上下文分析，可能是原作者疏漏之误。参看《心理学原理》节译本，商务印书馆 1965 年，第 349、353 页脚注。——译注

用中(1890,vol. 1,p. 181)。前后的不一致实际上是很明显的,假如我们把有关“思想流”的论述同有关“意志”的讨论加以比较就能看出来。在前一方面,思想可以说是自己推进自己的,自我似乎是一种具有经验的本质而无须作为一种超越经验的存在。在后一方面,意志力在某些例证中显示出有某种本质在进行干预,那是不能用决定之前的因素加以解说的。[①] 詹姆斯的意思明明白白地是主张灵魂与肉体相互作用的学说。他事实上被认为是一位这样的心理学家,他大部分时间试图以一元论的方法思考问题,使用着一套神经学的术语,但又不相信这样一种探讨是终局。我们下文将看到,在他关于宗教经验的研究中,有另外一些例子说明,他不相信机械论方法,或者甚至也可以说不相信任何唯理论方法的决定性作用。

詹姆斯最著名并最有影响的学说(他在学说上是多产的)是有关情绪问题的。自洛采的《医学心理学》(1852)发表以来,已经有大量描述情绪问题的心理方面的著作发表。这样的描述不可避免地是颇为贫瘠的,既不是以严谨的论据为基础,也没有借助于任何明确可靠的假设来加以说明。关于什么是情绪的问题,没有做出批判的思考:像“畏惧”、“愤怒”这一类流行的概念,被当作细致描绘身体各部处于这种状态有何动作的起点。在他初次试图以批判观点确定以所谓情绪为一方和以其生理表现为另一方的关系时,詹姆斯1884年在《心理》上发表了一篇论述这

① 他的立场在他的论文“决定论的困境”和“信仰的意志”中更充分地表达出来(1897)。

一问题的文章，六年后收入他的《心理学原理》(1890，vol. 2，p. 499)。在这篇文章中，他企图弥合情绪与伴随情绪的表示动作之间的缺口；他实际上是要证明离开这样的生理变化就没有任何情绪的存在。任何情绪，他认为，都不过是身体中生理变化的反射产物。通常以为情绪在生理表现之前，他的看法则截然相
199 反。例如，习惯的想法是，“我们失去财产，觉得很难过而哭泣；我们遇到一只熊，觉得害怕而逃跑”，而詹姆斯则坚持应该改为说：我们失去财产，哭起来而觉得难过；看到那只熊，我们逃跑而觉得害怕。不只是身的反应在情绪出现之前，而且，正是我们在身的变化发生时的感受才是情绪。

“情绪”是由强烈的身的反应特别是由内脏和肌肉所引起的一定经验的名称。在詹姆斯对这一问题的初步论述中，他不适当地强调了**躯体的**肌肉，特别是强调了那些包含在像我们惊恐时奔跑起来那样的行动中的大变化；但他的全部论述表明，他原意是包括并强调内脏的变化。(在其他写作者有关这一学说的许多详尽论述中，大多数对内脏因素给予极突出的地位。)詹姆斯极力辩护说，假如我们在情绪中分析出种种身的反应，如肌肉的紧张，心跳的加速，皮肤的冷战等等，就没有剩下任何属于情绪的东西了。他的观点是划时代的，不仅因为它把通常所说的情绪和生理变化发生的顺序翻了过来，而且因为它把情绪还原为一个主要是生理的问题。他在诊所和医院中寻求有利于他的观点的证据并发现了几个病例，其中内脏作用的紊乱的确表现出情绪的反常。但是证据不足。詹姆斯学说的反对者数以百计；但他的这一观点注定在心理学家中具有巨大影响，它是差不多所有现代有关情绪的学说的

出发点，也是激起大量研究的动力。

1885 年一个极其相似的观点由丹麦生理学家 C. 朗格不谋而合地提出，他描述了有关畏惧、愤怒等等的生理学，并达到这样的结论：情绪仅仅是而且完全是以这样的生理变化为基础的（1885）[①]。在他看来，十九世纪对于在心理上引起的和生理上引起的情绪之间所做的区分是没有意义的；事实上很难找到任何情绪不是“生理上引起的”。体内变化，尤其是血脉系统的变化，不仅引起，而且完全决定每一情绪状态的性质。这一观点同詹姆斯观点的大体相似形成在习惯上以“詹姆士-朗格学说”代表如下的说法：情绪不过是来自骨骼肌、内脏和其他器官的一阵感觉印象在意识中的表现。

詹姆斯的记忆说在历史上也很重要。从十七世纪以来一直存在着两种主要的记忆说。第一种是官能心理学者的看法，认为记忆是灵魂和心的一种最基本的能力。只要你培养你的记忆力，你 200
就能更好地记忆**每一件事**。第二种是联想主义者的看法，认为记忆仅仅是一种过程的名称，由于这种过程，经验往往因其脑内物质基础的再度兴奋而复位。大多数联想主义者会说，每个人对于某一事件的记忆都是联想律——联想的经常性、新近性、生动性等等——的一种直接的产物。在官能心理学中，记忆是一种统一的机能；在联想心理学中，记忆是一个浮泛的名称，代表数目不定的分散活动，它们使数目不定的经验可能通过联想而复位。詹姆斯提出一个介于两极之间的观点。保持能力，他提示说，是大脑结构的

① 朗格的学说大部分来自马勒布朗什（1674），而后者又受惠于笛卡尔。

一般特性，同时，它是因人而异的。另一方面，对于一定项目的保持不仅依赖个人的头脑，而且取决于特定脑神经道的运用。他进行了一系列实验(1890，vol. 1，pp. 666ff.)想弄清某些类型的诗的记忆活动是否会一般地增进对诗的记忆——某些记忆机能的训练是否有助于增进其他记忆机能，就像某些人所设想的那样，说经典著作或古代史会"增强记忆力"。他得出的结论是，一般的保持能力不可能由于训练而增进；练习记住一种材料在学习任何其他材料中并没有什么作用。在这一开创的研究之后，种种类似的探讨随之而来，其中大多数支持詹姆斯的论点，认为严格说来没有什么一般的记忆训练。有关记忆机能的统一性或复杂性问题已进入明确解决的关键时刻。这里詹姆斯进行到底的唯一具有历史意义的实验研究。

詹姆斯的进化论已受到重视；情绪的学说有种系发生学的意义，一切人类的活动都根据来自动物先祖的遗传来设想。詹姆斯对本能的编目代表了他的这种进化论观点。人的本能和反射在细心实验基础上做出的第一个目录是由普赖尔(1882)完成的。詹姆斯采纳并大大扩展了普赖尔关于人的本能表。他收编了像打呃和打猎这样距离很大的项目。认为人由于有理性而极少赋有那种驱策动物生活的本能，这种看法詹姆斯是反对的，他断定，人的本能比任何动物都多。自詹姆斯的本能表提出以后，又有大量类似的编目制成。①

但是，有一个不十分引起心理学者注意的贡献是很能说明詹

① 在这个问题上，麦克杜格尔标志着另一个时期的开始(1908)。

姆斯思想深受进化原理影响的有趣例证。这就是《心理学原理》的最后一章，题目是："必然的真理和经验的意义"。在这一章里，他坚持说，经验可能为我们提供所谓知识的方式有两种。有些东西 201
是强加于我们的；严格说来，我们是"通过学习而得到"的。例如，我们学习后得知水在华氏 32 度时结冰。也有可能是 28 度；实际上它**确实**有地区的差别。这样的事实是强制性的。它们是以其规律性和不可避免性絮絮不休地影响我们。婴儿必须一步一步地积累这种知识。另一方面，也有许多东西是由于进化过程赋予我们心理的结构本身而"不得不然"的。几何关系和逻辑学原理属于这一类。逻辑结构的所以然是由于宇宙的结构，由于在宇宙中生活的生物中发展形成的心理的本性。

这指出在我们的心理发展过程中有一种基本的分裂出现在那些由物种进化而形成的和那些在个人生活期内形成的心理之间。在我们看来似乎是那么不可避免的必然真理的不可避免仅仅是因为我们的心理不能超越其自身的生物构成。[①] 它们就任何绝对的意义来说都不是不可避免的。这里可以明显地看到进化论说法的影响，即认为心理是适应环境的产物。詹姆斯在这里为我们做出了相当详尽地发挥，认为我们的心理是生物的武器，赋予我们是因为在数不尽的年代中，我们的祖先由于具有对于宇宙的某种反应方式而被选择。但对于那些并不那么"必然的"真理，就要有一种可塑的神经系统，使我们能够学习每天强加于我们的事实。詹姆斯或许并不完全认识他的观点的含意。

① 参看弗里斯的著作(1820—1821)。

非欧几里得几何学在形成过程中已经超过半个世纪；由于有它，又由于有物理学与逻辑学的新发展，近年来正是在有关什么是这些“必然的真理”的问题上已经兴起了值得认真考虑的讨论。心理是生物的，这看来是完全正确的，但这一事实加于心理的限制是什么则是极难确定的。

关于《原理》中提供的大量精彩的描述与分析的篇章，我们现在不能再做进一步的解说。不过，当我们研究那些在很大程度上要归功于他的新发展时，我们将常常要再回到詹姆斯的论著上来。

《宗教经验种种》

当他写作《原理》时，詹姆斯很明显地逐渐转向哲学研究，但在九十年代，他继续积极关心新心理学的发展，尤其关心医学心理
202 学。他自己的身体一直很虚弱，这很明显是他不断探求心理因素怎么能对健康和疾病起作用的一个原因。在1898年一次心脏病以及一个时期极度疲劳症的复发以后，他于1899年乘船到欧洲，目的是准备在苏格兰发表关于“自然宗教”的吉福特演讲(Gifford Lectures)。在船上，他病倒了，在欧洲他经历了一次长久的濒临死亡的可怕的昏沉期，然后才逐渐恢复了说话和书写的能力。终于，在1901年，开始了《宗教经验种种》(1902)的讲演。

“宗教心理学”在这以前几年已开始形成，这是斯坦利·霍尔赋予很大动力的关于个人成熟过程的新研究和人文人类学的产儿。一个早期的因素是斯塔伯克(1899)搜集编纂的有关宗教经验特别是信教转变过程的大量手稿。

他的讨论从责难某些人开始，他们以探索病态和宗教信仰的关系为乐。他非常重视那些强调宗教领袖常有精神反常现象的作者的著作；但他坚持，精神反复无常问题无助于阐明经验的价值——对于宗教何以存在的探讨一点也没有解决宗教的意义问题①。作为一个心理学问题，福克斯*的心理失常所能说明的完全同他的说教优美感人无关。专心而有魄力的人，虽然精神上失去平衡，仍然可以成为一个真正的领袖人物，而在一个情绪显得那么重要的领域中，精神的瓦解和重要成就可能交替发生。成就的价值可能比随之而来的神经病现象招致的损失更高。然而，在宗教同心理病理学的这一关系中还有深一层的意义。詹姆斯关切地指出，我们关于社会经验的价值体系已经显得可悲地狭窄；如果我们要对文明有所理解，我们就必须停止滥用“正常”和“反常”的概念，并放弃那种排斥一切同平稳而又顺当的日常经验不协调的东西的倾向。他经常反对那种把精神上的稳定作为社会价值准则的习惯。

詹姆斯勾画出宗教经验的两种基本类型。第一种是“健康精神”的宗教，在这种宗教中，世界被认为是一个生活乐园，认为一切表现为恶的同基本的善对比都是偶然的或无关宏旨的，归结为一句话就是：“天上有上帝在，世上一切美好。”这一健全精神状态的

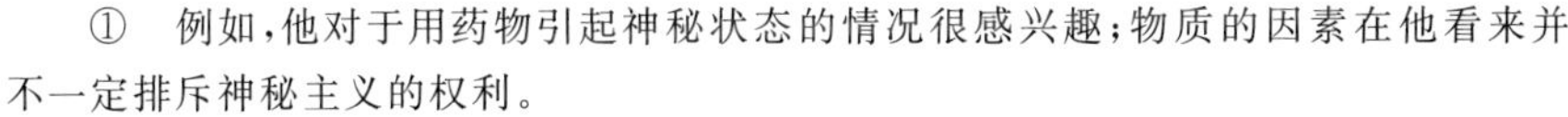

① 例如，他对于用药物引起神秘状态的情况很感兴趣；物质的因素在他看来并不一定排斥神秘主义的权利。

* 福克斯(1624—1690)，基督教一个教派的领袖，英国贵格会(又称教友会)的创立者。——译注

宗教是一种不理解人为什么会悲观厌世的宗教。它同十九世纪广泛传布的通过对于病的不存在的信念来进行心理治疗的运动①是
203 合拍的。他对于这种态度并不怎么重视，认为这直接否定了不幸和苦难的真实而普遍的存在。“文明是在屠宰场上建立起来的”。如果我们拒绝承认这一事实，我们就会使自己在深沉可怕的现实面前成为盲人。

同健康精神状态相对的是“病态精神”的宗教。他所摘引的某些个人关于幻想破灭和失望的叙述使人想到那些疯狂状态，这时，个人感到世界本身有什么东西是根本错误的。詹姆斯极力主张这一观点要比健康精神的论点更全面；它面对生活的全局并发现有必要以某种方式制服恶，或通过某种妥协使恶能够多少被改造得有助于善。失常的人不能理解为什么同一个宇宙竟会既产生仁慈又产生残酷，但他力求既理解宇宙，又理解他自己同环境的关系。他发现自己在力求获致幸福或他的同伴的幸福；可是他的行为却给他自己或给他心爱的那些人招致痛苦。他发现自己不论同他的环境或同他自己的本性都处于一种痛苦的关系中。不论什么时候，只要自我按照个人的角度来设想控制宇宙的力量，那么就会感到他个人本性中的恶是他同宇宙关系的一种破坏；罪恶使上帝自身蒙受痛苦。自我内部的冲突必须以某种方式加以解决。灵魂觉

① 詹姆斯似乎比他的同时代人更公平地评价了这个运动的力量；近年来富有价值的“遍洒阳光”的流行心理学以及认为求健康者必获健康的信念都是这个力量的证明。新南锡学派运动的风行似乎也可以大部分归之于同一的来源。敦促人们要以“健全精神”否定恶的存在，这无疑已经远远超越了宗教本身的界限；十九世纪中深深濡染着宗教色彩的方法近年来已成为一种为求得实际成功而“增强一个人的意志”或使一个人的人格具有“吸引力”的方法。

得自身被撕成两半，应该再合为一体。灵魂要在“感官”中寻求满足是徒劳的。这引起一个危机，它必然表现为一种斗争形式，包括从意识领域中逐出人格的某些部分[①]。倏忽之间，达到了某种解决，由此，个人**使自己**和他所认为的善**完全一致**，抛弃一切曾占优势而现在似乎同新目标有冲突的欲望。信教的转变过程代表自我的一种改造，琐细的目标被放在从属的地位。因此，信教的转变是自我统一的过程，这种统一是由于凝神于一组理想观念而实现的，这些理想唤起了那么深邃的虔诚，使相互冲突的力量失去了威势。

《宗教经验种种》的最后三分之一篇幅是献给神秘主义研究的。詹姆斯认为神秘主义是一种经验形式，在这种形式中，我们是同那些不能通过感觉或理智作用得到理解的宇宙中的元素进行接触；用詹姆斯的话说，这是一扇通向看不见的世界的窗户，一种领 204
悟那通常隐匿着的存在的方式。在描述了神秘经验的几个方面以后——类如神秘的经验是难以言喻的，它具有完全的绝对的存在特性——他做出了关于神秘状态的两项概括。第一，神秘的经验总是乐观的，不是那种健全精神的无忧虑的乐观，而是来自对绝望的**征服**的乐观；神秘经验揭示的宇宙是至善。第二，神秘经验描绘的世界是**统一**的。当然，詹姆斯以他特有的习惯进一步提出例外，描述了绝望的和冲突的神秘。但这一典型的乐观主义和关于统一性的意识在他看来不论在决定神秘主义的真实性方面和在价值领域的重要性方面都是非常重要的。神秘主义的这些方面有助于说

① 潜意识概念曾非常广泛地由卡彭特、哈特曼、让内、迈尔斯以及詹姆斯自己的早期著述所宣扬，因此，认为烦扰的倾向被强制进入潜意识状态的假定就是一个理所当然的事。

明，不论神秘主义诞生的多种宗教背景如何，神秘主义者的确抓住了某种不只是时空产物的东西。而且，他们还使个人达到一种理解整个宇宙含义的意识，获得一种具有绝对意义的权威。詹姆斯从始至终坚持认为神秘经验是一种同这个世界的某些方面进行接触的可靠方法，这些方面是用别的方法无法理解的。但是，虽然这个经验的权威对于个人是绝对的，虽然充分的同感可以延及那些怀着这样一种信念而生活的人，詹姆斯却认为这种经验正因为是不可言喻的，所以，只有对那些直接接触到这些经验的人才是具有权威的。

对心灵研究的兴趣

1882 年在英国成立了心灵研究学会。宗旨是研究据称是超常态的心理现象，类如心灵感应、超人洞察力、鬼魂附体、同死者交往等。詹姆斯 1884 年在美国创立的具有同一宗旨的机构中起了很大的作用；他好几年积极参与审查心灵感应、同死者交往的证据并亲自了解许多心灵表现。这个在他整个一生吸引了他的热衷注意的事业，最后的结果是产生了他历来著述中最诚挚的作品；的确，他的哲学和心理学著作中很少有什么能在气势上和个人才能的充分发挥上超过他的《关于派珀夫人的霍奇逊控制的报告》一文(1909b)和他对迈尔斯的《人格及其于躯体死亡后的生存》(1903)一书的评论(1903)。他早年相信心灵感应，或心灵与心灵间不依赖感官媒介以其他方式交往的真实性，并在《心灵研究的成果》一
205 文中谈到这一点(1897)。至于我们是否能同死者交往，对于他始

终是一个完全没有解决的问题，虽然他经常坚持这个问题的合理性和极其重要。

詹姆斯的哲学

在詹姆斯看来，心理学和哲学之间的区别绝不是泾渭分明的，甚至在他写作《心理学原理》时，他就在写哲学的历史；但在《原理》发表以后，他就把大部分精力用于研究美国心理学者——尽管他们为这门新科学而感到自豪——很少接触的问题。他的某些研究是对认识最终基础的分析：我们的心灵怎么能认识任何事物？我们怎么能直接触及实在？关于外在世界同内在世界之间相互关系的流行概念在他看来是使人误解的。他在不同时期发现了对这个问题的三种不同解决。他逐渐同三派思想接近，这三派都曾敢于提出认识理论，并曾涉及身心关系问题。他的《实用主义》(1907)和《真理的意义》(1909)，虽然显然是代表早期学说的汇编和修订，而不代表一个新学派，却仍然标志着当代实用主义学派的开始，这一学派强调认识的相对性，绝对真理的不可能，以及一切思想在本质上对环境的适应性。另一个深受詹姆斯影响的学派是新实在论。在“意识存在吗？”一文中，詹姆斯提出这样的看法，认为世界就我们所能认识的范围而论，是仅仅由被感知到的东西组成的；心灵并不是一个认识这些东西的独立官能，而是由同样的本质构成的(1904)。心理事件和物理事件仅仅由于这样的事实才是可以区分的，即这些事件被感知的秩序不仅取决于事件所在的一定空间位置，而且取决于有机体的生活。这个已由马赫草拟的观点

(1886)，对于承认马赫前提的人是必然的；得到的结论是："意识"是不存在的，而只是一个浮泛的名称，说明事件不仅同时间空间有关，而且同正在经验着的有机体的生活有关。也没有任何事件的"意识"能改变这些事件的特性。但通常两个人参与的是不同的事件，而他们个人的个性就这样形成了。本世纪早期主要在许多美国哲学家中兴起的新实在论已经发展了这些观点，用以探讨许多詹姆斯容易忽视的必然结论。在已经引起密切注意的问题中，有关于谬误的问题(特别是关于幻觉、错觉和谬见)和关于心理事件的分析，乍看之下这似乎同物理事件并不相同，如情感和意志。行为主义像我们下文即将看到的，自然会在这一学说中发现许多相
206 投合东西。霍尔特以有机体适应环境的概念成功地说明意识自身(1914)，并把认识作用和意志力都并入肌肉反应项目之下。行为主义者对于一切"心理"事件的摒弃很容易由于采纳新实在论的论点而得到支持，这个论点是：确实并没有什么别的事件有必要附加在自然科学已经注意到的事件之上。当行为主义已经一般拒绝参加认识论的讨论时，它也时常是默契地(Watson，1919)有时是态度鲜明地(Holt，1915)同这种形式的心物一元论结成联盟。

身心问题的另一种解决由詹姆斯以新的二元论形式提出(1898)。灵魂与肉体的交互作用在《原理》中已经得到承认。脑，他说，可能并不是心灵生活的基础，而只是一个代理机关，它把心灵的存在转化为有机体在处理自己同环境的关系中所利用的条件。认为心灵的事件有一个不能以生物学概念解释的自身的真正领域，这样的想法，我们已提及，又在他对神秘主义的讨论中再次出现。他觉得有某种具有巨大价值的东西可以通过一些现象得到

领会，这些现象在他看来似乎表明有机体开始同超生物的力量进行接触。人同实在的关系似乎包含了大量不能在人格的生物构成中发现的东西。

在评价詹姆斯的地位和影响时，应该注意到他作为导师的角色，注意到美国和欧洲对他的著述的迅速反应。在他担任哈佛心理学教授直到1897年的时期中，以及在此后若干年他把主要精力献给哲学的时期中，许多在本世纪已经著名的心理学者那时都是他的学生。① 在地球上的每一个角落，只要心理学为人所知，他的名字就会被提到。好几万人读过他的《原理》，更有好几十万人在大学生时代就读过他的一卷著作《简明教程》（*Briefer Course*）。有很长一段时间，说詹姆斯是美国最杰出的心理学家，那似乎是在说废话，因为不论是学者还是一般人都承认，任何仅次于他的人物都远不及他。但是，应该记住，甚至在他的权威极盛的时期他仍然抵制美国心理学中最风靡的思潮；而对于以后流行的倾向，如对智力的测量，他则充耳不闻。不足为奇，当时间的长河吞没了他以后，他就成为不朽的一员，成为一个永恒的人物，而不是一个善于

驾驭潮流的天才。欧洲的心理学家，读书少而精，还追求一时的风 207
尚，更不像某些生物学家那样以表演精彩的实验去赢得威望，近几十年来对詹姆斯的认识超过了詹姆斯本国的人士；他们只要有重大的心理学尝试——不论是实验的还是理论的——要提出讨论，

① 在他的学生中，有安吉尔，卡尔金斯，希利，西迪斯，桑戴克，伍德沃斯，耶基斯等等。

就总是邀请他的亡灵赴会。对于许多美国人，他已退居身后，终于给框架固定住了；对于多数欧洲人，他在继续前进。有些人可能觉得，欧洲心理学已经太困倦了，不可能注意到 1890 年以来在这一领域中发生的任何事情；另一些人则认为，美国心理学还太幼稚，太爱卖弄小聪明，不可能由它最伟大的人物引起共鸣。当然，在这两种判断中都有某种程度的真理。说得不那么招人怨恨些吧，他不信赖的实验工具已经成为一个技术世界的主要关键，对于这个世界他毫无兴趣。不论原因如何，他的篇章今天面对的是这样的一代美国心理学者，他们的兴趣和课题同他当年的兴趣和课题很大部分是不相干的。今天，他们觉得他们应该把他当作"经典"来读。他一定会多么讨厌这个字眼啊！

这一切已经被那些非职业心理学家的富于思想的美国人模糊地意识到了，他们当中有艺术家、医师、实务家；有小说、杂文和剧本的作者和读者；有那些对于人类经验的无限完善、复杂、微妙进行广泛摸索和自由思考的人。放弃对于这些更广阔的视野的渴望已经成为我们极正规的成长过程的一部分。科学在学步的时候，就必须留心"脚跟的不牢"，它对于自己领域有条不紊的掌握已经在望了。但是，问题在于，当忘记前景的时候，是否还一定能立足于正确的方位，导致重要的发现。忘掉詹姆斯，人们可能会觉得自己的科学良心可以得到安宁了。但是，有时候，却很需要一般的科学史作者告诉我们，当科学摒绝个人经验的丰富内容和直接意义时将会如何。

参考书目：

Bain，A. *The Senses and the Intellect*. Rev. ed. London：Parker，1864.

Fries, J. F. *Handbuch der Psychischen Anthropologie*. Jena: Croker, 1820—1821.

Holt, E. B. *The Concept of Consciousness*. New York: Macmillan, 1914.

——. *The Freudian Wish and Its Place in Ethics*. New York: Holt, 1915.

James, H. *The Tragic Muse*. Boston: Houghton Mifflin, 1890.

——, ed. *The Letters of William James*. 2 vols. New York: Little, Brown, 1920.

James, W. *The Will to Believe*. New York: Longmans, Green, 1897.

——. *Human Immortality*. Boston: Houghton Mifflin, 1898.

——. *Principles of Psychology*. 2 vols. New York: Henry Holt, 1890.

——. *The Varieties of Religious Experience*. New York: Longmans, Green, 1902.

——. "Review of *Human Personality and Its Survival of Bodily Death*." *Proceedings of the Society for Psychical Research*, 18 (1903), 22—23.

——. W. "Does Consciousness Exist?" *Journal of Philosophy*, *Psychology*, 208
and Scientific Method, 1(1904), 477—491.

——. *Pragmatism*. New York: Longmans, Green, 1907.

——. *The Meaning of Truth*. New York: Longmans, Green, 1909.

——. *A Pluralistic Universe*. New York: Longmans, Green, 1909a.

——. "Report on Mrs. Piper's Hodgson-Control." *Proceedings of the Society for Psychical Research*, 28 (1909b), 1—121.

Lange, C. G. *Om Sindsbevaegelser*. Copenhagen: Lunds, 1885.

Lotze, R. H. *Medicinische Psychologie* [*Medical Psychology*]. Leipzig: Weidmann, 1852.

Mach, E. *Die Analyse der Empfindungen und das Verhältnis des Psychischen zum Physischen* [*The Analysis of Sensations*]. Jena: Fischer, 1886.

Malebranche, N. de. *De la recherche de la vérité*. ... 1674. 4th ed. Amsterdam: Desbordes, 1688.

McDougall, W. *An Introduction to Social Psychology*. London: Methuen, 1908.

Myers. F. W. H. *Human Personality and Its Survival of Bodily Death*. 2 vols. London: Longmans, Green, 1903.

Preyer, W. *Die Seele des Kindes*. Leipzig: Grieben, 1882.

Starbuck, E. D. *The Psychology of Religion*. New York: Scribner, 1899.

Watson, J. B. *Psychology from the Standpoint of a Behaviorist*. Philadelphia: Lippincott, 1919.

第 三 编

现代的入口：二十世纪的心理学体系

第十四章　构造心理学与机能心理学 211

无论如何〔斯多葛派学者说〕，一个谙熟艺术的人和一个不懂艺术的人是以不同的眼光看一个图像的。

第欧根尼·拉尔修

当我们现在转向二十世纪心理学——这一世纪的丰富资料要求每一个题目在依次讨论时都能同当前这一时期衔接——的时候，对于那时正在起作用或正在形成的各种力量进行一次简短而全面的观察是有益的。在评论实验运动的兴起时，我们曾对各国在心理学旨趣上的差别做过扼要的说明，现在我们可以对有关的人及其计划进行更具体的描绘了，而且，不限于简单概述以前已经说过的，我们还要提到至今还没有涉及的其他许多人物，他们在1900年已经在工作，但主要是属于二十世纪的人物。试想象一下：一位观察家站在俯瞰世界的高台上，用望远镜武装起来，二十世纪开始时全部心理学的工作可以一览无余。这位观察家能看到些什么呢？

在德国的大学里，有许多真诚的新实验主义信奉者：冯特在莱比锡，已是六十八岁高龄还很健壮，正埋头钻研民族心理学，同时十分关怀青年实验家；埃宾豪斯在布累斯劳，他是热情的联想主义者，在从事记忆和智力的研究，进行智力测验；G. E. 米勒在哥廷根，也是不知疲倦的记忆研究者，心理物理学者的老前辈；斯通普夫在柏林，音乐的实验分析家；施特恩在汉堡，他注定要为儿童心理学以及心理学在法律和工业上的应用开辟一个广阔的新天地；屈尔佩在维茨堡，就要发动一个研究态度和思维过程的新的实验运动。可以看见，实验主义还在各地逐渐渗透到教育中以及精神
212 病学中去。假如在望远镜前的人不是太古板太狭隘的实验心理学者，他还会发现许多别的活跃人物，他们的思考能力有助于说明新的心理学问题：像物理学家马赫这样的人，他们要求探讨有关感觉的问题；哲学家迪尔泰，他拒绝联想主义，并强调理解过程的统一性和结构完整性；越过德国边界，在奥地利，早年的牧师布伦塔诺，他在心理学中看到的是心理行为的研究，而不是心理状态的研究；还有那位坐在病人床边，富于思想的医师弗洛伊德，在他看来，漆黑一团而说不清楚的事物正逐渐变得既清晰明朗而又可以言传了。

扫视一下北方斯堪的纳维亚国家，我们的观察家会注意到渊博的哲学家赫夫丁和积极的实验家莱曼在哥本哈根，以及其他地方的一些非常有限的萌芽活动。转向东方俄罗斯帝国，他会看到偶尔出现一位唯心主义哲学家在延续某些德国传统，还有两位不屈不挠、刻苦努力的生理学家别赫捷列夫和巴甫洛夫，他们关于反射的研究不久就取得了永垂史册的成果。在意大利北方和中部，他会看见有几位从冯特那里得到启发的学者；看到莫索和他的生理学同事在研究疲劳、情绪等问题；隆布罗索（Lombroso）和人类学者们在研究体型及其同性格的关系。蒙特索里夫人正围绕着对

感官的刺激和对主动性的启发在进行教育的实践。在讲德语的瑞士,有具有心理学头脑的精神病学者;在讲法语的瑞士,对于教育心理学的传统关注可以由克拉帕莱德作为代表,他在实验室里也是一位干才;同时,弗卢努瓦对于分裂状态和在"玛尔斯语言"("language of Mars")* 中的奇特呼喊正在进行开拓性的研究,他对于心灵研究也经常注意。

在法国,虽然各地医务界人士偶尔给医疗公报撰写心理学稿件而催眠术继续在南锡流行,但几乎心理学的一切都集中在巴黎。在那里,里博把英国和德国的心理学翻译给他的同胞,并继续发扬了医学心理学的伟大传统;让内通过他对癔病持久不懈而卓有见识的研究以及他同生理心理学、实验心理学和社会心理学的许多接触,已经取得显著成就;比奈正在深入钻研思维过程的分裂和易受暗示影响的本性和智力的本性。在比利时,探讨儿童心理学的兴趣已经很明显地流露出来;在荷兰,实验运动也充实了内容,因为有海曼斯所代表的对于研究个体差异的普通心理学的兴趣。

在同样的个人差异问题上,高尔顿在海峡的那一边,选中了皮尔逊作为后继者,在那里,生物统计学和统计技术对于心理学的影响之大,使得一个完整的定量研究新部门——因素分析学——开始形成。英国和苏格兰大学按照他们自己的方式解释联想主义、
进化论和苏格兰的传统。沃德正忙于研究意识还不能认识的深藏 213
的意向。F. W. H. 迈尔斯在他生命的最后几年正在竭力探讨

* Mars是罗马神话中的战神,"玛尔斯语言"指一种战争神经病的病态呼喊。——译注

"阈下我"("subliminal self")的理论，探讨天才的本质，探讨创造力问题；斯托特把心理学明晰地描绘为关于认识、感受和斗争等过程的研究；而青年医师麦克杜格尔，由于反对联想主义，开始怀疑达尔文的进化论和一切动物生命的原始斗争是否能够在一个心理学的体系中受到公平对待。萨利正在写儿童心理学；霍布豪斯和劳埃德·摩尔根在写动物智力、本能以及学习等问题的著作。

当他把他的远望器具转向西半球的时候，他会注意到有成打新的美国实验室，那里的全神贯注的研究同他在德国看到的相似。在那些活跃的人物和活跃的中心中，堪称新时代典型代表的有铁钦纳和他的康乃尔实验室及其富有生命力的关于内省问题的实验研究；有在克拉克的斯坦利·霍尔和发生心理学；有在普林斯顿的鲍德温和发生心理学；有在哥伦比亚的卡特尔，他从冯特式的研究日益转向个人差别的研究；在那条大街的对面，有刚从哈佛毕业的年轻的桑戴克在师范学院以他的新曲线和新理论证明他的猫怎样学会解决难题；有在韦尔斯利的卡尔金斯，一位关于自我(the self)的实验家和研究者；有在威斯康星的贾斯特罗和在密执安的皮尔斯伯利，在专心研究肤觉和动觉。在芝加哥，约翰·杜威讲授一种类似詹姆斯的关于活动完整性和关于顺应作用的哲学。在耶鲁，写过新论式《生理心理学原理》的哲学家莱德，已经把斯克里普彻(Scripture)培养成实验主义者来主持哈佛实验室的工作，正像詹姆斯培养了年轻的明斯特贝格一样。在宾夕法尼亚大学，观察家会注意到人世间的一个新事物，为研究心理上的残疾而设立的"心理诊疗所"。在加拿大，他会看到英国的传统为人忠实地遵循着；在新世界的其他地区，他会看到心理学仍然属于哲学和教育的

一个方面，大量依靠法国的资料。在印度、中国和日本，他会发现浩瀚的心理学典籍嵌藏在古代智慧的体系中，但还没有提炼成一种可以容易地为具有研究头脑的西方人所理解的形式。

但是，一切新心理学同一切旧心理学比较，其精神实质和基本信条又如何呢？难道我们就只能以这种对于人物及其事业的零碎地域观或鸟瞰图为满足；难道就没有可能不仅看到树木而且看到森林，就没有可能把这些印象组合并联结起来吗？组合起来并使之有条理的确是可能的，应该做这个尝试。唯一的危险是，读者可能会赋予一种组织方法以过分的重要性而忽视另一种同样合理的方法。

有理由认为，最好的（但绝不是唯一可能的）出发点是问一问
心理学者对于科学心理学的基本任务是如何设想的。可以合理地 214
肯定，就最广泛的意义说，关心这一类问题的多数心理学者主要是受当时存在的自然科学的方法和概念的影响。那时，自然科学的传统方法是凭借分析法去发现组成整体的分子，然后，制定关于这种分子之间相互作用的法则。化学中的原子说已经有力地证实这是最好的科学方法。想成为一个科学家的心理学者不免认为感觉论和联想主义传统中有同自然科学世界观极相类似的东西。假如内省揭示出有感觉和其他心理元素，又假如对于联想，或记忆，或注意的研究能够揭示这种元素之间相互作用的形式，那么，科学家的蓝图就算草成了。并非个体差异的事实，而是像物理学法则那样具有普遍意义的法则，才使科学家感兴趣。

然而，对于许多心理学家来说，这种有关元素和相互关系的问题，在达尔文以后，已经具有一个崭新的含意。并不是探求元素和关系有什么错处，而是因为当人们问到**机能**的时候，一切看来就都非常不同了，特别是涉及像动植物这种完整体的机能的时候，这些动植物在进化的竞争中不是作为器官也不是作为组织（tissuer）而是作为活着的东西生存下来的，关于这样的东西，人们总得问一问：这种活动同适应和幸存有怎样的关系？在这里，个体差异有着根本的重要意义。问题不可能靠辩论来解决。是忠实于分析的方法还是忠实于进化论研究法，这个争论往往是根据不同的科学概念和对于不同事实的倾向性来决定的。的确，正如霍林沃斯（1928）所提示，以事实**为根据**的那些争论，部分地取决于心理学者倾向于一种而不是另一种感觉经验形式的成见。

大体看来，在 1900 年前后，想根据经验的最初形式以及感觉经验的相互关系来写一部心理学的那些人，可以称之为**构造论者**，虽然后来他们的主要人物宁愿自称为**存在主义者**；那些强调顺应和适应作用的人在那些年代里被认为是**机能主义者**。这里以极端的形式提到的两大心理学派别是美国的产物；欧洲注定要在下一个阶段产生新的心理学学派。

铁钦纳和构造心理学

公认的构造派领袖人物是铁钦纳（1898，1889，1909—1910），他的体系和他的实验已得到普遍承认，使他成为冯特精神上的继承人。他在莱比锡完成学业并来到美国，1892 年于康乃尔成为一个心
215 理学实验室的主任，这个实验室已经成为研究冯特曾着手研究过的那些问题的一个楷模。堪同他的四卷《实验心理学》（1901—1905）的

无限渊博媲美的是他对研究者的系统训练，教会他们如何进行内省；如何对于内省观察到的活动进行系统的报告。因为心理学就是同受试自己所报告的经验打交道的。

铁钦纳的“构造论”可以被认为是冯特构造论精确的简化。心理状态是由感觉、表象和情感构成。但唯一的“简单”情感是愉快和不愉快，别的情感状态实际是混合物或“感觉情感”(sense feeling)。“统觉”被抛弃了，但“注意”是使感觉和表象取得更大“清晰度”的过程。“意义”(meaning)不过是心理结构显现于其中的前后关系；假如它还有任何进一层的含义，涉及的问题则是逻辑，而不是心理学*。这一构造论的主要问题是元素及其属性，其构成方式，一般熟悉的混合型的结构特征，注意的性质和作用。这些问题出现在铁钦纳实验室的著述中，这些著作虽然经常受到他的旨趣的启发和指导，却一直是以他的学生的名义发表的。铁钦纳个人出版物的目录因而并不能说明取得资料的丰硕。他的学生分散在各大学工作；他们有许多人每年都同他聚会，交换研究报告。

可以用几个专门问题来表明铁钦纳的兴趣和贡献范围的广泛。这里有一些从皮肤感觉和内脏感觉的系统研究(1915)，他关心“混杂情感”的问题(1908)，即愉快和不愉快是否可以同时存在于意识之中。他对于内夫后来的报告很感兴趣(1924)，内夫认为情感本质上是感性的，并不像看起来那样是什么独立而另有特性的东西。

---

* 心理学中的“意义”和逻辑学中的“内涵”、“外延”在英文中是同一个词，即“meaning”。——译注

盖斯勒审查了有关注意中种种清晰程度的问题(1909)。在注意中是否有从最大到最小清晰度的逐渐过渡，还是只有几个明辨的“阶段”？一些受试的报告指出，有两个不同的层次，中心清晰度和边缘清晰度。另一些受试报告说有几个层次的清晰度。在这里，也像在其他场合一样，利用的是受过内省训练的受试；铁钦纳只重视学过内省方法——即准确观察和描述经验到的心理状态——的受试提供的证明。尽管受试之间的个人差异有时会在内省报告中流露出来，铁钦纳仍然相信，科学关切的是普遍的规律，而不是个人的差异。

不能认为所有康乃尔实验室的材料都依赖于口头报告的准确性。这在一次精心设计的实验中是明显的，这个实验(部分地)涉
216 及感知和表象的关系。珀基(1910)[①]让她的受试坐在一间暗室的屏幕前。她要求他们在某些实验中按照点到的名目在屏幕上“投射”日常熟悉的物体如苹果、香蕉、小刀等的影像。在不让他们知道的情况下，她在一些实验中投射一个暗淡画面在屏幕上。受试通常观察不到已经增添了一个“真的”画面；他们有些人在这样的情况下评论说，他们的造像能力那一天特别好。在另一系列实验中，真的放映出一个画面，并要求受试观察它。在不让他们知道的情况下，这个暗淡映像的照明度有时缩减到零，以致任何客观的画面都不存在了。然而，大多数受试继续“看到”画面，一点也觉察不到已经没有什么亮光从屏幕进入他们视线了。二十位受试中没有一位能前后一致地在表象与微弱的感觉之间做出分辨。要在感觉

① 这里描述的实验起初是作为记忆表象同想象表象的一种比较研究。

与表象之间找到分明不同点的想法显然应该有所收敛了，因为已经得到这样的认识，即在特定情况下这两种现象可能是不可分辨的（Read，1908）。在报告一个外界客体存在或不存在时出现的这种失实的答案对于全部实验心理学都是很有意味的事，不论这种心理学是否强调内省法。

机能主义

同强调心理结构问题相反，早在1900年以前也兴起了一个更集中地研究机能问题的广泛要求。我们已经看到，詹姆斯并不赞同想把意志状态分析成元素的企图。十九世纪末年许多人表示过这样的看法，即“心灵”应该不是一个结构概念，而是一个动力概念，詹姆斯不过只是他们当中的一员而已。许多心理学家开始把他们的着重点从状态转移到过程上来。事实上，随着重点改变而来的是有关心理学究竟是什么这整个概念的改变。许多人试图论述心灵作用的方式，特别是联系整个有机体的生活方式进行论述，来代替对于经验的分析。有那么多的人到十九世纪末表现出这些倾向，以致本书在这里只能提供关于这一过渡情况的万花筒式的观察，专断地从体系极为歧异的几个人的著述中选择材料。

英国心理学家这一时期的主要兴趣在于研究机能问题；沃德和麦克杜格尔是突出的例子。斯托特的《心理学手册》（1899）阐明对心理的同样的划分，即分成几种主要的**行动**方式，而不是几种主要的**经验**类型，像赫夫丁的例子中指出的那样；例如对认识过程的研究便盖过了对认识**状态**的分析。斯托特关于记忆的讨论在许多

方面同赫巴特和贝内克很相似，强调经验在消失一个阶段以后有
217 再回到意识中来的**倾向**。某些材料被记住以后，第一个项目在意识中的出现便给其他项目开创了复生的倾向。着重点不在于一个经验和它的复生在结构上的相似性，而在于经验使自身变位的倾向。我们已经看到联想主义的衰退和崩溃，主要是由于它的根深蒂固的构造论。斯托特代表了十九世纪后期英国心理学的总趋势，把心理活动而不是意识分析作为研究的中心问题。他对意动(conation)或内驱力(striving)的强调——一个近期英国心理学中许多其他主要人物所共有的强调——也许是这种趋向能动概念潮流的甚至更为明确的迹象。

同样的倾向在生理心理学学派中也很显著。明斯特贝格于1892年到美国，制定了一个有独创性的有关心理活动性质的学说，其中强调的是过程的不能再分解的类型，而不是结构的不能再分解的类型。明斯特贝格的“动作论”是关于同最简单的经验动作相应的生理单元的明确学说(1900)。这一学说认为，当一个感官受到的刺激导致一个自觉的动作和一个运动反应时，感觉的引起不是同脑感觉区的简单兴奋相关联，而是同从感觉区到运动区的神经搏动的过渡相关联。

构造论者一般曾以为，我们心理元素的神经副本是皮质中特定点的兴奋。例如，手指烫伤时的疼痛经验，曾被认为是同皮质总感觉区的特定局部兴奋有关联的。在视觉幻象中，我们可能是遭受某种东西直接作用于皮质视觉区内的一点，尽管通常神经道的感觉神经元和运动神经元都不曾进入活动状态。与此相反，明斯特贝格宣称，一切生活都是冲动性的，都倾向动作。我们不知道有

什么感性经验属于纯被动性质。明斯特贝格写道，每一经验不仅意味着皮质中某一感觉区的兴奋，而且意味着这个兴奋通过运动中枢过渡到中枢以外的运动反应机制。运动发射的通道越开放，感觉（或其他经验）的意识也更清晰。明斯特贝格坚持，意识状态的发生只有当一个从感觉器官到运动反应的全循环完成时才有可能。这个学说并不一定排斥对意识结构的探讨；但是逻辑的结果和历史的结果是两回事，而这个观点只不过是许多把注意力从状态转向动作的观点之一，这些动作被看成是作为整体的个人行为的一部分。许多在心理学概念上同明斯特贝格的观点大不相同的人已经同意把完整的感觉-运动弧作为同每一心理事件相应的真正生理单元。

强烈的反对立即提出，反对这一学说中认为神经道越是开放，伴随它的心理过程也应更为自觉的说法。明斯特贝格对反射动作 218
的忽视是严重的；因为，这些神经通道既然是特别“开放的”，那么，根据这一学说，也应该引起清晰的意识。另一严重的反对意见是根据这样的事实，即冲动的通过随着习惯的形成变得越来越容易了。某种东西本来需要大量努力并且一开始是非常清楚地意识到的，逐渐变得容易了，平稳顺畅了，但也越来越意识不到了。而动作说所要求的则刚好相反。蒙塔古（1908）从而提示说，意识程度同皮质中从感觉到运动元素的神经道的开放程度不是正比关系而是**反比**关系。

介于这两种观点之间的折中观点已由沃什伯恩提出。她指出：

> 意识状态经常与运动发射中兴奋和抑制的一定比率相伴随。……兴奋量或者下降到一定最低限度量以下，或者上升到

> 一定最高限度量以上,意识程度都会减弱。……那种我们称之为“表象”或“中枢兴奋感觉”的意识类如回忆或想象的感觉,也取决于一个运动神经道的同一时间的兴奋与抑制。“观念的联系程度”取决于这样的事实,即一个刺激的充分运动反应受到阻碍而未能发生时,一个减弱型的反应可能在进行,这种反应我们将称之为“试验性运动”(1916,pp. 25—26)。

由这样的概念出发,沃什伯恩现已建立一种“运动心理学”,它虽然大量利用了内省资料,①却具有首尾一贯的动的特征。

霍尔特(1915)在同一时代提出,意识不过是指对某一客体的特种感觉运动顺应。意识到一个苹果就是调整一个人的眼肌等等对着它。意识状态就是把一个客体带到同有机体的一种特殊关系中来,这特殊关系就是一种对客体的肌肉顺应。这一看法来自新实在论的信念,即在意识以外的客体和在意识以内的客体具有同样的性质;认识并不创造出现于经验中的性质,只不过使它们同有机体的生活发生联系而已。意识不是什么“在头颅中累积的”东西。这一动的概念也许要比迄今提及的任何动的概念都更为激进。

这些不过是几个例子,表明强调**运动发射**的趋势,包含着足以导致多次爆发的炸药。同强调构造相对立的过程的强调,不仅在理论上而且在实验室里也愈益明显了。受过冯特方法训练的屈尔
219 佩早期就达到这样的结论,认为英国联想主义者和冯特都曾加以强调的比较简单的自觉联想类型,不足以解释意志类型中的巨大

① 这一假设在任何意义上都不包含对构造心理学的攻击,铁钦纳自己也不反对这样的心理学假设。

可变性，这种可变性表现在从一个实验转到另一个实验的同一个人身上。受试的行为在接受实验的情境中被发现不仅依赖于意识中的元素，而且依赖于（主体的）调整和态度，这些很可能起决定性作用，尽管不会在内省分析中提供出来。这些有关非意识因子确实影响动作的发现在某种程度上削弱了从联想主义一直沿袭下来的构造论假说的根基。甚至涉及学习材料的简单背诵时，这样的看法也是重要的；但在有关适应新情况的任务上，发现精神生活过程不能根据内省意识中以前出现的情况得到理解，这关系到必须承认研究意识外的过程对于心理学是一个真正的课题，从而，不可避免地使重点转移到更明确的动的概念。仅仅由于在许多例证中，它们不可能得到内省的分析，"态度"才不得不作为机能单位来对待。

屈尔佩对这一切的承认在此后二十年间的系统心理学领域中引起了重要的后果。随着到来的是有关"态度"的意识方面和非意识方面的实验研究，目的是确定构造主义语言在对"态度"进行描述、分析和分类上的可能范围。这一研究领域是在屈尔佩的维茨堡实验室中由基本上具有构造论训练和观点的人们开始的；并且他们的许多发现是作为构造心理学的财富被采纳的。但是在采纳这些发现时，构造主义自身可以说是变得更机能主义化了；静力学已经开始让位给动力学①。而这一内省心理学的新部门在分析思想的元素时，非常清楚地表明需要对存在于这些元素间的机能关系有一个更适当的认识。我们不久就要更仔细地研究屈尔佩的著

① 一个有关构造主义新概念的概要叙述见于铁钦纳的著作(1909)，其中对感觉本身也从发展的观点予以论述。铁钦纳坚持认为他的心理学像冯特的一样，和联想主义者的心理学不同，关键在于把感觉当作过程而不是当作状态。

作。

屈尔佩第一次承认适应在意识中的作用以后不久，美国机能心理学的发展就开始了。这一动向的起因是十分复杂的。一个重要的因素是约翰·杜威在八十和九十年代的出现。[①]受到十九世纪末期对联想主义普遍反抗的教益，并首先是深受威廉·詹姆斯的教益，他把注意力主要转向有机体顺应环境的方式（1896）。本世纪早期在芝加哥大学，当他的思想主要萦回于社会问题和教育理论
220 的时候，杜威对许多青年心理学家有相当的影响。他的年轻同事安吉尔（1904）很快就很有名气了。在具有同类观点的人物帮助下，其中包括曾跟冯特学习过并在耶鲁大学莱德研究室任过职的贾德（1907），一个有特色的学派发展起来，它的主要贡献是强调了顺应作用，而特别是以起源的观点论述了态度。[②]

今天看来，隔离构造主义者和机能主义者的这一鸿沟从逻辑上看似乎没有什么必要。构造主义者承认主动性和适应性的问题；机能主义者同意意识是值得注意的而且很重要。关于什么是科学这个根本问题的见解不同，以及争论中掺杂许多个人成见，使两个学派保持着距离。

机能主义未能作为一个学派维持长久；但是它的某些着重点保存在行为主义中，保存在愈益显著的不大注意探讨意识问题而

① 《心理学》（1886）是他在这一领域中最早的一本著作。

② 贾德对运动现象的论述，给这个学派的学说做出一个概要的经典说明。心理过程被带进同肌肉调整的关系中来，这些调整不是以内省的概念而是以机能的概念加以阐释的。有关这样的调整能否以内省方法加以研究的全部问题将在下一章提出讨论。

更关心活动问题的趋势中——这种趋势在像卡特尔和桑戴克这样的人的身上已经可以明显看到。构造主义，或者存在主义[①]在铁钦纳死后发表的著作《系统心理学：绪论》(1929)——一本表明他从未放弃他的最初信念的书——中受到雄辩地捍卫。但是今天主要的问题是如何把有关每一个心理学问题的构造论和机能论资料结合起来。正像亚里士多德曾经明确指出的，觉知(awareness)和心理活动(psychological activity)并不一定是同一个东西，今天的进化论心理学也力求把觉知设想为适应性心理反应中的一种而不是唯一的一种反应。

参考书目：

Angell, J. R. *Psychology*. New York: Holt, 1904.

Dewey, J. *Psychology*. New York: Harper, 1886.

——. "The Reflex Arc Concept in Psychology." *Psychological Review*, 3 (1896), 357—370.

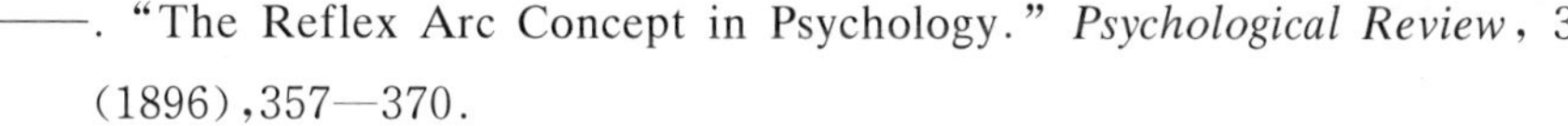

Geissler, L. R. "The Measurement of Attention." *American Journal of Psychology*, 20 (1909), 473—529.

Hollingworth, H. L. "Sensuous Determinants of Psychological Attitude." *Psychological Review*, 35 (1928), 93—117.

Holt, E. B. *The Freudian Wish and Its Place in Ethics*. New York: Holt. 1915.

Judd, C. H. *Psychology*. Boston: Ginn, 1907. 221

Ladd, G. T. *Elements of Physiological Psychology*. New York: Scribner, 1887.

① "存在主义"一词的极其不同的现代用法将在下文第303、475、476页(边码)谈到。

Montague, W. P. "Consciousness, a Form of Energy." In (Colleagues at Columbia University) *Essays Philosophical and Psychological in Honor of William James*. New York: Longmans, Green, 1908.

Münsterberg, H. *Grundzüge der Psychologie*. Leipzig: Barth, 1900.

Nafe, J. P. "An Experimental Study of the Affective Qualities." *American Journal of Psychology*, 35(1924), 507—544.

Perky, C. W. "An Experimental Study of Imagination." *American Journal of Psychology*, 21(1910), 422—452.

Read, C. "On the Difference Between Percepts and Images." *British Journal of Psychology*, 2 (1908), 323—337.

Stout, G. F. *A Manual of Psychology*. London: Hinds, Nobel and Eldredge, 1899.

Titchener, E. B. "The Postulates of a Structural Psychology." *Philosophical Review*, 7 (1898), 449—465.

——. "Structural and Functional Psychology." *Philosophical Review*, 8 (1899), 290—299.

——. *Experimental Psychology*. 4 vols. New York: Macmillan, 1901—1905.

——. *The Elementary Psychology of Feeling and Attention*. New York: Macmillan, 1908.

——. *Lectures on the Experimental Psychology of the Thought-Processes*. New York: Macmillan, 1909.

——. *A Text-book of Psychology*. New York: Macmillan, 1909—1910.

——. "Sensation and System." *American Journal of Psychology*, 26 (1915), 258—267.

——. *Systematic Psychology: Prolegomena*. New York: Macmillan, 1929.

Washburn, M. F. *Movement and Mental Imagery*. Boston: Houghton Mifflin, 1916.

第十五章　维茨堡学派 222

既然我们有大量的时间，那么，我们能不能稍许回顾一下我们的历程，并冷静地认真地检查我们自己，看一看在我们心内的这些表象是什么呢？

柏拉图

我们已经注意到对于现代构造主义基本原则的反叛，这些原则由洛克开创，到联想主义、到冯特、到铁钦纳而臻于完善。现在应该对于这种反叛的一个方面加以更切近的研究。

最杰出的领袖人物之一是布伦塔诺(1874)，他创立了一个以经验的“动作”而不是以经验的内容为中心的心理学。他在经验的内容与经验着的动作之间做出的区分，虽然只有很少的说明，却是相当复杂的；要理解它，我们至少需要退回到莱布尼兹的统觉说，统觉即指我们赖以意识到我们的经验的过程。康德和赫巴特尽管对这一学说有他们个人的增添成分，却已经强调指出意识在把握经验元素中的**能动性**，不然这种经验便同自我无关；我们可以得到经验而并不认识这个经验的存在，并且经验的性质和认识经验的这一活动之间是有区别的。在布伦塔诺那里，这一概念具有更为彻底的形式。布伦塔诺并不是在一项经验和认识我们具有这项经验的活动之间做出区分的，他认为，区分应该在作为一种结构的经验和作为一种活动方式的经验之间做出。例如，在感觉的例子中，在“红”的质和红的感受之间是不同的。那么，打个比方说，心理学的真正主题，布伦塔诺说，就不是“红”，而是“经验红”这一过程，是
223 当它可以说在“变红”的时候所经历的心理活动。我们看一个红的客体时的经验是一种行为方式，这种行为方式应该同红本身的质区分开，红本身是纯被动的东西。在布伦塔诺看来，意识的内容在这一行动框架的范围内指向外在的某物（“意向”），而意识本身绝不能简化为内容。

马赫（1886），虽然是一个构造论者，却也促进了这一运动。他认为，物理学的世界与心理学的世界是同一个世界，不过心理学必须注意到某些不是同个别的物体相应的感觉，而是同物体彼此关系相应的感觉。假如，马赫说，我们看到三个相互分离的地点，并一一给以感知反应，在我们的经验中所有的是比一个地点加另一个，再加第三个更多的什么东西。① 有一个空间关系在它们之间呈现出来，而这个空间关系正像在我们面前的任何一个独立地点一样是一种经验的质。我们借以形成三角形概念的空间质也像任何其他元素一样可以由内省方式观察到。我们只要以不同方式安排各点，我们就得到不同的“空间感觉”。马赫在思想方法上是构造论的，但他所强调的是感性经验传统范畴的不适宜。

紧跟着马赫而来的是冯·埃伦费尔斯的著作（1890）和形质概念（Gestaltqualität，这个词可以大致界说为“一种模式赋予的

① 这个论点早已由拉罗米吉埃尔约在一个世纪前提出过。

质”)。他坚持在一切知觉中都有不限于相互分离的感性存在的某种质显现出来,某种由主体添加的东西;即呈现的构型(configuration)或形式(form)或模式(pattern)或旋律(melody)的质。例如,上面提出的三角形的质或正方形的质在**一切**知觉反应中是典型性的,因为一切知觉都包含某种质,这种质依赖于感觉元素被整合的方式。这一学说是同冯特的系统心理学对立的。冯特确实也承认过“创造的综合过程”,但创造的成果不得不依据他体系中假定的元素综合过程来说明。冯·埃伦费尔斯着手证明,认识某一情境的过程不限于这个情境各个部分呈现的元素的总和;它有一种由知觉形式提供的质。

这些七十、八十、九十年代中的贡献没有一项是明显实验的。直到屈尔佩作为维茨堡实验室的领导者才使这些观点中的一部分经受实验分析。屈尔佩(1893)自己曾致力于分析那些导引和驱策意志过程的因素;这些因素可能是意识的或非意识的(这就是现在时常称之为“心理定向”或简称“心向”的概念)。[①] 屈尔佩学派在本世纪初开始了一系列划时代的实验,大大促进了我们刚刚描述过的反构造主义动向。他的维茨堡实验室变成冯特学派构造主义 224
所忽视的一系列问题的研究中心。

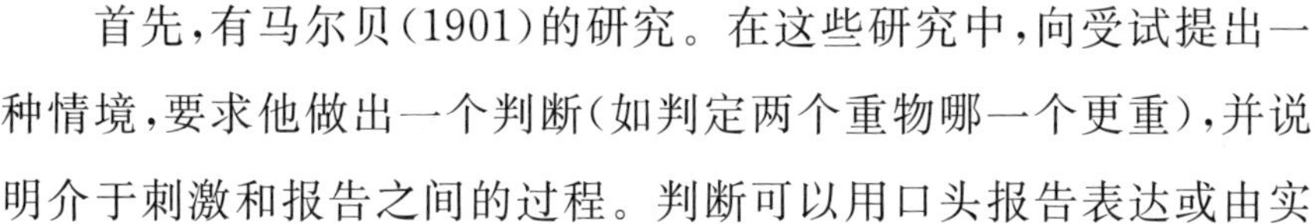

首先,有马尔贝(1901)的研究。在这些研究中,向受试提出一种情境,要求他做出一个判断(如判定两个重物哪一个更重),并说明介于刺激和报告之间的过程。判断可以用口头报告表达或由实

① 他的观点曾在几个方面由别人的观点预示出来。参看铁钦纳著作的概述。(1909, pp. 162 ff.)

验者定为代表正或误的一个明显动作表示；但注意力要放在动作前的思维过程上。

继而由瓦特(1905)和梅塞尔(1906)引进一个方法，运用联想试验判明在刺激词的呈现和反应之间发生的思维过程。这些(和类似的)研究的结果是大量杂乱无章的内省资料，其中经常有迹象表明受试往往全神贯注于某些他似乎难以用感性概念加以描述的经验元素。这一大堆内省材料虽然参差不齐仍然大致表明有一种近似过渡状态的经验存在，那是詹姆斯在论“思想流”的一章中曾经讨论过的——即某种同真实存在的相对分离而独立的经验相反的东西。这些在思维过程中发现的颇为模糊而不确定的经验，被赋予一个我们可以大致译为“意识态度”(Bowusstseinslagen，马尔贝提出的词)的名称。这些意识状态不能简化为简单的感觉或表象或情感。这里，在维茨堡早期工作中就有这样一些经验元素出现，那似乎是冯特领导下的整个实验心理学学派所未曾注意而它们的存在实际上是自洛克的构造主义以来就遭到普遍忽视的。它们和斯托特1896年曾提及的“无表象思维”有某些相似之处。这些意识态度包括如怀疑和确定，同意和异议等经验。瓦特还强调那虽然不一定出现在意识中却对判断或思维活动具有控制力量的课题(Aufgabe)。

然而，维茨堡学派进一步研究新的问题。阿赫(1905)继续分析做出决定的过程，在内省基础上把个人分为各种“决定类型”，他发现，除做决定以前的意识态度外，还有许多偏见，它们尽管在意识以外，仍然有控制思维过程的作用，它们是导向某一决定的力量。这一发现似乎是我们上文提及的屈尔佩看法之一的证实，并在意识领域强调了某种存在，它非常类似瓦特在研究判断中发现的那个课题。对于这些在意识活动过程中那么重要的力量，阿赫定名为“决定的倾向”。承认这种决定的倾向同意 225
义说(the theory of meaning)有密切关系。阿赫草拟了一个学说，大意是说，对意义的意识可以完全经由无意识的作用而实现。假如意识的一定表象是富有意义的，那是因为一些相互联系的观念的潜在兴奋造成的，虽然这些观念还没有被带入意识。意义自身也依赖于相互联系的观念的这种潜在兴奋。除对意义的意识外，阿赫也承认关系的意识，以及介于这两组非表象经验之间的某些中间阶段。

接着，在维茨堡学派中由比勒(1907)的研究开创了一个新的阶段。比勒的研究在目的上同伍德沃斯的研究没有什么根本的不同。实际上比勒运用的方法是伍德沃斯已经采用过的——即提出一个需要考虑才能做出解答的问题，并记录解答过程中的步骤。在比勒看来，重要的事情是非感觉的思维过程的存在，这一发现迄今仅仅是维茨堡研究工作的一个方面，而不是根本的目的。比勒的实验在提问和回答之间需要有一个很长的间隔(大约 5—20 秒)，因此，内省报告必然很容易受到许多错误的影响。冯特攻击这样的工作，认为不配称之为什么“实验”，主要就是根据这个理由。但是，比勒的工作和类似的维茨堡研究工作的一个重要不同在于这样的事实，即它同冯特学派方法、概念的冲突所引起的震动更明显地表现出来。正是比勒，而不是任何别人，为非感觉的经验项目的存在找出了明确的证据。

要看出为什么这应该是引起一场争论的原因可能是不容易

的，因为**形质**学派长久以来就一直强调经验中的关系因素。但在比勒的工作中有一个新的特征。对于所有以前的心理学者，关系终究是关系①。甚至在马赫的“三角形”的质的例证中，一个感觉主义者也可以说，这样一种空间关系不过是代表我们反应方式的一个逻辑名称而已，并不是一个代表经验的一种新质的名称；或者他可以把马赫对这些质的描述**作为对空间的感觉**而真正接受下来。但比勒毫不含糊地宣称，心理学应该注意新品种的结构元素，即思维元素。他力争把屡遭拒绝不受信任的元素输入内省意识的境界。而且这些又是极其重要的元素，并在很大程度上作为思维过程的内容。屈尔佩的一个美国学生安吉耳(1904)曾经采取了一个多少类似的立场。

1909 年铁钦纳的一系列演讲收编在《思维过程的实验心理
226 学》(1909)一书中问世。这本书的观点具有非常重要的历史意义。维茨堡学派由于冯特的严厉谴责而一直处于非常被动的地位。每一个研究者都十分警惕地注意一位学识渊博而又具有内省方法传统经验的学者要说些什么。他的判决是：这些被告就他们有关决定倾向的活动来说，是无辜的，但就他们引进绝不可能构成系统心理学组成部分的方法和概念这种过失来说，他们是有罪的。铁钦纳发现没有什么理由改变他的观点，即在意识中的是感觉、表象和情感。没有什么东西是所谓无表象思维。而且，维茨堡学派早期成员的“意识态度”和比勒的思维元素，曾被明确地说成是非感觉的，也被简化为人所熟知的构造主义概念。“意识态度”被划归感

① 其中有些实际上同某些冯特的“情感”(feelings)是相同的。

觉成分极复杂的整合物一类，那是有缺陷的内省方法未能认识的；而只要确实发现有非感性的意识元素存在，那也是有关逻辑的问题*，同心理学不相干。铁钦纳确实曾重复过伍德沃斯的实验，发现他自己的受试并不同意伍德沃斯的受试的陈述；铁钦纳的观察者的经验是以构造主义能接受的语言描述的。

铁钦纳主张，既然内省得不到清楚的结果，了解模糊状态的唯一途径就是通过起源的研究——关于它们是怎样发生的一种探索。假如我们追溯到个人最初的经验以查找意识态度和思维元素是如何开始的，我们就会发现它们主要是从肌肉顺应过程发生的，并从而是具有动觉质的。我们的肌肉感觉和表象可能难以认识，但它们对于思维心理学是非常重要的。起源的研究作为分析法的一个附属品是合理的。假如我们研究一个人第一次碰见一个奇异对象，许多态度的肌肉本性就可以明显地看出来。态度和思维元素其实是动觉感觉群和机体感觉群的最后的残余形式。

铁钦纳意见的后果自然是使注意集中在他自己的观点和维茨堡观点的主要分歧点上。维茨堡学派认识到铁钦纳的演说是指出他们没有拿出足够的证据说明确实存在像他们所描述的那种心理状态。他们重整旗鼓来保卫他们已确认是他们的主要学说。维茨堡学派保卫他们立场的辛勤努力的一个例子是穆尔(1915)对意义和表象的关系的审查。他向九位受试既在视觉上又在听觉上展示一连串词。在一种展示中，他要求受试一当提供的词引起意义的反应就把手从一个电报键上举起来。在别的实验中，要受试一当

* 参看边码第215页。——译注

一个表象作为对那个字的反应而出现时就举手离开那个键。除一
227 位受试是例外，他发现意义的反应比表象来得更快。引起表象的时间平均约一秒钟，而对于意义大约只需要这一时间的一半。穆尔下结论说，意义和表象是不同的心理元素。他因此进而假设了一种构造心理学，认为在意识中有不是三个而是四个独立元素——感觉、表象，情感和意义。

还应该再说一说关于铁钦纳方法随后的历史。据铁钦纳看，这个构造论观点和对意义的排除，作为维茨堡研究引起的后果，甚至比以前显得更重要了。他认为，教育他的学生在以直接经验（感觉、表象和情感）为一方和以意义或阐释为另一方这两者之间进行区分，已成为迫切的需要。受试需要避免"刺激误差"，即那种谈论刺激他的客体而不是描述注意到的经验内容的倾向。受试不应该说，他是"发怒的"，因为这只是他的心理状态的一种解释。真正的描述应当只涉及像经验到的动觉感觉和伴随这些感觉的情感那样的元素。铁钦纳等人在经验与意义之间做出的非常重要的区分随着德文术语 Beschreibung（描述）和 Kundgabe（意义）的运用得到了详尽的阐释[①]。

还可以说几句话作为对维茨堡运动总体的评价。态度和定向的概念已经大大影响了全部心理学。虽然对于决断和思维进行实验研究的努力很明显是适宜的，但是新的研究并没有提供合乎理想的方法。甚至关于简单的感觉、表象和情感，也已经证实很难从内省法得到无可辩驳的佐证。至于无表象思维，我们已经提到在

① 这两个术语是冯·阿斯特尔（1908）提出的。

伍德沃斯的观察者和铁钦纳的观察者之间是有分歧的；而且还有这样的事例：铁钦纳的学生，后来在别的实验室工作的时候，报告的资料就同铁钦纳的公式不符（Young，1932）。内省法在勾画心理活动的主要轮廓方面可能是适用的，但作为一个精密工具就不够了；它的作用似乎有一定的范围，超出这个范围，要把握思维的细致微妙而又迅速变化的过程就无能为力。

所有这一切无论如何并没有妨碍从一种机能论观点对思维过程的研究；思维的本质可以从思维的作用上显露出来。自从比勒的时代以来，就有大量关于思维过程诸多方面的实验文献：概念的形成；符号；对缺失项目或关系的探索；数学、逻辑、美学以及伦理等方面问题的解决——所有这些都是根据必须采取的步骤以及制约每一步骤的条件来设想的。这一研究工作中有些——像泽尔兹 228
的《思维心理学》（1922）——是属于维茨堡传统的；但大量是从非常不同的体系渊源的。

同态度和思维有关的学习问题研究

很久以来就发生的关于维茨堡研究成果的争论无论如何并没有阻碍屈尔佩运动与其他运动合流，共同创立一门内容丰富而又基础牢固的实验思维心理学。这样一种思维心理学按照通常的规律现在已经越来越根据发展的观点来设想了；或者说，它已经愈益迫切地提出这样的问题：在个人的历史中每一种思维是怎么产生的？从而把这个题目同成长和学习的问题联系起来。屈尔佩学派提出的种种问题直到今天还保有一定的地位，只要内省法还足够敏锐可以赖以得出可靠答案的话；但是总起来说，这些问题今天似乎不如说是属于一种学习心理学的范畴，——从非常广泛的意义上看，也可以说是有关对付和解决生命问题这一全过程的心理学。

关于思维过程的研究在同一时期也分别在法国由比奈和在美国由伍德沃斯进行。比奈对思维过程的兴趣已有二十年历史。在1886年，他曾发表过一本著作《推理心理学》，从他那时怀有的联想主义观点出发，他在这本书中提出，推理是一种不断改变的知觉。1903年他发表了一项有关思维过程的研究，一个以他两个小女儿作为受试的实验研究报告。他要求她们解答简单的问题，并接着报告她们的内心步骤。她们告诉他有些什么想法在心中掠过。他得到的结论是，在她们的经验中有很多东西是不能化为简单的感觉概念的。伍德沃斯在四年后发表过报告并在此后又进行的若干年一系列实验研究中达到了同样的结论。伍德沃斯主要强调非表象结构的思维的存在，和“关系的感受”。由于不满足于经验不能化为传统结构的概念，他强调两种不同形式的富有意义的意识的存在，这两种形式同阿赫所描述的极为近似。

鲁格尔(1910)的实验应该说是重要的，他提供了有关思维的反复试验说的部分证明，并广泛运用了德国与美国关于“态度”的研究。他对解决机械难题的过程进行了研究，在这个过程中，受试不得不通过一系列复杂的手的动作解开和移开机械的某一部分。受试通常需要经历胡乱的动作或尝试与错误(trial and error)的活动，类似桑戴克猫的表现。鲁格尔在他的二十五
229 位受试中发现了大量这一类胡乱摸索的行为，大部分受试的第

一次解决是纯粹偶然的现象。而且，受试的报告表明，除这样的外现行为外，大量内心的尝试与错误的活动也在进行。但他发现在学习一个动作所需要的时间上经常会有一个突然且持续的落差同一个成功的引导相应，那是受试明确把握住并继续加以利用的。这样突然的落差常常是由于他注意到一个困难的所在[①]。在另一些场合，落差是同有关问题性质的远为复杂的分析相应的。鲁格尔注意那些含有"分析"过程的复杂心理状态：即认识到相似与不同，注意到迄今无联系的动作彼此间的关系，以及这一类的现象。这种反应表明有一种"顿悟"（insight）——这个词很快就被完形论者广泛利用（参看边码第 262 页）。他发现分析的有效性主要取决于受试的态度。态度的概念虽然是从维茨堡实验家那里专门借用的，却并不是像他们所认为的是什么结构的新品种，而是一种对付情境的方式。在这些态度中，最有效的是"课题态度"（"problem attitude"），在课题态度中，受试忘记了自我和表现自己的欲望而陶醉于课题本身的兴趣之中。课题态度最有利于突然而有价值的领悟。不过，鲁格尔的资料表明，甚至在这里，这样的课题也会因为新的课题和一项已经完满解决的课题的相似而容易领悟得多。突然的领悟同尝试与错误的概念并不矛盾，两者似乎有密切关系——顿悟是由于曾在以前某一情境中取得成功的反应倾向的再次出现而发生。

比奈曾指出知觉与推理间的某些显著相似之处。鲁格尔等这

① 伍德沃斯在 1902 至 1903 年曾记录下黑猩猩学习中的同样情况。参看莱德和伍德沃斯的著作（1911，pp. 552—553）。

时在同一方向进行探讨。鲁格尔的受试的报告，以及维茨堡学派的报告，实际上已经揭示出许多过程，可以同样正确地归类于知觉、推理或学习。传统的区分似乎开始动摇。就德国研究者的情况说，新倾向的表现形式是在某些场合把推理作用简化为“态度”的接续。鲁格尔和美国机能主义学派认为态度对于推理和知觉同样重要。的确，有关学习过程的某些理论研究和某些实验研究极其清晰地阐明了知觉和推理的问题，使这两种过程似乎都可以作为学习项下的小题目。

我们现在已经进入训练迁移的研究了。人们常常天真地设想，任何一种能力——记忆，或意志或动作技能——一般都是通过运用而增强的。但是，如果进行一次细心的测定，难道真地能够表明，除所遵循的特定习惯外，还会有什么东西得到“增强”吗？最早

230 的运动机能迁移研究[①]是由斯克里普彻和他的合作者完成的，他们于 1894 年训练受试用右手进行种种动作，并测量以左手进行同样动作的改进程度。他们发现在这样的“左右迁移训练”(crosseducation)中有很大程度的训练迁移。

桑戴克和伍德沃斯在 1901 年训练受试熟悉像估计几何图形的面积和重物的重量这样的任务。当更大的图形和重物代替训练系列中使用的图形和重物时，训练迁移的效果却很微小。所以会有些微效果则被解释为有“同一的元素”存在于练习中和最后的训练中；这些同一的元素包括专心适应任务的特定习惯和态度。结

① 费希纳(1858)曾报告说，学会用一只手写字使另一只手写字也容易了。弗尔克曼曾以实验证明，“两点阈限”在某些部位经过训练而缩小，也会使其他部位的阈限跟着下降(1858)。

论是：有关机能缺乏总的训练；受到训练的元素是特定的习惯，它起作用仅仅因为遭遇的情境极为相似。这一解释同桑戴克的刺激-反应心理学是一致的，特别是同他认为学习是由特定联系的交替组成这一观点相符。接踵而来的是大量关于等同元素这一概念的全面讨论[①]。艾伯特和莫伊曼(1904)着手进行一项同詹姆斯的实验极为近似的实验，试验某一记忆训练期对记忆其他材料的影响。他们的成果似乎表明，有某种决定性的改进作为记忆训练的结果出现。迪尔伯恩(1909)指出，对于练习期以前提供的测验材料的影响没有给予足够的重视；他在没有练习期的情况下重复他们起始的测验和最后的测验，发现在最后的测验中有一个高水平的成果，可以归功于起始测验的作用。这一切对于"正规训练"理论的意义是清楚的；"知觉"和"推理"似乎绝不可能是可以直接得到训练的一般机能，而是代表非常复杂的活动群的名称，而每一活动只能根据个人所获得的特定习惯得到理解[②]。知觉和推理不能再同学习过程截然分开了。

弗雷克(1908)的著作有特殊的意义，因为他非常成功地排除了练习材料和试验材料之间显然相似的因素。他向受试提出一系列四个一组的乐音。以后紧接着，在让他们重复他们所听到的一组乐音以前，他又追加四个音，并要求受试按顺序重复第一组的四
个音。当然，有很大干扰，每一受试都必须找出一种帮助记忆的手 231

① 贝尔(1902)发现一种熟练行为曲线表明，从一开始就有另一熟练行为的影响，后者有一些元素与前者是共通的。

② 实验证明的一个例子指出，在密切相关联的学校课程彼此之间是存在着某种训练迁移关系的，要了解这方面的情况，请参看达勒姆的著作(1917)。

段，某种可以固定音的方法，以便于回忆。大多数受试能够学会重复第一组音，尽管有来自第二组音的干扰。因为有这样的结果，便得出这样的解释，即受试成绩的进步是由于取得某种特殊的“诀窍”或技巧，而并非正规记忆训练的结果。许多其他有关训练迁移的研究有助于肯定桑戴克-伍德沃斯关于相同元素的结论[①]，尽管对于这一观点的强烈反对一直是完形心理学的一个突出特征。同一的元素常常是但并不必然是一种感觉的和运动的元素；这些元素包括对待任务的特定态度以及研究解决引起争论的新问题所采取的方法。

常常被人以同样精神对待的另一个研究领域是干扰，或者说，由于参与其他活动而引起的可以在某些活动中观察到的效率下降。米勒和皮尔策克尔（1900）发现，某一对项目 A 和 B 已经连在一起学会以后，再试图使 A 和 C 连接起来，A－C 的联系可能证明特别难以建立，原因是有来自 B 的干扰。这是根据特定联系或连接解释干扰问题的一种说法。类似的干扰已在外现运动行为的研究中被发现。明斯特贝格（1889—1892）做过一个简单的试验，把他的表从一个衣兜里改为放在另一个衣兜里，并注意在一天里有几次把表放在“错误的”兜中。他和后继的研究者做出报告说，没有完全养成的习惯倾向于互相干扰，而练习纯熟的行为就不再如此。

干扰问题引起很大兴趣的一个方面是倒摄抑制（Müller and

① 参看斯莱特的著作（1911），不过，应记住，“元素”（element）一词仍然是很难界说的。

Pilzecker，1900）。假如在一个学习阶段以后，受试立即面临一项新任务，他对于已经记住的材料的回想要比他在一段休息时间以后的回想效率低得多。干扰的程度取决于已经记住的材料和紧接着到来的任务间的相似程度，但不论什么任务都会产生某种抑制作用①。

但是也有许多证明指出，学习过程不能**仅仅**看成是刺激与反应之间的一种关系。有机体的内在状况具有重要意义。米勒和舒曼指出，复述无含义音节不一定是学习它们的**顺序**造成的，但是当受试的态度由于有按顺序记忆的要求而改变时，迅速的记忆便能实现（1893）。新的态度被称为“学习意志”（Ebert and Meumann，1904）。这一提示可以和屈尔佩运动在扫除联想主义传统废墟的意义上媲美。但据另一些人看，刚刚强调的态度本身就是联想。一切现代著作都倾向于表明所采取的态度的重要意义，表明“控 232
制”或“心向”决定新联想的形成。

对于这一学习意志问题有影响的一个富饶的研究领域是“偶然记忆”问题，即对于从未有意识学过的材料的记忆②。早在1895年，卡特尔就研究过这个问题。他向哥伦比亚大学肄业生提出一系列问题，问他们最近曾看到过什么。结果表明，他们所说的偶尔日常所见极不可靠，许多事物经常被看到却不能形成足以引起回忆的明确印象。而且，个人往往肯定了很多并无事实根据的东西。这一实验由贾斯特罗予以重复也得到肯定的结果（Bolton，1896）。

---

① 参看鲁宾逊的著作（1920）。

② 这个问题已大体被界说为包括许多方面的问题，它们只有一个共同点，即：寻求没有审慎意图而确立的心理联系。

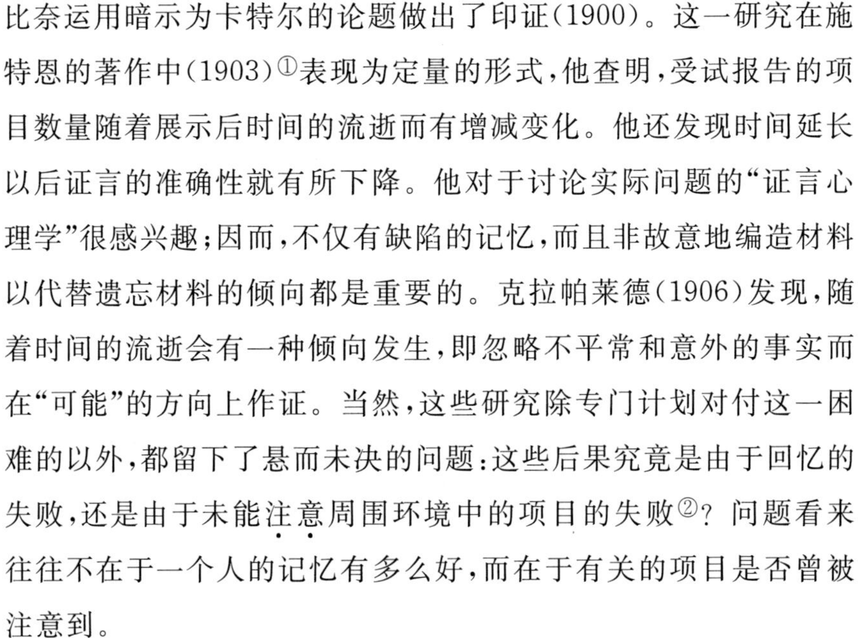

比奈运用暗示为卡特尔的论题做出了印证(1900)。这一研究在施特恩的著作中(1903)[1]表现为定量的形式,他查明,受试报告的项目数量随着展示后时间的流逝而有增减变化。他还发现时间延长以后证言的准确性就有所下降。他对于讨论实际问题的“证言心理学”很感兴趣;因而,不仅有缺陷的记忆,而且非故意地编造材料以代替遗忘材料的倾向都是重要的。克拉帕莱德(1906)发现,随着时间的流逝会有一种倾向发生,即忽略不平常和意外的事实而在“可能”的方向上作证。当然,这些研究除专门计划对付这一困难的以外,都留下了悬而未决的问题:这些后果究竟是由于回忆的失败,还是由于未能**注意**周围环境中的项目的失败[2]?问题看来往往不在于一个人的记忆有多么好,而在于有关的项目是否曾被注意到。

对联想主义的修正

但是传统的联想主义还要遭受比上述情况甚至更为严重的挫败。1907年,维塔泽克发现,仅仅被动的朗读再朗读绝对不如读后跟着“主动背诵”更奏效,在主动背诵中,受试强制自己回想他读过的材料。这一论述由盖茨(1917)简化为清楚的数量形

① 参看施特恩的著作(1903—1904),其中证明,随着年龄的增长,对于提示的敏感性就会下降。

② 不论提及“注意”时有什么令人头痛的事,对这些研究成果的理解似乎只能来自对注意的机能甚至本质的进一步研究。我们需要认识的不仅是“注意”同“学习”的关系,而且是“注意”同全部遗忘曲线的关系,假如学会的材料纯熟程度不同的话。

式，他不仅肯定了维塔泽克的结论，而且证明，不论是学习效率 233
的提高，还是记忆总量的增加，两者都是由于把不断增加的学习时间百分比用于背诵促成的；甚至把百分之八十的时间用来背诵也仍然比之较小的百分比更为有效。很清楚，学习至少是比杂乱地形成连接更高一级的活动；这种连接是在什么方式中形成的还很值得研究。

另一项使联想主义的修正成为势所必然的实验是涉及注视和回想复杂视觉刺激的表象作用的研究。贾德和考林(1907)的实验是要找出一个画面短促地展示以后能够被回想起来的部分有多少。他们发现受试在这一任务上做出确定性的努力；他总是看看这里又看看那里并紧跟着回想他曾注意到的细节。每一次画面展现时，他都要说出又观察到的几件东西的名称。但没有什么作用使他能在内心一下子看到这个画面的全部，接着从他的内心画面读出一系列细节。费纳尔德(1912)得到的结论同样不利于以简单的表象解释记忆。她在受试面前把字母列成垂直线和水平线以形成一个正方(比奈字母方)。要求受试记取这个字母方的完整视觉表象，接着就把字母移开。这些字母以后的确能被某些受试复述出来；但是，当指令要譬如从右下角沿垂直线读到右上角，或者从右到左读字母时，混乱和错误便发生了。受试也许有可能依靠背诵整个系列的办法来完成甚至这样的任务，但显然他并不是根据一个清晰的记忆表象来复述的。按照**学会的顺序**复述字母同按照任何**别的**顺序进行复述，两者对照差别之大足以表明字母方主要不是根据表象回想起来的。受试在想象中的确可以“看到”个别字母，但他很难肯定地说他仍能看到字母方。因此，无表象思维论的

信奉者们非常得意。这一切自然同具有“遗觉”生动表象的特例无关(Klüver，1932)；这样的表象可能持续几小时之久。*

在这一类研究引起的理论混乱中，揳入了一个有启发性的提示，那是伍德沃斯提出的(1915)。伍德沃斯把知觉描绘为一种反应形式；“知觉反应说”(perceptual-reaction theory)假设有一个过程在一组感觉或表象的唤起之上或之外。它假定，在感觉区以外的脑区对分隔的感觉项目有一种反应，那绝不是这些感觉自身所能决定的。在每一项知觉经验中都有感觉元素，但它们并不构成知觉对象，除非有机体做出这样一种知觉的反应。他向他的一组受试朗读一系列词，教他们按照某种方式学习这些词，让每一对
234 词的第一个词展示时能引起对第二个词的回想。但他以不变的速度一一展示这些刺激(词)；A 和 B 的间隔时间同 B 和 C 的间隔时间相等。承认哈特利和詹姆斯·米尔传统的联想主义者一定是期待着从 B 至 C 的连接会像 A-B 的连接一样牢固地建立。但一个对子的第一项引起第二项回想的倾向是后者引起下一个对子第一项回想的倾向的八十五倍。伍德沃斯总结说，**把 A 和 B 当成对子的知觉**是作为它们之间的联系的一种基础在起作用。不是它们的邻近性，也不是通常的学习愿望，也不是任何特殊的态度，而是知觉

* 遗觉象(eidetic image)是一种遗觉型人的主观视觉现象。这种人集中注意地看一个东西，他闭上眼睛或注视作为映象背景的地方时又会看到这个东西。遗觉象往往像幻觉一样清晰，但和幻觉的不同在于遗觉型人一般不相信这种现象的客观真实性，因此，遗觉已被称为“假幻觉”。有些心理学家已发现这不是病理现象，而是正常现象，在儿童中较为常见。他们认为“遗觉在某种程度上可以说是演化发展的正常阶段”。关于这一问题较详细的论述请参看本书附录一《现代德国心理学》。——译注

动作自身建立了这种联系。知觉不是解释为一种状态,其中有感觉存在,而是作为一种反应。只要知觉经验的复生不带有感觉成分的复生,“无表象思维”就可能出现。

应该注意到,还有一个同哈特利联想主义分道扬镳的观点,强调整个经验及其“重整作用”(redintegration)而不是强调经验项目的更有秩序的安排。汉密尔顿的学说由贝恩和詹姆斯采纳和运用,并在布雷德利(1883)和西蒙(1904)手中经历着种种变迁,现已作为许多有关学习问题的现代讨论的起点。霍林沃斯(1926)用“重整作用”一词所指不是一个元素带回它的关联物的作用,而是指这个元素代表某种情境(它曾一度是其中的一部分)的作用。* 部分代表整体。很明显,联想(或“联想的迁移”)不是理解这样一种作用的钥匙,而只能说是一种广泛适用的原理的一个特例。

更广泛地说,维茨堡学派可以看作是对联想主义的一种抨击,或者也可以说是一种补充。它肯定是达到新观点——特别是完形心理学观点的入口。从这个角度看,比奈和伍德沃斯主要是热衷于报告他们研究成果的实验家,本质上不是革命者,也不是体系的创建者。通过“同一元素”达到训练迁移的很有影响的见解和有关的分析研究是对联想主义的一种支持,尽管完形论者,包括莱温(参看边码第264页),不久就反对这种“原子论”研究,甚至反对比勒的“思维元素”。美国的机能主义者还摆脱不开联想主义的传统。

---

* 第一版注:霍林沃斯把这一原理同“心物连续体”(Psychophysical continuum)的说法交织在一起,大意是说,主观世界与客观世界的唯一不同点在于我们对于后者的经验(比对于前者的经验)有更大的一致性;他并指出存在于这两个极端之间的过渡序列。——译注

参考书目:

Ach, N. *Ueber die Willenstätigkeit und das Denken*. Göttingen: Vardenboek, 1905.

Angell, J. R. *Psychology*. New York: Holt, 1904.

Aster, E. von. "Die Psychologische Beobachtung und Experimentelle Untersuchung von Denkvorgängen." *Zeitschrift für Psychologie*, 49 (1908), 56—107.

Bair, J. H. *The Practice Curve*, *Psychological Review Monograph Supplement*, Vol. 5, No. 19 (1902).

235 Binet, A. *La Psychologie du raisonnement* [*The Psychology of Reasoning*]. Paris: Alcan, 1886.

——. *La Suggestibilité*. Paris: Schleicher, 1900.

——. *L'Étude expérimentale de l'intelligence*. Paris: Schleicher, 1903.

Bolton. F. E. "The Accuracy of Recollection and Observation." *Psychological Review*, 3 (1896), 286—295.

Bradley, F. H. *Principles of Logic*. London: Kegan Paul, Trench, 1883.

Brentano, F. *Psychologie vom Empirischen Standpunkte*. Leipzig: Duncker, 1874.

Bühler, K. "Tatsachen und Probleme zu einer Psychologie der Denkvorgänge." *Archiv für die gesamte Psychologie*, 9 (1907), 297—365.

Cattell, J. McK. "Measurements of the Accuracy of Recollection." *Science*, n.s. 2 (1895), pp. 761—766.

Claparède. É. "Expériences collectives sur le témoignage." *Archives de Psychologie*, 5 (1906), 344—387.

Dallam, M. T. "Is the Study of Latin Advantageous to the Study of English?" *Educational Review*, 54 (1917), 500—503.

Dearborn, W. F. "The General Effects of Special Practice in Memory." *Psychological Bulletin*, 6 (1909), 44.

Ebert, E., and Meumann, E. "Über einige Grundfragen der Psychologie der

Übungsphänomene im Bereiche des Gedächtnisses." *Archiv für die gesamte Psychologie*, 4 (1904), 1—232.

Ehrenfels, C. von. "Über Gestaltqualitäten." *Vierteljahrschrift für wissenschaftliche Philosophie*, 14 (1890), 249—292.

Fechner, G. T. "Beobachtungen Welche zu Beweisen Scheinen dass Durch die Uebung der Glieder der Einen Seite die der Andern Zugleich mit Geübt Werden." *Berichte der königlich-sächsischen Gesellschaft der Wissenschaften zu Leipzig mathematisch-physische*, 10 (1858), 70—76.

Fernald, M. R. *The Diagnosis of Mental Imagery*. *Psychological Review Monograph Supplement*, Vol. 14, No. 58 (1912).

Fracker, G. C. "On the Transference of Training in Memory." *Psychological Monographs*, 9 (1908), 56—102.

Gates, A. I. "Recitation as a Factor in Memorizing." *Archives of Psychology*, No. 40 (1917), 104.

Hollingworth, H. L. *The Psychology of Thought*. New York: Appleton, 1926.

Judd, C. H., and Cowling, D. J. *Studies in Perceptual Development*. *Psychological Review Monograph Supplement*, Vol. 8, No. 34 (1907).

Klüver, H. "Eidetic Phenomena." *Psychological Bulletin*, 29 (1932), 181—203.

Külpe, O. *Grundriss der Psychologie*. Leipzig: Engelmann, 1893.

Ladd, G. T., and Woodworth, R. S. *Elements of Physiological Psychology*. New York: Scribner, 1911.

Mach, E. *Die Analyse der Emfindungen und das Verhältnis des Psychischen zum Physisehen* [*The Analysis of Sensations*]. Jena: Fischer, 1886.

Marbe, K. *Experimentell-psychologische Untersuchungen über das Urteil, eine Einleitung in die Logik*. Leipzig: Engelmann, 1901.

Messer, A. "Experimentell-psychologische Untersuchungen über das Denken." *Archiv für die gesamte Psychologie*, 8 (1906), 1—224.

Moore, T. V. "The Temporal Relations of Meaning and Imagery." *Psycho-*

logical Review,22 (1915),177—225.

236 Müller,G.E.,and Pilzecker, A. “Experimentelle Beiträge zur Lehre vom Gedächtniss.”Leipzig:Barth,1900.

Müller,G. E., and Schumann, F. “Experimentelle Beiträge zur Untersuchung des Gedächtnisses.” *Zeitschrift für Psychologie*, 6 (1893), 81—190, 257—339.

Münsterberg, H. *Beiträge zur Experimentelle Psychologie*. 2 vols. Freiburg: Mohr, 1889—1892.

Robinson,E.S. “Some Factors Determining the Degree of Retroactive Inhibition.”*Psychological Review Monograph Supplement*,Vol. 28,No. 28 (1920).

Ruger,H. A. “The Psychology of Efficiency.”*Archives of Psychology*,15 (1910),88.

Scripture,E.W., Smith,T.L., and Rrown,E. M. “On the Education of Muscular Control and Power.” *Studies from the Yale Psychological Laboratory*,2 (1894),114—119.

Selz,O. *Zur Psychologie des Produktiven Denkens und des Irrtums*. Bonn: Cohen,1922.

Semon,R.W. *Die Mneme*. Leipzig:Engelmann,1904.

Sleight,W.G. “Memory and Formal Training.” *British Journal of Psychology*,4 (1911),386—457.

Stern,L. W. “Zur Psychologie der Aussage.”*Zeitschrift für die gesamte Strafrechtswissenschaft*,23 (1903),56.

——. *Beiträge zur Psychologie der Aussage*. Leipzig:Barth,1903—1904.

Stout,G.F. *Analytic Psychology* New York:Macmillan,1896.

Taine,H.-A. *De,l'intelligence*. 1870. 2 vols. New York:Holt,1871.

Thorndike,E.L.,and Woodworth,R.S. “The Influence of Improvement in One Mental Function upon the Efficiencies of Other Functions.” *Psychological Review*,8 (1901),247—261,384—395,553—564.

Titchener,E. B. *Lectures on the Experimental Psychology of the Thought-*

Processes. New York: Macmillan, 1909.

Volkmann, A. W. "Über den Einfluss der Übang auf das Erkennen raümlicher Distanzen." *Berichte der königlich-sächsichen Gesellschaft der Wissenschaften zu Leipzig, mathematisch-physische*, 10 (1858), 38—69.

Watt, H. J. "Experimentelle Beiträge zu einer Theorie des Denkens." *Archiv für die gesamte Psychologie*, 4(1905), 289—436.

Witasek, S. "Über, Lesen und Rezitieren in Ihren Beziehungen zum Gedächtnis." *Zeitschrift für Psychologie*, 44 (1907), 161—185, 246—282.

Woodworth, R. S. "Non-Sensory Components of Sense Perception." *Journal of Philosophy, Psychology, and Scientific Method*, 4 (1907), 169—176.

——. "A Review of Imageless Thought." *Psychological Review*, 22 (1915), 1—27.

Young, P. T. "The Relation of Bright and Dull Pressure to Affectivity." *American Journal of Psychology*, 44 (1932), 780—784.

237 第十六章　行为主义

因此，摒弃那些把心理活动局限于体内特殊部位的人的一切无益幻想和愚蠢猜测吧。

尼萨的格雷哥里

十九世纪生物科学的发展在某种程度上是物理观（认为事件能向任何方向运动）和发展观（认为事件选取一个方向并倾向于保持它）之间的一种斗争。有过许多想解决两者对立的尝试，并试图构成一种单向性的物质世界，在这个世界中要按照物理学的方式来观察生命，不过基本上是从简单向复杂的发展。在古代世界由德谟克利特和伊壁鸠鲁提出、到霍布士和拉美特利又使之复兴并赋予强大活力的生命机械观在“唯物主义”形式下进入十八和十九世纪思潮，把生命看成是某些力的特殊表现，这些力在它们的内部完全是由物质粒子不断的无目的的改组构成的。总之，尽管有许多独创的尝试要免除问题的过分简单化，那些关心生命本质和心理本质的人仍然发现他们自己不得不进入德谟克利特型的一元论解释或柏拉图和笛卡尔等一类的二元论解释。这样论述问题，事情就变得愈益明显了：科学方法和科学家们要使宇宙秩序井然并了如指掌的努力逐渐把人们推入“唯物主义”营垒；试图保存传统二元论的必然结果是在一个“科学和神学之战”变得愈益尖锐的时代把自己划归宗教的信徒而不是科学的爱好者一类。

整个十九世纪对生命过程的研究——同胚胎学和组织学以及同大体解剖学(gross anatomy)打交道的研究——使得这一观点越来越富于连贯性并具有说服力。赫尔姆霍茨对于“自然哲学”的厌恶是一般十九世纪运动的典型表现，运动的特征在于精密科学摆脱各种二元论并支持一种生命观和心理观，把生命恰好置于普通自然——即物理——定律的轨道以内，把心理置于生命定律的范围以内。 238

因此，我们就有了这样的条件，在十九世纪后期不可避免地导致“唯物主义”或“机械论”的胜利，不再容许心理学问题老样子不变，而要化为物理问题的形式。由英国医师卡彭特(1874)塑造的“心理生理学”一词，由莫兹利(1884)制定的那种关于人的高级志趣(可以基本上还原为脑力学甚至脑病理学)的悲观看法，是这个运动的典型表现。在同一时代，武断的机械论在德国活跃起来，特别是在海克尔的学生中间；在法国和意大利，这样的机械论潮流同反教权势力联合起来，从十八世纪起特别是从法国大革命以来自然更是尽人皆知的了。

所有这些先定的因素很容易就突然被带入一个新的创造过程，一个“不要灵魂的心理学”的酿造——实际上，也就是一个有可能系统实现霍布士和拉美特利的期望的心理学。这必然是一个行为的心理学而不是思维的心理学，一个建筑在活体组织反应的物理学和化学基础上的生理过程心理学。它不可避免地要同早期机械论心理学有所区别，因为一定会有更多足以说明心理过程依赖于生理活动型式的材料可以随时为理论家所利用，并且它一定会发现自己被置于一种宇宙图式之中，遵循着达尔文主义生存竞争的那种全无目的的型式。

新的机械论观点

是洛布而不是任何别人，在十九世纪末年最后制定了一个成熟且全面的机械论心理学。赋予这一心理学以独特风格和生动具体的分析的——这是要赢得热心研究者的倾心所必须具备的条件——是关于向性(1890)的想法。正像水往低处流一样，一个植物的根，由于一种更为复杂的物理化学作用，也朝着地球中心的方向伸展。不说什么“追求生活的渴望”，这种渴望引导活的东西往下伸向伟大的母亲和一切生活物质的来源，植物的根被说成基本上是承受根和周围土壤间所形成的物理学和化学关系的强制作用的。同时，植物地面以上的部分还有一个倾向，即从地面伸向上方朝着太阳。而且，在植物体内还有传导管道，把物质和能从一点输送到另一点。我们开始想到生活系统和环境在物理上是一体
239 的——不仅是在其外围而且在其根本核心。如果你彻底理解光线，温暖，酸性，重量，以及其他那些实际上是植物生命核心的东西，那么，我们就不会有什么困难说明它的生长，繁殖，分布在一个很大的区域，以及最后，它在自然界整个进化过程中的位置，这一切都离不开它的环境加之于它的“强制的运动”。向性，或转动作用——转向或离开环境中的特定目标——成为理解本能和生命总体的钥匙。

生物科学领域中有各种人物都急切地利用这个新的理论并接着发展了一种客观的行为科学，根据向性原理来说明有关生命本质的传统问题。正像拉美特利曾经说过人同低级动物并无根本差

别一样，机械论者也推断说，简单动物的“受到强制的运动”同植物的这种运动也没有什么根本的差别，而只要你愿意，你就可以把这个解释向上推广直到包括人类在内。

许多其他的人，他们拒绝接受这样的**机械论哲学**，却也根据一种对物质因素的同样强调继续提出对环境反应的问题。眼睛或头部的转动或者甚至动物的奔跑，趋向或躲开当时刺激它的所见或所闻，也必须被设想成同任何视或听或联想或学习等问题完全无关。的确，你可以根据向性原理写一本心理学并随心所欲地使它系统化。随着洛布的离开德国到纽约洛克菲勒研究院中任职，已有可能直截了当地把那些在德国表现出这种观点的人称为“德国客观主义者”了；其中大名鼎鼎的是贝特，贝尔和冯·于克斯屈尔。他们的兴趣在于生活系统的生物化学和生物物理学，认为有可能描述对声音的反应而根本不提任何有关听觉的事，或描述对光的反应而根本不提任何有关视觉的事。只要写音感受器和光感受器就足够了。他们不是拉美特利式的机械论者，所以华生才说他们仍然是“正统的平行论者”；即，他们留下了一个位置给心理过程，允许心理过程同物理过程平行发展。不过，应该强调，他们的实证方案完全限于对可观测刺激的可观测反应进行客观研究。

大量早期动物实验是由生理学家做出的，德国的工作尤其丰富。生理学家注意的是局部机能，较少注意总体顺应。反射活动的研究多得很。有些研究感性和本能机能的实验是由英国和美国研究者完成的（Lubbock，1882）。1876 年斯鲍尔丁想解答这样的问题：燕子是本能就会飞还是**学会飞的**？小燕一孵出来就被放到一只小笼子里；当它们在正常会飞的时期被释放时，有些燕子无须 240

辅助就会飞起来。但也许最突出的动物研究要算劳埃德·摩尔根(1891)的了，这些研究大部分是用积累观察的方法而不是用有控制的实验进行的。高尔顿也很熟悉野生动物的生活方式。摩尔根和高尔顿的观察报告濡染着进化论精神，是达尔文影响的最显著的回音之一。他们认为，动物具有内在的反应机制，使他们有可能适应环境。这一工作中大都没有关于本能行为的定量分析，很少对变量进行隔离实验，也没有关于动物活动的透彻分析。因此，可以毫不夸张地说，是桑戴克对动物学习所做的定量实验(参看边码第 314 页)唤醒了心理学者对实验动物心理学的注意。但是，行为主义作为一门独立的心理学学派出现是在巴甫洛夫、别赫捷列夫和华生的实验室中。

346

条件作用：巴甫洛夫和别赫捷列夫

如果一个小孩看见白罩衣就哭，旁观者很可能会说："他一定最近到过大夫的房间里。"也许，给他"打针"刺痛了他，而和打针一同出现的白罩衣触发了哭泣。就好像白罩衣隐含在打针中，或者是打针的一部分，或者是同打针"联系着"的。

这一简单而古老的学习原理，就我们所知，在希腊心理学或文艺复兴心理学中连平易的记述都没有。[1] 心理学，作为灵魂或心

---

① 但如 J. H. 阿尔约那和 W. A. 布斯费尔德(1955)已经指出的那样，西班牙剧作家维加已经是"某种论述标准的条件作用的权威"，他于 1615 年在他的一个剧本中描述了躲避训练的条件反应全过程，那是圣·依尔德封索在他不那么神圣地力图保住他的食物免遭猫的洗劫的行动中有意采取的。

灵的科学，曾**利用**过这样一种学习原理但假定有观测者看不见的意识作用存在；由于邻近一个引起反应的情境和一个信号而触发一个反应，这种未经训练的现象使这个原理变得太简单了，不能引起当时存在的那种心理学的重视。

亚里士多德当然曾谈到过邻近性联想，而从上下文看，他显然想的是记忆、判断和思维的世界。邻近性联想属于这一高级精神生活。奥古斯丁和阿奎那就这一意义来说给联想保留着一个位置。霍布士充分利用了它：“从彼得可以联想到一块石头。”洛克更进一步。观念的联想，像我们看到的，在他看来似乎是作为一种事后的思考到来的。不过，他确实清楚地理解，一种行为（不只是一 241
个观念）可能被一个信号所触发，这个信号不会本来就有触发它的能力。一对男女在大厅里跳舞不得不转来转去躲开一个箱子而这样做是有规律的。到后来，箱子已经移开了，他们跳舞时仍然绕开箱子原来放置的地方。“回避反应”已经在厅内的一个部位“形成条件”。哈特利曾明确指出行为像观念一样是联系着的，并对这样一些运动反应的引发做出一个径直的现代的科学说明：引发这些反应的刺激是同那些最初引发它们的刺激联系着的。这些原理在他的联想心理学中实际上还不是主要的原理，它们继续应用于意识活动而不是应用于行为；但他对于问题的理解是清晰的。斯宾塞在十九世纪也这样做过。它似乎并不是一个非常重要的问题，直到心理学内部有一系列力量开始向客观主义推进，严格避免有关意识的一切假设，转向直截了当描述刺激情境和反应之间的关系。

十九世纪末年，这个问题突然成为注意的中心。洛布用“联想

记忆”一词描述这样的反应，并且不论对于联想或记忆都明明白白是根据客观行为的概念来研究的。德国客观主义者已经开始在勾画它们的位置了。然而，是俄国生理学家谢切诺夫才第一次指出反射动作是行为的主要成分，而伊凡·巴甫洛夫在世纪末年才以他的**条件反射**反应原理把它讲明白了。

在一长串关于消化生理学的研究中（这项研究给他带来了国际声望和一项诺贝尔奖金），巴甫洛夫（参看本书第二十三章）开始探讨是什么引起消化液的流出（1897）。唾液腺特别使他感兴趣。以严格的客观方法和定量方法，他找到了直接引起唾液反应的物理的和化学的兴奋剂；但他也注意到间接的听觉刺激——实验者走过地板的脚步声——也会有同样的效果，只要以前这样的脚步声曾同喂食联系在一起被听到。不用说，狗是把脚步声和肉末联系起来了，而只需要说，同脚步声相应的唾液分泌是以这只狗在大约同一时间经验两项刺激——脚步声和食物——为条件的。

许多这样的条件反应很快被承认了。它们有时被称为“心理”反应，但这样说是以对下述事实的鲜明强调为附带条件的，即：“心理”一词（“Psychic”）仅仅意味着谢切诺夫的学生们惯常谈论的生理领域。而且，问题是根据反射特别是唾液反射系统的生理学概念设想的。很快就表明，有许多机能规律能够简易地加以描述，甚至以定量方式加以描述。在肉末量和唾液量关系的研究之后，接
242 着是有关信号（“条件刺激”）和反应的时间关系问题。由于只提供信号而不跟着提供食物所造成的反应的消失被称为“消退”，同时，有关消退依赖于动物中反射确立史的一套定量定律出现了

(1912)。也有使消退的反应复归的作用——“增强作用”，而且，在某些条件下，消退的反应可以“自动恢复”。非常重要的是，反应可以推广到或带到一些同反应初次形成时所处情境不尽相同的情境。一整套饶有趣味的生理学问题出现了。

传统心理学问题在生理学实验室中径直重新给予界说的一个例子是刺激鉴别的问题。这样的鉴别在古代和近代心理学中是一个极为重要的问题，自然，在整个心理物理学领域，也是一个要害问题。如果巴甫洛夫在给狗喂食以前曾使一音叉以每秒256周的波长发出声音并这样建立了对音叉的条件反应，他一定已经发现不同的振动率也会触发反应。但他并没有到此止步。每次发音256周，就给狗喂食，而发音400或150周等等，都不给狗喂食。现在高音降到譬如说350周，还不给狗喂食，但到256周时又喂食；这样，逐渐减少差别，实验者达到了一点，譬如说260周，还没有唾液分泌，但最初256周继续引起反应。在256和260周之间找到了的某一点，这时有唾液流出，但流量少于在256周建立起的最高量。如果没有这样的减少，狗就不是在客观地“鉴别着”。人们实际上已经找到了这样的一点，这时，在他（指狗）* 对256周和一个邻近音如258周的反应中已无差别。他已经达到了他的限度。类似的鉴别视觉刺激的方法也在发展中，有关鉴别反应的全部心理学那时似乎即将得到实验阐明。

条件反射提供了演绎研究中的一个有力的工具。例如，有关感觉鉴别限度的研究很快引导到由实验引起的行为紊乱问题。巴

* 此处系用拟人法描述，所用代词为“he”，下同。——译注

甫洛夫的学生之一桑格尔·克列斯托夫尼柯娃发现，一个渐次精细的辨别任务会在极度困难点导致行为异常。她训练狗在圆圈和椭圆之间进行越来越细微的辨别，办法是仅仅给对圆圈的反应以增强并使椭圆越来越圆。在某些动物中，缺乏能力做出渐次精细的辨别表现在极不惯常和异常行为的发生上；动物拒绝同实验者合作并变得不能做出哪怕是最简单的辨别。这样一个受试不能在进一步的实验中再被使用了。它表明有一种后来巴甫洛夫称之为"实验神经病"的现象。在有关辨别学习的研究中得到的这一简单
243 资料，为一长串有关实验引起的行为紊乱及其机制的研究提供了基础。

除实验情境的各个方面对于条件反应的建立、鉴别和消退造成差异以外，在受试的动物内部也有这样的因素。这些因素中有些同兴奋性和被动性有关。可以说，反应一般要受促进和抑制类型的影响，那在一定种类的狗和狗之间也是不一样的，而是极为个体化的。这导致在条件作用领域中的种种类型学理论（参看边码第 394 页）以及体质倾向说等等。

这时，当然，把一个原有反应连接于一个新刺激的想法是很熟悉的。洛布曾在《脑生理学》（1899）中清晰地描述了这一机制，称之为"联想记忆"，并十分客观地加以描述。霍布士，洛克和斯宾塞等人曾描述过一些联想事例，写法也极客观，满可以说是有关条件反应的记述。巴甫洛夫的工作及时完成的是在这一基础上更充分地说明，一个更概括的行为理论如何能根据客观生理现象构成。因为巴甫洛夫决心避免把任何心理学问题同"联想"同学习——它自古以来一直作为一个心理学问题沿袭至

今——联系起来。他满足于他所称呼的"条件反射"的提法:即,以充足刺激如肉食和联系刺激如脚步声之间的联系史为条件的反射。他拒绝有关制定心理学问题的一切要求并警告他的学生避开心理学。虽然他在十年中就变成一位迅速推进客观行为研究的心理学的英雄,他对于1929年国际心理学会议邀请的回答却是:他怀疑心理学家们是否真地对他要说的话感兴趣。他终于被说服了,在他的老年,会见了许多位多年来就是他的忠实信从者的学者。

不知疲倦的俄国心理学家兼神经学家别赫捷列夫富有同样的客观精神。他是五六个研究领域里的开拓者,在二十世纪初年正在用客观的方法研究人的学习和思维过程。他的主要概念是反射,而通向一切高级现象的客观道路在于这样的事实,即反射不仅是由少数自身充足的刺激引起的(如电震引起手指收缩),而且是由许多同这些刺激有联系的别的刺激引起的。例如,他指出,在反射发生时看到的景象和听到的声音能够在没有原先刺激出现的情况下很快引起反射。联想主义者会认为这是一个心理过程;对于别赫捷列夫,像对于巴甫洛夫一样,它仍然是一种反射。条纹肌的反射反应受到着重的强调。他提出,更复杂的习惯可能牵涉到这
种运动反射的复合,而思维过程本身,依赖于言语肌的内部活动, 244
也基本上属于同样的性质。最后,他的信念是,心理学的一切问题都能这样处理。这个学说于1907年在《客观心理学》中提出,其中某些部分后来在德国(1913)和法国(1913a)问世。十年以后,他使用了"反射学"一词(1917)。沿着这条道路前进,他推广他的研究,包括对社会集团中的相互作用进行实验,定名为"集体反射学"

(Bekhterev and Lange,1924)。

别赫捷列夫的全部心思都放在一个积极的课题上,即写出一种有关行为的著述,只要用生理学语言就能写成。虽然巴甫洛夫在发展一种精确的实验室技术方面工作缓慢和有条不紊,并仅仅在约二十年以后才允许自己对条件反射的性质进行广泛系统的阐发,别赫捷列夫却迅速勾画出一种通过条件作用学习的理论,由于条件作用便有可能形成如条件反射复合那样高度复杂的行为。特别重视对符号的反应并强调词语符号是思维、想象和意志世界发展的关键,别赫捷列夫构成了一个完整的体系。心理学的这一广阔体系的一大部分是专门呼吁对心理进行一元探讨的,把心理看成是肉体活动的一种表现;但它有大量实验和临床材料的支持。作为对一种观点的辩护,他的书可能并没有引起特别的注意。不过,作为新心理学体系——在这一体系中一切高级过程都要系统地还原于以条件作用为基础的符号反应——的一块基石,它肯定是在达尔文以后出现的一元心理学方面的最富于独创性的尝试。

这一新的研究第一次吸引美国实验家注意的方面是探讨鉴别心理学的唾液反射法。耶基斯和摩尔古里斯于1909年在一个有关巴甫洛夫工作的一般性评论中引起他的同事对上述问题的注意。新鉴别技术的采用当然并没有一并带来巴甫洛夫对主观分析法的轻蔑,它也没有排除美国研究工作对于动物反应的主观方面的讨论。沃什伯恩在《动物心理》(1908)中对于被观察的行为是否有可能伴随意识状态的分析研究很为重视。这一世纪初年美国实验家中最多产的耶基斯(1916),继续运用许多来自意识研究的术语，讨论如“与观念相应的”行为等问题。

华　　生 245

这时，在不顾及意识的潮流中，在华生[①]的工作中有一个独立的运动开始了。他一方面由于认识到动物心理学许多新的客观方法收获丰富受到了鼓励而越来越深入地探讨学习过程作为一种受行为制约的问题的性质。另一方面，他又非常厌恶如铁钦纳、安吉尔和伍德沃斯等内省心理学者在做出有关无表象思维的决定性证明中的无能。关于受试表象的证明似乎是非常不可靠的，这似乎使人有理由怀疑运用表象作为心理学资料的可能性。按照华生的理解，整个意识概念——必须以内省方法进行分析的材料——在他看来好像陷于身心二元论。作为一个公开声称的唯物主义者，华生决定推翻关于心理或意识的全部看法并使动物心理学和人类心理学两者都成为行为的研究。行为的改变要根据刺激——反应情境来研究，完全不需要涉及意识伴随物和神经学假设。

行为主义心理学体系的初次系统阐述是1928年他在芝加哥大学的一次讨论会上提出的。1912年应卡特尔的邀请，他有机会在哥伦比亚做讲演，结果是1913年在《心理学论坛》上发表的文章：“行为主义者所见的心理学”。在这篇文章里，我们有了一种心理学体系的萌芽，其中有受体机能、效应器机能和学习的地位，但没有感觉、表象和情感

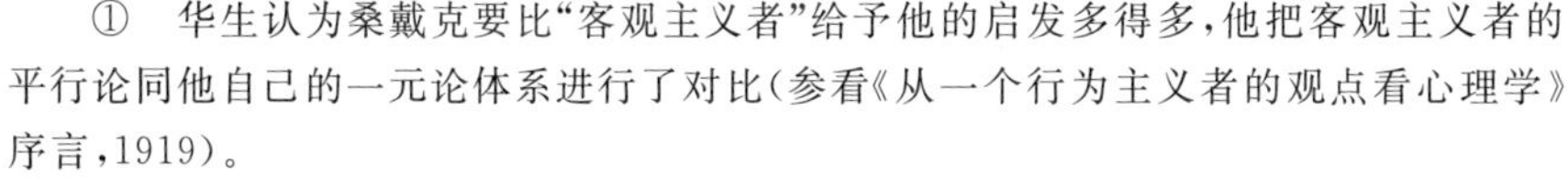

① 华生认为桑戴克要比“客观主义者”给予他的启发多得多，他把客观主义者的平行论同他自己的一元论体系进行了对比（参看《从一个行为主义者的观点看心理学》序言，1919）。

的地位。第二年，在他的新教科书《行为：比较心理学引论》(1914)的第一章里戏剧性地提出了挑战，书中很明显可以看到，不止动物心理学，而且一切心理学都能达到科学的高度，办法是对于心理学的一切问题都给以客观的说明。这本书还提供了许多他认为必须加以修整的概念的实例。例如，在“效果律”中，桑戴克曾主张，假如一个动物做出某一动作带来了满足，就会引起神经联结传导性的改善并导致动作的完成。带来烦恼的动作则引起神经传导率的下降，趋向于这一动作的排除。华生不仅反对关于满足和烦恼的提法，而且反对这样的主张，即认为有一种因素是频率和近因原理没有注意
246 到的。假如一只猫是紧接着打开难题箱横闩的动作而得到食物的话，那么这一动作就是笼子里发生的一切动作中最后的动作。而且，不成功的动作是大量的，成功的动作只有一个；经过许多次试验以后，成功的动作就会比任一其他动作更经常地重复。[①]

1916 年初，有关这一理论的一些极有趣的事件发生了。华生于 1915 年 12 月向美国心理学会所做的就任该会主席的演说曾强调用鉴别反应技术研究辨别力的可能性(1916)，但条件作用没有作为理解学习过程的主要线索被提到。可是那一年的冬天，华生得到别赫捷列夫著作的法文和德文译本并看出这正是他所需要的。他开始认识到，他自己的客观心理学本来也可以强调条件作用作为理解一切学习和一切高级过程的线索。他非常迅速地悟出了这里面的含意，几个月之内，就提出了一项新的精神病理学的探

① 这一点受到反驳：在许多例子中，一个成功的动作很快就能学会，而一个不成功的动作尽管在同一次试验中重复好几次也要被排除。参看桑戴克和赫里克的文章(1915)。

讨:我们称之为精神病的原来是一个训练过程的结果。“精神病理学的”狗将吃腐肉而避开鲜肉;但如果我们得知鲜肉给他带来的惩罚,神秘感就消失了。同样,如果我们得知我们人的顺应不良的历史,我们也能全都根据条件作用做出解释。

看到这些新的前景,华生精神抖擞地转向人类的问题,特别是婴儿心理学的问题。他和 J. J. B. 摩尔根于 1917 年勾画出一种以早年条件作用为基础的个性心理学的前景。在 1916—1917 年冬季,一小笔补助金和在巴尔的摩费普斯医院工作的机会使华生得以研究新生婴儿中的反射和本能行为。

1919 年在出版一本心理学普通教科书的同时,华生进一步研究婴儿的条件作用。同雷纳(1920)在一起,他首先查明,毛皮动物对于一岁左右的孩子并不引起恐惧,接着注意到他们在听到铁锤敲打金属棒的铿锵声时的恐惧,然后,每当孩子触摸毛皮动物时就敲打金属棒。很快,在没有金属棒的情况下,对毛皮动物的恐惧反应也变得明显了。这个实验尽管粗糙,仍然对美国心理学产生了一个深远的影响,因为它似乎完全支持这样的见解,认为不仅简单的运动习惯,而且重要的、持久的人格特性,像情绪倾向等,实际上也可以靠条件作用在孩子身上“培养出来”。

虽然行为主义的第一批定义宁可说是以消极的概念陈述的——以同时代心理学部分题材的排除来说明(1913)——这个运动仍然迅速发展出一套积极的假说并由假说构成一个心理学体
系。甚至在他的早期著作中,华生就强调行为主义者有权认为“心 247
理”过程是行为的**内在**形式,语言和思维的关系特别受到重视。的确,华生最重要的理论贡献之一是他的以下提示,后来发展为他的坚决主张,即认为一切“内部”生活现象实际上都是像肉眼可见的肌肉收缩同样客观的——虽然不是同样可以观察到的——机制的作用。特别是,想象和思维是根据“内隐的”肌肉行为尤其是根据语言的器官和其他代表外现行为系统的机制加以说明的。有关语言的研究因而对于构成行为主义者的理论具有极重要的意义。

当然,在“被动的语言习惯”(对词的反应)和“主动的语言习惯”(对词的运用)之间需要做出区分。据行为概念对被动语言习惯所做的解释,我们已经看到,原来是非常简单的。霍尔特(1915),一位新实在论者(即相信我们对事物是像它们本来的样子做出反应,而不是仅仅“解释”它们引起的感觉),早期宣称自己是一个行为主义者,对这个问题讲得很好。言辞,作为情境的替代物起作用,能唤起情境自身引起的同样反应。[①] 一个词的“含义”不过是对那个词的一种条件反应。我们可以在个人同一定外物的关系史上清楚地看到这一点;以伸手取物的动作为例。假如孩子伸手够一个瓶子,而“瓶子”这个词与之相联地重复多次,那么“瓶子”这个词经过一段时间就会促使孩子去做那种特定伸到动作;一个条件反应已经形成。“瓶子”这个词所意指的就是同它有关的行为。假如瓶子、玻璃杯、大水罐必须被拿到并以不同的方式被使用,其含义也就由不同的运动反应提供出来。

但是主动的语言习惯是一个更大的问题。华生在提交1920年哲学和心理学国际会议的一份报告书中论述了这个问题[②];他

① 这一明显的事实当然不是作为一个新发现提出的,但理解它对行为主义的含义是重要的。

② 虽然华生没有到会,他的报告书仍然成为热烈讨论的题目。

的观点后来在他的《从一个行为主义者的观点看心理学》的第二版(1924)并在《行为主义》(1924a)中加以阐述。从孩子牙牙学语开始，任何发音只要能引起别人去照料这个孩子就终究要比很少或毫无这种效果的发音趋向于更多次的重复。[①] 结果，纯粹是通过这种尝试与错误的变异，孩子形成了一套发音，这些发音由于逐渐接近真正的用语而带来较快和较好的效果。除显现在老鼠学会认识迷津 248
和猫学会逃脱难题箱的那些机制以外，不需要再假定有任何其他的学习机制。孩子学说“ta-ta”然后说“doll”(玩具)是遵循着同样的过程。假如“ta-ta”一语是用来表示并被别人理解为“doll”，它就有助于达到目的；唯一需要的事情就是它应该起作用。只要它不能起作用，进一步的尝试与错误就又发生，直到说出“doll”[②]。

① 这一点当然会被桑戴克的追随者引为“效果律”的一个例子。从华生派的观点来看，我们这里谈论的不过是无关反应的排除。

② 根据刚刚谈到的观点，语言模仿只能以大量杂乱的动作来解释，这些动作一步一步地培养孩子重复所见所闻的能力。对于出生第二年中出现的高度有效模仿的观察已经说明需要有一种解释，既不坚持上述费力的过程，又能避免求助于“模仿本能说”。奥尔波特(1924)为满足这一要求，利用了由鲍德温(1895)在二十五年前提出的一个学说：“循环反射”。鲍德温曾断言，一个动作的经常重复可能是由于每一动作对于它自身的重复是作为一种刺激在起作用；例如，就像一个猴子一次又一次地拍打水面一样。奥尔波特认为孩子胡乱的发音在他的运动言语中枢还处于活跃状态时就刺激了他的听觉区；一种联系就这样建立起来，能使一个声音几乎无止境地重复。这样一种反应已经在听到一个声音和发出这个声音之间建立起来，另一个人发出的声音也就有可能立即引起孩子重复这个声音。这一观点似乎确实是对华生观点的一种补充，而不是同它的直接对立，模仿本身被看成不是因为觉察到重复某一看到的行为的有利，而是作为一种行为类型，它的出现仅仅是因为运动机制已经受到训练，无效的动作已被抛弃，有效的动作逐步中选。就像麻雀学习逐步模仿与它同笼的金丝雀的鸣声，但能够在这样的学习之后以突然的戏剧性的成功照样发出一阵啭鸣(Conradi，1905)，同样，一切模仿行为也是建立在以前熟练掌握必要成分的基础上的。

截至现在，我们只谈到这样的过程，即人在思考时运用的主要条件即词如何作为独立单位被学会；它们现在以类似的方式同行为的其他形式结合成“高一级的单位”。下一步应指出这一外现的语言如何为内隐的语言所代替，即，我们怎样学会同自己谈话而不用说出声来。华生提示说，孩子的大声说话由于受到外界压抑而被排除，因此，孩子在彼此说话时不再高声说了，而变成了耳语（1919，pp. 343ff.）。变普通说话为耳语只需要一个条件，即声带要放松而不要活跃。一切其余的言语机制照旧在起作用。最后，耳语自身也被排除，而说话的动作继续着；“内隐的”语言活动在种种言语机制间的紧张程度不断变换的形式中继续保存着，这些言语机制是外现言语中包含的动作的副本。

读者可能还记得，有些作者曾根据心理实验来描述思维，并指出思维同外现的尝试与错误行为非常相似。鲁格尔曾指出，解决新的复杂的问题时引起的思维过程中存在着大量这种尝试与错误活动。现
249 在，这个尝试与错误过程，像鲁格尔所描述的那样，在很大程度上是在同观念或态度打交道中形成的。这些过程有助于根据言语机制进行建设。因此，在行为主义者看来，思维是由细微的言语动作构成的，这些细微动作代替了外现的动作。① 尝试与错误在内隐的言语动作中继续进行，每一个词或短语在思维过程中用来作为某一动作的代替。我们再也找不到“观念”了，只有言语动作，作为包含在思维中的要素。

因此，行为主义已经根据语言阐明了思维过程，思维通过条件

① 贝恩、里博等曾描述过那些在思维过程中发生的言语动作；但把这样的动作和思维过程等同起来的是华生。

反应代替了已经同样形成条件的外现行动。当然，肯定还有不属于语言的思维形式，这些，行为主义者是以姿势、手、脚、颈、身躯以及特别是眼的动作来解释的。[①] 由赫尔姆霍茨开创的关于眼动作的详尽研究曾由很多实验家接续进行。眼动作同阅读过程的关系在本世纪初已经成为一个富于成果的研究领域，而行为主义者很容易强使这样的研究为它服务，其说法是：对于言语材料的记忆以及对于看到的事件的记忆，都可能有一部分是以前发生过的眼动作的重复，在简略形式中的重复。微小的（“内隐的”）姿势和细腻的眼动作在复杂的思维过程中经常同言语动作相配合。虽然脑仍然是一个联结站，但是，在行为主义者看来，说我们用脑思维和说我们用脊髓走路是同样不可思议的。[②]

行为主义以有秩序的运动反应系列来代替观念联想的经典学说。重心转移了，可以说是从大脑皮层转移到神经末梢区。那些有关指导思维过程的“心向”或“动机”的事实也没有引起什么疑难。这样的心向本身，部分地说，不过是在整个条件作用中起作用的言语结构，而动机则是内部器官的刺激——“内脏的紧张”或其他身心障碍，这可能引起言语的尝试与错误活动。它们引起内隐

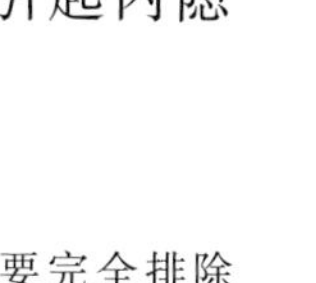

① 但行为生义者坚持认为言语动作几乎不可能完全排除。孩子们要完全排除那些已经同原来印刷文字联系起来的舌和唇的动作即使有可能也是极少见的。聋哑人利用他们的手指想问题：华生的确提醒过不轻信的人，劳拉·布里奇曼在睡眠时可以被看到用她的手指谈话。

② 联想主义者从哈特利开始尽管写什么“观念的联想”，却很少例外地一直认为心理联系的真正基础在于脑内联系。行为主义不仅要摆脱“心理”联系，而且要摆脱对皮质联结机制的强调。如果神经学家想研究脑联结，那请便；心理学家所关心的则是可观测的行为。

250 的活动正像它们引起外现的肌肉的尝试与错误活动一样，直至某一动作结束了这种紧张状态。[①]

条件反应法的传播

同一时期，条件反应法正开始广泛应用于人类心理学，这对心理学理论[②]不论是在行为主义运动范围之内或之外都具有深刻的意义。例如拉什利（1916）证明，条件的唾液反射可以在看到巧克力糖时在人身上诱发出来，他用一个小杯对准腮腺收集唾液，唾液量随着刺激的接近而有变化。克拉斯诺戈尔斯基（1907）发起的婴儿条件作用的研究，由马蒂尔（1918）继续进行并证明，在对于触觉接触的反应中，嘴可以形成条件的张开，他对于学习的速度和智力水平（智龄）进行了比较研究。

利用这一方法的新的可能性还由卡森（1922，1922a）的工作表明，他发现瞳孔的反射可以由于同时呈现视觉和听觉刺激而成为条件反射。一个声音终于也能造成起初只能由光引起的瞳孔的收缩。学习过程的定义不可避免地要随着这些新的研究发生深刻的变化，而这些研究又必然会导致重新解释有关改变刺激反应联系的机制的全部问

① 说到行为主义思维过程论的实验证明，许多研究（例如：Read，1916）的确已经指出，在舌的动作和思维过程之间有一种关系，表明在某些默默思索的情况中，舌确实在追踪外现说话的形式。然而，迹象似乎表明，在“说出”的音节和思维的音节之间形成的等同至少是极不普遍的（Thorson，1925）。行为主义者的反驳强调肌肉颤动的差异微细到不可见的程度，并强调由言语机制的其他部分或甚至由全身所执行的象征性动作。还可参看马克斯（1937）和雅各布逊（1938，pp. 327—345）的著作。

② 在卡森的著作中有一个早期的概括和文献目录（1925）。

题。它们大大有助于华生和他的追随者以及知识界中志同道合的人们设法利用这些简单的学说构成一个系统的心理学，把像本能、知觉、判断、智力和推理、情绪以及个性等这样历史悠久的课题还原为更基本的反应形式。因为，对于条件反应这样集中的研究以及认识到它对学习过程原理的重要意义的一个结果是：行为主义者中已出现一种倾向，认为**所有的**学习都不过是条件作用，条件反应才是习得行为的真正**基本单位**。[①] 行为主义的第一个公式，我们已经说过，根本不依赖于条件作用；但条件作用变成了行为主义理论的核心，而在某些心理 251
学家看来，成为这一理论的主要标准。对于行为主义，同样重要的是要坚持排除同观念相应的行为的概念，排除那种认为动物和人能够不根据以前的学习和尝试与错误活动而突然“顿悟”情境的看法。对于发生法的强调使行为主义者总想探求有机体以前的条件作用。

行为主义在美国的流行已经是如此广泛，以致许多实验以及许多学说都被笼统地称之为“行为主义的”，尽管实际上可能很少涉及什么行为主义体系。行为主义在某些地区已经变成与其说是一种研究方案还不如说是机械心理学的一个名称（基本符合拉美特利的机械概念），[②]并已简化为仅仅是对客观论据——同主观论

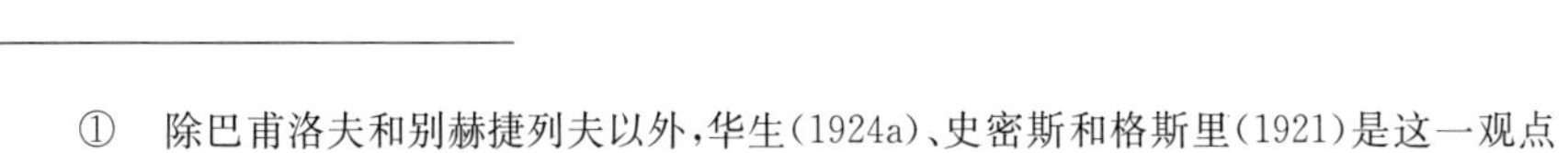

① 除巴甫洛夫和别赫捷列夫以外，华生（1924a）、史密斯和格斯里（1921）是这一观点的先驱。

② “在我看来，行为主义的实质就是这样的信念，即关于人的研究只不过是揭示出可以用力学和化学概念充分描述的事实，而这远比指导研究的方法问题重要”（Lashley，1923，p. 244）。这样的引语俯拾即是。对许多人来说，“行为主义”一词仅仅概括了趋向“自然科学”心理学的整个潮流，特别是概括了同心物二元论分道扬镳的潮流。或许对于**行为主义理论**做出最一致的论述的要算魏斯（1925）了，他把客观主义和机械论结合起来；不过，那时主要的要求不是一致性，而是简单明了的实验。把客观概念和完形概念系统结合起来的是坎特（1924—1926）。

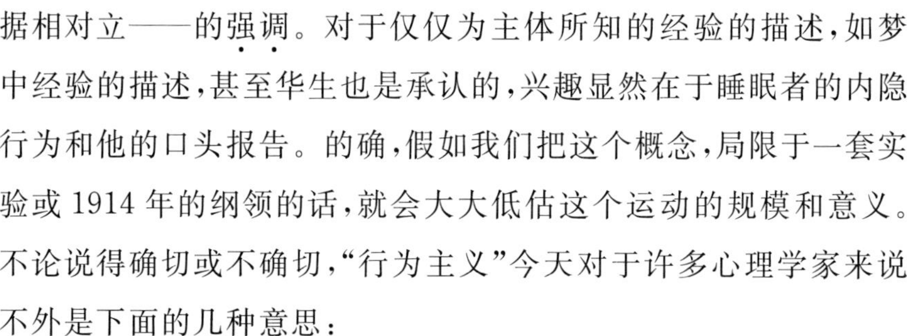

据相对立——的强调。对于仅仅为主体所知的经验的描述，如梦中经验的描述，甚至华生也是承认的，兴趣显然在于睡眠者的内隐行为和他的口头报告。的确，假如我们把这个概念，局限于一套实验或 1914 年的纲领的话，就会大大低估这个运动的规模和意义。不论说得确切或不确切，“行为主义”今天对于许多心理学家来说不外是下面的几种意思：

(1) 对动物心理学和人类心理学的生物学探讨，保证心理学某一天使自身成为像自然科学那样客观。

(2) 一种关于心理学的机械论和唯物论观点。

(3) 华生个人对(1)和(2)的合并看法。

(4) 各种以行为为中心的体系的总体。

(5) 新近的斯金纳着重行为的体系(参看边码 pp. 325 ff.)。

换句话说，半个世纪前的行为主义所结的果实不论在外表上和在意向上都已经是形形色色非常不同的了。

参考书目：

Allport, F. H. *Social Psychology*. Boston: Houghton Mifflin, 1924.

Baldwin, J. M. *Mental Development in the Child and the Race*. New York: Macmillan, 1895.

252 Bekhterev, V. M. *Objektive Psychologie*. Leipzig: Tucbner, 1913.

——. *La Psychologie objective*. Paris: Alcan, 1913a.

——. [*General Principles of Human Reflexology*.] 1917. 3rd ed. Leningrad: GIZ, 1926.

Bekhterev, V. M., and Lange, M. W. “Die Ergebnisse des experiments auf dem Gebiete der Kollektiven Reflexologie.” *Zeitschrift für Angewandte Psychologie*, 24 (1924), 305—344.

Bousfield, W. A. "Lope de Vega on Early Conditioning." *American Psychologist*, 10 (1955), 828.

Carpenter, W. B. *Principles of Mental Physiology*. London: King, 1874. New York: Appleton, 1874.

Cason, H. "The Conditioned Pupillary Reaction." *Journal of Experimental Psychology*, 5 (1922), 108—146.

——. "The Conditioned Eyelid Reaction." *Journal of Experimental Psychology*, 5 (1922a), 153—196.

——. "The Conditioned Reflex or Conditioned Response as a Common Activity of Living Organisms." *Psychological Bulletin*, 22 (1925), 445—472.

Conradi, E. "Song and Call-Notes of English Sparrows When Reared by Canaries." *American Journal of Psychology*, 16 (1905), 190—198.

Holt, E. B. *The Freudian Wish and Its Place in Ethics*. New York: Holt, 1915.

Jacobson, E. *Progressive Reiaxation*. 2nd ed. Chicago: University of Chicago Press, 1938.

Kantor, J. R. *Principles of Psychology*. 2 vols. Bloomington, Ind.: Principia Press, 1924—1926.

Krasnogorskii, N. I. ["Artificial Reflexes. in Young Children."] *Russkii Vrach*, 6 (1907), 1245.

Lashley, K. S. "The Human Salivary Reflex and Its Use in Psychology." *Psychological Review*, 23 (1916), 446—464.

——. "The Behavioristic Interpretation of Consciousness." *Psychological Review*, 30 (1923), 237—272, 329—353.

Loeb, J. *Der Heliotropismus der Tiere*. Würzburg: Hertz, 1890.

——. *Einleitung in die Vergleichende Gehirnphysiologie und Vergleichende Psychologie* [*Physiology of the Brain*]. Leipzig: Barth, 1899.

Lubbock, J. *Ants, Bees, and Wasps*. New York: Appleton, 1882.

Mateer, F. E. *Child Behavior*. Boston: Badger, 1918.

Maudsley, H. *Body and Will*. New York: Appleton, 1884.

Max. L. W. "Experimental Study of the Motor Theory of Consciousness. IV: Action-Current Responses in the Deaf During Awakening, Kinaesthetic Imagery and Abstract Thinking." *Journal of Comparative Psychology*, 24 (1937), 301—344.

Morgan, C. L. *Animal Life and Intelligence*. London: Arnold, 1891.

——. *Animal Intelligence*. *Psychological Review Monograph Supplement*, Vol. 2, No. 8 (1897).

——. *Animal Behavior*. London: Arnold, 1900.

Pavlov, I. P. [*Lectures on the Work of the Principal Digestive Glands*.] St. Petersburg: Kushnereff, 1897.

——. ["Principal Laws of the Activity of the Central Nervous System, as They Find Expression in Conditioned Reflexes."] *Russkii Vrach*, 11 (1912), 1507—1511.

253 Reed, H. B. "The Existence and Function of Inner Speech in Thought-Processes." *Journal of Experimental Psychology*, 1(1916), 365—390.

Smith, S., and Guthrie, E. R. *General Psychology in Terms of Behavior*. New York: Appleton, 1921.

Spalding, D. A. "Instinct and Acquisition." *Popular Science Monthly*, 8 (1876), 310—315.

Thorndike, E. L. *The Mental Life of the Monkeys*. *Psychological Review Monograph Supplement*, Vol. 3, No. 15 (1899).

——. *Educational Psychology*. vol. 1. New York: Lemcke and Buechner, 1903. Vol. 2. New York: Teachers College, Columbia University, 1913. Vol. 3. New York: Teachers College, Columbia University, 1914.

——. *The Elements of Psychology*. New York: Seiler, 1905.

Thorndike, E. L. and Herrick, C. J. "Watson's Behavior." *Journal of Animal Behavior*, 5 (1915), 462—470.

Thorson, A. "The Relation of Tongue-Movements to Internal Speech."

Journal of Experimental Psychology, 3 (1925), 1—32.

Waldeyer, H. W. von. "Ueber einige neuere Forschungen im Gebiete der Anatomie des Centralnervensystems." *Deutsche medizinische Wochenschrift*, 17 (1891), 1213—1218, 1244—1246, 1287—1289, 1331—1332, 1352—1356.

Washburn, M. F. *The Animal Mind*. New York: Macmillan, 1908.

Watson, J. B. "Psychology as the Behaviorist Views It." *Psychological Review*, 20 (1913), 158—177.

——. *Behavior: An Introduction to Comparative Psychology*. New York: Holt, 1914.

——. "Behavior and the Concept of Mental Disease." *Journal of Philosophy*, 13 (1916), 589—597.

——. *Psychology from the Standpoint of a Behaviorist*. 1919. 2nd ed. Philadelphia: Lippincott, 1924.

——. "Is Thinking Merely the Action of Language Mechanisms?" *British Journal of Psychology*, 11(1920), 87—104.

——. *Behaviorism*. New York: Norton, 1924a.

Watson, J. B., and Raynor, R. "Conditioned Emotional Reactions." *Journal of Experimental Psychology*, 3 (1920), 1—14.

Weiss, A. P. *A Theoretical Basis of Human Behavior*. Columbus, Ohio: Adams, 1925.

Yerkes, R. M. "Ideational Behavior of Monkeys and Apes." *Proceedings of the National Academy of Sciences*, 2 (1916), 639—642.

Yerkes, R. M., and Morgulis, S. "The Method of Pavlov in Animal Psychology." *Psychological Bulletin*, 6 (1909), 257—273.

254

第十七章　完形论和场论

自然既不是核，也不是壳；她同时是一切。

歌　德

……把官能按次序
排好，把感觉的密室
整理好，用流利的文词
一一写出它们的历史和诞生，
就像描绘一个单独的事件。
想分析心灵，是难题，是徒劳。

华兹华斯

当你浏览从苏格拉底以前到现在任何一个时期心理学者的著作时，你可能会碰到一些说法，认为靠研究组成部分来解释整体是不可能的。想确定是谁第一次掌握了完形心理学的普遍原理是徒劳；想弄清是哪一位完形论者受到——不论是有意识地还是无意识地——整体说或构造说的这个或那个早期公式的影响，尤其是徒劳。

不过，注意到早期希腊思想家不止一次地强调过关系，或结构方式，还是值得的，他们许多人曾贬低那种企图找出宇宙最初是由哪一种材料构成的意向，而宁愿去寻求一种组合规律，一种合成或秩序的原理。一般说来，毕达哥拉斯派的解答是最成功的；科学的历史已经证明这些答案最普遍地为以后各个时代的人们所遵循。换句话说，是对构成或组成问题的数学研究在反对种种类型的原子论或原素论中证明是最有成效和最有生气的。柏拉图主义者自然积极地接过对数学的强调作为理解构造的线索，柏拉图主义则 255
有大量篇幅满可以被认为对于一种完形论是有启发的。

在近代——请读者回想一下一些已经引述过的例子——哈特利曾指出，味道和气味不仅可以由某种方式结合起来以提供新的质，而且可以由某种方式被经验到，使原来的元素一点影子也觉察不出来了。元素确实是不见了。约翰·斯图亚特·米尔后来曾利用了这一概念。在贝恩看来，没有起始，也没有中止；有的只是在一种复杂经验构造中的不断活跃的调整再调整，它使机械型的分析完全失效。

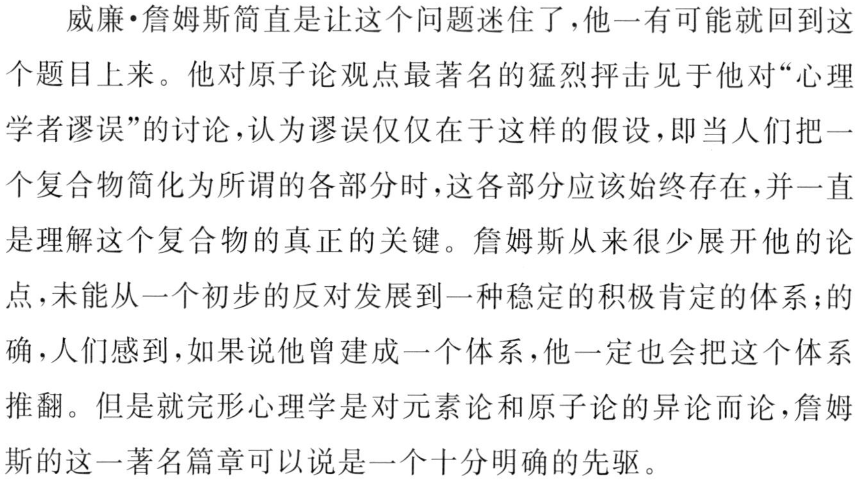

威廉·詹姆斯简直是让这个问题迷住了，他一有可能就回到这个题目上来。他对原子论观点最著名的猛烈抨击见于他对“心理学者谬误”的讨论，认为谬误仅仅在于这样的假设，即当人们把一个复合物简化为所谓的各部分时，这各部分应该始终存在，并一直是理解这个复合物的真正的关键。詹姆斯从来很少展开他的论点，未能从一个初步的反对发展到一种稳定的积极肯定的体系；的确，人们感到，如果说他曾建成一个体系，他一定也会把这个体系推翻。但是就完形心理学是对元素论和原子论的异论而论，詹姆斯的这一著名篇章可以说是一个十分明确的先驱。

对原子论的异议不限于心理学。的确，原子论和对原子论的异议两者都在物理科学和生物科学中延续。随着十九世纪初适宜工具的发展，化学家和生物学家曾发现元素和细胞。二十世纪的物理学家和生物化学家，用他们的晶体X射线和他们的DNA—RNA构造*的双螺旋线使我们好像看到一个哥特式教堂化为一种最终以可认识又可描述的关系体系为基础的几乎无限小的物质存在微尘。

人们可以把那种由长长的可以限定的核酸链构成的DNA精致构造设想为原子论的例证或超累积性(supra-summative properties)的例证。① 人们可以把一个哥特式教堂看作石头和玻璃的集合体，这些石头和玻璃是以一种特殊方式装配在一起的，或者看作一个完整体，没有这个整体，部分几乎全然没有意义；同样地，我们也可以根据核酸链或者根据生物的构造或整体性——借助于这种整体性才能理解细节——来设想遗传准则。

在心理学中，很明显，从洛采到冯特，元素论能够得到它的重要地位只有当它愿意把一个同样重要的地位让给一种整合的或创
256 造的原理时才行。这是原子论和秩序说之间的一种不愉快的但在当时却是可行的联盟。

然而，这联盟变得越来越行不通了。一个难题是，由内省发现的元素似乎会随着观察者的训练和实验家给予的指导而变化。另一个难题是进化原理要求着重于整个生活个体的适应性变化并着重于必然同这一进化要求相关联而出现的感觉机能。第三个或许也是最咄咄逼人的困难是这一新心理学发现需要在

* 参看第九章边码第134页译注。

① 这是借用E. R. 希尔加德的说法。

实验室中进行有意义钻研的课题大都是有关这个有机体在做些什么：不论是在察看，或在回忆，或在思考，等等。也经常留有地位给内省报告，如关于感觉、表象和情感的报告等；但这些报告似乎引入一条越来越错综、越来越黑暗的隧道，而一线阳光似乎是射在顺应和适应问题上。例如，这在卡特尔和桑戴克的实验工作中就很明显。

这一力的组合要求一种更着重于机能的强调，结果是约翰·杜威于1896年完成的那篇构思精彩的论文，题目是“心理学反射弧概念”。在这篇文章中，对某一环境的整个心理反应作用被看成是一个单元。这里有知觉、整合、阐释、下决心和行动等阶段的位置，不可能理解感性的方面而不贯彻到运动的方面；也不可能理解运动的方面除非是按照发展中的情境去理解，其中也有新鲜的感性成分存在。不仅孤立的感觉对于理解反应的生物意义无关；反射弧自身的那些单元如果脱离开它们的生物方面也同样是没有意义的。

但是，完形心理学在德国兴起了。这里，我们可以按照赫尔森(1925，1926)的说法来谈马赫的重要性，马赫在十九世纪八十年代曾极有才华地竭力解决“感觉的分析”问题。虽然马赫做出结论，认为物理科学家注意到光、声和温度时所论述的感觉世界同心理学家所注意的光、声和温度世界是同一的世界，但他确实也注意到有某些关系方面的问题似乎打乱了这一精彩分析的对称性。例如，他说过，元素的排列——比如说，在几何图形中线的排列——导致不同整体的出现，被称为方形、菱形等等。他因而求助于这样的说法，即有“空间的感觉”，这种感觉虽然不直接指向最初经验的元素，却必须同这些元素合在一起被接受，如果我们要说明构造整体的话。

几年以后，紧跟着这一杰作出现了冯·埃伦费尔斯的更激进而又更适当的公式。在1890年的一篇文章中，冯·埃伦费尔斯指出，
257 旋律除一系列音外还有别的什么东西，因为很明显，人们也在其他调中歌唱或辨认出这个旋律；而实际上（绝对音高是个十分可疑的例外）人们对于进入旋律的特定音元素根本不做任何绝对的利用。而且，人们可以在不同的旋律中遇到同样的"元素"（比如说中央C*）以不同的曲调演奏出来并发现它们全然不同。既然我们能够以一些同样的元素得到一个不同的结果，并以一些不同的元素得到同样的结果，我们又有什么理由把经验化为固定的组成部分呢？冯·埃伦费尔斯继续推断说，在种种感性成分之上应该有属于组成形式的质并创造出"形质"（Gestaltqualität）一词来说明一个旋律或一幅图画或一首商籁体诗**所具有而并非由组成的音、色或词所提供的东西。虽然这一说法比马赫的说法更像是一种真正的心理学理论，奇怪的是，冯·埃伦费尔斯实际上还像马赫一样并没有着手解决他所投入画面的新元素——这里应为新质——究竟是什么的问题。人们或许会怪罪马赫和冯·埃伦费尔斯支持摇摇欲坠的元素论，因为他们把新的元素投入情境中而不是指出构造问题的本质。如果有空间感觉，那么空间感觉同其他已经存在的感觉的

* middle C，即介于高音谱与低音谱正中间的音，亦即钢琴键盘正中间的键所代表的音。——译注

** 商籁体诗（sonnet），渊源于意大利十四行诗，其模式为五韵脚之短长格，或分为两段四行及两段三行，或分为三段四行及一联，规格比较复杂，又称艳体诗。——译注

关系如何？关于冯·埃伦费尔斯也可以这样说：既然我们指定质要添加于感性元素，为什么就不需要指定由第一批质与感性元素的关系所引起的其他质呢？如果元素之间任何一种质或关系都要添加于基本元素，难道我们不会觉得陷于永无止境的倒退而不能自拔吗？的确，假如真有什么形质同音的一定序列（旋律）相随，这些形质就应该干脆被认为是经验中的新元素。

而且，冯·埃伦费尔斯的解决还使人开始怀疑，究竟说同一个旋律在不同的曲调中听起来也不同能有什么意义。问题在于我们说"同一个"是什么意思？假如在一个时候有一个嗓音和在另一个时候有一个小提琴演一个歌曲，而我们注意到有同一的形质，我们使这个质在原来的元素一个也不在时再现，一个没有任何组成因素的产物。我们的问题其实并没有解决；我们所做的一切不过是给每一构造总体提供的质起个名称，因此，对于一切意向和目的来说，它们的数目是无限的。假如回答说这是一个新的构造概念，那么，人们可以简单地指出，除非能对形（form）* 做出更充分的界说，在说明和预测组成部分新组合的后果时就不会比不要这种形参与而只让这些组成部分发挥它们自己的作用得到什么更多的帮助。当然，冯·埃伦费尔斯原理是对一个重大难题的如实承认，在
它对事实的陈述方面当然是无可非议的；知觉的整体不是由那些 258
按照惯例被说成是其组成部分的感性元素之类造成的。问题仅仅在于究竟什么是形以及它的规律如何还不能确定。

* 这里的"形"（form）是指形质（form quality）的"形"或"完形"（Gestalt）。下同。——译注

韦特海默尔

这就是维茨堡对于态度和思维进行研究期间的问题所在。马克斯·韦特海默尔和他的两位合作者克勒和科夫卡，在积极进行高级心理过程的研究时，找到了一种观察这整个问题的根本不同的方法。是由于韦特海默尔对于这些发现的概括，才于 1912 年在法兰克福导致完形心理学（Gestalt psychology）——关于形的心理学——的正式问世。

研究的课题是对运动的感知。当光线被投射穿过一条垂直的小裂口，一会儿以后又穿过一条向右倾斜 20 度或 30 度的裂口时，两次投射的间隔可以这样选定使这道光线似乎是从一个位置落到另一个位置上。韦特海默尔进一步从数量上找出那些时间关系，据此，就能提供：(1) 两个同时亮起来的裂口，(2) 从 A 到 B 的运动感受，和(3) 时间上的连续感，第一由第二相随，但不涉及任何运动。主要的问题是运动感受的本质，ϕ 现象（phi phenomenon）。

这时，有一个相当好的关于运动的元素论说明已由洛采约在三十年前提出（1882）。在洛采看来，运动的视觉感依赖于视网膜上各点的相继刺激以及由此而来的脑区的相继刺激；一个运动着的物体使一道光迹作用于视网膜。然而，如果没有这样的光迹，如果这时眼睛是静止的，是相继受到两道光线的刺激像在韦特海默尔有关 ϕ 现象的实验中那样，洛采的解释就不能成立。运动的感知，韦特海默尔论证说（1912），是一种跟静止光线的感知在结构上有所不同的经验，没有任何一种静止兴奋点的序列安排能提供给我们这一独特类型的经验。这个经验的根本本质在于两个刺激的时间结构出现的方式。因此，韦特海默尔发展了脑中“交叉过程”的概念，即来自两个刺激的各皮质兴奋之间的动态**交互作用**概念。

韦特海默尔并不满足于坚持运动经验的存在是某种在动态上同位置的觉知以及同这些位置的时间相续的觉知有别的东西，他接着立即着手重新制定有关整体和部分的理论。正像费希纳(1876)曾反对哲学家自上而下的研究程序，韦特海默尔则反对现代科学自下而上的一般活动规律。我们从进入整体的组成成分开
始将永远达不到关于有结构的整体的理解。相反，我们有必要理 259
解结构；有必要对它有所顿悟(insight)。这样才有一些可能使组成部分自身得到理解。

这直接导致两项定律，只要上述整体和部分的关系说得不错，就必然会得到这些定律。第一是成员特性律。一个曲调的各个音并非具有它们那几个固定的质而有一种形质以某种方式加之于它们之上。不如说，每一个这样的音显示的质取决于这个音在前后关系中所处的位置。这样的属性，依赖于某一构造中某一可辨成分的位置，不允许用那样一种元素概念来说明，即认为这些元素合成整体以后仍然同它们以前的情况一样。同样地，一个景色中的一片色彩，远不是一个整体中的一个成分，其价值取决于自然或艺术家提供的前后关系。完形论者坚持主张，组成部分的属性或面貌，只要是能够加以界说的，都要根据它们同它们在其中起着作用的整体体系的关系来说明。

一个简单的实验室证明被提供出来，即在灰底色上画一个红十字，它在明亮光线照耀下经过二十秒凝视以后将按照熟知的衬

比动态原理显现出一个绿色的边缘。然而，在十字的一臂挖一个小凹口。在这个小凹口的空隙处将看到什么颜色呢？绿色，传统的元素论者说，因为它是灰色边缘的一部分，那是理应具有衬比色的。红色，完形论者说，因为十字是一种有结构的整体，它强制其内部合成材料由于作为一种成员特性而具有支持这个构造的属性。完形论者比元素论者说的更符合实际的情况。

然而，韦特海默尔又进一步指出，人们可以预言有结构整体的显现是遵循着一定趋向的。他不是附和冯·埃伦费尔斯的说法，说除部分以外还有什么东西，而是指出，假如已知有不稳定的平衡和不稳定的构造，它们表现出内在关系的某些类型，人们就能根据构造律的认识预言随之而来的应该是什么样的组织结构。它将是那样的一种结构，一种最有条理，最全面，最稳定，最不受偶然和专断影响的结构：一句话，最完善的结构。完善，或像他喜好的说法，孕含性(Prägnanz)*，是自我完成的动态属性，是一切有结构的整体所固有的。回头看一看那个有凹口的十字的例子，人们立即看出，十字各臂的稳定而分明的轮廓，比之混乱的、人们甚至可以说相当不合理的凹口线条——扰乱了呈现出来的简单、有条理且稳定的型式——要具有更丰富得多的孕含。这两个定律，成员特性律和孕含律是韦特海默尔思想中迅速展开的许多定律的典型。它们一
260 般是作为一个整体的诸完形律的代表，依据这些完形律，人们不是同无数多少有些互不相关的微小粒子打交道，而是同有限的几种可能的稳定结构方式打交道，这些方式由于它们有条理的、在理性

* Prägnanz，德文，原意是怀孕或孕期。通常译为完形趋向或孕含性。——译注

上明白易懂的形式而能够被发现，它们的动力学能够被理解。

那么，认识者的首要任务就不是创造，而是领悟客观地存在于世界中的秩序和含意。这一点到此为止基本上像柏拉图主义。然而有许多构造形式有待我们去发现，这些对于认识者来说并不都具有同等的意义。正像感知过程是由不完全向更接近完全的方向推移的，因此也有关于形的连续不断的动态选择和整合。于是，我们便有了一种从知觉心理学到思维心理学的直接过渡，并不需要任何根本不同的原理。我们首先必需把握存在于自然界而有待我们理解的秩序；第二，把握思考者当他从一个有秩序的形过渡到另一个并在接续中和在整合中创造着新秩序时所显示的内在秩序。已经含蓄在韦特海默尔早期著作中的思维心理学在他自己和他学生的著作中都变得越来越重要了。克勒(1917)在关于人与猿的比较研究中极感兴趣的问题就是思维过程。当科夫卡(1921)初次敢于把教育心理学设想为关于复杂性分级逐步实现——出自个体永远向更高整合阶段运动的能力而不是仅仅在某一时刻零碎获得一个新的反应能力——的研究时，深深吸引了他的也是思维。在他生命最后的那些年月，韦特海默尔不断为无尽无休的适应新环境的任务(1933 年以后他在纽约新的社会调查学校任教)所累时，他所致力完成的著作就是一本论述创造性思维的书(1945)，这也绝不是偶然的。

在阐明思维动力学的努力中贯彻始终的基本概念是改定中心(recentering)：即组织结构新形式的发现，其中不适当并极紊乱的定中心或定焦点方式被撇在一边，而选取一种新改定中心的型式——就促进同实在接触的意义来说是富有洞察力并正确无误的，

因为作为观察者所领会的中心是同有待发现的客观事件中的自然中心相适应的。

从这个新观点出发，认识过程的整个领域——感知、学习、思维、想象等过程——都要根据完形概念系统地重新解说。而且，在实践中，认识现象要同感情现象一并研究。例如，情绪开始作为一种牵连整个生命系统的反应被观察着，而不是按照坎农(1915)的
261 方式作为中脑的一种局部反应。而冲动、本能和意志最终被作为一些过程，涉及肉体紧张系统各方面的整个共同体，并使冲动或意志的片段行为不可能分割而孤立地加以研究。

说到这里，我们必然要求助于涉及人脑全部活动的主要知识资料：即对于由疾病或由工业事故或战争灾难引起的脑障碍的研究，特别是传统上被称为失语症的病例。在这方面，英国的黑德(1923)和早几年德国的格尔布和戈尔德施泰因(1920)所取得的成果导致一种神经机能趋同的哲学。黑德发现自己不能有效利用布罗卡关于特定脑区中的特定定位和特定机能的说法，并发现自己倾向于认为在某些主要言语活动和某些方式或形式的大脑活动之间有联系。同样地，格尔布和戈尔德施泰因在研究第一次世界大战中某些人由于枪伤而受损的脑部时发现，只要视觉区受到一点损伤，整个视野就要重新调整。可以这样说，这不是什么切除视觉区的一部分的问题；而是迫使受损伤的有机体以一种全新的方式赋予被观察的世界以构造。例如，据认为与视网膜中央凹部位相应的脑区如果被枪射坏了，结果不是凹部视觉的丧失，而是在另一处有某一“假凹”在形成。只要有什么视的动作在进行，就应该有注视，应该有鲜明的形基(figure-ground)的分化。而且，被看到的

东西应该有意义地组织起来。假设一个人得了局部的“视物显小症”(“micropsia”),使世界的一部分显得反常地小。当观看一个十字,它的一部分处于视物显小区时,他并不是看到十字的一部分变小了,而是看到它全部都大或全部都小。组织成形的倾向统治着可能在各处进行着的任何细节活动。

同样地,就智力机能的情况说,戈尔德施泰因指出,特定的错误并不一定随着局部损伤到来;不如说,受到摧残或损伤的个人降低了他的活动水平,企求减少并找到一种低水平应付生活的方法。有机体应该经常同环境“妥协”。有机体不是对特定的脑损失给予“嵌花式”的反应,而是以一种质量上不同的顺应方式做出成型反应。

克勒和科夫卡

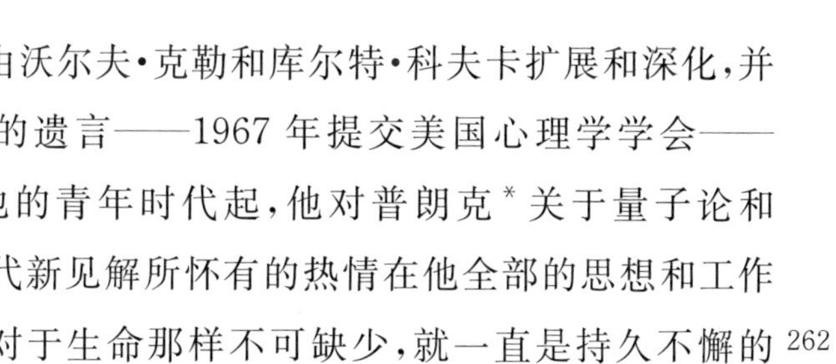

这个新的学说由沃尔夫·克勒和库尔特·科夫卡扩展和深化,并广为传播。在克勒的遗言——1967 年提交美国心理学学会——中说的很清楚,从他的青年时代起,他对普朗克*关于量子论和“场物理学”的划时代新见解所怀有的热情在他全部的思想和工作
中就一直是像呼吸对于生命那样不可缺少,就一直是持久不懈的 262
主要支持力量。不只是物理学的方法,而且是从创造性的新实验中跳跃而出的理论方案,为这位年轻的心理学家指出了前进

* 普朗克(Max Planck,1858—1947),德国物理学家,创立了物质辐射(或吸收)的能量只能是某一最小能量单位(能量量子)的整数倍的假说,即量子假说,对量子论的发展有重大影响。——译注

的道路。克勒于1912年曾表示信奉韦特海默尔和心理学中的完形原理,但是,就某种意义说,完形概念在他看来是一种心理生理学的并甚至是一种物理学的原理;有了这一以普朗克为背景的对于克勒所处时期的研究,就可以明白,为什么"同型"原理(isomorphism)*对于他显得那么重要:这个原理,即不仅有类似性,而且有根本上的同型性,使心理学同物理学发生最密切的关系。由于心理学是有机体的一种合乎规律的表现,又由于有机体是物质世界的一种合乎规律的表现,所以,心理学应该展示量子,展示场物理学**,展示最后发现的世界基本动力学。后来,克勒使心理社会的和社会文化的世界同基本实质存在连成一体的尝试出现在他的讲演《价值在事实世界中的地位》(1938)中。

虽然科夫卡的概述文章"知觉:完形论导言"已经于1922年在《心理学学报》中发表,完形心理学口头介绍到美国则是在那一年美国心理学协会的圣诞聚会上发生的事,会上宣读了奥格登的一篇报告。反应是十分迟疑不定的:完形心理学究竟是怎么一回事?它仅仅是又一个雾一般的德国哲学吗?然而,很快就明确了,大量

---

* 晶体结构中的某些离子、原子或分子的位置,部分或全部被其他的离子、原子或分子所占据而不改变晶体的原有结构型式的原理。心理学中一般译为"心物同型论"。——译注

** 场物理学,即相互作用场的研究。场是物质存在的两种基本形态之一(另一形态是实物),存在于整个空间。例如电磁场、引力场等。场本身具有能量、动量和质量,而且在一定条件下可以和实物相互转化。根据现代量子场论的观点,场和基本粒子有不可分割的联系,即一切基本粒子都可以看作相应场的最小单位(量子),例如电子联系于电子场,光子联系于电磁场等。这样,一切相互作用都可以归结为有关场之间的相互作用。按照这种观点,场和实物并没有严格的区分。克勒在这里把场物理学的原理应用于心理世界。——译注

的实验材料，极有创造性并咄咄逼人，连同新学说一起正等待着人们去吸收消化。由于这个运动的发展极其顺利，科夫卡和克勒不久都有机会应邀到每一个有兴趣的美国大学中心讲解这个新运动究竟是怎么一回事并指出它的革命含意。科夫卡和克勒的活泼的性格和适度的辩论策略迅速使人们对这个学派产生了更广泛的兴趣，而不久，每一个人都能从容地讨论完形心理学方面的困难问题了。

一系列的机遇把科夫卡和克勒带到了公众的面前，这对于完形说的传播的确是一种幸运。在第一次大战期间避居加那利群岛，克勒曾进行一系列创造性的研究以检验桑戴克关于动物学习完全依赖尝试与错误和正确反应多次印入(stamping in)的假说。在特纳里夫研究所以类人猿做实验，克勒提出一些简单的课题，使动物不得不找出够到悬挂着的香蕉的办法，如在香蕉下面叠摞箱子爬到箱子上面去够，或拼接竿子到足够长度用以够取香蕉。克勒力求证明，类人猿同人一样通过整合或顿悟作用可以立即解决问题，这时，并不是一系列个别的线索一一被认识到，而是线索的整合体系一下子反应完成。他的报告 1917 年用德文，1924 年用英文发表，题目是《类人猿的智力》(德文标题的英译则是《类人猿的智力测验》)。 263

克勒的中年和晚年主要是花费在扩充这一理论并使之系统化上，如关于“图形后效”的实验(Köhler and Wallach，1944)和关于时间误差——作为中辍倾向的表现——基本性质的实验。他认为他的资料以实例说明了脑中的直流电(一个引起争论的题目，使他陷入同拉什利的辩论；但克勒继续坚持他的直

流模式）。①

韦特海默尔仍然是这一运动的创始人，哲学家，逻辑学家，伦理学家，而克勒则仍然是运动的生理学家和物理学家。科夫卡成为这一理论最完善的系统编纂者和一切实验证明的权威选定者和综合者。起初通过他关于《心灵的成长》(1921)的研究而闻名心理学界，科夫卡继续从事认识—知觉发展的研究，并仍然是使知觉、思维、感情和行动之间的关系系统化的学者（The Principles of Gestalt Psychology，1935）。

随着完整性、趋合（closure）、孕含和成员特性等原理的发挥和阐释，完形论者认为剩下来的问题主要是把这个学说应用于复杂的人类情境，要这样做，正像他们所看到的那样，唯一有效的办法是一步一步地进行探讨。这方面突出的创造是完形论者论述艺术的著作：特别是有关音乐、文学和视觉空间艺术（表现派艺术）的著作。阿恩海姆（Arnheim），早年是韦特海默尔的学生，从事于由笔迹辨别个性的实验研究。时机已经成熟，应该系统地展示从完形心理学到绘画、素描、雕刻和建筑等领域都适用的全部动力概念体系了。于是，在《艺术和视觉》(1954)中，空间（间或时间）结构被充分而系统地联系于完形原理加以研究；观赏艺术中的运动、明暗、色调以及更复杂的象征方面的研究也发展起来。

仍然在韦特海默尔手下工作时，维尔纳·沃尔夫(1943)开始设想根据完形概念观察个性表现的方法；例如，他表明姿势、手势和步伐是可以观察和记录的人的动作，这些动作像克拉格斯早期著

① 参看《心理学的动力学》(1940)。

作中所说的，使个性的研究有可能在时空结构形式中进行。他用以说明他的观点的文献是非常明确的，表明个人在承认自己的表情动作时可能会遇到严重的困难，也许就心理分析的意义说是出于防御的目的。这样的研究使完形概念同心理分析概念逐步系统地结合起来。沃尔夫早期实验的某些部分由亨特莱在哈佛大学在戈尔登·奥尔波特的指导下重复进行，而其余的部分则在沃尔夫于
三十年代末到达美国以后复制和推广。个性研究，就时间、空间的 264
意义说，就表情成分之间以及这种系统表情行为和一个内在核心或根源之间的动力学关系的意义来说，已成为早期完形论期望的实现，即个性完全可能真地被看成是一个动力的整体。

正是在这一参照构架内，并想到十九世纪末和二十世纪初物理学的进展，人们才能理解心理学中场论的发展。的确，早在1920 年，克勒在一部论述“物理完形”的著作中，特别要求注意那些物理学中的实验，其中，局部的事件是由全部结构关系决定的；不可能指定任何一个细节，它单独就自身加以界说而能接着被放置在整个情境之中并被发现还继续保留着它以前的状况。到此为止，这提供一个理解完形心理学的背景情况；克勒那时正在描述物质世界中的各种完形，它们同各种知觉反应很相似。

莱温和场论

在这一时期，数学和物理学的青年研究员库尔特·莱温（Kurt Lewin）刚刚从部队复员就成为柏林大学完形论小组的一位朝气蓬勃并极富创造力的成员。他迅速证明自己有能力加入三位老资

格完形论者的行列,他们的名字上面已经提到:韦特海默尔、克勒和科夫卡。在柏林大学,他进行了一系列关于记忆的动力学研究,指出,记忆中各个项目连接在一起不是由于“联想”,而是由于每一个词或无意义音节表现那种作为一个整体的实验工作的场结构时所采取的方式。

但是,感到有必要充分利用物理学家正在进行的工作,他开始愈益明确地根据同物质空间有某些共同点的某种空间中所发生的事件来思考心理学问题,并认为心理活动是在这一生命空间或心理空间以内从某一点到另一点的一种渐次进展。在这里,他感到需要有更适宜的数学工具,并积极献身于研究数学的某一分支,它涉及的是由于它们自身固有的空间属性而不是由于它们的数量关系而富有意义的那种空间。他发现他在数学分支中所需要的是名为拓扑学的东西,在拓扑学中,人们关切的是区域及其边界和亚区,是可能在这些区域中出现的行进的方式以及那种由减弱或增强障碍所引起的部分空间变化的可能性。我们发现自己面临的不是设想为一种生物学体系的关于有机体个体的正规定量定律,而是《心理运动——向生命空间确定区域内的目标的运动》(1935,1936)。

265 我们对定量问题的兴趣在这里成为次要的了;我们的兴趣不如说已转到心理运动的目标这个问题上来,转到紧张系统或需要上来——这些似乎是表现这种运动的动力,转到干扰运动的障碍因素上来,转到正在发生的向生命空间亚区的细分过程上来(如在失神或精神分裂中),转到可能因治疗而达到的重新整合上来,等等。他这样就同时解决了两个问题:第一,使思维的场方式转变为

心理学;第二,以图解而不是以文字表明心理冲动的性质和这种冲动的阻力,并表明向目标运动中引起的转变。

有一个非常简单的例子可以说明莱温的思维方式和表达方式:一个孩子想去参加一次聚会;受到他父母的坚决反对,他退到一场白日梦中而"走出场外";他在另一个等级上设立了一个代替场,在这里,障碍变得可以渗透了,他并想出一些方法使父母能够被说服或被他的计谋战胜;最后,他在想象等级上达到了目标。

利用他在实验心理学中的动力学探讨,莱温开辟了两条研究路线,它们很快就变得非常著名而有影响。两者都表明作为紧张系统的心理需要概念所具有的生命力:紧张系统即在一有限场内相互关联的力量的系统,这个场可以概念化为沿着某一方向移动的基地。第一条路线是研究一个紧张系统在紧张水平允许有所下降时会发生什么情况。开始的研究是蔡加尼克(1927)做出的,她为受试安排好一系列任务以后,允许他们完成某些任务而中止其他任务。他后来发现,受试回想未完成的任务大体上要比回想已完成的任务更容易。接续的研究已经证明,在这些情境中,紧张程度可能是不同的和复杂的,但已明确证实,重要的是要把紧张系统设想为连续不断的,直到有可能用一种手段削弱它。换句话说,这表明事物本来并不"枯萎"或逐渐消失,而是继续保留着直到有什么新的东西插进来。只有当任务完成时,人为诱致的紧张状态(类似需要的东西)才得以放松。涉及那些可能削弱紧张因素本性的这一"蔡加尼克效应"(Zeigarnik effect)一直是许多后继研究的主题。

在这些年里,霍佩(1930)等给他们的受试安排了一些较难完

成的任务，并研究许多倾向于提高或降低个人期望的因素，即期望他能够完成什么——他的“抱负水平”。逐渐地，特别是在弗朗克(1935)——和莱温一起在康乃尔工作——的著作中，下述想法已经习以为常，即认为抱负水平是一种明确的定量标准，可以衡量个人关于他自己未来功业的期望；而根据“差别分”(differencescores)论述他的抱负和他对自己现在的看法(他的自我水平)之间的差别也已经成为惯例了。这样的“差别分”已经同许多个人变
266 量(personal variables)发生关系；并已发现——如古尔德(1939)等的发现——一个颇为准确的关于个人为地位奋斗和他为寻求过得去的个人利益而挣扎的画面，已在他无止境地图谋达到抱负水平的活动中被描绘出来，因此，这个抱负水平既不会高到使他永远处于一种受挫的状况，也不会低到太容易就能达到以致丧失其兴味的地步。的确，抱负水平像莱温其他几个概念一样已经成为一个得到广泛承认的个性研究方法(Rotter，1942)。

一个来自莱温和他的同事在他1932年到达美国以后进行研究所得到的更详尽的例证有助于说明这一研究方法的根本经验论性质及其理论上的深远意义。巴克等(Barker et al.，1941)提出的假说认为，弗洛伊德关于倒退的见解可以用结构学概念重述：倒退是分化的丧失；因此，也可以归之于“反分化”(“dedifferentiation”)。莱温认为新生婴儿的心理基本上是一个尚未发生分化的整体。这种情况可以大略勾画如下：逐渐地，当孩子开始察觉到他能够认识的周围物体时，感性成分形成了；同时，运动成分、习惯动作也出现了。随着开头几个星期连续发生的这些变化到来的是内部记忆、表象、价值和目的世界的发展；在这一内部世界中，接着我

们又有一系列分化在进行着，使成人变得比孩子远更专门化同时也远更僵硬化。反分化过程即失去这种分化亚区并回返到婴儿状况。于是，我们就应一般设想，挫折只要足够强烈就会引起这样的反分化。我们接着得到一个假说：挫折会引起倒退，特别是引起一种可测行为分化程度的下降。

为检验这一假说，一些幼儿园年龄的孩子，他们的行为曾在玩一套玩具时受到测量而表明了他们的"社会建设性"程度，这时又得到一个机会看到一些新的迷人的玩具并能玩上几分钟，随后又被领回原来熟悉的游戏室。在孩子和新玩具之间放下一个巨大的金属网并加锁锁上。在继续观察中看到，大部分孩子的行为在很大程度上属于一种可以说是未发生分化状况的反应，就像他们更少得多的时候所表现的那样。就这样，一个在这次实验以前曾用一个玩具电话进行谈话的孩子，在受挫经验以后就证明丧失了这一"成熟行为"而只把玩具电话当作一个会发响声的玩具。一个曾"写字"的孩子退回到简直是乱涂的地步。假说似乎证实了。就整体体系内界线的数量和稳定性下降——一种反分化过程——的意义说来，一个拓扑学的变化发生了。

莱温越来越强调社会心理学，在三十年代和战争年代写出了一系列论文，并在此后直到 1947 年他去世，在使生命空间和生命空间内个人与个人、集体与集体之间的型式概念化的新方式中扮 267
演着一个特别重要的角色。我们将在第二十五章中提出这个题目。这里需要做的主要是强调莱温作为柏林大学完形论组织一个强有力的成员的出现，以及他的场论对美国心理学的影响，特别是涉及那种富于新的洞察力并足以刺激新的研究尝试的场情境的建

设途径时是如此。

完形心理学的传播

毫无疑问，作为一种体系的华生行为主义所引起的狂热是一种激发因素，使他的所有反对者力图发现一种具有同等生命力的对立体系。同样无疑的是，正在实验室中进行的维护内省传统的种种实验研究非常需要某种生动活泼的系统化以取得那种清新劲健且兴趣盎然的形式，那是人们在铁钦纳的相当冷酷而枯燥的体系中所感受不到的。同样地，完形心理学和行为主义的结合也在尝试中。同一期间，出现了坎特的机体心理学（1924—1926），记述了一切机体反应的相互依存和形态上的统一，但着重点在于客观主义。

到三十年代中期，完形心理学已经变成一个完善的体系，心理学的一切重要领域和问题都要根据完形论概念重下定义。这些学说那时正进入应用心理学，同样显著地也进入精神病学和教育学，并为人类学家和社会学家等社会科学家所注意和利用。1933 年，这个运动在德国和美国稳步发展（其他国家几乎尚无所闻）。运动接着在美国集中，因为韦特海默尔和许多别的完形论维护者离开了德国，而在他们到达美国以后，又因为不断增加的试验室和诊疗所人士纷纷把文电呼吁和要求送到了美洲的海岸。特别是在东部滨海区，人们遇到成打的青年心理学研究者，他们已学会用完形概念进行思考，并能就这一研究法的前景进行引人入胜的谈论，不论是在学术界以内还是以外；同样地，确有成百的诊所工作者，他们已经把完形研究法同心理分析概念在某种伪装下结合起来。于是，完形心理学开始成为美国心理学的一个英气勃发的新阶段，当这些学说发表出来并散见于美国各种期刊而热心的年青避难者自己也证明利用或不利用这些新思想会造成多么不同的后果时，完形心理学又迅速向西部挺进了。

这并不是说完形心理学在德国消失了，或它在美国赢得了无可争辩的胜利。德国在领袖人物和他的许多追随者离去以后所发生的事情是对于整体和构造的普遍重视（这正如我们前面看到的
那样已经持续增强了好几十年）的继续增强，而各种类型的应用心 268
理学如笔迹学和罗尔沙赫方法等（已经浸透着整体论），在各种类型的对个人的临床评价中已取得愈益重要的位置。德国的心理学战斗本身广泛利用了以种种构造论为基础的个性测验。然而，那至多也不过是完形心理学的一种稀释形式，如果说它是什么完形心理学的话；而在这种整体研究的庇护下完成的创造性实验工作总量显然是微末的。完形心理学在德国大学体系中已降到非常低下的地位。

在美国，最一般的倾向——在德国受过训练作为完全趋附这一体系而到美国来的学者除外——是把完形心理学看成一种饶有趣味并有价值的尝试，但并非对首要问题的一个最终或最完善的解决。有时，这个理论被冲淡而只表示应该经常考虑对任何已知反应起作用的诸因素的复杂性，有时，人们认为它是表示对于刺激场中出现的种种刺激之间或相继或同时发生的种种反应之间所产生的关系的一种研究（到此为止，当然，任何联想主义者都会认可的）。有时，它更接近韦特海默尔的学说，强调成员特性，强调分割

假独立的元素是徒劳。偶尔它还表示要不遗余力地坚持那些意识的或行为的反应只能作为构造或体系才可以理解，而这些整体的一切方面或状态及其成员特性则只表现出趋向完成某一目的行为的动态流横截面。

如果这一特征描述适宜的话，那就是说，完形心理学一般说来已经受到可喜的接纳，并嫁接在现存的体系之上，但还没有——除非是在一种极小的规模上——作为心理学问题的最后的或根本的解决受到美国心理学界的拥护。

特别能代表美国心理学的是这样的尝试，即通过无数实验和临床观察，证明零碎反应和有组织的反应两者都会发生——正如对行为主义的反应中流行的倾向是说，意识和行为两者都需要研究一样。成打研究中的典型研究是德尔金的概括(1937)，他指出，在课题的解决中，她的受试做出的反应范围极广，从盲目探索(一直探索到某些片段偶然落入一个正确的位置)，直到这样的一些反应，这时大量分离的片段突然间似乎跳到一起形成一个富有意义而又完备的整体。于是，根据德尔金和大量走中间道路的人的说法，不仅有两个基本的思想方法——联想主义方法和顿悟方法——，而且在一个连续体上有一切可能的理论上的介入点。

269 完形心理学中在我们看来似乎是最根本的而同时又说得最不完善的方面，是关于成员特性的说明。有时你会在完形论文献中发现这样的说法，即一个整体的一切元素或组成部分需要在他们的相互关系中被观察才能理解构造。但在另一页上，你又发现根本没有什么元素或组成部分。整体的每一方面或状态都显示出一些属性那是每一方面都应具有的如果它要立于特定的一点并发挥特定的作用；属于元素自身的那些属性则是无法界说的。假如这第二个说法是正确的，那么很明显，第一个说法就远远没有中的。肯定地说，假如成员特性在这样根本的意义上不仅支配每一成分的位置，而且支配其特性，那么就没有什么部分或元素或成分，而说什么应该研究它们之间的关系也就毫无意义了。当完形论者坚持说有组成部分进入构造物而又说没有什么组成部分时，也是既想吃饼子又要保存饼子，而这两者显然是不可兼得的。问题的所在似乎还是四十年前的状态。成员特性论和心理文件的原子特性或非原子特性的全部终极的理论仍然没有解决——不论就明确的理论论述来说或就来自关键实验的答案来说都仍然没有解决。

但是，心理学的每一个角落都已受到构造、或体系、或相互依存等概念的侵袭；今天每一个理论体系或者拒绝原子论，或者承认它的不完善，或者至少也要为它辩解。如此巨大的浪潮是不能以任何一种反向运动所“阻挡”的；它必将产生它的影响。因为一般说来，这个趋向很明显是同物理学中场和整体发展的总趋向吻合的，并同生物学中包括各器官间、各整个个体间和物种间相互依存的进化型式现实化发展的总趋向吻合的，心理学中的这一运动充满现代精神。

参考书目：

Arnheim, R. “Experimentell-Psychologische Untersuchungen zum Ausdrucksproblem.” *Psychologische Forschung*, 11(1928), 1—132.

——. *Art and Visual Perception*. Berkeley: University of California Press,

1954.

Barker, R. G., Dembo, T., and Lewin, K. "Frustration and Regression: An Experiment with Children." *University of Iowa Studies in Child Welfare*, Vol. 18, No. 1(1941).

Cannon, W. *Bodily Changes in Pain, Hunger, Fear and Rage*. New York: Appleton, 1915.

Dewey, J. "The Reflex Arc Concept in Psychology." *Psychological Review*, 3 (1896), 357—370.

Durkin, H. "Trial-and-Error Gradual Analysis, and Sudden Reorganization: An Experimental Study of Problem Solving." *Archives of Psychology*, No. 210 (1937).

270 Ehrenfels, C. von. "Über Gestaltqualitäten." *Vierteljahrschrift für wissenschaftliche Philosophie*, 14 (1890), 249—292.

Fechner, G. T. *Vorschule der Aesthetik*. Leipzig: Breitkopf and Härtel, 1876.

Frank, J. D. "Individual Differences in Certain Aspects of the Level of Aspiration." *American Journal of Psychology*, 47 (1935), 119—128.

Gelb, A., and Goldstein, K. *Psychologische Analysen hirnpathotogisher Fälle auf Grund von Untersuchungen Hirnverletzter*. Leipzig: Barth, 1920.

Gould. R. "An Experimental Analysis of 'Levels of Aspiration.'" *Genetic Psychology Monograph*, 21(1939), 3—115.

Head, H. *Aphasia and Kindred Disoraers of Speech*. 2 vols. Cambridge: Cambridge University Press, 1923.

Helson, H. "The Psychology of Gestalt." *American Journal of Psychology*, 36 (1925), 342—370, 494—526.

——. "The Psychology of Gestalt." *American Journal of Psychology*, 37 (1926), 25—62, 189—223.

Hoppe, F. "Erfolg und Misserfolg." *Psychologlsche Forschung*, 14 (1930), 1—62.

Kantor, J. R. *Principles of Psychology*. 2 vols. Bloomington, Ind.: Principia

Press,1924—1926.

Koffka,K. *Die Grundlagen der psychischen Entwicklung;eine Einführung in die Kinderpsychologie* [*The Growth of the Minld*]. Osterwieck:Zickfeldt,1921.

——. "Perception:An Introduction to the *Gestalttheorie*." *Psychological Bulletin*,19 (1922),531—585.

——. *The Principles of Gestalt Psychology*. New York:Harcourt Brace Jovanovich,1935.

Köhier, W. *Intelligenz-prüfungen an Menschenaffen*. Berlin: Springer, 1917. *The Mentality of Apes*. Translated by E. Winter. London: Kegan Paul,1924.

——. *Die Physischen Gestalten in Ruhe und im Stationären Zustana*. Erlangen:Weltkreisverlag,1920.

——. *The Place of Value in a World of Facts*. New York:Liveright, 1938.

——. *Dynamics in Psychology*. New York:Liveright, 1940.

Köhler,W.,and Wallach,H. "Figural After-Effects:An Investigation of Visual Processes." *Proceedings of the American Philosophical Society*, 88 (1944),269—357.

Lewin,K. *A Dynamic Theory of Personality*. Translated by D.K. Adams and K.E. Zener. New York:McGraw-Hill, 1935.

——. *Principles of Topological Psychology*. Translated by F. Heider and G. M. Heider. New York:McGraw-Hill, 1936.

Lotze,R.H. *Grundzüge der Psychologie*. Leipzig:Hirzel,1882.

Ogden,R.M. "The Gestalt Hypothesis." *Psychological Review*,35(1928), 136—141.

Rotter, J.B. "Level of Aspiration as a Method of Studying Personality." *Development and Evaluation of a Controlled Method*, 31(1942),410—422.

Wertheimer, M. "Experimentelle Studien über das sehen von Bewegungen." *Zeitschrift für Psychologie*,61(1912),161—265.

——. *Productive Thinking*. New York:Harper,1945.

Wolff, W. *The Expression of Personality*. New York:Harper, 1943.

Zeigarnik,B.W. "Über das Behalten von erledigten und unerledigten Handlungen." *Psychologische Forschung*, 9 (1927),1—85.

第十八章　弗洛伊德和心理分析学 271

无论如何，有学识的医师说，我们应密切注意梦……最擅长解释梦的人是能够看出相似性的人……就像水中的图像，梦也可能受到同样的歪曲。

亚里士多德

告诉你，不要嘲弄厄洛斯，*
　他不知道什么是怀疑、羞耻，
只因对谚语的无知，
　灼伤的孩子仍然渴望着烈焰。

C. 莫尔莱

文艺复兴时期的医师们有盖伦可以依靠。没有什么高明的理论，但有成百来自经验的成规。相传有一次铁屑弄到了米凯兰基罗的眼睛里，他生怕弄瞎了眼睛，一个有名的医生杀了几只鸽子用鸽子血冲洗眼睛，铁屑很快就被冲出来了。这当然有某种成分是试试看，不一定准能达到目的的。乔治·华盛顿病重时，给他放血就没有成功而死去。但就在同一个时代，詹纳以及后来的凯瑟林

* 厄洛斯(Eros)，希腊神话中的爱神。——译注

一世通过“免疫实验”对天花进行了大量而有成效的钻研。当大型的十九世纪医学学校兴起的时候,医学家们开始对组织学、胚胎学、病理学等方面的真知灼见进行编纂工作——甚至,在巴士德手中,对免疫学和预防术也加以编纂。医学开始以新兴科学的可靠原理为基础建立起来了。

这就是那时有关人体疾病的情况。人体疾病初次根据物理学、化学等新科学以及以此为基础建立起来的生物科学的概念受到系统的探讨。精神疾患(精神病、神经病、性格异常)虽然也被认
272 为是医生应当负责治疗的,但却是难治之症。一个神经质的人的痛苦可以在文学中得到精彩的描绘,但这不是医学的成就。在詹姆斯的书信中,我们得知他因可怕的背痛而到波希米亚的特普里茨进行泥疗以减轻痛苦;而在弗洛伊德关于他作为一个医生的早年的叙述中则告诉我们,日光疗法、水疗法和许多其他类型的物理疗法在那些年代曾被施用于“神经病患者”,而患者有时觉得好些或甚至痊愈。有些人把治愈归之于“暗示作用”。弗洛伊德评论说,假如他的确看到过任何疗效,他也一定会把治愈归之于“暗示作用”的!

在以上几段文字中,我们试图指出十九世纪下半叶医生所处的那种赤裸裸进退两难的困境。首先,他想成为一个科学工作者;而同时,他又急于要取得成果。到处都说是有了成果;实际上,这些成果人们看到是通过各种方法达到的,唯独没有什么精确的科学方法。各处都有某种具体的物质的介入似乎是有助于治疗的。有时,也有那些曾经由麦斯美催眠家甚至某一“心因”解释学派(例如,Moreau de Tours,1840)表演过的对于“心理的疾病”所进行的“心理疗法”在这一苦难和失利的广阔领域发动着短时的进攻。但

是，心理学自身那时很可怜还说不上有什么体系，既难以形成理论也难于具体应用。假如你恰好相信——就像本书作者那样——弗洛伊德的主要成就在于对精神疾患提出一种系统的心理学探讨方法，那么，很明显，就有必要做一些传记细节的介绍并对这一创新人物的人格给予远远超过粗略的注意。事实是，关于十九世纪“弗洛伊德以前的无意识”以及西方精神病学的故事已经多次有人讲得很好了。弗洛伊德自己对于他作为精神病学家和心理分析学家的生活写过三种不同的传记素描(1901a，1925，1935)，而值得认真看待的还有好几打传记研究已经提供出来集中在琼斯的三卷本传记研究中(1953—1957)。本文的叙述没有什么惊人的新见解。目的在于表明：弗洛伊德所面临的情境；使他一系列发现成为可能的他的成长、学习和奋斗的阶梯；以及他的工作对于后继者、同事和最终对于作为一个整体的西方思想的影响。

要找出十九世纪下半叶日耳曼语地区产生心理分析学的文化背景，我们应该从医学学校说起——特别是几个大型的学校像在柏林、莱比锡和维也纳的学校——并谈一谈它们在心理科学与哲学两方面的相当深的造诣。就是说要审查一下在职业性组织中知识传统方面发生了什么变化，这些组织的成员在他们的专业领域中正在进行并做出临床证明，同时也在大学讲演。也就是说要密切注意犹太社会，它在那个时代要为反对职业排挤而奋斗，而其进展相当可观，足以对付竞争的需要，以致已有一个生气勃勃的犹太 273
人的队伍在医务界露出头角，同时，各地还有几个德国大学甚至还有犹太教授一席之地。

在弗洛伊德 1856 年出生的波希米亚小城镇里，这个家庭的事业进展颇为顺利而终于有资格迁居维也纳。在维也纳,一个有才能的儿子大都能从家庭得到有力的支持和鼓励。我们发现,弗洛伊德作为一个聪明伶俐的孩子完全符合标准,他在预备学校里名列前茅,而家庭指派的学科又完全称他的心愿,这就使他能更好地从事大学的作业。他获得了医学学位,这为他提供一个在布吕克实验室工作的机会,布吕克那时是胚胎学和组织学的著名人物之一;弗洛伊德发表的第一篇著作是关于鳗鱼进化的胚胎学研究(1877)。

虽然后来他故意毁掉了每一封信,每一项纯个人的记载,每一件可能被某位好奇的传记作者挑选出来作为逗笑的材料来描绘"作为一个青年人"的天才的肖像,但弗洛伊德确实是读过很多书,想过很多问题,积累了很多经验,那是他后来觉得不能不加以回顾的,这确实还是使我们得到了他的一幅肖像图。

这个画面并不符合弗洛伊德的想法,认为他的意义只在于他作为一个精神分析家的工作,而有关他的其他一切都是没有什么意义的。实际上,我们确实知道:他深切关心哲学方面的争端;例如,他强有力地支持布吕克和杜·博瓦·雷蒙的坚定信念,认为物理学和化学有对于生命科学问题的答案;以及他回避了"自然哲学"的模糊的活力论。我们还知道,他富有一种诗人的,而且更确切地说,一种艺术家的关于生活和人格的概念。获得歌德奖金对于他是珍贵的,而他到意大利的旅行,使自己沉浸在文艺复兴雄伟壮丽的作品如米凯兰基罗所做的摩西和大卫*的精美塑像等等之中,

* 摩西(Moses)是《圣经》中传说率领希伯来人摆脱埃及人奴役的领袖;大卫(David)是《圣经》记载的古以色列国王。——译注

这对于他正像科学界大人物的赞扬一样重要。我们还知道，他曾热恋过，而知识界的友谊以及他后来作为年轻人家长般的和慈祥的向导似的角色显得比单单是“职业性的团体一致”更为重要。家庭是热情的，他对家庭也以热情回报。他和他早期同事中某些人的疏远带来的痛苦，正是一个具有非常强烈的爱和憎的活跃人物的敏感和深情的一部分。

当然，他必须就他是否继续进行胚胎学和神经学的研究做出抉择。维也纳有很多神经病患者。收入和声望在开业应诊而不在研究工作的一边。困难的抉择终于做出，他同一位著名的家庭医师约瑟夫·布劳伊尔合作，布劳伊尔曾运用催眠技术治疗癔病，像夏尔科在巴黎所做的那样(1888—1894)。癔病被设想为一种精神病，特别适于用直接催眠暗示来治疗，这两个人在运用这个方法中 274
显然有些成功。然而，弗洛伊德觉得有必要同这一方法必然提供的最好的情况进行更直接的接触，1885 年他到了巴黎，去听夏尔科的讲演并亲眼看他做表演。夏尔科在法国医学界是一个显要人物，他的工作，特别是他对肝病的研究(1877)使他赢得很高的名望。他相信有可能证明，对于一个神经病患者——让我们沿用“癔病”这个词，就当时相当不确切的用法运用这个词——可以用催眠暗示法使之直接摆脱一种症状或再使这种症状复生。催眠，作为一种标准的作业，包括松弛，一种似睡状态，和易受暗示影响状态。有必要以口头对入睡的强调来诱致这种状态；接着，当患者进入似睡状态时，就要给予暗示说某一症状一定消失。例如，在一个癔病的瘫痪病例中，夏尔科总是说出 Ça passe这个短语——“它离去了”——而瘫痪也就消失了。它还可以再次被召回。的确，就好像

患者可以被铸入或摆脱一个又一个症状情结似的。结论似乎很明确：一个观念能引起一种人体症状。

虽然这在今天看来似乎是老一套而又明显，但应该想到在夏尔科的时代，这正是一个“严格的”科学家所不能相信的事物的确切例证。不论哲学上的混乱和所谓的唯灵论或唯物论的含意如何，医生所需要的是找出一种“机质上的”原因，即一种显微的或肉眼可见的损害或一定的病理机能部位。就在这一方面，夏尔科通过口头的，即概念性的手法在制造和打消疾病型式。这给弗洛伊德留下了印象。这一切他以前显然也懂得，但这时他在一种新的方式中认识了它。他认识到它是某一医疗背景中的一种医学上的事实：可以用直接的言辞表达和证明的事实，并能够作为一个新的枢纽起作用，环绕着这一枢纽的是关于精神病的一整套医学概念。

他回到维也纳并继续同布劳伊尔合作。按照现代的标准来看，工作进展是缓慢的。虽然他在九十年代初发表过几篇神经学论文，他对癔病的基本评论到1893—1895年才发表，署名是布劳伊尔在先。这一著名的研究常常被认为是心理分析学本身的萌芽。理由不在于对癔病进行的心理学探讨不是机体探讨这个事实，而在于布劳伊尔和弗洛伊德共同发现的方法。（弗洛伊德把创始这一方法的全部功劳慨然归于布劳伊尔。）他们不是用直接的手法而是让患者自由地谈出自己的情况这种办法来研究癔病状况的心理，特别是让他在催眠迷睡或似梦的或分裂的状态时谈出来，这时，他往往漫谈他的困境以及此外的许多情况，并谈到使他痛苦的往事，那一直是被密封或被压抑或被弄得不可能回想起来的。

这样，有一位家庭女教师，她在一个富裕之家中的行为是非常 275
检点的，有一次曾看到一只狗从一个玻璃杯中饮水并感到厌恶。这件事，像一切琐事一样，似乎是无所谓的。但是她不得不控制她的厌恶感，而这涉及那只狗的全部轶事仅仅在一次松弛的倾吐阶段才又被回想起来，回想起来以后，她表白一直被压抑着的厌恶感。从一个事件到另一个事件，不断增添的不愉快、令人反感或该受责备的轶事涌入脑海。事情开始明朗了，弗洛伊德后来说，“我们的患者是受往事回忆之苦。”关于病因学就说到这里。治疗不在于用规劝驱退症状；不如说，症状在这种参与回忆烦人往事的职业性关系中述说给医生时会显得威胁减轻。弗洛伊德进一步发现，松弛状态是召回记忆的技术的一个重要方面，此后不久就开始了他终生对分析卧具(analytic couch)的运用，它能使患者松弛并回忆往事而并不需要医生和患者在分析交谈时彼此相望。在弗洛伊德对这些方法的运用中变得愈益明显的是，交谈的情绪质，即“移情”，是新发展的“心理分析”法的一个基本部分。患者把情感转移给医生——特别是爱、惧和憎的情感——这些情感他本来是对父母怀有的。患者是在重演子女和父母之间的感情关系，这种关系在某种程度上已经埋下了造成许多后来困境的种籽。

当我们描述这些事件时，我们发现自己正从讨论布劳伊尔和弗洛伊德的工作转到讨论弗洛伊德独自的工作。这是在任何有关心理分析法的发展过程的记载中必然会发生的情况。不论维也纳医务界能不能坦率地面对这个问题，妇女患者在这些医疗情境中开始对医生产生了爱情，或公开表示出来，或隐藏在内心。布劳伊尔作为一个家庭医生深感处境难堪。弗洛伊德则觉得重要的医学事实即将得到说明，而这些事实是需要正视的。这就是分歧之始。

我们已经提到夏尔科和布劳伊尔，但是还有一个第三位重要的医学界人物。十九世纪六十年代，在法国东北部的南锡建立了一个诊所（参看边码第 156 页），在那里，一个径直对暗示疗法的心理学探讨由利埃博尔（1866）后来又由他的著名继承人伯恩海姆提出（1891）。他们反对夏尔科领导下的巴黎学派及其信念即癔病状况的根源基本上在于一种生理上的或体质上的先定倾向，而满足于寻求心理状况的心理起源。而且，他们似乎已经是技艺高超的
276 催眠家。他们诊所的患者中有很大一部分已被治痊愈。弗洛伊德有机会观察伯恩海姆进行工作，例如，运用以下简单的示范技术：在一次催眠迷睡状态中，患者被告知，在他醒后看到向他发出的某一信号时就要走到他的伞前并把伞在他的头上张开。届时，医生问，为什么要在室内张伞。患者总有一个“适当的理由”说明为什么要这样做：“我想看一看它是不是有破洞”或“从伞的内面看我才知道它是否确实是我的”。但这并不是**真正的**原因。医生这时会说：“请告诉我真正的原因。”患者可能觉得为难或迟不作答，但很快就会明白过来并说：“因为你告诉过我这样做。”对于暗示疗法以及对于理解这一类自欺病因，上述事件的含意是明显的：患者不知道为什么他要做他所做的事，但在医生的一些压力下，他能恢复这些受到障碍的记忆。弗洛伊德对于这一问题重视到这样的程度使他不惜时间把伯恩海姆的法文著述译成德文。

我们已经看到，在这三个人——布劳伊尔、夏尔科和伯恩海

姆——的工作中都有许多东西涉及无意识心理作用。然而，只有在他同布劳伊尔合作的时候，弗洛伊德才有切近的第一手的机会观察患者和医生之间的感情交流中有什么事情确实在进行着，而对于这一点我们需要更加注意。他曾亲眼看到的患者的恋爱故事似乎同各种性的病理现象有关，对此，医学界人士刚刚开始懂得（那是克拉夫特-埃宾的时代，而不久到来的是哈佛洛克·埃利斯对医学思想，实际上也是对西方思想的影响）。

大多数医师却似乎还不能十分坦率地面对这些评论。有一天在一次讲演以后，夏尔科的听众之一曾问到一个他不理解的难题。夏尔科情绪昂扬地回答："这经常同性感区有关——经常如此，经常如此，经常如此！"弗洛伊德对自己说："但假如他懂得这一点，为什么他从来不这样说？"以后，妇科专家克罗巴赫在维也纳曾撤销一份精神病理学中有关性的问题的资料，声称他从来没有这样说过，而且很明显，布劳伊尔自己也不愿被提醒曾说过大意相同的话。弗洛伊德感到自己孤立了；而实际上，他的确**那时是**孤立的。我们有那个极不寻常的关于他同维也纳医学学会即医师协会对抗的故事。他曾被邀请提出一些医学调查报告。当他做完报告并抬起头来时，他发现一大部分观众已经移到后排座位上好像怕受到这个坏人的传染似的。没有一个人祝贺他的研究成果。甚至没有一个人同他握手。从此以后，他说，他便决定要从每一位患者身上寻求他的神经病的性根源。

于是，弗洛伊德有了一个专门的领域——神经病：有了一个方法——谈出法；和一个主要的题目——受厌恶受压抑的性问题。他能看清他的道路而他只能独自行进了。

277 # 心理分析法

弗洛伊德继续发展这一新的方法。他要患者仅仅试诉他的自由联想；他的症状的起因会逐渐弄清楚。当然，这需要连续克服一些阻力，遇到这种情况，患者会说，他再也想不起别的什么事情了，或者说，他正在想某件荒谬或丑恶的事情，那是他不愿启齿的。在这些场合，似乎并不是什么真的因为时间长了想不起来，不如说，有一种包含在压抑中的完全相同的机制在起作用：即对于表达一种冲动倾向的阻力。弗洛伊德根据经验得知，阻力极为重要，而正是在这样的时刻某种能够说明问题的事实可以通过患者在医疗任务上的坚持配合而暴露出来。只要有什么涉及性的性质的联想，阻力就特别明显。

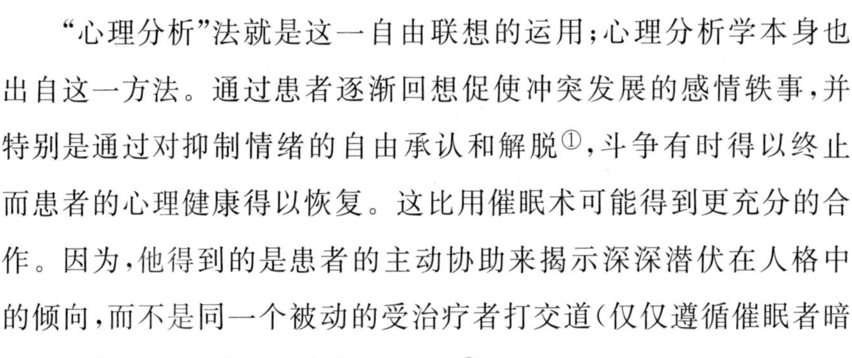

402 “心理分析”法就是这一自由联想的运用；心理分析学本身也出自这一方法。通过患者逐渐回想促使冲突发展的感情轶事，并特别是通过对抑制情绪的自由承认和解脱①，斗争有时得以终止而患者的心理健康得以恢复。这比用催眠术可能得到更充分的合作。因为，他得到的是患者的主动协助来揭示深深潜伏在人格中的倾向，而不是同一个被动的受治疗者打交道（仅仅遵循催眠者暗示而动作的受治疗者都是被动的）。②

---

①　即发泄作用（Abreaktion），已由布劳伊尔和弗洛伊德连同催眠技术一并发展的“导泄法”（cathartic method）的一部分。

②　这种空间的和机械的比喻在全部心理分析学的历史中都是突出的。詹姆斯在讨论极其近似的材料时说，“到头来我们还得求助于一种机械平衡的陈腐象征”（1902，p. 197）。比喻在起初当然是有帮助的；但随后它们的价值就受到愈益严重的质疑。

在这一时期(十九世纪的最后十年),弗洛伊德在联系特定类型的冲突来说明特定类型的症状方面没有取得长足的进展;对于这种精神病的气质最初是在生活中什么时期形成的他也没有任何明确的看法。没有什么理由假想,这些精神病气质必然牵连到比那样一些感情经验——一如那位不能从一个玻璃杯中饮水的姑娘的例子中明显表露的感情经验*——更遥远的什么事情。对于患者生活中的这一类现象,他那时还没有注意到要指出一个早期的起因,即某种先定的原因。但是一个症状得到治疗以后有时又跟着出现了新的症状,这就有必要深入探究;就是说,一步一步地回溯患者个人的生活史。成人的经验似乎要求强调童年期冲突作为成年顺应不良的基因。

而且,弗洛伊德确曾在**儿童**中遇到许多精神性神经病。例如,278
有一个男孩,由于一种奇怪的强制而受折磨;他在睡前不得不在他的床边摆一排椅子,在椅子上叠摞枕头,并把脸转到靠墙的一边(1896)。对这一病例的研究表明,他曾经是一次性袭击的牺牲品,这次袭击使他如此受惊以致从此以后必须在床与室内空地之间设置一道障碍物,并把脸背转过去。因此,症状就是冲突的象征。许多各式各样这一类的象征性症状在弗洛伊德的论文中提供出来。

在弗洛伊德对症状的解释和让内提供的解释(1892)之间可以明显地看出存在着分歧。让内实际上强调人格各方面的现实状

* 指边码第275页提到的那个家庭女教师的事例。在第一版中,作者叙述这一例证较详,曾提及她的症状是不能从一个玻璃杯中饮水,原因就是她看到过一只狗从玻璃杯中饮水。新版这一部分改动较多,前后文照应上不够清楚,补注如上。——译注

况，这些方面的分裂达到很严重的程度使意识的控制不能再发生作用；但是在弗洛伊德那里，特别强调的是这种分裂的动力学。起作用的最根本的力量是发自本能；而来自本能力量的能量在意识以外起作用就像在意识域以内起作用一样。他认为，任何一种因素或冲动只有凭靠冲突才能被保持在个人觉察范围以外。但是正如冲突是分裂的解释一样，冲突也被认为是理解分裂所表现的特定形式的线索，从而也是理解症状的性质的线索。症状，广义地说，是受压抑的倾向的象征，是通过对疾患发展过程的检查才能理解的象征。让内自己曾想过，症状是由“潜意识观念”引起，健忘症就是意识域的缩小；但他几乎没有触及过程的动力学。在弗洛伊德看来，这个看法显然不能令人满意[①]；如在上文已经提及的许多例证中，症状显然是某种特定冲突的一个象征。

同布劳伊尔协作导致以《癔病研究》为题（1893—1895）发表著作以后，弗洛伊德开始独自工作并在一股宛若刚刚奔出峡谷的清新激流之中培育他的新方法和新的思想体系。这一时期，有他和他的朋友弗利斯（1887—1902）的精彩通讯，在涉及人格和精神疾患的哲学时，他和弗里斯有许多思想是共同的——这是直到他死后很久才问世的作品。这一时期还有一份值得重视的文件，《科学心理学方案》（1895），它孕含着一个彻底的计划，涉及以中枢神经系统及其机能作为理解精神病理学的基础。由拉蒙·伊·卡哈尔这样的英勇人物所统治并在瓦尔代尔的“神经元理论”（1891）中得到表现的丰富多彩的神经学、神经生理学研究的时期，为弗洛伊德提供

① 让内自己认为，它只是一个临时的公式，而不是在任何意义上的解说公式。

了一种前景，即特定的解剖学和生理学的细节如神经细胞轴突的直径等有可能包含着记忆和遗忘、神经道作用中的促进和抑制等方面的秘密。赫尔姆霍茨、布吕克和杜·博瓦·雷蒙以物理学和化 279
学的语言论述心理事件的目标或许有可能达到。

但是他绝不发表《方案》。* 实际上，《方案》的故事和弗洛伊德的把它搁置起来，是另一个小小的明显证据，说明弗洛伊德真正关心的是建立一个心理学体系，而不是涉猎思辨神经生理学。他确曾期望有一天伟大的神经学家有可能同伟大的心理学家“握手”，但他断定那样的日子不会在近期到来。弗利斯通讯和《方案》对于二十世纪中期的历史学家来说是无法利用的。我们自己可以从那些发现和重新审定这一证据的人们的工作中受益；但是，只要涉及的是作为整体的心理分析运动的历史，它就主要是一部心理动力学的历史而不是心理生理学的历史，而它从谈出法经过一系列心理医学中的重大步骤正在稳步地向前推进。

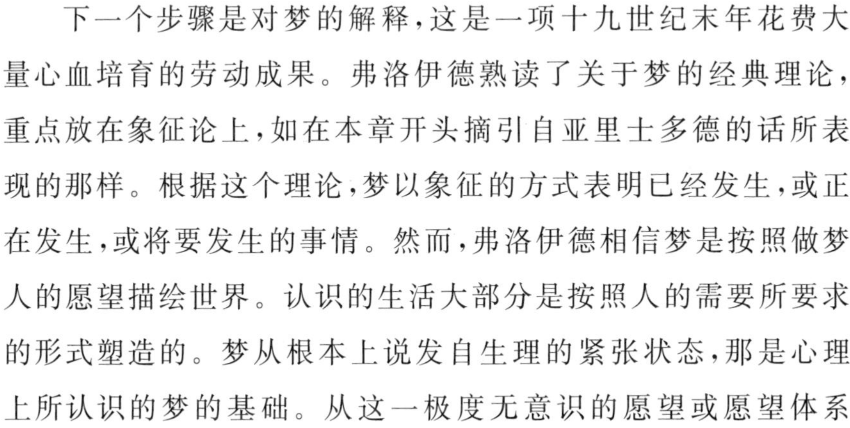

下一个步骤是对梦的解释，这是一项十九世纪末年花费大量心血培育的劳动成果。弗洛伊德熟读了关于梦的经典理论，重点放在象征论上，如在本章开头摘引自亚里士多德的话所表现的那样。根据这个理论，梦以象征的方式表明已经发生，或正在发生，或将要发生的事情。然而，弗洛伊德相信梦是按照做梦人的愿望描绘世界。认识的生活大部分是按照人的需要所要求的形式塑造的。梦从根本上说发自生理的紧张状态，那是心理上所认识的梦的基础。从这一极度无意识的愿望或愿望体系

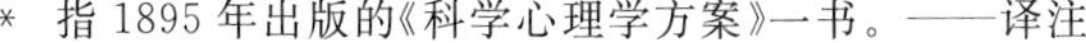

* 指 1895 年出版的《科学心理学方案》一书。——译注

(即“潜梦”——“latent dream”)发展出一个对于梦者富有含意的形象化的事件图式。形象化的图解过程不是由一系列可能满足愿望的现实步骤控制的；不如说，愿望间接地、象征性地体现着那渴求的满足。这是梦的“原始过程”的特征；梦代表所愿望的事情。当然，梦在这样做的时候绝不能公然代表那种本身就是禁忌的愿望，特别是那些同性欲以及后来弗洛伊德所强调的同进攻性等有关的愿望。像在一切早期的梦的理论中那样，象征被赋予广阔的范围。仅仅在对医生所做的关于梦的叙述中，连同那一系列重述梦时引起的“自由联想”，事情才开始明朗起来，也许先是医生然后患者自己才弄清究竟真正被描绘的是什么。使潜伏的梦转变为一种能够在清晨记得住并转述给医生的梦的这种过程是“梦的工作”，而白天对梦的经过的回忆则是“梦现”(manifest dream)。

这里，我们在心理学的途程中遇到了一个主要的方向变更。从亚里士多德的时代起，思想一直被认为是根本不同于动机、内
280 驱力和冲动的。霍布士曾提到“计划”(目的)在思想中所扮演的角色，但心理学家和哲学家对于这一探讨是相当麻木的。弗洛伊德似乎正在发现，思想首先是愿望的体现。在其**原始**形式中，思想诉说的是我们所直接**愿望**的。但思想在时间的进程中部分地被一种**延迟**满足的倾向所代替，因为要注意到现实——“现实考验”的过程。这就是**续发过程**。但**原始过程**，即思想起初被追求满足的冲动所引导的过程，对于理解心理分析动力学是一个主要的关键性概念。的确，有这样的一些例证，其中，一个愿望的直接满足，快乐原理的直接实现是不可能的。梦者始终在追

逐一个曲折的途径，避免他的愿望过于直接的表达。梦的实现部分地被一种“潜意识压抑力”（die Zensur）* 的作用所阻拦——一种最终取决于心灵内部力量平衡的非人格的作用，它在一定情况下可以容许对真正在进行着的事件进行一种伪装的解释。

梦可以包含原始过程和续发过程两种思维的任何组合。倾听梦者的“自由联想”以后，分析家关于梦的语言的概念——即梦者真正在说的东西——作为一种解释被提供出来，这在当时可以全部地，或部分地，或一点也不能为患者所接受。当然，也可能有许多梦跨越好几个星期，好几个月或好几年，连同类似的重复的涉及日常活动的自由联想轶事，它们似乎是表示在患者这方面有某些未能实现的追求，或者是患者内心某种冲突的表现。

梦的解释不是脱离心理分析疗法的一般进程孤立地进行的。在早期程序的建立中——对此弗洛伊德终生信守不渝，大多数分析家也都遵守着——同意让患者确定一个定期的约会，通常是每周五次，患者届时进来，躺下，进行关于一个梦或关于任何近期的事件或关于他想到的不论任何事情的自由联想并继续谈话或沉默，他认为怎样合适就怎样做；分析家则倾听，或解说，或提醒患者有关以前自由联想的情况，或协助患者回想充满冲突的题材，那是他认为必然同患者痛苦的处境有关的。**阻力**和**移情**是如此重要，因此分析家必须分析和理解——并在某种程度上消除——阻力，

* die Zensur，德文，意思是邮电书报的检查，英译是 censorship，原指古罗马监察官的职权，转意为检查制度。中文心理学上一般意译为“潜意识压抑力”，也有直译为“稽查者”的。——译注

同时注意分析移情本身；患者最后被允许从那种深深的依附关系中解脱出来，这种依附关系在一定的时刻必须是他同治疗者的关系的特征。

在心理分析活动的早年，上文已提及的称为里比多(1ibido)——相当性能量——的东西据说同追求社会承认的许多自我需要(ego demands)或内驱力有冲突。自我需要是潜意识压抑力作用的根源，也是某种可以接受的社会生活型式得以保持的根源，这种保持是通过对语言的运动神经通道以及可以接受的外
281 现行为的控制实现的。从成年冲突情境追溯到早期和更早期的情境导致对一种幼年期性概念的愈加注意。在《梦的解释》(1900)稍后发表的一系列论文中，特别是在《三篇关于性的理论的论文》(1905)中，弗洛伊德着手证明，成年的性特征绝不是性表现的唯一形式，而是从幼年期开始以来就有的性冲动的繁复表现，包括作为整体的身体的弥漫性性吸引和特定性爱发生区的性吸引。往后，在潜伏期(幼年期和青春期之间)，以及在青春期本身，性吸引的方向改变，从同性爱的形式转为异性爱的形式。

心理的性阶段(psychosexual stages)概念使得有可能相信，有不同的正常发展层次，包括从一个层次到下一个层次的相对平稳的过渡，但也要注意这样的事实，即很有可能在任何一个阶段发生一种固着状态，它会引起完成正常发展进程中的困难。实际上它会导致各式各样的长期的幼稚病，或性反常行为，或导致向异性爱的适应形式的不完全过渡。

二十世纪第一个十年中还有两项著述由于理论上的重要意义也有必要在这里提及：其一是“日常生活的精神病理学”(1901)，这

是一篇提出动力概念的极其重要的文献，说明思维的过程绝非首先是理性的，而知觉、记忆和思想以及冲动经常是由无意识的愿望引导的。我们说的“并不是我们要说的”。我们被束缚在一种妥协的处境中，一方面是我们本来打算要做的进攻性或侮辱性的评论，另一方面是当时的情境**所需要的**评论，妥协的结果是我们说了一些荒谬的话——有时隐匿得相当不错，有时则一眼就能看穿。我们在起身旅行的时候忘了带钥匙而不能开我们箱子的锁。我们原来真是想上路旅行吗？结束的一章对经典的（亚里士多德哲学的）见解——认为存在着“偶然的”事件同合乎规律的事件形成对照——提出责难，并在“决定论”的概念下坚决主张动力的统一性，认为在这种统一中，一切心理上发生的事件也是整理就绪的，就像在物质世界中发生的事件一样。

另一篇文献，《笑谈及其与无意识的关系》（1905a），基本上也是探讨同样的问题，阐明：机智是能的突然释放。双关语，或对辞藻的玩弄，言简而意赅，达到了能的节约；而许多机智的评语同样也蕴涵着被掩盖着的某种进攻行为，蕴涵着在宗教方面、性问题上和其他等等禁忌所不容公开说话的地方的明显“越界”。

于是，我们到1910年就有了一个合理调整就绪的无意识动力学概念，基本上以性能量为基因，这些能量在成长期经历复杂的变态，但由于父母的约束以及其他社会约束而经常处于抑制状态。这一切表明儿童与父母的关系十分重要。这里，主要的天才笔触 282
之一在于论证子女与父母之间性爱反应的强烈，这一点实际上在许多地区是人所熟知的，弗洛伊德以外的其他体系也分别地强调过，但弗洛伊德在这一时期对这一点的强调更为突出而且是连续不断的。有关奥狄浦斯——他无意地执行了一个邪恶的预言说他一定会杀父娶母——的希腊神话，以及其他许多希腊神话和悲剧题材；都说明子女对于父母特别是对于异性的父或母的强烈要求基本上是避不开的，并指出，崎岖的发展和经常干预早期对回报爱的要求使人生本质上就是一场悲剧，不可能期望有什么根本的解脱。通过升华作用改变性能量方向的复杂手段已由艺术和科学提供出来。*

暂时撇开他的主要信从者荣格和阿德勒在 1911 年的背叛不谈，我们可以说，到第一次世界大战爆发，弗洛伊德已经制定出一个连贯的体系并正在进一步把里比多论和梦论应用于许多外围的领域。1909 年，他曾在克拉克大学发表了划时代的《心理分析学的起源和发展》(1910)的演说并作为一个极其重要的人类发展观的先知式创始人而名声远扬。同荣格和阿德勒的破裂使他的自传式论文"关于心理分析运动的历史"(1914)具有一种辛辣的表达方式，这篇论文可以被认为是标志着心理分析学第一个大阶段结束的里程碑。

心理分析自我心理学

第二个大阶段，根据许多人的意见，是一个关于自我的新理论

* 作者在第一版中并指出：弗洛伊德认为，艺术和科学能给予替代性的满足；文明本身有很大成分是从某种性排遣途径转移开的能量的创造物。弗洛伊德和他的信从者甚至认为富有创造性的艺术家的作品中，都存在着反映艺术家无意识的性幻想的材料。弗洛伊德的《伦那多·达·芬奇》中就提到了这一点。——译者

的发展过程，从“论自恋”(1914a)的文章开始，包括《团体心理学和关于自我的分析》(1921)，《自我和本我》(1923)，以及《抑制、症状和焦虑》(1926)等著作。

“论自恋”像几篇早期的文章一样，寻求一种跨文化的和诗意的背景来安置一个简单的临床观察：迷恋自身的事实。在奥维德关于埃柯和那喀索斯*的优美故事中，这个美少年找不到那个可爱的人儿——她在森林中发出的美妙声音就在耳边——但他找到了一个水潭，在清澈的水面他希望能看到他心爱的人。他望着潭水看到他自己的影子便永远陷于这一强烈而不移的自恋之中。弗洛伊德说，正是这样，婴儿甚至也迷恋他自己——或许甚至在诞生以前，肯定在诞生后开头几个星期的生活中是如此。实际上，他永远也没有放弃那个珍贵的映影。尽管他可以摆弄他的身子并从它的形态寻求乐趣，但不止于此；是他自己声音的格调节奏，他自己 283
肌肉活动的格调节奏，以后则是对他自己的思维过程的迷恋，才使他成为他自己的第一个和最后一个爱的对象。他的主要课题之一是要找出一条减轻这一向外倾注的里比多强度的途径并为他的必要的“对象爱”发现一些有价值的凝聚点，没有这种对象爱，人的生活不论在家庭里或家庭以外都是不可能的。

于是，自我已经开始被领悟，而里比多已经被“投入”其中。为了理解这个向自己，或向对象，或向多种活动的内投概念，翻译家希望我们采用和接受“cathexis”这个词，这个表示“捉住”(“taking

* 那喀索斯(Narcissus)，希腊神话中的美少年，他因自恋憔悴而死，死后化为水仙花。这个词的另一意即水仙花。——译注

hold”)的希腊词。然而,“内投”(investment)这个词是弗洛伊德在这里用词的直译,我们将采用后者。

但是,弗洛伊德认为有必要进一步说一说生命的根本能量和自我(ego)的关系。这一点他首先在《团体心理学和关于自我的分析》中阐明,目的在于解决群众(和暴众)行为的问题。他指出,有组织的集体,如教会和军队,尽量利用一种兄弟关系,还有一种父子关系。群众不能单靠“启示”维系在一起。实际上是那种深厚且普遍的里比多纽带在人们相互依赖的关系上表现自身并使人们趋附作为父亲代理人的领袖人物。人们依赖这位父亲代理人甚至超过他们相互之间的依赖。像教会和军队这样稳定的社会结构是富于这一类的象征的:战场上的伟大统帅是“士兵之父”;修士会的成员是“兄弟”和“姊妹”;常常有一位“Mother Superior”*,而最重要的是有一位 papa 或 Pope。**

在这本说明社会秩序的里比多基础的著作以后,接踵而来的是短小精悍的《自我和本我》,***阐发了对于社会中负有责任的成员显得十分重要的能量关系问题。我们知道,投入一个人的自己本人中或对象关系中的那种盲目而喧闹的生活能量导致同环境约

* “Mother Superior”是对女修道院院长的尊称,其中包含着母亲这个词。——译注

** papa 是爸爸,Pope 是教皇,两词字音相近。——译注

*** 本我(id)是弗洛伊德关于人格假说中的三种力量之一。在《自我和本我》中,他提出了这一三分法,把人格分为本我、自我和超我(superego)。本我是人格发展中的最初阶段,是生来就有的本能冲动之源,它是无意识的,完全根据苦乐原理而作用;自我作用于本我和外部世界之间,是本我受外界影响的那一部分;而超我则是“人所特有的对本能的抑制力”。——译注

束有关的力量的加强（前已提及的“执行的机能”*）。延宕的可能性变得逐渐同一种带有“自居作用”（identification）的复杂途径缠结在一起，即对那些亲近的人特别是自己父母的模仿。** 一个人通过这一“自居”过程，把父母的偶像置入或“内投”（introject）自身。到这时，我们可以说有某些力量正在加强个人对他自己身体，对他自己本人的反应，而这一点可以在自我（ego）对生活的定向发展过程中被观察到，一种同现实考验、延宕，以及执行的机能有关的定向过程。

至此，我们或许可以简单地接着这样说：自我是有意识的，它调整那些来自无意识的盲目而不自觉的力量。然而，这一定义有时陷于严重的矛盾。例如，让我们看一看一个受癔病折磨的人的情况吧：他躺在床上，而虽然他的腿肌是正常的，他却不能在地板 284
上站起来或行走——他垮了。这是一种“astasia abasia”（希腊文，意思是“不立，不行走”）的病例。我们从这个人的自由联想发现，他不能接触地板是因为“地板”（德文用的是“Boden”这个词）*** 也意味着“土地”或“万物之母的大地”：他不能接触母亲。奥狄浦斯的主题显露出来了。

---

* 指边码第 280 页提及的应付“现实考验”的机能。——译注

** identification 是弗洛伊德提出的一种心理机制假说，即认为儿童倾向于仿效父母，不仅仿效个别特性而且以父母的完整形象为楷模。他认为儿童这样做的动机在于怕失去父母的爱或出于对父母的爱，或希望获得某些非常值得想望的父母的特性，以便能够在将来达到父母所期望的目标。但某些行为主义心理学者认为弗洛伊德的这些说法缺乏实验证明，并认为儿童的这种仿效倾向并不局限于以父母为楷模，而且是贯穿一生的过程，即仿效任何他认为是楷模的人物。这个词习惯上意译为“自居作用”，这里沿用习惯译法。——译注

*** Boden 的中译应为“地面”或“土地”。——译注

但是,究竟自我怎么就能简单地归结为意识呢?这个人不知道他在对他自己做些什么。自我在其无意识作用中已被内疚所淹没而不容他接触地板——就好像他是有计划这样做的。这一表明他不能站起来或不能行走的意识的作用实际上已经完全被一种无意识的作用所取代——他不知道他为什么表现出这一行为。从这样的想法,弗洛伊德得出关于自我的一种想法,让自我同时具有意识和无意识这两种面貌,而实际上是介于两者之间的一种前意识面貌。不成熟的本能冲动,即本我体系已提供了一切已经在这一自我体系中出现过的能量。

但是,接着又有一个进一步的因素变得明显起来:在以父母为理想人物自居的发展过程中,个人已经在父母作为爱的角色和纪律的角色中同父母等同起来。你可以在这种“自我的理想”(egoideal)中看到那种善良、正派、仁慈和慷慨的教养,它代表着作为爱的角色的父或母;而在以纪律的角色自居的作用中,一个人使一种道德意识在自身建立起来,那是一种自我约束的形式,产生于自我而又从自我分化出来,并已经变成弗洛伊德所谓的一种超我——über ich。* 运动的过程是从简单和淳朴发展到复杂和世故。但是本我,那种不成熟的能量,是它的全部来源。

于是,我们是从没有骑者的马,那种纯能量开始的。乔治·葛罗德克说得好:“我们并不是在生活。我们是被生活着。”(“We do not live. We are lived.”)然而,从生命的全过程中,约束的体系——自我及其自居作用和执行机能——分化出来了。

* 德文,相当英文的 superego,即超我或超自我。——译注

属于这一系列著作的还有一本书——《抑制、症状和焦虑》——在这本书中，弗洛伊德改变他早年的想法，把焦虑的发展看作一种自我的机能。“信号焦虑”（“Signal anxiety”），按照他的说法，是一种由自我产生用以提防危险区并保卫自己以免陷于完全无助境地的焦虑。于是，我们可以说，自我已经逐渐进入焦点和中心地位，在心理分析学命题的任何成熟的论述中都不再能够回避它了。“心理分析学的自我心理学”运用了一整套心理分析学的概念和方法，但把自我放在一个核心的理论地位。在治疗上，同样地，这是鹄的。“本我在哪里，哪里就有自我。”

在两次世界大战期间，弗洛伊德所采取的这些系统的步骤在德语世界以及在英国和美国一般都是心理分析学的发展所遵循的依据。在一个主要题目上——弗洛伊德相信有一种纯进攻的或屠
杀的本能，其内在的力量是进行破坏——他的思想遇到了一个很 285
大的阻力，但这并不妨碍他的众多信从者的基本一致。他们通过国际范围的心理分析学集会和发表维护缔造者观点和形象的出版物而彼此紧紧相依。更值得注意的是因为要维护的是一个孕育着极其强大思想潜力的简单学科，这件事具有内在的复杂性和困难。还应该记住他的病：一个口腔恶性肿瘤，需要用一块硬的替代物换掉失去的软组织——“恶魔”，他这样诅咒它——它同手术一起总是提醒他，似乎是没有救了。最后，当纳粹制度接管德国并接着接管奥地利时，很明显，他应该逃跑，而几乎临近最后的时刻，他和他的家庭才逃到英国，在那里，刚刚在第二次世界大战开始前一个月，他去世了。

我们在这一说明中不仅略去了对弗洛伊德十分珍贵的远距离

投射的哲学目标,而且略去了“心理玄学”*(“metapsychology”),这一套原理是我们经常用来寻求发生或发展的解释,以及经济学、动力学、心理图式的原理和适应的原理的。往往,甚至为了临床的目的,所有这些不同的研究,这些不同的方面都必须加以利用。

一当弗洛伊德的体系成为一个体系,就有一些小的背离发生:就是说,两周一次的心理分析集会,以及那些浓咖啡和黑雪茄,很快导致认真酝酿着的意见分歧。但是,心理分析学是它的创立者的产儿,唯独他才有重大的责任也才有能力把它向前推进。他的多产的速度是如此惊人,要把细节上的不和当成什么大不了的问题就未免太没有意义了。同时,心理分析学在中欧和西欧的许多城市也变得颇有名气了。开始有了资力雄厚的、独立的心理分析学校,特别是在柏林和伦敦,这些学校最后发展成心理分析职业学院。弗洛伊德当然对于这一迅速而广泛的反应是很感激的。他完全觉察到这样的事实,即对于他的强大支持大部分来自犹太籍的医生,并显然感到满意的是能从苏黎世的非犹太籍的荣格那里得到支持。在维也纳的圈子里,也有一些强有力的人物,如施特克尔在有关梦的解说上有不同看法,又如阿德勒认为体质上的缺陷以

* 弗洛伊德企图构筑一种可以应用于一切心理状态的综合心理学体系,这就是他所谓的 Metapsychology,即中译的心理玄学。它是从几种不同的参考系数来观察心理及其发展的,起初包括心理图式观、心理动力观和心理经济观,后来又提出构造假设、适应假设和发生假设。

心理图式是弗洛伊德的假设图式。即假想心理的组织可以分为三部分:无意识、前意识和意识。无意识与意识是隔绝的,而前意识虽然也是一种无意识状态,但只要把注意转向前意识的因素,就可以使这些因素转变为意识。某些这样的因素被称为记忆痕迹。——译注

及这方面的补偿是比弗洛伊德的理解更重要的现实。我们即将在下文讨论这些“背离者”的学说。不过，现在，我们的愿望是提出一个总的原理来说明在崭新而又富有挑战性的学说的创立过程中出现重大背离的必然性及其后果。

某种具有坚固结构能够抵御崩溃趋势的思想方式的确立，往往有许多极相类似的现象。天主教神学在西方是最明显的例子。经过十三世纪到十六世纪长期的自卫斗争以后，当针对天主教正 286
统教义的严重威胁出现时，分裂出来的小派别飞得又快又远，直到在北欧差不多有了同罗马天主教徒数量相当的新教徒。天主教的教义不得不变得纯洁起来，教规严格起来以保卫自身免遭全面崩溃。

十九世纪后期形成的马克思主义意识形态，最后在列宁手中铸成一部强大的引擎，尽管经过苏联内部后继的共产党书记们的运用在学说和纪律方面都有变更。必然要有严密而坚固的结构和一个铁的纪律。这使我们想到有关人类革新本质需要认真对待的正当原则；而心理分析学是一种心理学体系——一种阐释的体系——这一事实并不能使它免受客观的和独立的分析。弗洛伊德巨大的思想力量和他发展他的体系的坚强决心使得有可能不必重视或略去那些次要的背离者；但当面临一种严重分裂的威胁时，一个反对这种分裂的全面动员状态便出现了。

极为重要的是，当人们谈到现代动力心理学中“背离学派”的时候，要记住上述这一不同点。它主要是一个是否忠实于类如阻力和移情这样的重大核心原理的问题，就像弗洛伊德所说的那样；就某种意义说，则是一个对于个人的忠诚的深度问题，即刚刚容许一定程度而不能超越的离异。从这个观点看来，我们可以说，1907年荣格关于精神分裂的思想和1908年亚伯拉罕颇为近似的思想被认为是心理分析理论的合法且值得赞扬的扩展。几年以后，几乎人人都能看清楚，荣格的思想偏离到一个具有威胁性的方向但亚伯拉罕的思想涉及的却是心理分析自我心理学的新的（但还从属于弗洛伊德学说的）萌芽。

同样地，埃里克森以极高才华对于心理分析自我心理学和社会心理学——以跨文化的多样性（如在美国印第安部落中所表现向）和现代世界中种族、政治、军事等方面的竞争为依据——所做的发展也是一般可以接受的并作为对心理分析自我心理学的贡献受到热烈祝贺。在这样的问题上期望绝对的一致意见，那是过高的要求。然而，重要的是要着重指出，现代某些最有权威的心理分析著作家如霍尼、沙利文和弗罗姆（参看边码第298页以下）等经过普遍的同意已被逐出弗洛伊德体系，而另一些人，特别是克里斯、格里纳克、拉帕波特和埃里克森，则已一般被认为是“圈内的”而不是“圈外的”。理由并不是专断的，也不是模糊不清的。有必要以尽可能的公正态度来考虑这些理由，而不要轻率否认，或赞扬，或表示惋惜。

特别是，就在弗洛伊德逝世的1939年那一年，一个重要的新离异出现在哈特曼所写的关于适应性的论文中（参看边码第304页）。他指出，假如进化表明有机体的发展同它们的环境相适应这
287 种说法确实是正确的话，那么在人性中就一定会有某种同自然环境和社会环境进行真实接触的基本能力；一定会有超过盲目的本能的什么东西，尽管本能的确在能动地为生活需要服务方面可能

有良好的作用。一定会有某种能力对那些发挥知觉、记忆和思维作用的资质进行真正有效的利用;一定会有某种渊源于外部现实而不仅仅来自冲突、回避、逃脱或拒绝的活动;的确,一定会有“没有冲突的自我领域”——自主性的领域。心理分析学似乎曾经过分重视冲突在引起知觉和思维畸形发展方面的作用。弗洛伊德从《梦的解释》(1900)开始早就强调过的现实原理现在仍然必须受到重视。克里斯(1952)也是在同样的精神熏陶下才指出,自我往往处于约束中,而在冲突中有倒退(regression)为自我所用并在人的创造生活中又有自我的有效约束,即使当里比多能量以升华的形式似乎在支配着艺术和科学中的成果时也是如此。

参考书目:

Abraham, K. ["The Psycho-sexual Differences Between Hysteria and Dementia Praecox."] *Zentralblatt für Nervenheilkunde und Psychiatrie*, 19 (1908), 521—532.

Bernheim, H. *Hypnotisme, suggestion, psychothérapie*. Paris: Doin, 1891.

Breuer, J., and Freud, S. [*Studies on Hysteria*.] Leipzig: Deuticke, 1893—1895. (*SE*, Vol. 2, 1955.)

Charcot, J.-M. *Leçons sur les maladies du foie, des voies biliaires et des reins*. Paris: Bureaux du Progrès Médical, 1877.

——. *Oeuvres complètes*. Paris: Bureaux du Progrès Médical, 1888—1894.

Erikson, E. H. *Childhood and Society*. New York: Norton, 1950, rev. ed. 1963.

——. "The Problem of Ego Identity." *Journal of the American Psychoanalytic Association*, 4 (1956), 56—121.

Freud, S. ["Observations on the Formation and More Delicate Structure of the Lobe-Shaped Organs of the Eel, Described as Testicles."] *Akade-*

mie der wissenschaften Sitzungsberichte, 1 (1877), Abt. 75 (4), 419—431.

——. [*The Origins of Psychoanalysis. Letters to William Fliess.*] N. p., 1887—1902. (*SE*, Vol. 1, 1966.)

——. [*Project for a Scientific Psychology.*] N. p., 1895. (*SE*, Vol. 1, 1966.)

——. ["Further Remarks on the Neuro-Psychoses of Defense."] *Neurologisches Zentralblatt*, 15 (1896), 434—448. (*SE*, Vol. 3, 1962.)

——. [*The Interpretation of Dreams.*] Leipzig and Vienna: Deuticke, 1900. (*SE*, Vols. 4—5, 1953.)

288 ——. ["The Psychopathology of Everyday Life."] *Monatsschrift für Psychiatrie und Neurologie*, 10, No. 1(1901), 1—32; No. 2, 95—143. (*SE*, Vol. 6, 1960.)

——. ["Autobiographical Note."] In J. L. Pagel. [*Biographical Lexicon.*] Berlin, 1901a. (*SE*, Vol. 3, 1962.)

——. [*Three Essays on the Theory of Sexuality.*] Leipzig: Deuticke, 1905. (*SE*, Vol. 7, 1953.)

——. [*Jokes and Their Relation to the Unconscious.*] Leipzig and Vienna: Deuticke, 1905a. (*SE*, Vol. 8, 1960.)

——. [*The Origin and Development of Psychoanalysis.*] Leipzig: Deuticke, 1910. (*SE*, Vol. 11, 1957.)

——. [*Totem and Taboo.*] Leipzig and Vienna: Heller, 1913. (*SE*, Vol. 13, 1955.)

——. ["On the History of the Psychoanalytic Movement."] *Jahrbuch der Psychoanalyse*, 6 (1914), 207—260. (*SE*, Vol. 14, 1957.)

——. ["On Narcissism: An Introduction."] *Jahrbuch der Psychoanalyse*, 6 (1914a), 1—24. (*SE*, Vol. 14, 1957.)

——. [*Group Psychology and the Analysis of the Ego.*] Leipzig, Vienna, and Zurich: Internationaler Psychoanalytischer Verlag, 1921. (*SE*, Vol. 18, 1955.)

——. [*The Ego and the Id*.] Leipzig, Vienna, and Zurich: Internationaler Psychoanalytischer Verlag, 1923. (*SE*, Vol. 19, 1961.)

——. ["An Autobiographical Study."] *Die Medizin der Gegenwart in Selbstdarstellungen*, 4 (1925), 1—52. (*SE*, Vol. 20, 1959.)

——. [*Inhibitions, Symptoms, and Anxiety*.] Leipzig, Vienna, and Zurich: Internationaler Psychoanalytischer Verlag, 1926. (*SE*, Vol. 20, 1959.)

——. *Postscript to an Autobiographical Study*. New York: Norton, 1935. (*SE*, Vol. 20, 1959.)

Hartmann, H. ["Ego Psychology and the Problem of Adaptation."] *Internationale Zeitschrift für Psychoanalyse und "Imago"* 24 (1939), 62—135.

James, W. *The Varieties of Religious Experience*. New York: Longmans, Green, 1902.

Janet, P. *L'Etat mental des hysteriques*. Paris: Rueff, 1892.

Jones, E. *The Life and Work of Sigmund Freud*, 1856—1900. 3 vols. New York: Basic Books, 1953—1957.

Jung, C. G. [*The Psychology of Dementia Praecox*.] Halle: Marhold, 1907.

Kris, E. *Psychoanalytic Explorations in Art*. New York: International Universities Press, 1952.

Liébeault, A.-A. *Du sommeil et desétats analogues*. Paris: Masson, 1866.

Moreau de Tours, J.-J. *Études psychiques sur la folie*. Paris: Lacour, 1840.

Waldeyer, H. W. von. "Ueber Einige Neurer Forschungen im Gebiete der Anatomie des Centralnervensystems." *Deutsche medizinische Wochenschrift*, 17 (1891), 1213—1218, 1244—1246, 1287—1289, 1331—1332, 1352—1356.

289 # 第十九章　对弗洛伊德的反应

> 人不只是经历着他个人的生活，像一个个体那样，而且，自觉地或不自觉地也在经历着他的时代以及同时代人的生活。
>
> 托马斯·曼

弗洛伊德的《梦的解释》(1900)一出版，就引起苏黎世的 C. G. 荣格的极大兴趣并使他积极同这一新动向接触。他特别有兴趣的是有可能使新方法同已在德语世界心理学实验室中发展起来的方法结合起来。

荣　　格

荣格因此想到有可能进行一项涉及弗洛伊德理论某些方面的大规模客观实验性测验，他在里克林等的合作下，用联想测验配合以各种揭示无意识冲突的生理学方法对于无意识动力学进行系统研究。从经典联想论出发，荣格着手界说潜伏的心理内容，很像赫巴特曾经做过的那样，把重点放在那些染上情绪色调的思想丛上，那是弗洛伊德已经指出的持续痛苦的原因。这些思想丛，荣格称为**情结**(complexes)。他的方法之一是用一种系统的联想测验探明受压抑的情结。例如在癔病中,提出一些词,不是引起简单的日常联想,像**黑-白**那样的联想,而是导致受试明显的反应迟钝或重复所提出的刺激词,或咳嗽、叹气、羞赧、口讷或其他“复杂的表示”,这些表示的真正意义,精神病学家认为可以通过进一步以测 290
验试探的方法或通过熟知的心理分析程序而变得明朗化。荣格认为,像联想测验这样一种实验技术可以用来作为某种分析的起点,或者作为一种缩短冗长分析程序的方法。荣格对于联想测验中区分人格类型的问题给予持续不断的注意,试图证明癔病和常态有哪些不同,甚至证明受过教育的人和未受教育的人,成熟和不成熟,男人和女人有何区别。

以联想测验进行的这许多研究中最著名的是那些侦查罪行的测验。理论非常简单。许多被控告的人在警察当局审讯期间可能都很害怕,但是,可以说,只有有罪的才**真正**知道怕的是什么。在苏黎世的一个旅馆发生的一次偷盗案中,表示被偷钱包中物品的词和无关紧要的词混杂在一起对各嫌疑犯陆续提出。只有一个人的情况中有重复的证据说明,涉及钱包一定内容的字引起某种类型的反应,那是测验中其他“无关的”字不能引起的。像演戏一样,那个罪犯,一个保姆,一当她觉察到测验的结果时就认罪了。[①] 这一类成果的首要意义,就心理学家所关心的来说,在于心理分析学所描述的无意识动机类型和障碍(blockage)类型已经在某种程度上变得可以受实验检验了。

① “罪行侦查”技术已经变得很普通了,有些作为心理学课程中的表演,有些作为警庭诉讼程序的附属品。

同这些广泛的实验研究并行的,是荣格对心理分析基本理论的实际应用。早在 1907 年,他就形成了一个想法,对生理因素和心理分析因素在密切联系的情况中加以研究。那时已经很明显的是弗洛伊德的理论迟早会导致把早发性痴呆的特征完全作为里比多投入的错误形式加以描绘。荣格在 1907 年(Abraham 在 1908 年)强调了里比多的转向内部,成为一种自我迷恋的变态发展,随之而来的则是丧失正常社交的能力。然而,荣格认为心理分析的公式只不过是一种更全面的理论的第一步。对生活需要的错误顺应,荣格提出,导致一种生物化学上的失调,因此,变态的自我迷恋最后会引起一种身体发育的退化,包括对中枢神经系统的有害影响。许多患者在早发性痴呆后期的真正退化于是便成为里比多病理过程的一种身心相关的表现。这一研究受到弗洛伊德的祝贺。

在这一贡献之后,接着我们便发现荣格和弗洛伊德在斯坦利·霍尔1909 年于马萨诸塞州武斯特地方的克拉克大学组织的讨论会上携起手来,这实际上标志着心理分析理论介绍给美国公众。
291 在这次会上,弗洛伊德概述了“心理分析学的起源和发展”(1910)以后,荣格谈论了“联想法”(1910),明确而生动地说明了联想测验的运用以及心理分析法和实验技术的结合。会后返回欧洲时,荣格又一次被邀请到美国讲学并接受了邀请;弗洛伊德在同一期间拒绝了一次同样的邀请。弗洛伊德若干年后以严厉的语调谈到荣格从美国发给他的一封信,这封信说明,美国公众很愿意接受心理分析学如果摆脱了它对性因素的“过分强调”的话。这当然是弗洛伊德所得到的有关荣格不愿接受弗洛伊德心理分析学体系的种种早期暗示之一。

许多其他的因素促进了他们之间的破裂。弗洛伊德自己强调的一个因素是对于一次国际代表大会主席职位的不满。另一个荣格强调的因素是在里比多的最后界说及其同早期创伤的关系等问题上存在的意见分歧。在那些年中，弗洛伊德认为里比多是性的，而当幼年期里比多冲动经受伤害的时候，就会发生创伤或打击，引起终生的后果。荣格在两方面提出了不同的看法。第一，他达到这样的认识，即里比多仅仅是一种在不同阶段表现出不同形式的生命过程——例如，在幼年期表现为滋养的形式，在随后的几年表现为游戏的和偶发的友谊交往的形式，以及只有在青春期之后才表现为一种异性形式。第二，他达到这样的看法，认为创伤就其本身说并没有什么真正的重要性，不过是被患者个人用来作为吸引注意和怜悯，或者患者希望达到的不论什么目的的一种方法。假如我们了解患者当前的急需，以及由于这种急需他正在努力促其实现的作为一种活的体系的那些意图，我们就将发现创伤不过是他的经验中的许多项目之一，那是他为了达到这些意图而反复玩弄的手段。例如，有一个姑娘，当听到一个马队在大路上行进时曾做出歇斯底里的行动——冲到马队的前面而不是安稳地躲在路边——经过分析证明，她的歇斯底里表现原来是一种手法，为了让人把她搀扶起来并带到最近处的家屋，在那里有一切理由可以肯定她会受到一个她所爱慕的男子的照顾(1914—1915)。这两项方向上的改变，连同个人的因素，导致鲜明的裂痕和一个独立的医疗学体系的建立，后来被称为“分析心理学”。

弗洛伊德和荣格之间的一个基本分歧在于对个体差异的研究。在弗洛伊德那里,从一开始就企图发现普遍适用于每一病例的动力学。对个体差异的兴趣是次要的;实际上,它并没有引起特别的注意直到这一世纪第一个十年的中期他研究性格类型的时候,而且它也从来没有成为他的体系的中心。尽管承认遗传在预定一种或另一种性格类型中的作用,弗洛伊德总是首先注意一种
292 本能生活的概念和适用于一切人类经验的能量倾向。另一方面,在荣格那里,对类型学的强调十分显著,即把人分成几种基本的类型,那是十九世纪哲学的典型特征。

以这一类概念为依据,荣格早期利用了里比多理论(1921)。在他看来,有两个基本类型,外倾性格和内倾性格,他们是天生预定为里比多的外在的和内在的表现形式。外倾者主要关心的是社会关系,其中可以发现里比多需求的完满实现;内倾者全神贯注于他自己的内在幻想世界和身体的活动,相对地说缺乏这种向外参与社会活动的能力。这一看法,在精神病学、心理学以及在广大读者的思想中像野火一样"蔓延",不久又由于把心理作用分为四种基本活动而得到详尽阐发:感觉活动、情感活动、思维活动和直觉活动——这四种活动里比多都可以涌入其中,这使这四种的每一种都有可能不是同外部对象就是同内部对象发生关系。因此,可能有一个感觉活动外倾者和一个感觉活动内倾者,等等。

可以同外倾和内倾两种倾向类比的,还有真、假个性的两种倾向,有所谓 Persona 和 Socius,即我们或许可以称之为内在我和社会姿态的东西。同样地,还有本质上阳性和本质上阴性的两种倾

向，有 animus 和 anima*（据雌雄同体的理论）见之于一切个体，即同那些可以认为是在意识水平上表现的态度一起，男子无意识地表现出阴性态度而女子表现出阳性态度。

至于治疗学，以及带有治疗学色调的教育学，荣格和弗洛伊德之间也有根本的分歧。弗洛伊德从始至终本质上是一个职业医生，以自然科学为依据进行工作。尽管他的学说可能是思辨的，这些学说是出自十九世纪关于身心关系的一元论概念，并认为心理过程就其一切方面来说都是一种进化现实的表现，存在于活的有机体的组织中。然而，在荣格那里，关于精神力量的概念和对于某种精神先定倾向的强调早年就很突出，并随着几个十年的进展变得越来越突出了。荣格最有影响的著作之一的题目《寻求灵魂的现代人》(1931)，就表明了他自己反对弗洛伊德自然主义而采取的明确立场。这种自然主义观点弗洛伊德自己早年谈到这一时期时是有所流露的，他曾以讥讽语调说过那时荣格是一位心理分析学家还不渴望当“先知”。荣格在这本书中以极精彩的一章对这一责难和所有其他含蓄的责难做出回答，他说，就每一位研究者来说，坦白地向世界讲出他自己灵魂中所发现的事情，都是无可非议的；
并说，正像弗洛伊德那么忠实地描绘过他在自己灵魂中所发现的 293

* the animus and the anima，拉丁文，原意是“灵魂象”(soul-image)，在荣格心理学中作为人人皆有的一种主要的潜意识原型结构，anima 是男子中的阴性灵魂象，animus 是女子中的阳性灵魂象。这种原型结构被认为既来自遗传，又来自个人对异性的经验。当高度聚集时，anima 可以使男子变得容易激动、忧郁、嫉妒、虚荣，见于典型的男女或夫妻冲突中；而 animus 则使妇女富于进攻性，追求权力并引起内心冲突。不论是 anima 或 animus，都可能同有意识的自我发生冲突，同时也可能起补偿作用，成为发展的潜能，整合在完整的个性中。——译注

黑暗势力一样，他，荣格，也有责任讲出那些崇高的抱负，那是他和许多他的诊所的患者都体验到的。

怎样看待这么深的一种感情裂痕的重要意义，这当然已在某种程度上成为一种个人的气质问题和情趣问题。然而，如果认为，就世界心理学的目的而论，自然主义潮流是人人都能看清的唯一重要的潮流，或者说，十九世纪自然主义和唯心主义的哲学争论已经完结，那就是一个错误。自然主义观点现在仍然是属于信仰的范畴，而不仅仅是一种简单事实的被迫承认，而在许多著作中，如在米勒-弗赖恩费尔斯的《现代心理学的演化》(1935)中则已经说得很清楚，即人们发现对于荣格的这一看法——认为真正重要的力量存在于生物学(或经济学)能够揭示的领域之外——有多少反对者也就有多少拥护者。很多物理学家近年来也一直在不断推敲着同一个题目。问题在于经历长期发展过程的哲学思潮的总方向，这一思潮是在近几个世纪来意识形态方面已经经历过一些爆炸性改变的社会中发生的；而仅仅是在某些地方，如在华生派的行为主义者和在马克思主义者中，才有人愿意以完全肯定的态度预言，科学的结局最终必定如何。

年复一年，愈益明朗的是，对于荣格不能再仅仅根据他同弗洛伊德的关系来加以说明了。他不是又一位心理分析学家；他甚至也不是又一位深奥的心理学家。他是某种不同的什么——让我们说，就像罗尔沙赫，或皮亚杰，或甚至巴甫洛夫那样的不同。他的确在十九世纪末受到弗洛伊德的重大启发。1911 年同弗洛伊德破裂以后，他确实继续运用许多弗洛伊德学说的概念，特别是那些同冲突、防御的无意识机制、道德意识和自我理想的重要性等有关的概念。在其中的某些问题上，他继续运用弗洛伊德确定的思想观点，而在另一些问题上，如涉及理想世界的一些问题，他则在弗洛伊德认为时机成熟应作出自己的论述之前，就已经表明了他自己的观点。但他还不止于此。

荣格是一个先知式的人物。用这个词既不是要奉承他，也不是要贬低他。当然，就最广义来说，弗洛伊德和荣格都是先知，是负有非常不同的使命的先知。弗洛伊德，这个不可知论者，发现世界是非人格的，不可捉摸的，在“欢乐的赐予”和“极度的残酷”两方面都是“广阔无垠的”。但是，试图使世界人格化在他看来似乎正是人对非人格宇宙怀有的无望而又无助的偏见所应扮演的角色。作为先知，他看到浩瀚的力量横扫一切，人也不免罹难，而对此，人只能做一点敷衍塞责的抗议。然而，在荣格看来，有不断扩大的领域容许同那庄严的和那神圣的东西进行直觉的接触，有一种患者和医生都甘愿接受的鼓励，自由无阻地朝着神秘追求的方向运动。由于这两个人是通过现代文献在似是而非的无止境的引语、意译 294
和重新阐释中反映、歪曲和折射而出现在读者面前，人们也许会设想二者之一是一位坚定的人物，勇敢地对抗着一个异己宇宙的虽然宏大却凄凉萧瑟的力量，对于这个宇宙，人类只可能提出局部而有限度的防御；并设想另一个是一位引向极富挑战性的世界的向导，对于这个世界，人类是真正与之协调一致的。假如这样的说法是公正的，就会得出这样的结论：现代心理学及其对于非人格科学的沉迷，将一定会在弗洛伊德那里比在荣格那里发现有更多可以利用的东西；由于同样的理由，也就会认为：与此相反的人本心理学和存在主义心理学，濡染着西方克尔凯廓尔和东方圣歌

(Bhagavad Gita)的精神，* 一定更接近荣格。

阿　德　勒

在这一世纪初年参加弗洛伊德的讨论会的青年医学界人士中有一位阿尔弗雷德·阿德勒(Alfred Adler)，他从一开始就显然认为自己是这位大师的一个年轻的同事而不是弟子。很早就受到弗洛伊德学说的严格生物学观点的吸引，他试图扩充和发展弗洛伊德已经加以界说的一个主要命题：补偿过程的性质。在性发育不全的病例中，弗洛伊德曾注意到有一种补偿缺陷的基本要求。这样的人可能以某种方式变得比结构上和生理上的因素能够保证的程度更"阳性"些或更"阴性"些。

430

为什么不把这一关于缺陷和关于缺陷补偿的学说推广到每一种体质上的局限性呢？阿德勒这样问。他引导人们注意以下事实：一叶肺或一个肾有进行超额工作的倾向假如相应的器官受到损伤；一只眼有变得更敏锐的倾向假如另一只有缺陷；不论什么地方感觉器官达不到正常的适度，就有某种机能过度发达，某种续发的敏锐性倾向。但在文明人的一切补偿器官中，主要之点在于中枢神经系统，因为人对社会生活的适应主要是一个学习如何对付别人的要求和对付社会需要的问题。因此，尽管在生物学水平上的补偿作用出现于动物中，但在人类中大部分重要的补偿类型都

* 克尔凯廓尔，十九世纪上半叶丹麦哲学家和神学家(1813—1855)，《痛苦的概念》(*Concept d'angoisse*) 的作者，这本书对于如何摆脱悲观主义哲学进行了研究。Bhagavad Gita，见边码第7页译注。——译注

是有意识或无意识要在个人适应社会不足的地方取得成功的努力。

这一命题发展到这一步，以一本以《关于机质性低下及其心理补偿的研究》(1907)为题的著作问世，被弗洛伊德和他的追随者作为对自我心理学的一项重要贡献接受下来。阿德勒又用四年时间继续发挥这一见解，证明有更多的方法被用来“补偿”不足——体质的、智力的或社会的——，通过外现的行为，通过预兆，或通过控 295
制敌意环境的广泛技术。他把这一题目发挥到这样的地步，使补偿作用变成理解神经病的一种主要的而不是边缘的线索。

按照维特尔斯的说法(1924)——弗洛伊德似乎也承认有这回事——阿德勒 1911 年要求研究会给予一个机会以便他就补偿的作用提出系统的论证。要求被批准了，研究会的几次连续集会被用于这一目的。在最后一次陈述结束时，弗洛伊德的信从者之一提出一项动议，大意是说，鉴于阿德勒博士“不赞同心理分析学”，请他退出研究会。动议显然正式得到赞同并通过，而阿德勒便和他的九位盟友一起(在一个总计约由三十五位医生组成的团体中)退出了。这以后，阿德勒立即正式成立了他的名为**个性心理学**(individual psychology)* 的学派，它开始发挥它自己的假说并出

* 阿德勒选用 individual 一词是取其拉丁文的原意，即“不可分”(英译应为 indivisible)。现在的英文译名很容易误解为“个体心理学”，而阿德勒的原意恰好与此相反。因为他是把人作为一个不可分的有机统一体，“其各个部分为了一个共同的目的而合作”，他的心理学实质是着重社会性的目的论心理学，不包含与社会相对的个体的意思。

对于阿德勒心理学的上述原意，中文难以恰当表达。为避免与原意距离太大，暂选用“个性心理学”的译法。——译注

版它自己的杂志。

个性心理学像定义说明的那样，首先是以这样的看法为根据的，即新生婴儿的生活经验是一种软弱、不足和受挫的经验。他发现有高大、强壮而又活跃的人们在周围行进着。他们决定他们想做的事并做起来；他必须依赖他们的慈爱或怜悯，假如他想吃奶，或爬起来，或弄干身子，或玩玩具。他是一个弱小而又无助的东西，在他来说，这一或那一具体要求，如要求食物，要求母亲怀抱等等，同掌握自己的行动，个人的独立生活并使自身摆脱广大而不可捉摸的外界的束缚这一主要要求相比就全然是次要的了。换句话说，力量是至善，正如弱小是至恶；而补偿作用也就是个人渴求力量的奋斗。在儿童这方面，要发现什么东西能招致父母的喜欢以及什么东西会使父母厌恶还是比较容易的，而不足为奇的是，从性生物学角度看，招人喜欢和招人讨厌这两种趋势都能很好地被儿童掌握处置，像分析家们所描述的那样。然而，理解这一切的主要线索就是对低能的补偿。

儿童通常都能发展出一套相当连贯而且行之有效的补偿方法——一种依据家庭中自己的处境、他的父母的性格、他们的年龄和经济状况、兄弟姐妹祖父母的存在和他们的特性等等而采取的补偿方法。以后，邻居的特性和社会的压力决定着要怎样才能不再当一个无助的幼儿；决定着他是否会变成一个不懂事的小家伙，一个爱说大话的人，一个青少年罪犯，一个被妈妈宠坏了的孩子，一个人人见了都要摇头的可怜的小东西，等等。个性心理学形成一种对付幼年挫折经验的方法。

每一个个人用以对付这种困境的基本方法逐步被归纳、概括和固定起来，并成为通常注定要持续存在的“生活方式”。假如那位父或母——为了顺应他或她而发展了那个生活方式——突然死了，或者，假如迁移到一个邻居环境而不能再运用早先的方法，人们就只好放弃已经建立起来的生活方式并一切从头开始；而从这 296
一事实开始可能发展到严重的困境——从羞赧或口吃到某种精神病情节的一切情况。贯穿这一切论述的是关于目的的连续性的基本假设。作为个人追求目标的“力量”可能时时采取不同的伪装，但它继续作为每一项具体活动的动力而存在。由于有这种情况，从而在一个冗长的心理分析过程中，患者就会像演戏一样地欺瞒医生。在病床上的自由联想往往比承认自己寻求力量较少痛苦；但这些联想对于医疗目的是有用的。由于让家庭花费了大量的费用，一个人也能够控制它们了。在阿德勒看来，所需要的一切就是医生和患者面对面地坐下来并直接面对现实。

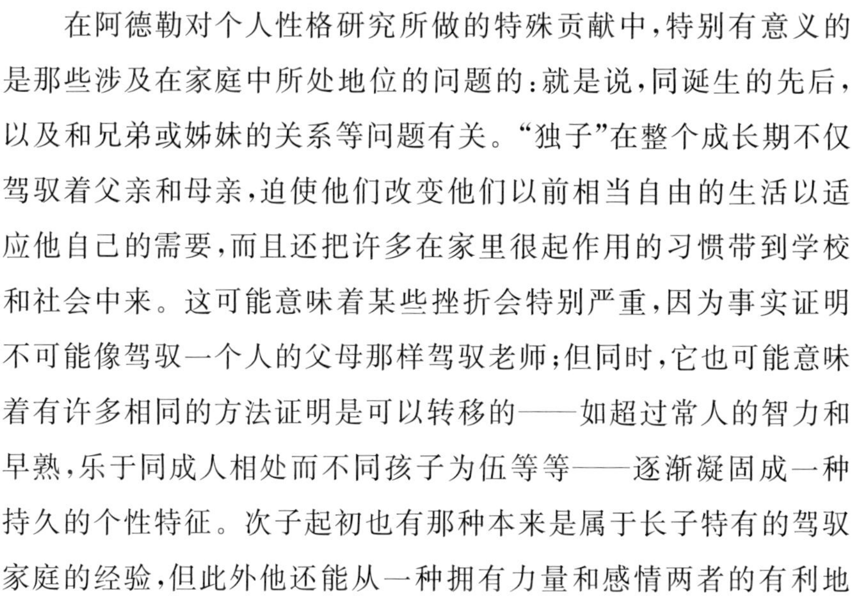

在阿德勒对个人性格研究所做的特殊贡献中，特别有意义的是那些涉及在家庭中所处地位的问题的：就是说，同诞生的先后，以及和兄弟或姊妹的关系等问题有关。“独子”在整个成长期不仅驾驭着父亲和母亲，迫使他们改变他们以前相当自由的生活以适应他自己的需要，而且还把许多在家里很起作用的习惯带到学校和社会中来。这可能意味着某些挫折会特别严重，因为事实证明不可能像驾驭一个人的父母那样驾驭老师；但同时，它也可能意味着有许多相同的方法证明是可以转移的——如超过常人的智力和早熟，乐于同成人相处而不同孩子为伍等等——逐渐凝固成一种持久的个性特征。次子起初也有那种本来是属于长子特有的驾驭家庭的经验，但此外他还能从一种拥有力量和感情两者的有利地位把长子撵下台，从而他不是制服两个人，而是找到了一种制服三个人的途径。幼子在一个相当大的家庭中不仅起初享有一个相当大的实行他的控制的领域，而且能特别强烈地领会当一名幼小的、无助的、逗人喜爱的甚至可怜的孩子的好处。他永远是家庭的婴儿，此外，他还使父母不断回想起他们有小孩子在跟前的日子并以一种很少有人能够抵御的感染力把他们引回他们的青年时代。

这短短的几段话也许表明我们已经离开弗洛伊德心理学对生物学的强调并离开阿德勒自己早期著作的生物学方向多么远。社会型式——成长着的个人是其一个方面——的本质逐渐进入注意的焦点。似乎毫不奇怪的是，当我们得知，个性心理学在二十年代基本上变成了一种关于集体行动的理论，一种应用于青少年犯罪问题、教室情境和社会运动的理论。对于两项社会运动阿德勒献出了特殊的精力：争取女权运动和社会主义。

297 连根抛弃了弗洛伊德学派关于基本的男性和女性心理学的全部观点，阿德勒指出，生物学的分化相对地说是不重要的，直到它因为权力的目的而被利用。正像维布伦在《有闲阶级论》(1899)中曾发挥一种见解，把男权基本上看作一种社会的而不是生物的现象，其基础他称之为一个人对另一个人的“掠夺”，阿德勒也同样进行论证说，男性和女性心理学是一种社会秩序的纯人为制品，在这种社会秩序中家长制家庭的地位是同军事、经济和政治权力分不开的。现代妇女争取与男子平等的奋斗同身体结构上的缺陷或那种他自己在 1907 年一定会十分强调的补偿活动毫无关系。有关系的是传统女性作用的失势和对于现代妇女的双重压迫使她们不得不进入已成现状的男性轨道，同时继续停留在早期的妻子和母亲的轨道上，而极有可能的是从这两方面都得不到什么真正完全的满足。

社会主义，在阿德勒看来，同样成为生活在一个工业文明中的大多数人苦难遭遇的一种直接而必然的反应。对于那些不能再像农民那样从接触土地得到直接满足或像手艺人那样由于看到自己亲手劳动的成果而满怀喜悦的大多数男男女女，他们面临的是日复一日的机械活动的世界，那根本是毫无意思的，而在这些活动中，你不是受制于一个你并不认识的什么人就是受一部机器的摆弄，它的目的和最终目标你并不理解。这里没有任何解脱的可能，除非在计划和管理生产过程中有充分的民主参与。我们经常会发现自己内心浮现出一种涉及人性与现存社会秩序不协调这种本质上属于社会主义的看法。当然，也有可能论证说，人能使自己适应任何一种社会秩序；但是，在阿德勒那里，关于软弱的经验和对于作为一种补偿手段的权力的需要是那么根深蒂固，因而只能有一种满足的方法：即一种社会秩序，在其中，每一个人的补偿性奋斗能够有效地同每一别人的奋斗结合起来。这样，人们就能依靠集体的力量制服某种自然的困境；通过“社会情感”而不是通过敌意，他们才会达到一种过得去的社会现实。

颇为明显的是，只要中欧的马克思主义者在两次世界大战期间关心心理学，他们一定倾向阿德勒而不是倾向弗洛伊德或荣格。不单是因为弗洛伊德本人对于马克思主义问题写过刻薄的话；而且有一个强有力的积极因素存在于这样的事实中：阿德勒的心理学在心理学历史中是第一个沿着我们今天应该称之为社会科学的方向发展的心理学体系。在弗洛伊德学派的心理分析学对文化人

类学研究成果的逐渐适应过程中，以及由此引起的把一种生物学方案同迫使人们信服的社会力量体系结合起来的奋斗过程中，很
298 明显是花费了一番努力的，而阿德勒学派的体系却那么随便而又自如地滑入一种社会理论，竟使人绝不会认为有必要去写一本书表明个人主义的概念同社会科学的概念怎样才能协调起来。

弗罗姆和霍尼

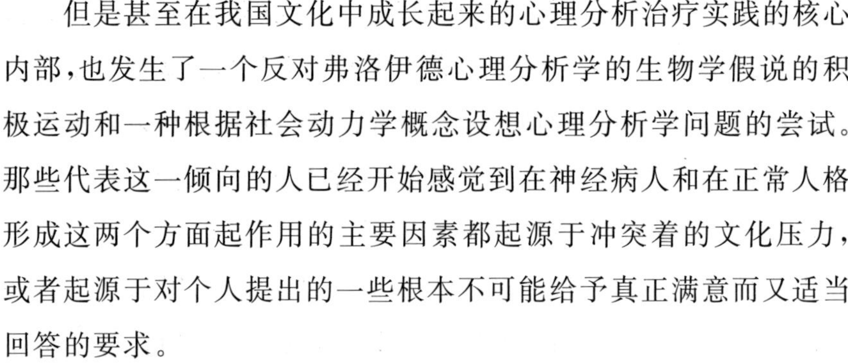

但是甚至在我国文化中成长起来的心理分析治疗实践的核心内部，也发生了一个反对弗洛伊德心理分析学的生物学假说的积极运动和一种根据社会动力学概念设想心理分析学问题的尝试。那些代表这一倾向的人已经开始感觉到在神经病人和在正常人格形成这两个方面起作用的主要因素都起源于冲突着的文化压力，或者起源于对个人提出的一些根本不可能给予真正满意而又适当回答的要求。

很难说明心理分析学中这一“左翼”运动是从什么时候开始的。早年弗洛伊德体系本身发展形成的许多小流派彼此情况不同。许多这样的小流派所注意的是关于梦的解释方法的不同。另一些流派，如奥托·兰克所领导的强大的组织，则提出问题：分析是继续进行到患者要求停止的时候好呢，还是按照分析者预先指定的一点停下来好？兰克特别注重患者的态度（例如，他的主动性或被动性）和分析者研究与调整患者**亲属关系**和社会交往的决心。这样的问题是方法问题；它们并不是集中于弗洛伊德的生物学理论问题的。但是我们现在所关心的新的运动是由这样的基本信念

引起的，即弗洛伊德学派的生物学假说体系不大符合关于工业社会中人的研究，而它在当代美国都市中心远不如半个世纪前——或者甚至二十年前——在维也纳那样有效，在维也纳，那种家长式家庭仍然在提供着个别分析家不得不与之打交道的大部分背景情况。

三十年代中期，是弗罗姆草拟了一种“权威和家庭”的理论，对于那些涉及奥狄浦斯情结中显得那么突出的父子关系问题的基本原理提出了责难。弗罗姆开始提出关于文化方面表达方式多样化的问题，甚至提出关于性格形成方面各种不同类型的原始文化渊源问题。由于确信心理分析机制在有关一切文化的研究中一定具有真正的价值——就是说，在一切文明的集体中一定会表现出抑制、计划、文饰等基本现象——他坚持认为神经病的并且实际上也是个人人格型式的特定内容主要是取决于最初施加于早期生活的社会压力类型。弗罗姆使这些思想成为一系列讨论会以及同他有 299
联系的其他医生和心理学家组织的共同财富。

卡伦·霍尼在同一时期，作为纽约心理分析研究所的职员之一，开始强调各种社会因素在神经病中的影响，并开始向弗洛伊德体系记述事物发展过程的作用提出责难。她和她的学生觉得自己在正统气氛中憋得透不过气来；她们的体系在社会性的方向上走得那么远；因此，它像阿德勒的体系三十年前的情况一样也体验到有必要打开自己的路子。霍尼和她的合作者因而开始公开实行没有本能论的分析法，也不需要任何假设涉及某一自我或超我作为本能的压抑和冲突的一种不可避免的结果出现，并开始强调城市工业社会的本质和我们整个文明的更广阔的贡献作为“我们时代神经病人格”的一种基础。由于有一大批治疗上的随从者，也由于有一系列生动而有说服力的出版物，霍尼发现自己成为心理分析学的一个社会学派的领袖，在这个学派中，只有在不必强调固定的生物学倾向和本能的情况下才继续运用心理分析的工具和心理动力学的假设。她并不否认本能生活的存在，正像阿德勒一样。但她也像他那样强调本能被赋予的社会形式，并强调这样的事实，即本能的互相冲突不在于不可避免的力量的作用而是因为社会的导演使它们互相反对。

从以上所说情况可以看出为什么阿德勒派的人指责霍尼剽窃，而她这方面则坚持，阿德勒的方法（我们已经看到这种方法对于全部心理分析的方法和程序是敷衍了事的）虽然可能做出许多正确的猜测，却是肤浅的并缺乏在人格研究中理论和实践所需要的坚固基础。就本文的目的来说只要指出下述情况就够了：霍尼运用心理分析学的一切武器一直在社会解释的这条道路上迈进，在这条道路上阿德勒曾经在较早的年代进行过较天真的和较冲动性的尝试。不言而喻，霍尼的方法所取得的成果是丰硕的；同样明显的是，像阿德勒工作中所表现的那种鲁莽与直率当时在引人注意被忽略的现实方面也具有很大价值。

但是，正如许多精神病学者所指出的，正统的说法和新创的说法不过是一个现实的两个方面，本来并不是那么难以理解。或许所有的人们都已经在很早期的生活中就培养了对他们自己身体的某种偏爱，某种防卫身体遭受伤害所必需的东西，同时还有一种做出热情的开朗的反应的能力，那是不可免地要施加于个人自身的，正像它可能施加于任何其他有用的对象一样。结果就是一种扩充

和防卫自己的需要(参看 Sullivan,1940)。有时,这些原始的倾向
受挫而必须找到非常复杂而曲折的防卫手段。但最后,连阿德勒 300
所称之为补偿活动的主要动机也可以追溯到这些简单的机制。同样地,心理分析体系的主要轮廓也可以简化为扩充和防卫自己的永恒奋斗。着重社会的分析家在这一公式中一定会遇到的一个难题,在于它对自我扩张过程遭受社会阻挠的性质做出了过分简单的论述。因此,如果能够相当详尽地弄清不同社会如何阻挠原始自我扩张倾向的不同方式,弄清儿童曾一度有机会竖立起来的那一可爱的自我画面如何受到谴责或受到社会排斥的种种方式,人们也许还是可以充分采纳他们的建议的。同时,弗洛伊德曾发现的有关探测无意识动力的一切也都能继续被用于——同来自实验和投射法的资料联系起来——着重社会因素的心理分析学。

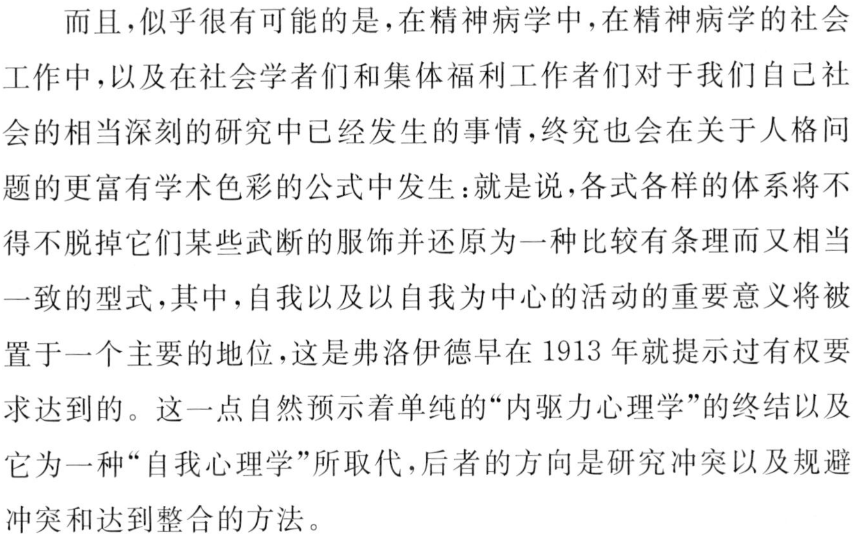

而且,似乎很有可能的是,在精神病学中,在精神病学的社会工作中,以及在社会学者们和集体福利工作者们对于我们自己社会的相当深刻的研究中已经发生的事情,终究也会在关于人格问题的更富有学术色彩的公式中发生:就是说,各式各样的体系将不得不脱掉它们某些武断的服饰并还原为一种比较有条理而又相当一致的型式,其中,自我以及以自我为中心的活动的重要意义将被置于一个主要的地位,这是弗洛伊德早在 1913 年就提示过有权要求达到的。这一点自然预示着单纯的“内驱力心理学”的终结以及它为一种“自我心理学”所取代,后者的方向是研究冲突以及规避冲突和达到整合的方法。

在深入观察时,似乎精神病学已开始深切关注人在病态社会

中的尴尬处境——特别是弗罗姆(1955)、霍尼(1937,1939)和沙利文(1953)能够得势,似乎部分地是由于他们有广阔的社会科学观点,他们曾试图用这种观点描绘现代人的那种孤寂,那种异化,那种社会饿,描绘他的需要,即在社会中度过一生有必要取得对他自己个人评价的"一致公认的证实";同时也可以说是由于那种对精神分裂症患者实行社会隔离的偏见已经成为一切精神病学的一种主要偏见。人们几乎可以说,在弗洛伊德思想中占有主要地位的神经病已经部分地被精神分裂症以及类似精神分裂症的精神病或边缘反应所取代,这已成为当代精神病学中的有趣味、有说服力和主要的题目。沙利文就是根据那样的概念思考和讲话的。的确,人们也可以说,阿德勒、霍尼、弗罗姆和沙利文都已登上关心精神病社会面和社会含义的同一个高峰。从公开和私下讨论的经常性,从各种书籍和文章以及从精神病学者、心理学者、社会福利工作者和一般公众的偏爱等等来判断,人们一定会得出结论,认为这些"异端学派"(叛离了弗洛伊德)已经构成种种对于正统弗洛伊德
301 运动有竞争力的威胁。这当然取决于判断的标准。单凭支持者的人数不解决问题,有威望的职位、收入,或出版物的数量也不解决问题。我们说,心理分析学到此止步了。我们还要说,非弗洛伊德的分析学似乎也到此止步了。

但是,在我们离开弗洛伊德对我们时代的影响这个问题以前,还可以再说几句关于社会对个人的约束的话:即关于纪律问题。现代世界一直在经历着一场对于文明人类赖以生存的已定法规即合法法典的惊人的——或将引起重大后果的——重新审议。不论那是觉得不得不顺从那非人格的"孤独的大众"(Riesman,1950),

或者是什么学生的抗议，或静坐示威，或狂暴的种族斗争，或对涉及两性的、政治的、经济的社交、礼仪、规章、法律的基本规律的神经质探讨，毫无疑问的则是，现代人在几十年间已经看到造成分崩离析局面的一把“可怕的利剑”——对于旧秩序的恢复则极其怀疑。开拓者和边疆居民的壮丽的新自由、“勇敢的新世界”，思想、出版、集会和言论的自由并没有引导到理想国。心理分析学正当要求自由的高潮荡涤着西方世界的时候出现了。它被理解为在诉说：冲突、仇恨、罪恶、失败——总之，生活的丑恶面——主要是由于不诚实，回避现实，自欺；而观察自己的方式、社会的法规等等的公开和阐明则有可能提供一个足以医治创伤的安宁，到那时就有可能得到新的看法，确定新的方向。实际上，自从第二次世界大战以来，似乎已经愈益模糊不清的是，对原始追求——性的、进攻的或无论什么——的直接对抗和表达能对个人自由的增进有什么好处。恰恰可能的是，总要有什么东西压在那颤动的盖子上才行；而尽管过去的方法可能是野蛮而愚蠢的，很可能在抑制的力量移去以后，新的情境会招致甚至更大的混乱直到新的约束得以形成、经过试验并加以应用。文明人就某种意义说已经陷入困境，而他的假设，即认为窥视火山口就能自动地引导到理想国的方向，也已经宣告破产。

弗洛伊德当然是深深警觉到这个问题的。在《文明及其不能令人满意》(1930)和《一个幻觉的未来》(1927)中，他说得很明确，未来很难肯定能从没有约束的野兽得到任何可能的解脱。他的可能的解决见于经常引用的精辟警句“伊特在哪里，自我也应该在哪里”，给我们留下了一种不断加强理性的希望，一种通过训练有素的约束而发挥作用的理性，这种约束的基础不仅在于抑制的作用而且在于父母的恩爱。有关心理分析的技术问题同人类可能由于爱和理性的不断增强而得救的重大问题比较起来就显得颇为渺小了。

302 “人本”心理学

学院心理学对于几乎一切新的被认为有哲学主张嫌疑的思想“流派”都表现出很大的保留态度。但是，由于具有活力，而且仅仅由于思想、临床实践和研究工作的丰富，那更接近我们时代的存在主义的、现象学的和人本主义的心理学*——有时燃起心理分析之火，有时又力图扑灭它——也有必要在这里提一笔。

自从十九世纪早期以来，根据人的无助或有罪或不能达到理想等状况的直接经验对“人的处境”所做的坦率评价，一直是宗教哲学所关心的题目，这些哲学认为自身也是心理学。天主教，路德派，加尔文派，以及福音派神学家的各个派别都强调人的堕落，他的全然无助，强调人的丑恶形象，那是从历史的和贯穿文明期的反

* “Humanistic psychology”一词一般通译为“人本心理学”，但其含义需要同哲学上的“人本主义”区别开。哲学人本主义的代表人物是费尔巴哈，它反对把人分割为两种独立的实质，坚持哲学上的唯物主义路线，但离开具体的历史的社会关系而把人看作生物学上的生物，被列宁认为“只是关于唯物主义的不确切的肤浅的表述”。现代人本心理学则强调人的整体性，反对以还原论的分析来理解人，它以“存在主义”作为哲学思想基础，着重人的本性和人的动机的研究，强调心理学的社会意义。两者的中文译名虽然相同，但其产生的历史背景、思想基础及主要内涵都有很大不同。本书中所提“人本主义”(Humanisim)均指心理学的人本主义。——译注

映人对人残暴无道的画面流露出来的。总之，基督教神学作为一个整体非常注意人的邪恶和他的需要帮助。新的运动，诸如基督教科学和近代圣徒教会，是一种新的渴望的代表，要求对上帝造人的计划重做说明。从哲学的高度观察，人的悲剧处境正如苦难的克尔凯廓尔所描述的，召来了一个“存在主义”心理学，一种反映人们面临困境的实际状况的心理学。一种宗教气氛笼罩着大部分当代人本主义思想——在蒂利希的新教神学中，那在以色列哲学家布伯著作中的犹太传统和宇宙精神甚至神学精神，已在许多“交朋友”小组*信仰复兴的精神状态中苏醒过来。在某些人看来，宗教的东西、哲学的东西，以及心理学的东西实际上是不能加以区分的。在另一些人看来，例如，卡尔·罗杰斯和 A. H. 马斯洛等则认为，科学的东西已得到很好的说明和澄清并允许带有宗教的含义；但这些含义可能被人本主义研究的不同信从者在各异的程度上从各个方向加以探讨。美国人本心理学同威廉·詹姆斯所描绘的那些“健康精神”心理学（参看边码第 202 页）的乐观或有信心的调子很接近，而欧洲的人本心理学则强调人的境况的悲哀和无助。

在二十世纪六十年代，马斯洛的影响扩大了，特别是由于他在比较、发展和社会心理学方面有很深的造诣。他在他所认为的枯燥、狭隘而又丧失人性的“科学的心理学”和如实看待人生及其一切未实现的可能性和远大理想的新心理学——一个自我实现（self-actualization）的心理学之间做出清晰的划分。刚刚在他去世之前，他发

* “交朋友”小组（encounter group），人本心理学家为保持人的心理健康、改善人们相互交往而提倡的一种活动，也是现代美国的一种心理治疗方式。——译注

表了一部卓越的著作《科学心理学》，书中试图说明的是应该成为
303 严肃研究的向导的人生全景，而不是从自然科学得到的抽象概念体系。

罗杰斯，他在“以患者为中心”的启发式疗法中已经赢得了巨大的声誉，对人本心理学的新进展和一种多少脱离治疗者和患者之间“一对一”关系的新方法渐趋关心；他进而深深相信以小组为中心的那种人本主义方法，“交朋友”小组也愈益成为说明这种方法的标准术语了。这一术语以及小组疗法的整个概念在人本主义运动中自然是只有泛泛的界说的。像一切热情的运动一样，它仍然很难界说，特别是涉及分类的界线以及心理学者不得不置身于其中的成规的时候更是如此。

以经验为理解心理学线索这一偏见的第二个历史原因是试图对于**作为直接面对的意识世界**进行日益精确的观察。十九世纪末已经很明显的是，坐在安乐椅里的内省家和新的实验室心理学家两方面的肢解技术同样只能产生感觉、表象和情感的零星碎片而不能产生经验的真实世界。在那些转向内在世界的描述的许多人中间，特别值得强调的是胡塞尔，他在 1900 年勾画出一种“现象学”，它可以说不亚于对整个内在世界的一种无偏见的正视，力图如实观察而不是分析或区别经验的全部内容。

假如我们现在用“存在主义”一词非常广泛地概括从克尔凯廓尔开始直到对人的无助和卑劣的充分承认这一运动过程和把全面而如实描绘经验世界作为一种科学任务的胡塞尔体系，那么，我们或许可以说，这两个运动在某种程度上注定要会合，而在两次世界大战期间，它们显然既在学者的书斋中又在医生的诊所中会合在

一起了。还有另一个运动也同样在准备同它们联合起来:那就是萨特尔(1940)于二十世纪三十年代作为一种人格哲学提出的存在主义哲学预言。

同一期间,在第二次世界大战以前以及大战以后,德国精神病学家开始深刻认识到对患者内在世界做出充分的现象学说明的意义,认识到那种应该对于存在主义和现象学两者的要求都很合适的治疗方案取得成功的可能性。第二次世界大战以后,存在主义,包含着重要的现象学成分,侵入美国精神病学家和心理学家的思想——而且几乎同时也侵入一般公众的思想。二十世纪五十年代,出现了现象学和存在主义的巨浪,两者往往是汇合在一起的。当然,许多代表着现象学的人物是很少关心人类苦难问题和治疗问题的;他们关心的是心理学的描述记载的准确性,例如,像在巴克和赖特对于生长在堪萨斯一个小城镇的一个男孩所处环境的研 304
究(1966)中所表现的那样。然而,新的现象学运动的最重大的影响是在心理疗法方面,在这方面,很快就明朗起来:需要经常吸收和消化同治疗性“交朋友”的情调和含意有关的新思想。

把这一新涌现的整合心理学及其分支说成是“人本主义”的,这很快就成为通常的做法了。这个运动具有如此的规模,以致人们不得不以“百”而不是以“打”来计算正在非正式地甚至正式地探讨人本心理学的学术中心的数目;并以“千”来计算出席人本心理学会议的人数,这些人都具有一种满怀希望的精神,一种同胞精神和一种准备“交朋友”的精神,这种精神几乎在荡涤一切。这个运动恰如其分地集中体现在“人本主义”一词中,它足以恰当地表明许多不是涉及行为分析本身而是涉及人类经验的思潮。尽管有不少力量要削弱它的影响，这许多互相联系的人本心理学却已经在学术界和非学术界两方面人们的思想中都打上了可观的印痕。

埃里克森和同一性

但是，有人可能会问：是否就没有什么重要人物还在继续给弗洛伊德自己的文明使命注入新的生命并加以领导？难道这不是弗洛伊德世界的一个问题吗？这个世界已于1939年走到尽头，虽然还在竭力维持它的生存以对抗弗罗姆、霍尼、沙利文以及仍然努力从事他们的事业并在写作的那样一些荣格派和阿德勒派代表人物的竞争。难道当我们现在正进入二十世纪最后三分之一时期的时候，就没有什么强有力的人物能够代表弗洛伊德学派的运动吗？当然，回答将有所不同，但在我们看来，争端可以分为两大类：什么是现代弗洛伊德心理学的锋芒所向，什么是它的新使命？谁最适当地代表这一锋芒？对于第一个问题的回答似乎很明显：是心理分析学的自我心理学。似乎没有什么关于本能论、里比多论、症状构成或心理玄学的非常新颖且重要的东西曾经出现过，而只有这一主要的根本的心理分析自我心理学的问题是例外。[①] 这可以被认为是从上面提到的弗洛伊德的文章（参看边码第282页）开始的，或从安娜·弗洛伊德在《自我和防御机制》（1936）中对心理分析
305 研究成果的阐释和综合开始的，或从哈特曼对适应性和“无冲突自

① 其他较专门、较技术性的问题，例如“对象关系”（object relations）问题，很有可能在这里被那些开业的心理分析医师们提到。我们自己的判断是以一种把心理分析运动作为一个整体进行广泛考察的努力为根据的。

我领域”的强调开始的，这赋予自我以直接的接触和控制，因此，环境实际上变得同内在心理世界有关联了（参看边码第298页）。或者，假如你认为这一切都是理所当然的并寻求更新近的文献，你可以把今天的着重点放在埃里克·埃里克森身上。

埃里克森在二十年代是维也纳的一名年轻的画家。仅仅根据他的人格特征——而不是他的训练——他被送到安娜·弗洛伊德那里作为一个有培养前途的心理分析工作者。很快他便成为弗洛伊德和他女儿的心腹一员。

三大创新观点出现在他早期的著作中（1930）：(1)弗洛伊德和亚伯拉罕所发挥的见解，即认为生命能量是通过特殊区带表现自身，而最后它们可以摆脱特定区带或部位的质，同时保留它们的基本特性，如以一种动态方式在空间和时间中安排的侵入性或突出性，这种动态方式是超越它们在其中出现的特定区带的；(2)当人们研究身躯在绘画或积木或组合生活雏形玩具中的无意识表现时所得到的关于躯体在幻想世界中所起作用的概念；(3)关于“同一性”（“identity”）* 的见解，这种同一不限于把自身与父母等同的某种幼稚的自居过程，而且蕴涵着最深刻而又最完全的心理分析

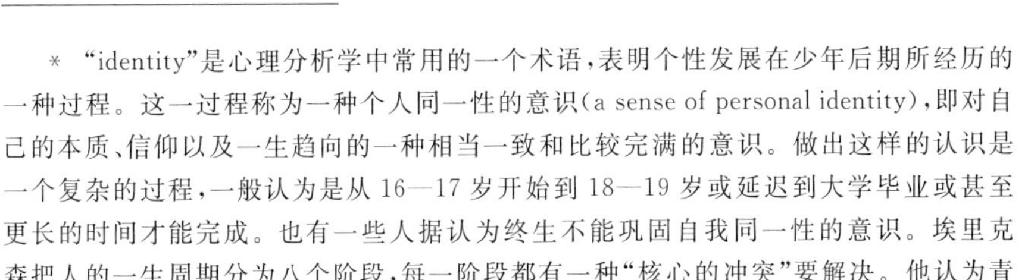

* “identity”是心理分析学中常用的一个术语，表明个性发展在少年后期所经历的一种过程。这一过程称为一种个人同一性的意识（a sense of personal identity），即对自己的本质、信仰以及一生趋向的一种相当一致和比较完满的意识。做出这样的认识是一个复杂的过程，一般认为是从16—17岁开始到18—19岁或延迟到大学毕业或甚至更长的时间才能完成。也有一些人据认为终生不能巩固自我同一性的意识。埃里克森把人的一生周期分为八个阶段，每一阶段都有一种“核心的冲突”要解决。他认为青年期的主要任务就是解决同一性确认和同一性混乱的冲突，而解决的方式随各人素养的不同而有异。——译注

的顿悟，涉及对个人个性的本质、个人同家庭、同邻人的关系，以及个人在实现丰富潜能中最终可能达到的独特成就等等的顿悟。因此，这些顿悟不只是生物的成长阶段，而且是心理社会的发展阶段(psychosocial stages of development)。

于三十年代初期来到美国，埃里克森发现，在大学新生的戏剧性游戏结构中（新生被要求用雏形生活人物摆出一个“戏剧场面”），后来又在儿童的游戏中(1937)，在儿童表现他的身躯时的那种姿态中，都有更多的问题需要说明。他继续发挥关于区带和方式的学说(the doctrine of zones and modes)——例如，有文字以前的社会的儿童对他生活中那些重要的对象关系的关心，对同他自己身体有关的冲突的关心——并进而达到他的同一性概念。他得到心理学家和精神病学家的帮助，得以认识美国儿童和青少年中的这些过程，并得到人类学家特别是马加雷特·米德和克罗伯的帮助得以认识苏人(1939)和尤洛克印第安部落(1943)中的这些过程。他发现，例如，人的营养渠道从心理的角度看就同那条河流很相似，河中的鲑鱼简直是把生命带给了印第安部落。潜水艇水手的经验，政治领袖——特别是 M. 甘地世界——的经验，以及当代舞台上异化的大学青年的经验等等已导致一种极其丰富的自我同一性概念，它对精神病学，教育学，甚至就整个文明的评价来说都已经成为一个中心的问题。《童年与社会》(1950)，他的第一部综合性著作，现在已有修订版，把这许多有关的事实纳入了系统的型式。

埃里克森对于同一性的强调显示出一种一扫无遗的跨文化的倾向，从美洲印第安部落，到苏维埃联盟，到工业化的美国，到马丁·
306 路德的十六世纪德国，并到甘地的英雄领袖型式。所有这一切都

收入一个涉及八个阶段的心理社会性成长题目的文献汇编中，就像莎士比亚划分的阶段那样，在一种和人的深邃社会需要相应的普通心理学中赋予人格以一种时间的而不仅仅是一种横截面的形态。心理分析学已经通过这些现代的运动超越了临床心理学，超越了患者与治疗者之间的一对一的关系，并已经像弗洛伊德于1913年(《图腾与禁忌》)和1921年(《团体心理学与自我的分析》)所梦想的那样变为一种对一切有关人性的东西的关注。当然，在正统集团里的许多人中是不那么愿意看到这一朝着"社会学"而不是"临床动力学"方向的发展趋势的，但是，有那么多的实证材料，既有正常发展的材料，又有临床材料在调查报告中被引述，因此，人们必须明确地把这一系列文献列为精深的心理分析学——甚至列为弗洛伊德信徒圈以内的心理分析学。如果要问谁代表今日世界心理分析自我心理学的锋芒，那似乎就没有多少理由不认为是埃里克·埃里克森(Coles，1970)。

我们很少说到对弗洛伊德的否定或敌对反应，只有荣格、阿德勒和以后的临床医师的反对是例外，因为他们指出，弗洛伊德错过了时机，忽略了在人的人格中起作用的真正重要且富有创造力的因素。然而，还有一种非常不同的否定反应(例如，Bailey，1965)——耸人听闻的和强烈排斥的反应，把心理分析学的基本原理看成是思辨幻想，不受合理而有秩序的实验的控制；理由是说，心理分析学毫不注意一般的科学世界，缺乏对科学的内容和方法的任何理解。这些反对意见尽管形成文字，但在双方所表现的炽热的激情中，是很难彼此应答的。弗洛伊德对于批评他和他的体系的那些人所怀有的敌意，当然似乎是支持了那种一般的看法，即坚持认为他的那一套是非科学的。但同时,大多数具有心理分析倾向的精神病学家和心理学家继续进行着他们的工作,而且,总的说来,是耸一耸肩作为回答。按照我们的判断,正反两方面都还没有稳定下来。心理分析学似乎正在稍许向一般的科学结构靠拢;当这一靠拢过程完成(如果能完成)的时候,它将大有所获。但它很有可能在这一过程中丧失它的独立身份。另一方面,科学,当它把弗洛伊德及其信从者的产业完全并入它那不断演化的结构并取得成功的时候,也可能在扩充正当而贴切的题材方面有所收获。

参考书目:

307 Abraham, K. ["The Psycho-Sexual Differences Between Hysteria and Dementia Praccox."] *Zentralblatt für Nervenheilkunde und Psychiatrie*, 19 (1908), 521—532.

Adler, A. [*A Study of Organic Inferiority and Its Psychicat Compensation*.] Berlin: Urban and Schwarzenberg, 1907.

Bailey, P. *Sigmund the Unserene*. Springfield, Ill.: Thomas, 1965.

Barker, R. G., and Wright, H. *One Boy's Day*. Hamden, Conn.: Shoe String, 1966.

Coles, R. *Erik H. Erikson: The Growth of His Work*. Boston: Little, Brown, 1970.

Erikson, E. H. "Die Zukunft der Aufklärung und die Psychoanalyse." *Zeitschrift der Psychoanalyse*, 4 (1930), 201—216.

——. "Configurations in Play—Clinical Notes." *Psychoanalytic Quarterly*, 6 (1937), 139—214.

——. "Observations on Sioux Education." *Journal of Psychology*, 7 (1939), 101—156.

——. “Observations on the Yurok: Childhood and World Image.” *University of California Publications in American Archaeology and Ethnology*, 35 (1943), 257—301.

——. *Childhood and Society*. 1950. 2nd ed. New York: Norton, 1963.

Freud, A. *The Ego and the Mechanisms of Defense*. Rev. ed. New York: International Universities Press, 1967.

Freud, S. [*The Interpretation of Dreams*.] Leipzig: Deuticke, 1900. (*Standard Edition*, Vols. 4—5, 1953.)

——. [*The Origin and Development of Psychoanalysls*.] Leipzig: Deuticke, 1910. (Standard Edition, Vol. 11, 1957.)

——. [*The Future of an Illusion*.] Leipzig, Vienna, and Zurich: Internationaler Psychoanalytischer Verlag, 1927. (Standard Edition, Vol. 21, 1961.)

——. [*Civilization and Its Discontents*.] Vienna: Internationaler Psychoanalytischer Verlag, 1930. (*SE*, Vol. 21, 1961.)

Fromm, E. *The Sane Society*. New York: Holt, Rinehart and Winston, 1955.

Horney, K. *The Neurotic Personality of Our Times*. New York: Norton, 1937.

——. *New Ways in Psychoanalysis*. New York: Norton, 1939.

Jung, C. G. [*The Psychology of Dementia Praecox*.] Halle: Marhold, 1907.

——. “The Association Method.” *American Journal of Psychology*, 31 (1910), 219—269.

——. “The Theory of Psychoanalysis.” *Psychoanalytic Review*, 1 (1914), 1—40, 153—177, 260—284, 415—430; 2 (1915), 29—51.

——. [*Psychological Types*.] Zürich: Rascher, 1921.

——. [*Modern Man in Search of a Soul*.] Zürich: Rascher, 1931.

Maslow, A. H. *The Psychology of Science*. New York: Harper & Row, 1966.

Müller-Freienfels, R. [*The Evolution of Modern Psychology*.] Translated from German typescript by W. B. Wolfe. New Haven: Yale University

Press, 1935.

Riesman, D. *The Lonely Crowd*. New Haven: Yale University Press, 1950.

308 Sartre, J. P. *L'Imaginaire: Psychologie—phenomenologique de l'imagination*. Paris: Gallimard, 1940.

Sullivan, H. S. "Conceptions of Modern Psychiatry." *Psychiatry*, 3 (1940). 1—117.

——. *The Interpersonal Theory of Psychiatry*. New York: Norton, 1953.

——. *Schizophrenia as a Human Process*. New York: Norton, 1962.

Veblen, T. *The Theory of the Leisure Class*. New York: Macmillan, 1899.

Wittels, F. [*Sigmund Freud, His Personality, Teaching, and School*.] Leipzig: Tal Varlag, 1924.